KB048638

문명의 엔드게임 2

Endgame vol. 2: Resistance
by Derrick Jensen

문명의 엔드게임 2

© 데릭 젠슨
펴낸이 | 박미옥
펴낸곳 | 도서출판 당대
제1판 제1쇄 인쇄 | 2008년 3월 12일
제1판 제1쇄 발행 | 2008년 3월 20일
등록 | 1995년 4월 21일 (제10-1149호)
주소 | 서울시 마포구 서교동 395-99 402호
전화 | 323_1315 323_1316
팩스 | 323_1317
dangbi@chol.com
ISBN 978-89-8163-141-3 03300
978-89-8163-139-0 (세트)

문명의 엔드게임 2

데릭 젠슨 지음 | 황건 옮김

당대

차례

제1권

| 전제 1 | 문명은 지속 가능하지 않으며 그렇게 될 수도 없다. 산업문명(industrial civilization)의 경우 특히 그러하다.

| 전제 2 | 전통사회는 대체로 자기 사회가 파괴되지 않는 한 자신의 바탕이 되는 자원을 자발적으로 포기하거나 팔아치우지 않는다. 또한 그들은 다른 자원들—금, 석유 등—을 채취하기 위해 자신의 토지기반을 훼손하도록 선뜻 허용하는 법이 없다. 그렇게 되면 자원을 원하는 자들이 무슨 수를 써서라도 전통사회를 파괴하게 된다.

| 전제 3 | 우리(산업문명)의 생활방식은 끈질기고도 광범위한 폭력에 기반을 두고 또 이를 요구하며, 폭력이 없으면 매우 신속히 붕괴하게 된다.

| 전제 4 | 문명은 분명히 정의되고 폭넓게 수용되면서도 뚜렷이 구별되지 않는 위계질서(hierarchy)에 기반을 두고 있다. 이 위계질서의 고위층이 하위층에게 행사하는 폭력은 거의 언제나 모습을 드러내지 않으며, 따라서 눈에 띄지 않는다. 눈에 띄는 폭력은 완전히 합리화되어 있다. 위계질서의 하위층이 고위층에게 행사하는 폭력이란 상상할 수도 없으며, 그런 폭력이 일어나면 충격·공포로 받아들여지고 피해자는 맹목적으로 미화된다.

| 전제 5 | 위계질서 고위층의 재산은 하위층의 목숨보다 값지다. 고위층에게는 하위층을 파멸시키거나 목숨을 빼앗아 자기가 관리하는 재산을 늘리는—일상용어로 돈벌이하는—일이 용인된다. 이것을 **생산**이라 부른다. 하위층이 고위층의 재산에 피해를 주면, 고위층은 하위층을 죽이거나 또는 그 밖의 방법으로 하위층의 삶을 망칠 수 있다. 이것을 **정의**라 부른다.

| 전제 6 | 문명은 되살릴 수 없다. 이 문화(문명)는 어떤 형태로건 건전하고 지속 가능한 생활방식으로 가기 위해 자발적인 탈바꿈을 겪으려 하지 않는다. 이에 제동을 걸지 않으면, 문명은 계속해서 절대 다수 인류를 비참하게 만들고 지구를 퇴화시켜 마침내 문명을 (그리고 아마도 지구를) 붕괴시키게 될 것이다. 이 같은 퇴화는 매우 장기간 동안 계속해서 인간과 비인간들에게 해를 끼치는 결과를 가져올 것이다.

| 전제 7 | 문명이 추락할 때까지—아니면 우리가 문명을 파멸시킬 때까지—오래 기다릴수록 문명의 추락은 혼란스러울 것이며, 이 기간과 그 이후에 살게 될 인간과 비인간들은 더 큰 혼란을 겪을 것이다.

| 전제 8 | 자연계의 필요가 경제체제의 필요보다 중요하다. 〔전제 8〕은 이렇게

기술할 수도 있다. 자신의 기반이 되는 자연공동체(natural communities)에 이익을 주지 못하는 모든 경제 또는 사회 체제는 지속 불가능하고 비윤리적이며 아둔한 체제이다. 지속 가능성, 윤리성 및 지성(그리고 정의)은 그 같은 경제 또는 사회 체제를 해체시키거나 아니면 최소한 그 체제가 우리의 토지기반을 손상시키지 못하게 할 것을 요구한다.

전제 9 분명히 언젠가는 지금보다 인구가 훨씬 적어질 날이 있겠지만, 인구감소가 발생하는 (또는 실현되는) 방법은 (우리가 이 변형과정을 능동적으로 택하느냐 수동적으로 택하느냐에 따라) 여러 가지가 있다. 핵전쟁처럼 극단적인 폭력과 고난을 수반하는 방법도 있을 것이고, 좀 덜 폭력적인 방법도 있을 것이다. 그러나 이 문명이 인간과 자연계에 가하는 현재의 폭력수준을 감안할 때, 폭력과 고난을 수반하지 않는 인구 및 소비의 감소가 이루어질 가능성은 없다. 감소 자체가 필연적으로 폭력을 수반하기 때문이 아니라, 폭력과 고난이 우리 문명의 기정값(default)으로 되어 있기 때문이다. 그러나 비록 폭력적이기는 하지만, 그래도 현 폭력수준을 감축시키면서 인구와 소비를 줄이는 방법도 있을 것이다. 우리가 개인적으로나 집단적으로 현재의 변화과정중에 일어나는 폭력의 양을 줄이고 폭력의 성격도 부드럽게 만들 가능성이 있을지도 모른다. 어쩌면 불가능할지도 모른다. 그러나 한 가지는 분명하다. 이 문제에 적극적으로 대처하지 않으면, 폭력이 훨씬 더 심각해지고 고난이 더욱 극단화하리라는 것은 거의 확실하다는 점이다.

전제 10 문화는 전체적으로 그리고 그 구성원은 거의 전부가 미쳤다. 문화는 죽음의 충동(death urge), 즉 생명을 파괴하고자 하는 충동에 의해 추진된다.

전제 11 이 문화—문명—는 처음부터 점령의 문화였다.

전제 12 세상에는 부자도 없고 가난한 자도 없다. 그저 사람만 있을 뿐이다. 부자란 많은 사람들이 어떤 가치가 있다고 상상하는 녹색의 종이쪽지(달러지폐를 지칭함-옮긴이)를 많이 갖고 있고, 가난한 자들은 그렇지 못한 것인지도 모른다—아니면 그들이 상상하는 부(富)라는 것은 좀더 추상적이어서 은행 하드 드라이브상의 수치에 불과한지도 모른다. 부자들은 자기가 땅을 소유한다고 주장하지만, 가난한 자들은 동일한 주장을 할 권리를 인정받지 못하는 경우가 많다. 이 같은 정책의 1차적 목적은 지폐를 많이 가진 자들의 망상(delusions)을 집행하는 데 있다. 지폐를 가지지 못한 자들도 대부분 가진 자들만큼이나 신속·완벽하게 이 같은 망상을 받아들인다. 이런 망상은 실사회에 대단한 영향을 미치게 된다.

전제 13 집권자들은 힘으로 통치한다. 우리는 그렇지 않다는 망상을 빨리 버릴수록 최소한 저항할 것인가 여부 그리고 언제, 어떻게 저항할 것인가에 대해 신속하게 합리적인 결정을 내릴 수 있게 된다.

전제 14 태어날 때부터—어쩌면 태아 적부터—우리는 개인적으로나 집단적으로 생명을 증오하고 자연계, 야생, 야생동물, 여성, 어린이와 우리의 신체를 증오하고, 우리의 감정을 증오하고 두려워하며, 우리 자신을 증오하도록 문화적으로 적응되어 있다. 세상을 증오하지 않았더라면, 우리는 세상이 눈앞에서 파괴되도록 놔두지 않았을 것이다. 스스로를 증오하지 않았더라면, 우리는 우리의 본고장이—그리고 우리의 신체가—망가지도록 놔두지 않았을 것이다.

전제 15 사랑이 비폭력을 의미하지는 않는다.

전제 16 물질계가 근원적이다. 그렇다고 해서 정신이 존재하지 않는다는 것은 아니고, 물질계가 전부라는 말도 아니다. 정신과 육체가 뒤섞여 있다는 말이다. 또 실사회적 행동이 실사회적 결과를 가져온다는 말이기도 하다. 또한 예수, 산타클로스, 지모신(地母神)이나 하물며 부활절토끼(서양 토속신앙에서 출산력을 상징-옮긴이)에 의존해서는 이 혼란을 벗어날 수 없다는 말이다. 이 혼란은 신이 눈살을 치키는 정도가 아닌 진짜 혼란이며, 우리 스스로 이 혼란에 맞서야 한다는 말이다. 그것은 우리가—죽은 후에 다른 곳으로 가게 되건, 이곳에서 사는 것이 운명이거나 특권이거나 간에—당분간은 지구에서 살고 있다는 말이기도 하다. 즉 지구가 핵심이라는 말이다. 지구는 근원적이다. 지구가 우리의 본향이며 전부이다. 마치 이 세계가 실재하지 않으며 근원적이지도 않은 것처럼 사고하거나 행동하는 것은 어리석은 짓이다. 우리 삶이 실재하는 것처럼 살아가지 않는 것은 어리석고 한심한 짓이다.

전제 17 의사결정의 근거를, 이에 따른 행동이 중립적 관망자들 또는 미국의 대중을 놀라게 할지 여부에 둔다면 잘못된 것이다(아니면 십중팔구 결정을 거부하는 것이다).

전제 18 우리의 지금과 같은 자아의식은 현재의 에너지 또는 기술의 사용과 마찬가지로 지속 가능하지 않다.

| **전제 19** | 문화가 안고 있는 문제는 무엇보다도 자연계를 지배·혹사하는 것이 정당화된다는 신념에 있다.

| **전제 20** | 이 문화에서는 경제문제가—사회복지나 윤리도덕, 정의나 삶 자체가 아니라—사회적 결정을 이끌어낸다.

〔전제 20〕의 수정 사회적 결정은 일차적으로(종종 배타적으로) 그 결정이 의사결정자들과 그들이 섬기는 자들의 재산을 늘리게 될지 여부에 근거하여 내려진다.

〔전제 20〕의 재수정 사회적 결정은 일차적으로(종종 배타적으로) 그 결정이 의사결정자들과 그들이 섬기는 자들의 권력을 늘리게 될지 여부에 근거하여 내려진다.

〔전제 20〕의 재수정 사회적 결정은 일차적으로(종종 배타적으로) 의사결정자와 그들이 섬기는 자들은 하위층 사람들을 희생해서라도 자기들의 권력과 재산을 확대시킬 권리를 갖는다는, 거의 검증되지 않은 신념에 바탕을 두고 있다.

〔전제 20〕의 재수정 사회적 결정은 일차적으로 그 결정이 야생의 자연을 통제 또는 파괴한다는 목적에 얼마나 기여하느냐에 기초하여 내려진다.

우리는 그들을 모두 섬멸할 것이다

진실을 회피하는 데는 그야말로 큰 노력이 필요하다. 그대로 놔두면 그것은 조수처럼 밀려온다.

페이웰든[1)]

나는 토머스 제퍼슨이 한 말을 다시금 되새기고 있다. “전쟁에서 적이 아군 몇 명을 죽이면, 우리는 적을 모조리 섬멸할 것이다.” 문명인들이 토착민들을 시종일관 좌지우지하게 된 이유는, 제퍼슨의 말이 단순한 말치레가 아니라는 것이 날이면 날마다 각양각색으로—아주 강력한 것에서 아주 예사로운 것에 이르기까지—현실세계에서 드러나고 있다는 사실에서 그 일단을 찾아야 한다. 제퍼슨이 이 말을 했을 때 분명히 그것은 맞는 말이었다. 백인군인과 식민지 정착민(땅도둑)들은 아무리 많이 물리치거나 죽여도 잇따라 새로 몰려온다는 인디언들의 불평이 그치지 않았기 때문이다. 토착민들이 문명인들에게 토지를 빼앗길 수밖에 없는 오늘의 현실에서 그것은 맞는 말이다—참, 토착민들이 간혹 유정(油井)을 막아내는 일이 일어날 수도 있지만 시간이 흐르면 결국 지배적 문화가 다 장악하게 된다. 지금 바로 이라크에서 그것이 입증되고 있는데, 이라크사람들이 얼마 안 되는 미군을 죽이기도 하지만 미군은 그곳을 장악하는 데 필요하다면 이라크사람들을 얼마든지 죽이기로 작정하고 있음이 드러나고 있다. 그것은 국내에서도 입증되고 있다. 시위현장에서 경찰이 발휘하는 힘은 부분적으로, 경찰관이라면 누구나 다 (그리고 시위자들 모두) 난폭한 시위자 한두 명이 돌멩이나 병을 내던져 경찰의 방패를 맞힐 수도 있지만 경찰은 필요하다고 판단되면 시위자들을 깡그리 분쇄할 수 있으며, 더 중요하게는 분쇄해 버릴 것임을 알고 있다는 사실에서 나온다. 만약에 (아니, 불원 그런 일이 일어날 것이기 때문에 나는 그때는이라고 말하고 싶다) 우리 중 일부가 댐을 부수어서 강물을 방출하기 시작한다면 얼마 안 되는 자들에게 타격을 줄 수는 있겠지만, 결국 우리 모두가 죽거나 감옥에 가게 된다는 공포가 항상 도사리고 있다. 공장형 트롤선을 침몰시키거나, 휴대전화 중계탑을 거꾸러뜨리거나, 도로와 주차장을 까부순다거나, 월마트를 파괴한다거나, 벌목트럭을 방화한다거나, 기업본부를 마비시킨다거나 하는 등의 행동에 대해서도 똑같은 걱정을 하게 된다.[2] 그런 일로 어느 정도 뜻을 이루는 수도 있겠지만 결국 그들은 우리를 모조리 해치우게 될 것이 확실하다. 아니면, 적어도 그러려고 들 것이다. 이와 같은 실행 불가능성에 따르는 두려움이 워낙 명백하기 때문에 무력감에 사로잡히게 되는 것이다. 만약 저들이 우리가 아끼는 모든 것들을 마치 기계가 깎아대듯이 깎아대면서 우리를 압도하려 든다면, 어째서 우리는 이 체제가 현재 진행되고 있는 지구파괴에 대해 침묵하는 데 동조한 대가로 사람들에게 제공하는 재화와 서비스를 그대로 받아들여서는 안 되는 것일까? 만약 야생연어와 인간은 끝장날 운명의 종이라면—그리고 지금까지 내가 잠자코 있는 것을 적당히 미덕으로 여기고 이에 맞서는 것을 죄악으로 여기는 문명의 도덕성에 젖어 있었다면(나는 방금 미국의 한 불교도의 인터뷰에서, 행동주의에 관해 이야기했다고는 하지만 더 정확하게는 부도덕함 앞에서의 방관적 태도를 정당화한, "평화와 정의를 위해 내가 하는 것은 나무를 쪼개는 일이다"[3)]라는 구절을 읽었다)—그러는 동안 적어도 나 자신을 되도록 (신체적으로) 편하게 해줘야 하는 것 아닐까?

제퍼슨의 말은 문화의 온갖 부문에 들어맞는 말이다. 〔전제 4〕의 당연한 결과로 폭력이 위계질서의 위를 향해 올라갈 경우('그릇된' 방향)에는 언제나 제한적이고 직접적인 것이 통례인 반면에, 위계질서의 아래를 향한 폭력('옳은' 방향)은 체계적이고 반복적으로 (흔히 그칠 새 없이[4)]) 이어져서 적어도 절대적이고 광범위한 것일 소지가 있다(그리고 그렇게 되기 일쑤다). 거의 언제나 그것은 이러저러하게 가혹하다. 이는 사회적·문화적 차원에서와 마찬가지로 개인적·가족적 차원에서도 맞는 말이다. 이는 종(種)들간의 차원에도 해당되는데, 예컨대 상어에 대한 체계적인 폭력이 끊이지 않는 속에서 간혹 상어가 자기 영역[5)]에 와서 수영을 하는 사람을—대개의 경우 우연히—물어뜯는 수가 있다.

꼭 그래야만 하는 것은 아니다. 토머스 제퍼슨을 비롯한 문명인들이 승자가 되려는 절대적 결심을 독점해야만 하는 것은 아니다. 여기에 판돈처럼 걸려 있는 것—지구 위의 생명들—은 워낙 큰 것이라서 그들처럼 우리도 '어떻게 해서든지' 승자가 되고자 결심해야 한다고 나는 생각한다. 아뿔싸, 우리는 진작 승자가 되겠다는 결심이나마 했어야 했던 게 아닌가 싶다.

이 말이 의미하는 바는, 지구의 생명체들을 걱정하는 우리들이 만약 운동장을 평평하게 고르면 우리의 저항은 어떤 모습을 띠고 무엇을 성취하게 될지—세상이 어떤 모습을 보이게 될지—는 나는 궁금하게 여겼다는 것이다. 지구를 죽이고 있는 사람들을 향해 우리가 작심하고 제퍼슨의 말을 되뇌어 준다면 어떻게 될까?

만약 우리가 경찰들을 보고 "당신들은 저항하지 않는 일부 항의자들을 때리고 그들에게 총을 쏠 테지만(아니면 경찰관들이 매일같이 죽이고 있는 나이 들고 평범한 사람들은 어떻고? 경찰과 맞닥뜨려서 죽어가는 미국인이 하루에 4명 내지 6명이나 된다[6]), 우리는 당신들의 책임을 따져 그런 짓을 하는 자들을 모조리 섬멸할 것"이라고 한다면 어떻게 될까? 강을 죽이는 사람들을 보고 "그대들이 우리의 일부를 제지할 수는 있을 테지만 우리는 댐을 모조리 파괴할 것"이라고 한다면 어떻게 될까? 우리가 권력을 잡은 자들을 보고 "너희들이 우리를 더러 감옥에 가두거나 죽일 수 있을 테지만 우리는 해로운 경제활동들을 모조리 없애치울 것"이라고 한다면 어떨까? 우리가 "너희가 세상을 상대로 벌이고 있는 전쟁에서 우리를 더러 죽일 테지만 우리가 하는 말을 명심하라, 우리는 지구를 죽이고 있는 이 문명을 모조리 없애치울 것"이라고 한다면 어떨까?

더 중요한 것은, 우리가 진정으로 그렇게 하기로 작심한다면 어떻게 될까?

그보다 더 중요한 것은, 우리가 이런 결심을 행동으로 옮긴다면 어떻게 될까?

◎ ◎ ◎

나는 바보가 아니다. 권력자들이 전쟁이 나면 우리를 모조리 없애치우겠다고 말할 수 있는 것은 부분적으로 바로 이런 일을 기꺼이 할 수 있는 사람들을, 그것도 무기까지 가진 사람들을 수백만 명이나 거느리고 있기 때문이라는 것을 나는 알고 있다.[7] 지구를 파괴하는 자들을 제지하기로 작정하는 것만으로는 우리의 승리를 기약할 수 없지만, 그것은 필요한 첫 단계다. 그런데 우리 대다수는 이런 첫 단계조차도 취하지 않았다. 어떻게 해서든지 이 싸움에서 이기기로 작정하기는 고사하고, 도대체 이겨보려는 생각이나마 해 보았는지 장담할 수가 없다. 여러 해 전부터, 비폭력주의자들 가운데는 내가 승리를 들먹인다고 꾸짖는 사람들이 많았다. 그들은 내 입장이 불화를 조장하는 이중적인 것이라면서 "누군가가 이기면 패하는 사람이 있게 마련인데, 우리 모두가 제대로 창의력을 발휘한다면 모두가 승자가 되는 길을 찾을 수 있을 것"이라고 말한다. 청새치류나 범얼룩도롱뇽이나 오랑우탄을 보고 그렇게 말하라. 착취당하는 사람들, 착취당하도록 당신이 방관해 온 사람들의 고통을 외면한다면, 만인의 승리라는 것을 쉽게 들먹일 수도 있을 것이다. 이미 승자가 있고 이미 패자가 있는 마당에 만인의 승리를 운운한다는 것은, 세상이 이미 패배로 가고 있다는 사실을 적당히 외면하는 짓이다. 더 나아가 세상이 패하면 우리 모두가 패자가 된다는 사실도 외면하는 짓이다. 그리고 또 한 가지 외면하고 있는 것은 테쿰세의 아버지 푸크신와가 말했듯이, 탐욕스럽게 우리를 노리고 있는 문화나 인간들하고는 화평할 수 없다는 사실이다.[8] 전쟁은 이미 오래 전에 선포되어 세상을 상대로 진행되고 있는데, 이 사실을 인정하지 않으려고 한다고 해서 없는 일이 되는 것은 아니다. 그 미국인 불교신자는 원하는 대로 나무를 얼마든지 쪼갤 수 있지만 그것으로는 단 한 가지 종도 구해 내지 못한다.[9]

우리들 가운데 이토록 많은 사람들이 이 전쟁에서 이기기를 원하지 않는—전쟁이 진행되고 있는 사실조차 인정하지 않는—일차적인 이유는 우리가 이 전쟁의 약탈로 물질적인 혜택을 누리고 있기 때문이다. 자연계를 위해 싸운다는 사람들까지 포함해서 우리들 가운데 자동차와 휴대전화, 뜨거운 샤워와 냉장 요구르트, 전등과 전자오븐, 식료품가게와 옷가게[10]를 마다할 사람이 몇이나 되겠는지 알 수 없는 노릇이다. 보다 근본적인 이야기로, 이렇듯 터무니없는 고가의 기술을 낳은 제도와, 더더욱 근본적인 이야기이지만, 그런 온갖 물건들과 이 제도 그리고 그것과 연결된 문명인으로서의 우리의 일체성이 우리를 죽이고 있고, 더 중요하게는 세상을 죽이고 있는 것이다. 우파사람들의 자동차 범퍼에는 "내가 죽기 전에는 내 총을 빼앗아가지 못한다"(You can have my gun when you pry it from my cold, dead fingers)는 스티커가 붙어 있는데, 이건 비단 총기에 국한된 이야기가 아니다. 자동차, 헤어스프레이, TV리모컨, 2리터들이 졸트 콜라(Jolt Cola, 카페인 농도가 높은 미국산 콜라—옮긴이) 등도 끝까지 지키려 들 것이다. 이런 것들 하나하나가, 그리고 이런 것들 모두가 통틀어, 많은 사람들에게는 칠성장어나 연어나 얼룩올빼미나 대리석무늬바다오리나 철갑상어나 호랑이나 우리 자신의 목숨보다 더 중요한 것이다.

당연히 우리는 이기고 싶은 마음이 없다. 케이블TV를 잃게 될 테니까.

나는 이기고 싶다.[11] 세계가 죽어가고, 숲이 사라졌거나 사라지고 있고, 저인망이 바다 밑바닥을 훑고, 바닷물이 독극물로 오염되는 상황이니, 내가 원하는 바는 승리이며, 승리를 위해 무엇이든지 할 것이다. 지배적 문화의 광적인 결의와 격렬한 증오에 맞서 나는 근거 있는, 가차 없는 결단과 나 나름의 불같은 열렬한 사랑으로—그리고 증오로—대응할 것이다.

얼마 전 여자친구로부터 머그잔 몇 개를 받았는데, 하나같이 총을 들고 있는 제로니모(아파치족 인디언 추장—옮긴이)를 비롯한 인디언들의 사진이 새겨져 있었다. 그런데 사진설명으로는 내가 좋아하는 글—"나의 영웅들은 항상 카우보이를 죽였다"—이 아니라 "국토안전보장—1492년 이래 테러와의 투쟁"이라는 글이 씌어져 있었다. 그 친구는 이런 머그잔을 보고 자기와 친구는 서글픈 생각이 들었다면서 그 까닭을 알 수 없었다고 말했다. 그녀의 친구는 "저들이 이기지 못했기 때문이겠지"라고 대꾸했다고 했다.

나는 이 머그잔이 나를 전혀 슬프게 하지 않는다고 말했다.

어째서냐고 그녀가 물었다.

나는 워드 처칠(Ward Churchill, 베트남전에 참전했던 행동주의 작가로 콜로라도 대학 교수로 재직하다 2007년에 해임되었다—옮긴이)에게 말했던 것처럼 "아직은. 우리가 아직 이기지 못했을 뿐이니까"라고 말했다.

“우리가 이길 거라고 생각해요?” 그녀가 물었다.

“난 의심하지 않아요. 우리는 이길 겁니다”라고 나는 말했다.

◎ ◎ ◎

그런데 이기고 지는 일을 심적으로 부담스럽게 여기는 사람들이 꺼리는 것은, 게임을 제외한 일반적인 관계에서 이기고 지는 일은 대단히 해로운 것일 수 있기 때문이다. 만일 내가 아끼는 누군가와 의견이 엇갈릴 경우, 내가 그보다는 이기는 일에 더 신경을 쓴다면 일종의 논쟁(무의미하고 어리석은 논쟁)이 벌어질 것이다. 그렇지 않고, 내가 이기는 일보다는 대화와 그 주제에 더 관심이 있다면, 그 대화는 아주 유쾌해질 것이다. 서로 사랑하는 관계에서는 이기고 지는 것이 실제로 문제가 되지 않는다.

그러나 문제는, 이익추구를 위한 개발이라는 상황에서는 이 같은 인식을 일반적으로 적용할 수 없다는 데 있다. 만약 누군가가 어떤 여자의 집에 난입해서 겁탈하려고 한다면, 이기는 일이 관계를 유지하는 일보다 훨씬 더 중요해진다.

그 문제는 결국 따지고 보면 이렇게 된다. 만일 관계가 당면한 문제보다 더 중요한 것으로 여겨진다면, 이기는 것 운운하는 것은 마땅치 않은 일이다. 만약 그 주제가 관계보다도 중요하다면, 그때는 이기기 위해 애쓰는 것이 분명히 마땅한 일이 된다.

◎ ◎ ◎

나는 콜로라도[12]에서 보냈던 어린 시절에 종종 폭풍우에 겁을 먹곤 했다. 나뭇가지들이 춤추면서 서로 부딪치고 나무줄기들이 신음소리를 내고 삐걱대면서 고양이 울음이나 고래의 노래를 방불케 하는 소리를 내기도 하는 그 폭풍은, 삼나무숲에 살면서 요즈음 내가 경험하는 것과는 전혀 다른 종류의 폭풍이었다.[13] 요즈음의 폭풍은 나를 겁먹게 하는 법이 없다. 바람은 나를 즐겁게 해줄 뿐이며, 간혹 보게 되듯 쓰러져 나뒹구는 나무는 오히려 황홀함을 느끼게 한다. 그리고 나무들도 거의 모두가 폭풍에 개의치 않고, 적어도 내가 보기에는 죽은 나무들을 치워주는 이 엄정한 정화과정을 겪어가는 것으로 보인다.

요즈음의 폭풍은 내가 어렸을 적에 경험했던 그런 폭풍이 아니다. 보울더 계곡에서는 겨울철에 종종 제트기류가 지상으로 내려와 계곡에서 깔때기 현상을 일으키면서 시속 100마일이 넘는 속도로 평지로 나가 폭발하곤 한다. 풍속계도 날아가 버린다. 피크닉 테이블, 그네 틀, 이동식 주택도 날아간다. 어린 시절의 우리 집은 지붕의 일부가 날아갔으며, 어떤 친지는 찢어지고 터지는 소리에 놀라 거실로 달려가 위를 쳐다보니 별들이 보였다고 했다. 지붕이 날아가 버린 것이다. 나는 4학년 때 교실에 앉아 있다가 갑자기 창문이 박살났던 일을 기억한다. 벽 쪽으로 몸을 피했지만 이미 유리조각들이 내 등에 박혀 있었다.

그래도 나는 그런 일로 겁먹지는 않았다.

내가 어린 시절을 보낸 집에는 서쪽으로 5마일쯤 떨어진 산을 바라보는 전망창들이 있었다. 부엌에는 서쪽 벽면을 따라 일종의 칸막이 식당이 있었다. 바람이 불기 시작하면 며칠 동안 계속되는 경우가 종종 있었는데, 나는 돌풍이 몰아칠 때마다 식탁이 붙은 그 서쪽 벽면이 2인치 정도 들썩들썩하는 것을 차마 보고 있을 수 없어서 금방 자리를 뜨곤 했었다. 그 벽면에 나 있는 두터운 판유리창들도 휘청거렸는데, 그럴 때면 나는 처음에 창문 하나가 깨지고 이어 다른 창들 모두가 일제히 박살나는 광경을 떠올리곤 했다. 나는 서둘러 아래층 내 방으로 내려가 잠자리에 들어 이불을 폭 쓰고, 바람이 요란하게 불어대는 속에서 집이 신음하는 소리에 귀를 기울였다.

이틀 전 나는 그 집으로 돌아간 꿈을 꿨다. 나는 위층에 있었고 밤이었다. 바람소리를 들을 수 있었다. 몇 달, 몇 년 동안이고 아무도 돌보지 않고 내버려둔 어항이 몇 개 눈에 띄어서, 나는 혹시 고기들이 아직 살아 있다면 먹이를 줘야겠다는 생각에 얼른 그리로 갔다. 아직 살아 있는 물고기들이 있었다. 나는 그 사실이 기뻤다. 그런데 마지막 어항의 뚜껑을 닫는 순간, 바람이 더없이 세차게 몰아치는 소리가 들렸다. 나는 집을 지탱하려고 한쪽으로 달려가기 시작했지만, 미처 그곳에 이르기 전에 집이 폭삭 내려앉아 내 몸뚱이는 다른 쪽으로 내동댕이쳐졌다.

지금 나는 바다 근처에 살고 있어서, 가끔 바위투성이 긴 반도의 끝까지 걸어가서 7미터쯤 아래 10미터 가량 떨어진 거리에서 바닷가 돌멩이들이 파도가 와서 부딪혀 나뒹구는 것을 바라본다. 나는 파도가 너무 잔잔해서 바다와 육지, 액체와 고체가 만나는 그곳에 와서 물결치거나, 아니면 파도가 너무 높아서 나를 휘감아가거나 하는 때를 피해 그곳으로 간다. 나는 파도의 기습에 목숨을 잃지 않으려면, 겹겹이 서 있는 바위들 뒤에 서 있어야 한다는 것을 명심하고 있다. 이렇게 바위들 뒤에서, 수평선을 배경으로 파도가 차츰 높아지면 내 눈도 함께 커지면서 파도가 아래쪽 바위에 와서 부딪히는 모습을 바라본다. 때로는 연한 물보라가 내가 서 있는 데까지 올라온다. 그런데 바다는 나를 즐겁게 해주기 위해서 존재하는 것이 아니며, 그 나름의 힘과 목적을 가지고 있음을 나에게 일깨워준 일이 한두 번 있었다. 한번은 막판까지 파도의 높이를 오판했다가 내가 방패로 이용했던 바위 뒤에 웅크리고 있어야 했다. 짙은 물보라가 와서 덮치는 것을 느끼면서 무사히 넘겼구나 싶었는데, 갑자기 바다의 중압이 내 등을 온통 뒤덮더니 나를 육지로 내동댕이치는 것이었다. 또 한번은 이보다도 큰 파도가 꽤 떨어진 데서 다가왔다. 나는 도망치려고 돌아섰으나, 바위들의 미로 속에서 불과 몇 발자국 갔을 때 파도가 그 반도 끝자락으로 왕창 덮치면서 내가 서 있던 작은 웅덩이의 반대쪽 바위로 나를 거칠게 내동댕이쳤다.

어렸을 적의 집이 폭삭 내려앉는 꿈을 꾸던 바로 그날 밤에, 나는 바다 꿈도 꾸었다. 나는 어린 시절 집, 나의 어린 시절 침실에 있었는데, 그 집은 바다가 내려다보이는 언덕 높은 곳에 있었다. 나는 창 아래로 파도를 바라봤다. 수평선에는 일찍이 내가 본 적이 없는 커다란 파도가 일렁거렸다. 이쪽으로 다가오는 그 파도는 점점 더 속도가 빨라지는 것 같았다. 마침내 파도가 언덕 위의 집에까지 올라와서는 집 안으로 몰려 들어와 창문들을 부수고

벽을 허물고 집을 기초까지 결딴내면서 쓸어버리는 동안, 나는 그 자리에 꼼짝 않고 서 있었다. 나는 언덕 위에 혼자 서 있었다. 자동차를 발견하고 그 안으로 들어간 나는 바닷가를 따라 운전을 했다.[14] 나는 먼저 덮쳤던 것보다 훨씬 큰 파도가 오는 것을 보고 그것을 피해 자동차를 몰고 달아나려고 했다. 그런데 차가 모래 속에 파묻혀 꼼짝하지 않았다. 차에서 나와 달리기 시작했지만, 파도는 계속 몰려와서 세상을 온통 휘덮을 기세였다. 아무리 멀리, 아무리 빨리 도망치건 별 수 없다는 것을 나는 알고 있었다.

나는 토머스 제퍼슨의 말—"전쟁에서 적은 아군 몇 명을 죽이겠지만, 우리는 적을 모조리 섬멸할 것이다"—은 한마디로 섬뜩한 말이며, 건드리는 모든 인간과 모든 것을 파괴하는 이 문명의 바탕에 깔려 있는 남을 학대하는 대량학살적 심사를 보여준 것이라는 생각이 들곤 했다. 거기서, 그 너머로는 내 마음이 닫혀버리곤 했다. 그의 말과 그 말의 배경을 이룬 현실이 어찌나 당혹스러운지 나는 명확한 생각을 할 수가 없었다. 나는 그 말의 정확성을 인정했지만, 그것이 의미하는 바를 충분히 내 것으로 소화하지 못한 채 내가 하는 일에 몰두했다. 그러다가 2년이 지난 후에 그의 말이 불쑥 떠올라 나로 하여금 그 섬뜩함과 당혹스러움, 정확함 등을 깨닫게 하는 한편, 우리가 살아남기 위해서는 일편단심 이기겠다고 작정하고 거기에 맞대응해야 한다는 것을 깨닫게 해주었다. 그러나 이 같은 깨달음이 함축하는 바에 다시금 질겁한 나머지, 그러한 인식은 또다시 덮어둬야 했다. 그렇게 덮어둔 지 2년이 지나 최근에, 그 인식은 보다 성숙한 상태로 되살아났다. 그렇다. 제퍼슨의 말은 여전히 섬뜩하고 당혹스럽고 정확하다는 생각이 든다. 그렇다. 우리가 살아남기 위해서는 그것과 맞먹는, 아니 그보다 더 큰 결단을 가지고 싸워야 한다. 이제 나는 제퍼슨의 말에는 그가 미처 생각지 못했으리라 여겨지는 의미가 담겨 있다는 것을 알게 되었는데, 그 의미는 문명의 종점을 계시해 주고 있는 것이다. 왜냐하면 제퍼슨의 말은—그 자신이 의도하지 않은 방법으로—적어도 한 가지 의미에서 자연적 사실을 단순히 표현한 것이기 때문이다.

그 이야기를 하기 전에 잠시, 바르샤바의 유태인 강제 거주구역에서 폭동에 가담했던 유태인들 이야기로 되돌아가 보자. 이 책 1권에서 나치에 저항한 유태인들의 생존율이 그렇지 않은 사람들보다 높았다는 이야기를 하면서 나는 우리도 주변에서 진행되는 대학살에 저항한다면 방관하는 사람들보다 더 오래 살지 않겠는가 하는 점을 넌지시 풍겼었는데, 어떤 의미에서 그것은 거짓말이었다. 그들과 우리 사이에는 큰 차이가 있다. 유태인들은 나치와의 정면대결을 시도했던 것이 아니다. 그들이 저항을 시작했을 무렵에, 독일은 동부전선에서 밀리고 있었다. 강제 거주지에서 탈출한 유태인들은, 소련군이 당도하여 이미 전선이 헤벌어져 사기가 떨어진 독일군을 그 지역에서 몰아낼 때까지 15개월 정도 숲속에 숨어서 버텨야 했다. 소련군도 그들 나름대로 나치 못지않게 고약했다는 점은 접어두자. 저항했던 유태인들에게는 여전히 궁극적으로 구출된다는 일말의 희망이 있었고, 그 무렵 소련군은 실제로 독일군을 무찌르고 있었다. 그런데 우리에게는 현대판 지구촌 제국으로부터 우리와 지구를 해방시켜 줄 막강한 소련군이 없다. 우리는 우리 힘으로 우리 자신과 지구의 해방을 추구해야 한다.

어쩌면 이 차이는 생각하는 것처럼 큰 것은 아닐 수도 있는데, 여기서 제퍼슨의 말에 대한 나의 새로운 인식이 등장한다. 제퍼슨은 문명인들이 인디언을 해치는 것을 보고 그런 말을 했던 것인데, 그가 의미한 바를 뒤집어서 자연계가 문명을 파괴하는 상황을 말한 것이라고 생각한다면 그의 말은 그 자신이 의도했던 것보다도 큰 진실성을 갖게 된다. "전쟁에서 적이 아군 몇 명을 죽이면, 우리는 적을 모조리 섬멸해야 한다." 만약 우리가 자연계에 대한 전쟁을 벌인다면 철비둘기, 호랑이, 연어, 개구리를 없애버릴 수도 있겠지만 자연계는 틀림없이 우리를 모조리 해치울 것이다. 한 사람도 빼놓지 않고 말이다. 문명이 자연계의 상당 부분과 야생의 비인간과 야생의 인간의 여러 종족을 없애치울 힘을 지녔는지는 몰라도, 궁극적으로는 야생의 지구가 탱크와 총포와 비행기를 모조리 파괴하고 전선과 휴대전화 중계탑과 철도와 트롤어선과 벌목트럭과 고층건물과 댐을, 그리고 거역하는 문명인을 모조리 없애치울 것이다.

딴 생각일랑 하지 마라.

그것이 내 꿈이었다. 두 꿈 모두에 공통되는 중심적 이미지는 내가 어린 시절을 보냈던 집을 파괴한 자연계인데, 그 집은 내가 자랐던 학대가정과 함께 나에게 살 집을 마련해 준 학대문화를 표상하는 것이다. 폭풍우 꿈에서 내팽개쳐져 있었던, 유리어항 속에 아직 살아 있는 고기들이 나에게 말하는 바는, 야생의 피조물을, 보다 넓은 의미에서 야생의 동식물들을 가둬놓으려는 문명인들의 노력에도 불구하고 그리고 우리 모두가 이런 피조물들과 야생 동식물이 존재한다는 사실마저 잊고 있음으로 해서 결과적으로 야생 피조물과 동식물들을[15] 굶겨죽이고 있음에도 불구하고, 그 가운데 몇몇은 명맥을 유지한다는 것이다. 일부 야생 동식물들은 살아남을 것이다. 바다 꿈에서는 내가 자랐던 집이 기초까지 결딴나 버린 직후 내가 차를 몰고 바닷가로 달리는 장면은, 자연계의 기본적인 힘이 우리의 문화적 터전을 갈기갈기 찢어놓은 연후에도 우리 가운데는 문명의 기술을 포기하려 들지 않는 사람들이 많다는 것을 나에게 말해 준다. 우리 중에는 내가 해변으로 차를 몰고 갔던 것처럼 기술에 의존하여 한층 더 위험한 데로 가려는 사람들이 많고, 그랬다가 엄청난 파도[16]가 몰려와 세상을 온통 삼키면서 자연에 대한 전쟁을 선포한 사람들의 안전을 앗아간 후에야, 아주 뒤늦게 기술의 힘으로 안전한 데를 찾아가려 드는 사람들이 많다. 궁극적으로 세상은 그것을 죽이려 드는 자들을 없애기 위해, 그에 필요한 어떤 짓이라도 하게 될 것이다.

◎ ◎ ◎

물론 이와 같은 인식은 비단 꿈속에만 있는 것이 아니다. 단순한 논리, 즉 문명이 그 바탕인 토지기반을 파괴하면서 허우적거린 긴 역사와 우리 앞에 분명하게 드러난 것들에 근거해 있다. 세상을 파괴하고 그 위에서 살 수는 없는 노릇이다. 오직 이처럼 엄청난 문명의 오만과 방자함과 나르시시즘과 어리석음이 그렇듯 많은 사람들로 하여금 세상이 필요로 하는 것을 무시해도 되고, 세상은 요리조리 조작할 수 있는 것이고, 독극물로 찌들게 해도 되고, 마음 내키는 대로 착취하고 소비해도 되고, 자연은 되돌려주는 것 없이 일방적으로 얻어낼 수 있는 것이고, 착한 피해자처럼 자신을 죽이는 자들을 계속 지탱해 줄 것이고, 반격을 해오는 일이 결코 없을 것이라고 믿게 하고 있는 것이다.

◎ ◎ ◎

이 경우 당신이 기계론자형이어서 세상이 반격해 올 수 있고 반격해 오고 있으며 반격해 올 것으로는 믿지 않는 사람이거나, 나처럼 애니미즘을 주장하는 형이어서 자연이 완전한 의지를 가지고 있음을 체험하는 사람이건, 사실 그것은 문제가 되지 않는다. 만약 당신이 전자에 해당한다면, 자연계가 허물어져서 인간의 (그리고 당신의 정서가 유달리 개방적이라면 비인간의) 생명을 지탱해 줄 능력을 상실하는 이야기를 할 수 있다. 후자의 경우라면, 지구가 이 야비한 문화에 대한 지원을 철회하고 반격에 나서면서 지구를 죽이려는 자들을 해치고 궁극적으로 말살하는 이야기를 할 수 있을 것이다.

싸움에 이기기

나는 결코 핑계를 대거나 받아들이지 않았다. 내가 성공한 것은 그 덕분이다.

플로렌스 나이팅게일[17)]

이겨야 할 이유, 화제 1. 바로 오늘 나는 다음과 같은 기사를 보았다. 영국의 신문 『디 인디펜던트』지에 실린 글이다. 제목은 "왜 남극대륙이 조만간 살 수 있는—문자 그대로—유일한 곳이 되는가?"였다. 기사내용을 보자.

> 지구 온난화를 방치한다면 금세기 말까지는 남극대륙이 세계에서 살아갈 수 있는 유일한 대륙이 될 것이라고, 지난주 정부의 수석과학자 데이비드 킹 경 교수가 말했다.
>
> 그는 지구가 6천만 년 만에 '최초의 고온기'로 접어들고 있으며, 이 기간에는 지구에 얼음이 없어져 "지구의 다른 지역들은 인간의 생존을 지탱해 줄 수 없게 된다"고 말했다. 최고위급 과학자[18)]가 내놓은 이 준엄한 경고는 내주 정부각료들이 기후변화의 원인인 오염 규제조치를 완화할 것인가를 결정해야 하는 계제에 나온 것인데, 지난주 토니 블레어 총리도 상황은 "그야말로 대단히 심각"하다고 말한 바 있다.
>
> 지구 온난화에 대처할 각국 정부·기업·압력단체 들의 새로운 연합체를 발족시키고 있는 총리는 "세계공동체가 당면한 장기적인 문제 중에 이보다 더 큰 문제"는 생각할 수 없다고 덧붙였다.
>
> 그런데도 정부는 화요일 EU계획에 따라 업종별 배출제한 완화방안을 검토할 예정이다.
>
> 데이비드 경은 이미 대기의 이산화탄소—기후변화의 원인이 되는 주요 '온실가스'—수준은 지난 42만 년 동안의 그 어느 때보다도 50%나 높아졌다고 말했다. 또 그는 이산화탄소가 이 수준—379ppm—에 달했던 가장 최근 시기는 지구 온난화가 급속히 진행되었던 6천만 년 전이라고 덧붙였다. 당시에 대기 중의 이산화탄소 수준이 1천ppm으로 치솟아 생명체의 대대적인 감소가 초래되었다.
>
> "당시 지구에는 얼음이 남아 있지 않았다. 남극대륙이 포유동물의 최적 서식처였으며 지구의 여타 지역은 인간이 살 수 없는 곳이었다"고 데이비드 경은 말했다. 그는 세계가 화석연료의 사용을 제한하지 않는다면

"우리는 2100년이 되면 그런 수준에 도달하게 된다"고 경고했다.[19)]

지구상 거의 모든 생물의 종말을 예언한 이 기사는 『샌프란시스코 크로니클』지를 비롯하여 내가 아는 어떤 신문에서도 1면에 게재되지 않았다. 실제로 신문에서 다룰 만한 뉴스의 가치가 있는 것으로 간주되지도 않았다. 『크로니클』지의 1면은 "구글이 지난주 마침내 대망의 주식상장을 밝혔다…"[20)]는 기사로 장식되었다.

지구상의 많은 생물들이 끝장날 위협에 처했다고 해서 권력자들이 하는 일에 변화가 일어나지는 않으며, 또 이 문화에서 살고 있는 대다수 사람들이 행동에 나설 만큼 관심을 끌지도 못한다는 것을 우리 모두는 잘 알고 있다. 그리고 행동에 나서는 사람들도 거의 모두가 이 상황에 상응하는 수준의 위기의식을 가지고 이에 임하는 것은 아니라는 것도 우리는 잘 알고 있다.

그렇지만 뜻있는 사람들이 있는 것도 사실이다. 그리고 이들은 성공을 노리고 있다. 이들은 지구의 도움을 얻어 승리할 것이다.

이제 문명을 허물어뜨려야 한다.

◎ ◎ ◎

미국인 대다수는 결코 우리 편에 서지 않으리라는 말이 아직 납득가지 않는 사람은 다음과 같은 일을 시도해 보기 바란다. 길거리에서 아무라도 찾아보라. 버스에서 누군가의 곁에 앉아보라. 직장에서 상사의 방으로 들어가 보라. 이웃집에 가보라. 부모와 이야기를 해보라. 그들에게 방금 언급한 기사에 관한 이야기를 들려주고, 지금대로 가다가는 지구의 대부분이 인간이 (그리고 틀림없이 다른 포유동물들과 피조물들의 대부분도) 살 수 없는 지역이 될 것 같다는 영국 수석과학자의 말을 전하라. 환경 전반의 중금속 오염, 환경 전반의 방사능 오염, 생물 다양성 붕괴 등은 언급할 필요도 없다. 그저 이 이야기만 하라. 이것이 제1단계다. 다음은 제2단계. 그 사람들에게 이에 어떻게 대처할 것인가, 지구가 계속 생존 가능한 상태가 되는 것을 보장하기 위해 어떤 일을 할 의향인가를 묻는다. 다음은 제3단계. 이런 과정을 상대를 바꿔가면서 반복한다.

이제 내가 당신에게 던지는 질문이다. 지구가 서식 가능한 장소로 존속할 수 있도록 과감한 조치를 취할 뜻이 없는 사람들에게 다가갈 길이 있다고 생각하는가? 세상이 온통 위기에 처해 있는데도 반격에 나설 생각이 없는 저들이라면, 과연 언제 반격을 하겠다는 것일까?

◎ ◎ ◎

이겨야 할 이유, 화제 2. 아름다운 날씨라 외톨이 벌들이 땅 가까이 낮게 날면서 벌집 근처를 윙윙거리다가 새끼벌들에게 먹이를 주기 위해 땅속으로 기어 들어간다. 검은색 작은 거미들이 이리저리 바삐 돌아다니고, 어디서 가져다가 어디로 무엇 때문에 가지고 가는지 도무지 짐작이 가지 않는, 터무니없이 큰 나뭇조각을 운반하는 개미의 모습도 보인다. 산들바람이 불면서 미국삼나무 가지들의 끝자락이 살짝 흔들린다. 자그마한 파란색 나비가 내 팔꿈치에 내려앉는다. 늪으로 가본다. 올챙이들이 수면 바로 아래 매달려 있다가, 내가 가까이 다가가면 통통한 몸을 꿈틀대면서 흙탕 속으로 들어간다. 축축한 썩은 낙엽더미처럼 보이는 날도래 유충들이(아마도 그들을 감싸주는 무기가 축축한 썩은 낙엽더미이기 때문일 테지) 갈대를 따라 굴러간다. 화려한 청색 잠자리들이 배를 물에 대고 알을 낳고, 작은 하루살이들이 근방을 떠다니는 모습도 보인다. 하루살이 두어 마리는 거미줄에 걸린 채 꼼짝도 못하고 있다.

나는 늪가에서 조금 떨어진 땅바닥에 다리를 포개고 앉아, 이날 아침의 편집작업을 시작한다. 잽싸게 움직이는 것이 있어서 눈여겨보니 회색 거미가 내 손에 앉아 있다. 본의 아니게 거미를 으깨어버리지나 않을까 염려되어, 나는 그놈을 풀포기 위로 밀어내 보려고 한다. 그놈은 손에서 미끄러지면서도 어김없이 풀을 피해 내 손에 머문다. 나는 그대로 내버려둔다. 거미는 돌아앉아 나를 바라보고, 나도 그놈을 바라본다. 나는 그놈의 회색 얼굴과 여러 개의 검은 눈들을 자세히 들여다보려고 손을 들어올린다. 거미도 내 얼굴을 계속 바라볼 수 있는 자세를 취한다. 내가 손을 움직인다. 그놈도 몸을 움직인다. 나는 손을 다시 무릎 위에 내려놓고 다른 손으로 글을 쓰기 시작한다. 거미는 내 오른손 위에서 왼손과 가장 가까운 데로 옮겨가며, 필시 두 손 사이의 거리를 재는 듯하더니 이윽고 뛰어 넘어간다. 나는 쓰는 일을 멈춘다. 거미는 다시 내 얼굴을 바라보더니 손목으로 이동한다. 나는 소매 긴 셔츠를 입고 있었고, 거미는 주름 잡힌 곳을 들락날락하며 오르다가 수시로 움직임을 멈추고는 나를 쳐다본다. 이윽고 내 어깨에 이르러 멈춰서더니 나를 바라본다. 나도 거미를 바라보는데, 그토록 가까운 것에 초점을 맞추려 하다 보니 나도 모르게 눈에 힘이 들어간다. 몇 분이나 지났을까? 5분쯤, 10분쯤? 그러다가 거미는 다시 팔목으로, 손으로 내려오더니 풀 속으로 뛰어 들어간다.

생명이란 정말로, 정말로 아름다운 것이다.

나는 그래서 이겨야겠다는 것이다.

◎ ◎ ◎

이기려면, 영리하지 않으면 안 된다. 우리가 어리석거나 부주의하면 권력자들은 우리를 죽이거나 감옥에 가둘 것이다.[21)]

때로는 영리하려면 그저 영리하면 되고, 또 때로는 단순히 사물을 명석하게 꿰뚫어보기만 해도 된다. 그러나 때로는 명확하게 사물을 꿰뚫어보려면, 그 과정을 원활하게 진행시키는 데 이용할 도구나 공통적인 언어가 필요한 경우가 있다.

◎ ◎ ◎

어떻게 해서 이길 것인가를 논하기에 앞서, 이긴다는 것이 무엇을 의미하는지 생각해 볼 필요가 있다. 그리고 이긴다는 것이 무엇을 의미하는지를 이야기하려면, 전략과 전술의 차이를 논해야 한다.

전략적 목표는 가장 큰 차원의 목적이다. 〈스타워즈〉에 나오는 반란군에게는 악의 제국을 타도하거나 반란그룹 행성들을 억압으로부터 해방시키는 것이 전략적 목표였을 것이다. 제2차대전 때 나치의 전략적 목표는 석유와 같은 자원을 확보하는 것이었다. 미국이 지금 추구하고 있는 전략적 목표도 석유와 같은 필요자원을 확보하는 것이다.

전략적 목표는 좀 작은 것일 수도 있다. 남북전쟁에서 미합중국의 최대 전략목표는 남부연방을 무찔러 남부연방을 구성하고 있는 주들을 합중국에서 떨어져 나가지 않도록 하는 것이었지만, 그 밖에도 분명히 중간급 전략목표들이 많이 있었다. 미시시피를 장악하여 남부연방을 해체시키고, 항구를 봉쇄함으로써 외부세계로부터 고립시키는 것 등이 그것이었다.

개개인에게도 전략적 목표가 있을 수 있다. 어떤 사람의 전략적 목표는 돈을 많이 버는 것일 수 있다. 또 어떤 사람의 전략적 목표는 결혼하는 것일 수도 있고, 또 문명을 타파하는 것일 수도 있다.

전략이란 전략적 목표를 달성하기 위한 방법이나 수단이다. 아니면 사전의 정의처럼, 전략이란 "① 평시와 전시에 채택된 정책을 최대한 지원할 한 나라 또는 여러 나라의 정치·경제·심리·군사적 힘을 활용하는 과학 및 기술 ② 유리한 조건 아래 전투에서 적과 겨루기 위해 사용되는 군사지휘의 과학 및 기술"이다. 석유와 같은 자원을 확보·유지한다는 전략적 목표를 세웠다면, 그 목표를 성취하는 일을 어떻게 진행시킬 것인지가 전략이 될 것이다. 이라크 침공이 하나의 예가 된다. 또 한 가지 예는 석유가 있는 지역이면 어디든지 '우방'정부('우방'이므로 마땅히 자유를 사랑하는 민주국가가 될 것이다)를 유지하는 것이다. 또 다른 예로는 나치독일이 카프카스의 석유를 확보하기 위해 러시아를 침공한 경우를 생각할 수 있다.

전략목표와 전술목표 중간에 있는 것이 작전목표다. 〈스타워즈〉의 반란군에게 작전 차원의 목표는 '죽음의 별'이라는 군사기지를 공격하는 것이었다. 제2차대전에서 나치의 작전목표 하나는 카프카스에서 바쿠(Baku)와 트빌리시(Tblisi)를 향해 진격할 수 있도록 로스토프(Rostov)를 확보하는 것이었다. 또 다른 작전목표는 철도운행을 위해 유격대를 제압하는 것이었다. 노르망디에서 연합군의 초기 작전목표의 하나는, 그곳에 집결한 부대가 어느 정도 기동성을 가질 수 있는 교두보를 확보하는 것이었다. 이런 등등이다.

전술목표는 가장 규모가 작은 것이다. 만약 우리가 로스토프를 장악하려면, 왼쪽에 있는 이 특정한 교량을 확보할 필요가 있을 것이다. 그리고 오른쪽의 공장에는 저격수들이 있으므로 저들을 죽이거나 몰아내지 않으면 안 된다. 전술이란 이와 같은 전술적 목표들을 어떻게 달성하는가, 하는 것이다. 이 교량을 어떻게 확보할 것인가? 저 공장 안의 저격수들을 어떻게 제거할 것인가? 이 부대가 진격할 때 엄호사격은 누가 할 것인가? 앞의 〈스타워즈〉의 반란군은 '죽음의 별'의 노출된 터널에 프로톤 어뢰를 투하할 수 있을 정도로 우주선을 접근시키지 않으면 안 된다. 어떻게 하면 주인공 루크가 무사히 날아 들어갈 수 있을까?[22]

부자가 되고자 하는 사람도 목표를 전략·작전·전술적으로 생각한다. 결혼을 하고 싶은 사람 역시 그런 식으로 생각한다. 예컨대 우리 모두는 결혼이라는 전략적 목표를 달성하기 위해, 예비배우자의 취미에 사뭇 관심을 가지는 척 전술적 대응을 하는 남자나 여자 이야기를 들어보았다. 남자는 춤추러 가고 여자는 축기경기장으로 가며, 두 사람 모두 친밀한 성적 관계에 대한 관심을 위장하고 서로 상대가 어떤 사람인지 알고 싶은 척한다.[23]

나는 대학시절에 나름대로 전략·작전·전술 차원의 목표에 관해 생각했었다. 전략적 목표는 작가가 되는 것이었다. 이를 위해 나에게는 내가 누구이고 내가 무엇을 사랑하는가를 알아낼 시간, 무엇을 쓰고자 하는가를 생각할 시간, 쓰기를 연습할 시간이 필요했다. 이는 내 전략의 일부가 중단 없는 상당한 시간을 확보하는 일과 관련이 있음을 의미했는데, 그것은 생각하는 시간과 생각하지 않는 시간, 사물을 느끼고 또 더 느끼기 위한 시간이었다.

문제는 그런 시간을 어떻게 확보하는가였다. 작전상의 목표는 취직하지 않는 길을 찾아내는 것이었다(이는 어떤 의미에서는 그 나름의 전략적 목표가 되었다. 작가가 되건 말건, 좋아하지 않는 일은 결코 안 하겠다고 결심한 것이다. 어째서 사람이 단지 돈만을 위해 자신의 삶을 팔아버리는 따위의 어리석은 짓을 한단 말인가?). 나의 첫 학위는 콜로라도 광산대학에서 받은 광산공업물리학 부문이었으므로, 나는 대학을 마치면 곧 보수가 좋은 일자리를 얻을 수 있었다. 나의 작전목표[24]를 달성할 수 있는 한 가지 방안은, 석유회사에 취직해서 열심히 일하며 검소한 생활을 해서 몇 년 후 한밑천 만들어 퇴직하면 돈벌이가 되는 글을 쓰기 시작할 때까지 버틸 수 있지 않을까 하는 것이었다. 또 다른 방안도 고려했는데 좀 믿어지지 않는 이야기일 테지만, 그것은 군에 입대하는 것이었다.[25] 해군에는 '원자력 추진 장교후보생 프로그램'(Nuclear Propulsion Officer Candidate Program)이라는 것이 있어서, 대학 저학년과 고학년을 상대로 10K 같은 식의 보너스를 약정하고는 대학 다니는 동안 매월 2500달러씩 지급하고 있다. 그 대가로 학생들은 해군에서 5년간 근무하고 졸업 후 3년간 예비역으로 머물게 된다. 해군에서는 잠수함의 원자력 장교로 근무하게 된다.[26] 나는 해군에서 제대할 때는 한밑천 단단히 마련하겠거니 생각했다. 대학 다니는 내내 돈을 저축하고, 다시 잠수함 근무를 하면서도 돈을 쓸 일이 없으니 돈을 모아볼 생각이었다. 나는 아주 의기양양했다. 내 인생의 8년간을 허송하고 나서 본궤도에 들어서게 될 것이라고 생각했다. 그게 얼마나 잘못된 생각이었던가?

나는 이내 잘못을 깨달았다. 해군은 나를 사우스캐롤라이나주 찰스턴으로 보냈는데, 그곳에서 한 무리의 다른 학생들과 함께 잠수함 시찰을 하러 갔다. 그때 물정을 알게 된 것이다.

여러분은 문득 대오각성의 순간을 경험하면서 그동안 어쩌면 세상물정을 이렇게도 몰랐을까, 하는 생각을 해본 적이 없는가? 내가 그동안 환상에 사로잡혔거나 잠자고 있었거나, 아니면 그저 어리석기 그지없었구나 하고 깨닫는 새로운 인식의 순간들을 경험해 본 적이 없는가?

나는 잠수함 근무를 하면서 한두 번 그런 경험을 했다. 첫번째는 우리가 비좁은 복도에 빽빽이 서 있을 때였는데, 그때 모병관은 몇천 마일 떨어진 목표를 향해 발사할 수 있는 핵미사일에 관해 이야기하면서 기염을 토하는 것이었다. 나는 불현듯 그 프로그램이 자크 쿠스토(Jacque Cousteau, 프랑스 해군장교 출신의 해양학자—옮긴이)와는 무관한 것임을 깨닫게 되었다. 무슨 까닭에선지 나는 미국정부가 나에게 학비를 대주고는 나중에 잠수함을 타고 바닷속에 들어가 오징어와 낙지의 서식처를 조사하게 해줄 것이라고 생각하고 있었던 것이다. 내가 실제로 세상을 파괴하는 일에 한몫을 하게 될 수도 있으리라고는 전혀 생각지 못했다.

얼마 후 내가 거듭 깨닫게 된 것은, 나와 이야기를 나눈 수병들의 거의 모두가 자기 일에 역겨움을 느끼고 있으며 뒤탈 없이 그렇게 할 수만 있다면, 그러고도 집으로 돌아가 급여는 그대로 받게만 된다면 기꺼이 잠수함을 폭파해 버릴 생각으로 있으며, 또 장교들 중에는 수병들에 대해서뿐만 아니라 자기가 맡은 기술과 휘두를 수 있는 힘에 도취된 사람들이 많다는 사실이었다. 그들은—비록 이런 식으로 표현하지는 않았지만—자기가 지구의 생명을 어느 정도 끝장낼 수 있는 팀의 일원이라는 사실을 분명히 대견스럽게 여기고 있었다. 이 같은 사실 앞에 나는 나대로 어리석음을 느꼈다. 군대에 관해 그토록 많이 읽었는데도, 막상 오만과 비행으로 찌든 군대의 진부한 모습은 터무니없이 놀랍기만 했다.

세상을 죽이는 사람들 사이에서는 제대로 거론되지 않지만 그런 자들을 제지하고자 하는 사람들 속에서 자주 거론되고 있는 문제는, 한편으로는 전략과 전술의 관계이고 다른 한편으로는 그 전략과 전술의 도덕성이다. 권력자들이 첫째로 원하는 것은 도덕성의 문제를 전자로부터 확실하게 차단하는 것이다. 실제로 조지 드래펀(George Draffan)과 내가 『기계의 영입』(*Welcome to the Machine*)에서 토론했듯이, 일반적으로 문명인들은 자신이 매우 합려적이라고 생각한다. 합리화의 실용적 정의는 당면과제의 성취에 불필요한 정보를 의도적으로 배제하는 것이다. 여기서 배제되는 정보에는 물론 도덕성이 포함된다. 그 책에서 우리는 이렇게 말했다.

> 큰 기업체의 이익극대화가 당신의 목표라면, 그것을 제외한 다른 모든

고려사항은 도외시하기만 하면 된다. 당신의 목표가 국민총생산(GNP, 곧 세계가 생산품으로 전환되는 속도)의 극대화라면, 생산에 방해가 되는 것을 깡그리 도외시해야 한다.

권력자들이 다음으로 선호하는 것은 도덕성과 전략(또는 전술 등)의 고리를 차단하는 것이 너무 부조리해 보일 때 앞에서(제1권 "감정이입과 타자") 언급했던 바와 같이 '선행주장'(claims to virtue)을 내세우는 것이다. 이 문화를 구성하고 있는 사람들 대다수의 광기를 감안하건대, 선행주장이 여러 사람이 받아들일 수 없을 만큼 지나치게 부조리해 보이는 일은 거의 없을 것이다. 요컨대 권력자들은 전략적 차원에서 높은 도덕적 수준을 내세우고 나서, 전술 차원에서 도덕성을 면제받는 것이다. 즉 십자가(또는 자본주의, 자유, 민주주의 또는 문명)의 깃발 아래, 우리는 이번 한번만은 (그리고는 잇따라) 나가서 정복하고 그 과정에서 잔혹행위로 간주될 짓을 얼마든지 저지를 수 있다는 것이다.

이 문화 자체인 그 같은 잔혹행위를 반대하는 척이나마 하는 우리는 바로 이 게임의 보조역할을 하고 있는 셈이다. 우리도 권력자들만큼이나, 어김없이 도덕성과 전략의 고리를 끊고 있는 것이다. 그들은 실제로 도덕성은 아랑곳없이 전략과 전술을 추구하고 있다. 반면에 우리는 효율적인 전략과 전술은 아랑곳하지 않고 도덕성을 추구하고 있는 것이다.[27] 언제나 그렇듯이 이 게임은 이를 플레이하는 모두에게는 편리한 것이다. 우리는 모두가 원하는 것(내지는 원하도록 문화적으로 적응되어 온 것)을 얻는다. 권력자들은 그들이 생각한 대로 지배를 확대해 나간다. 우리는 도덕적이라는 느낌을 얻는다. 모두가 이 게임에 따르는 보답을 얻는다. 그리하여 물론 야생의 인간과 야생의 비인간은 그대로 멸종으로 몰린다.

우리는 전략이나 전술을 논하기보다 도덕성을 토론하는 일에 훨씬 많은 시간을 할애하는 경우가 많다. 더 핵심으로 가까이 가보자. 전략이나 전술을 토론하는 경우, 우리는 십중팔구 (아니 더 정확히 말해서 1000번 중 999번은) 도덕성을 거론할 필요가 없다. 우리 모두가 이 책의 〔전제 4〕를 철저히 내면화한 나머지, 어떤 상황에서든지 도덕을 어길 가능성이 전적으로 없기 때문이다. 우리의 도덕성은 지구를 죽이는 자들이 우리를 위해 고안해서 정의하여 미리 포장해 놓은 것이다. 그리고 우리의 전략과 전술 역시 우리를 죽이는 자들이 실효성을 거두지 못하도록 고안해서 정의하고 미리 포장해 놓은 것이다.

이 모두가 이 문화를 특징짓는 바로 그 오래된 분열의 자기 파괴적이고 타자 파괴적인 발로로서, 그야말로 흥미롭고 기괴하고 불행한 현상이다. 권력자들은 가장 낮은 차원의 도덕성을 도외시한 가장 높은 차원의 도덕성을 우리들을 위해 정의해서 시행하고 있고, 우리는 가장 큰 틀의 도덕성을 외면한 채 가장 작은 틀의 (그들의) 도덕성을 짊어지고 준수하고 있다.[28] 권력자들은 좋고 위대한 모든 것을 대표하는 것으로 되어 있기 때문에, 그들은 문명을 발전시키고 있기 때문에, 그들은 천연자원을 개발하고 있기 때문에, 그들은 민주주의, 자유, 자유시장, 기독교 그리고 맥도날드를 이끌고 있기 때문에, 목적달성을 위해 거짓과 살해를 자행할 수도 있다. 반면에 우리는 항상 명예스럽게 행동해야 한다. 우리는 결코 거짓말을 해서는 안 된다. 우리는 결코 살상을 해서는 안 된다. 못된 짓은 그들이 한다. 우리는 도덕성을 추구한다. 세상은 타들어간다. 한편 이 게임의 와중에서 우리는 착취에 따른 물질적인 혜택이라는 당근과 탄압이라는 몽둥이를 거쳐서 얻어낸 참여를 그대로 유지하고 있다.

우리들 대다수가 높은 (그리고 낮은) 차원의 도덕성을 해석하는 책임을 우리보다 나은 사람들에게 맡겨놓고 포기하고 있다는 것은 결코 놀라운 일이 아니다. 이 체제는 이런 식으로 기능하고 있다. 그렇지 않고서는 체제가 기능하지 못한다. 이 같은 책임포기가 이 문화에서 잘못된 모든 것의 중심을 이루고 있으며, 이 책이 탐구하는 바의 중심을 이루는 것도 그 문제이다. 우리는 태어나면서부터 거의 매순간 거의 모든 권위 있는 인물에 의해 이 책임을 포기하도록 훈련받고 있다. 성직자들은 우리와 신 사이를 중재하면서 신이 우리에게 주는 말과 우리를 위해 (아니 우리를 위해서가 아니라 우리를 대신해서, 우리에게 맞서서) 의도하는 바와 바라는 바를 해석해서, 우리가 그릇 해석하거나 그들과 어긋나는 결론을 내리거나 우리 자신의 도덕성을 스스로 해석하거나 신으로부터 직접 얻어내거나 땅으로부터 직접 얻어내려는 유혹을 받지 않도록 한다. 과학자들 역시 우리와 신—여기서는 지식이라 일컫는다—사이에 서서 우리를 위한 신의 (자연의 또는 지식의) 의지를 우리 대신에, 우리에게 맞서서 해석해 준다. 재판하는 사람은 우리와 신—여기서는 정의라 일컫는다—사이에 서서 우리를 향한 신의 (곧 법의) 의지를 우리를 대신해서, 우리에 맞서서 해석한다. 교사들은 우리와 교육 사이에 서서 우리가 무엇을, 어떻게, 언제 배워야 하는가를 결정짓는다. 이런 사례는 끝도 없이 이어진다.

이 모든 경우에 우리는 스스로 선택할 권한과 책임을 포기하고 있다.

폭력—아무리 평화적이라 하더라도 모든 존재의 방어적 생득권—이 문화에서는 바로 그 분열과 광적인 분업의 희생물이다. 군대와 경찰(과 성폭행범과 학대자들)은 우리에게 폭력을 행사한다. 그들은 난폭하다. 우리는 그렇지 않고 도덕적이다. 그러나 그 차이는 실제로는 그다지 뚜렷하지 않다. 그 모두가 앞서 이야기한 병든 게임의 당사자인 것이다. 문명은—그 어떤 다른 학대관계와도 마찬가지로—힘과 폭력과 도둑질과 살인과 착취를 바탕으로 하고 있으며 비폭력주의자가 방아쇠를 당기느냐의 여부는 귀책성과는 조금도 상관없는 일이다.

증오도 마찬가지다. 군인들은 증오한다. 증오심을 가르치기 위해 신병훈련소가 있다.[29] 반면에 우리는 증오하지 않는다.[30] 증오는 살인자들의 것이다. 우리는 죽이지 않으며, 따라서 증오하지 않는다. 군인들은 우리를 위해 증오심을 품고 다니며 죽이는 일을 한다. 경찰도 마찬가지다. 우리는 그들을 위해 도덕성을 추구한다. 그리고 가난한 자들은 자신들의 얼굴을 짓밟는 군인들—우리 자신의 대리인—의 군화 아래서 신음한다.

우리는 우리 자신의 폭력으로부터 차단되어 있고 우리 자신의 비폭력으로부터 차단되어 있다. 우리에게는 그 어느 것도 없다. 우리는 쪼개진 껍데기이며, 온전한 척하지만 떨어져 나가 거부당한 짝과 어울려야만 완전해지는 반쪽 인간들이다.

온통 단절이다. 이 문화는 그 바탕이 단절이다. 남자(강자) 대(vs.) 여자(약자), 인간(선함) 대 자연(흠이 있음), 생각(정직함) 대 감정(오도함), 정신(순수함) 대 육체(오염되었음), 사랑(선함) 대 증오(악함), 평온(선함) 대 분노(악함), 비연계(nonattachment, 선함) 대 연계(악함), 비폭력(정당함) 대 폭력(사악함) 등으로 지겹도록 이어진다. 이렇듯 우리는 비폭력주의자들로부터 이중성을 제거해야 한다는 소리를 자주 들어온 터라, 나는 지구를 죽이는 자들을 적이라고 말함으로써 우리를 이 지경에 이르게 한 바로 그 같은 이중성에 맞장구를 치고 있는 것이다. 그러나 이중성을 제거하려고 애쓰면 바로 그 이중성에 영속성을 부여하게 된다! 여기서는 비이중성(non-dualism, 선) 대 이중성(악)이 된다. 이 모두가 다 난센스다. 반대되는 것들이 짝을 이룬다는 것은 문제가 아니다. 반대되는 것들은 그저 존재하는 것이다. 반대되는 것들에 대한 평가 역시 문제가 아니다. 이 문화가 이런 극단적 사례에 부여한 가치에 대해 우리는 반론을 제기할 수 있지만—나는 물론 그럴 생각이다—극단적인 것들이 서로 다른 가치를 가지고 있다는 것은 엄연한 사실이다. 그래서 진짜 문제에 당면하게 되는데 '대'(對, versus)라는 낱말이다. 그렇다, 남자와 여자는 서로 다르다. 그러나 남녀는 대립하는 것이 아니며, 오히려 함께 활동하고 있다. 그렇다, 인간은 비인간과는 다르다(연어가 연어 아닌 것과 다르고, 미국삼나무가 미국삼나무 아닌 것과 다른 것이 엄연한 사실이듯이 말이다). 그렇지만 그들은 대립하고 있는 것이 아니라, 오히려 서로 협력한다. 생각은 감정과는 다르다. 그렇지만 서로 대립하는 것이 아니라, 오히려 함께 활동한다. 정신은 육체와 다르다. 그렇지만 서로 대립하고 있는 것이 아니라, 오히려 함께 활동하고 있다. 사랑은 미움과 다르고, 평온은 분노와 다르며, 비연계는 연계와 다르며, 비폭력은 폭력과 다르다. 그러나 이들은 서로 대립하고 있는 것이 아니며, 짝지어진 것들이 각각 함께 어울리고 있다. 이중성은 비이중성과는 다르다. 그렇지만 서로 대립하고 있는 것이 아니라, 오히려 협력한다.

만약 다시 연결한다면(reconnect) 어떻게 될까? 언제 생각해야 하고 언제 느껴야 할지를 선택할 수 있다면 어떻게 될까? 생각과 느낌이 서로 합치기도 하고 갈라지기도 하고 서로 상대편 쪽으로 흘러 들어가거나 흘러나오거나 하면서, 적절한 때 (그리고 때로는 적절하지 않은 때, 왜냐하면 현실세계에 완전한 것은 없고 감정과 생각은 간혹 잘못을 저지르기도 하기 때문에. 그것이 삶이다) 각기 앞장서며 때로는 함께 움직이고 또 때로는 반대입장을 취한다면 어떻게 될까? 언제 이중적으로 생각하며 느껴야 하는가? 그리고 언제 반대입장에 있는 사람들과 함께 움직일 것인가를 선택한다면 어떻게 될까? 적절한 때는 난폭해지고 적절치 않은 때는 난폭해지지 않는다면 어떻게 될까?

'해답'은 우리 자신의 마음으로부터 미움을 지워버리고, 문화의 다른 부분들로부터 떨어져 나간 사랑을 차츰 더 많이 포용하며, 미움의 느낌을 자신으로부터 떼어버리려고 필사적으로 노력하는 데 있지 않다—마치 우리가 다른 모든 사람들에게 보태줄 만큼의 사랑만 가지고 있다면 되는 일인 양, 아니 심지어 우리가 느끼는 사랑이 어느 모로 보나 누군가의 증오를 달래주기라도 하는 것인 양 말이다. '해답'은 온전함을 되찾아 우리가 느끼는 바를 느끼고, 우리 자신의 도덕성을 결정하여 이에 따라 행동하는 데 있다.

어쨌든 나는 월급쟁이 아닌 생활방편을 찾으려는 나의 큰 목표가 도덕적이지만 해군에 입대한다는 손쉬운 전략은 그 목표를 달성하기 위한 비도덕적 방법이라고 결론을 내렸다. 은행을 털거나 월마트에서 물건을 슬쩍하는 것이 분명히 더 도덕적인 일이었을 것이다. 나는 그 가운데 어느 것도 하지 않았다. 내가 쓴 『말보다 오래된 언어』에서 말했듯이, 벌들을 사랑한다는 이유도 있고, 양봉을 하면 연중 한동안만 열심히 일하고 나머지 시간에는 나 자신을 찾을 수 있다는 이유도 있고 해서 나는 양봉을 하게 되었다.

이제 전략과 전술이 무엇인지는 정의했지만, 전략과 전술이 무엇인가를 결정하기에 앞서 우리가 이루고자 하는 것이 무엇인가를 논해야 한다. 우리가 원하는 것은 과연 무엇인가?

내가 원하는 바가 무엇인지는 독자 여러분도 이제 충분히 짐작이 갈 것이다. 죽이는 일이 없는 세상이다. 되살아나는 세상. 야생의 연어가 해마다 많아지는 세상. 야생의 인간이 해마다 많아지는 세상.

당신이 원하는 것은 무엇인가? 이 질문은 수사적인 것이 아니다. 이 질문을 건너뛰고 다음 장으로 가지는 마라. 멈추라. 책을 내려놓으라. 바깥으로 나가라. 오랜 산책을 하라. 별들을 바라보라. 나무껍질을 만져보라. 흙냄새를 맡아보라. 강물소리를 들어보라. 그것들에게 무엇을 원하는지 물어보라. 당신이 원하는 게 무엇인지 스스로 물어보라. 당신 머리에 물어보라. 다시 당신 마음에 물어보라. 그런 연후에 어떻게 그것을 달성할 것인지를 궁리해 보라.

중요성

인류가 모두 사라진다면 세상은 1만 년 전의 풍성한 균형상태를 되찾게 될 것이다. 만약 곤충들이 사라진다면 환경이 허물어지면서 혼돈상태가 올 것이다.

에드워드 윌슨[31)]

문명을 허물어뜨리는 것만으로는 미흡하며, 야생의 자연이 살아남기 위해서는 지금의 문화뿐만이 아니라 인간들도 모조리 쓸어버려야 한다고 생각하는 사람들이 있다. 이렇게 생각하는 사람들은 적어도 내가 보기에는 판이하게 다른 두 범주로 갈리는 것 같은데, 첫번째 범주의 경우에는 이해는 하지만 공감은 하지 않으며, 두번째 범주의 경우는 참을 수가 없다.

첫번째 범주에 속하는 부류는 인간들이 세상을 하도 엉망으로 망쳐놓았으니 살 권리를 상실했다고 보는 사람들인데, 이 범주에 속하는 사람들이 꽤 많다. 공장형 농장, 생체해부연구소, 공장형 트롤어선, 민둥산, 갈아엎은 땅, 댐, 성폭행 발생률, 아동학대, 지구 온난화 방관, 지구의 방사능 조사(irradiation) 및 독극물 오염, 살충제 산업, 자기 토지 안에 있는 나무들을 모조리 베어내고 눈에 띄는 족족 '잡초'에 라운드업(Roundup) 제초제를 뿌려대는 고약한 이웃,[32] 몬샌토(라운드업 생산업체), 동물원, 도로 아닌 곳을 운행하는 차량(과 그 차를 운행하는 무정하고 오만한 운전자),[33] CIA 고문교범, 미국생물학무기연구소, 평화와 민주주의라는 미명 아래 좌익·우익 국가들을 침공하는 미국정부 그리고 기만, 침략, 정복, 땅 도둑질, 착취, 약탈, 성폭행, 고문, 살인, 대량학살, 지난 몇천 년을 특징짓는 환경파괴 등의 서글픈 역사를 보고 있노라면, 때로는 문명에 의해 말살된 온갖 다른 문화들을 잊고 인간이 없으면 세상은 한결 나아지리라는 생각이 들기 십상이다. 일반적으로 사태가 얼마나 나빠졌는지를 인식하게 되면, 인류 전체를 말살할 바이러스를 창조한 사람을 동정적으로 묘사한 마가레트 애트우드(Margaret Atwood)의 『영양과 뜸부기』(*Oryx and Crake*)가 어떻게 베스트셀러가 되어 부커 프라이즈(Booker Prize) 문학상의 최종심사에까지 올라갈 수 있었는지도 이해가 갈 법도 하다.[34] 생명공학이나 생물학 전쟁에 능통한 사람들 가운데 『영양과 뜸부기』나 『열두 원숭이』(*Twelve Monkeys*)에 나오는 그와 같은 일을 저질러가면서 비인간들의 이익을 위해 인간을 없애버리려고 시도하는 사람이 없다는 사실이, 솔직히 말해서 나로서는 놀랍다. 아마도 실험용 쥐·원숭이·토끼사냥개·고양이 들 중에는 이처럼 보다 큰 선을 위해 필요하다면 자신을 희생해 가면서 형제자매가 고문당하지 않고 사촌들이 멸종되지 않도록 구해 주려고 나서는 경우가 적지 않을 것이다. 문명인을 겨냥해 병원체를 퍼뜨린 생명공학자가 아직 없었다는 사실 역시 나를 놀라게 한다. 만약 권력자들이 '열등한 종족'에게 사용하기 위해 그런 것을 개발할 수 있다면, 반대편을 나타내는 표지를 찾아서 해를 끼치는 사람들과 계급을 색출하는 것도 기술적으로 가능할 것이다.

이 문화에 속하는 사람들 대다수가 어떻게 인간이 되어야 하는가를 생각해 볼 확률이 매우 낮다는 사실에 종종 실망하기는 하지만, 이미 말했듯이 나는 문명과 우리 인간종을 한데 묶지는 않는다.

두번째 범주에 속하는 부류는, 인간은 본래부터 파괴적이라고 생각하는 사람들이다. 이 사람들은 인간은 본질적으로 파괴적이라고 생각하기 때문에, 인간이 용서받을 수 없는 죄를 범했다고—물론 우리는 그런 죄를 범했고 또 적극적으로 그런 일을 저지르는 사람들을 제지하지 않음으로써 우리 모두가 그런 죄를 계속 범할 것이다—믿는 것 같지는 않다. 이는 현대과학으로 포장한 성경의 '원죄'나 다를 것 없다. 진정으로 실천운동에 나선 사람들에게서는 이런 태도를 거의 찾아볼 수 없다. 자연계를 걱정하는 척하는 사람들 사이에서는 늘 이런 태도를 보게 되지만, 그들은 행동하지 않고 방관하는 핑계로 그것을 이용한다. "우리의 생리에 맞서서 싸워봐야 소용없는 노릇이므로 파괴에 대한 투쟁은 쓸데없는 짓이다. 하나의 종으로서 우리는 자신의 이익을 도모하기에, 다만 지나칠 정도로 똑똑한 것이다. 우리가 지구를 파괴하고 있지만 토착민들도 그렇게 하고 있다. 인간성이란 실패한 하나의 실험일 뿐이다. 우리의 소멸과 지구의 소멸을 바라보는 것은 슬픈 일이지만 흥미롭다. 이거 따분하군. 그 리모컨 건네주게." TV의 오락프로를 즐기는 사람들과 마찬가지로, 이 문제에 관심을 가지는 척하는 학자들 사이에서도 이런 태도를 흔히 볼 수 있다.

내 앞에는 2년 전 『애틀랜틱 먼슬리』에 실렸던 기사가 있는데, 그 내용은 전인류가 환경을 파괴하고 있다는 것이다. 아주 우스꽝스러운 이 글은 인디언들이 "평원을 거대한 물소농장으로 바꿔놓았다"(대평원에 있는 주들의 인구밀도가 말이 등장하기 전에는 1제곱마일당 약 0.001명이었다는 사실을 감안한다면 정말 터무니없는 주장이다[35])는 따위의 어이없는 주장을 하고 있다. "인디언들이 유럽의 침입자들보다도 미국을 더 바꿔놓았다고 볼 수 있는가?" 하고 이 글은 묻고는, 그렇다고 답하고 있다. 이어서 "아마존 숲 자체가 문화적 산물—다시 말해서 인공적인 것"이라면서 "남아메리카 저지대 열대림은 지구상에서 가장 훌륭한 예술품의 하나"라고 주장하고 있다. 이 기사에 따르면, 기본적으로 물에 잠기지 않은 아마존 숲 전부가 "직접·간접으로 인간이 만들어낸 인류 발생론적 기원"을 가진 '만들어진 환경'으로 간주할 수 있다는 것이다. 어찌 이처럼 오만하고 무지할 수 있단 말인가. 이 글을 쓴 찰스 만(Charles C. Mann)은 "유럽 이주민들이 원시적 황무지를 파괴하기는커녕 피를 흘리며〔분명히 경관을 망쳐놓고 있던 인디언들을 죽이면서〕 그것을 조성했다. 1800년까지는 미대륙이 온통 새로운 황무지였다"고 주장하고 있다.

기억해야 할 것은 글 쓰는 사람들이 하나같이 선전원이라는 사실이고, 또 한 가지 기억해야 할 것은 당신의 글이 이 문명의 정신 나간 세계관과 파괴적 활동을 정당화한다면 제아무리 모순된 소리를 많이 늘어놓더라도 당신이 하는 말에 대한 평가는 나빠지지 않는다는 사실이다. 찰스 만의 글에서 또 한 가지 예를 들어보자. 철비둘기—문명인들이 마구 잡아죽이기 전에는 북아메리카의 다른 새들을 모두 합친 것보다 5배나 많았다[36]—는 유럽인들이 오기 전에도 사실 흔한 새가 아니었다는 것이 그의 주장이다(대규모 철비둘기떼에 관한 최초의 유럽인 개척자들의 이야기는 접어두기로 하자—쉿!). 그의 논리는 이런 것이다. 철비둘기는 잡기가 쉬웠기 때문에(그는 누군가가 철비둘기를 가리켜 "믿기 어려울 정도로 어리석다"고 표현한 것을 만족스럽게 인용하기도 했는데, 나는 철비둘기를 몰살하고는 자신들의 이 같은 행위를 정당화하는 사람들을 겨냥해 이 말을 기억해 두겠다), 인디언들이—이들은 인간이고, 따라서 파괴적이기 때문에—이 새들을 대량으로 잡았다는 이야기다. 인디언들이 이 새들을 수적으로 줄어들게 했다는 것을 우리가 어떻게 아는가? 콜럼버스가 아메리카 대륙을 발견하기 이전 시기의 인디언들의 쓰레기더미에서는 철비둘기 뼈가 많이 나오지 않아, 인디언들이 이 새를 아주 많이 사냥했던 것은 아니라는 추측이 가능하기 때문이다.

나는 농담을 하려는 것이 아니다. 그의 논리가 그렇다는 것이다. 그렇다면 문제는 찰스 만이 왜 이런 거짓말을 하며, 어째서 그렇듯 많은 사람들이 이런 거짓말과 모순을 받아들이는가 하는 점이다. 찰스 만은 그 이유를 다음과 같이 밝히고 있다. 그는 "만약 인간의 활동이 퍼져나가기만 하는 것이라면 자연복원을 위한 노력은 어떻게 되겠는가?"라고 묻고는, 자신의 질문에 이렇게 대답한다. "주류 환경보호주의자들은 원시적 신화에 이끌려 세계의 땅을 되도록 많이 본연의 상태로 보존하려고 한다. 그러나 새로운 연구조사가 맞는 것이라면 '원래대로'(intact)는 '인간의 목적을 위해 인간이 다스리는' 것을 의미한다."

얼씨구. 찰스 만의 놀라운 '새로운 조사'는 우리가 창세기에서 찾아볼 수 있는 케케묵은 바로 그 원리다. 온 세상이 인간의 목적을 위해 인간이 다스리도록 만들어진 것이라니, 편리한 이야기 아닌가?[37] 낡은 신을 맞았듯이, 새로운 신을 맞을 일이다.

그는 계속 이렇게 말한다. "환경보호론자들은 이 말을 싫어하는데, 그 까닭은 예외가 없다는 의미로 들리기 때문이다. 어떤 의미에서는 그들이 옳다. 미국 토착민들은 마음 내키는 대로 이 대륙을 다스렸다. 현대국가들도 그렇게 해야 한다."[38]

물론 그의 말은 전적으로 허튼소리다. 하지만 우리는 이미 그 점을 알고 있었다. 토착민들이 자신의 근거지인 토지기반과 장기적 관계를 형성하는 것과 엑슨이 가스를 채굴하기 위해 시추하는 것은 천양지차이다. 그 차이는 자기가 아끼는 상대와 정을 통하며 서로 주고받는 관계와 겁탈의 차이만큼이나 크다. 찰스 만이나 그와 같은 부류의 사람들이 지구를 겁탈하고 고문하며 죽이는 것이 아니었다면, 그들에게 사과할 용의가 있다.

독자들도 '홍적세(洪績世) 과잉살육 가설'(Pleistocene Overkill Hypothesis)이라는 이론에 관해 들어본 적이 있을 것이다. 십중팔구 마지막에 붙은 가설이라는 단어가 빠진 용어로 들었을 터인데, 그것은 누군가의 전혀 근거 없는 아이디어에 신빙성을 부여하고자 '가설'이란 단어를 빼버렸기 때문이다. 이 가설은 믿을 수 없다는 평가가 났음에도, 모든 인간이 파괴적이라고 믿고 싶어하는 사람들에게는 여전히 비장의 무기다. 이 가설이 불거져 나온 것은 폴 마틴(Paul S. Martin)이 북아메리카에서는 매머드, 대형늑대(dire wolf), 검치호(劍齒虎), 대형나무늘보(ground sloth), 거대 비버(beaver) 등이 약 1만 년 전에 멸종했다고 주장하면서부터였다. 그리고 마틴은 이 같은 일이 북아메리카에 최초의 인간이 나타난 것과 때를 같이해 일어났다고 (그릇되게) 단정했다. 나아가서 그는 인간이 수렵을 하면서 이 동물들이 멸종하게 된 것이라고 (역시 그릇된) 단정을 했다. 그는 숫자들을 컴퓨터에 입력하여 시뮬레이션을 작성했는데, 그 컴퓨터가 인디언들은 환경 파괴적이라고 말한 것이다. 컴퓨터에 그렇게 나왔으니 필시 그렇다는 것이다.

한번은 내가 연단에서 인디언 한 사람과 자리를 같이하고 있었는데 청중 가운데 한 사람이 바로 이 문제를 들고 나왔다. "당신네도 우리들만큼이나 파괴적이었어요" 하고 그는 말했다.

"그렇다면 당신네가 여기 왔을 때 이 땅에 들소가 있었던 건 어째서죠?" 하고 그 인디언은 응수했다.

"그 당시 인디언들은 들소도 죽이고 있었어요."

"그렇다면 우리는 아주 느린 속도로 죽이고 있었나 보네요. 왜냐하면 그 당시 3천만 내지 6천만 마리가 남아 있었거든요." 이렇게 지적하고 나서 그는 계속해서 말했다. "보세요, 생명을 죽이는 사람들이 하는 짓은 언제나 같습니다. 첫째로, 그것이 끼치는 해악을 전적으로 무시합니다. 당신들은 원하는 대로 들소를 얼마든지 죽일 수 있으며, 그건 문제될 게 없다고 말합니다. 철비둘기도 내키는 대로 얼마든지 죽일 수 있으며, 그건 문제될 게 없다고 합니다. 그 피해가 외면할 수 없는 지경에 이르면, 그때는 당신네는 그런 일이 일어나고 있지 않다고 주장합니다. 그것들이 수적으로는 작년과 같은 수준이라고 당신네는 말합니다. 잡기는 더 어려워졌지만 수적으로는 필시 같은 수준을 유지하고 있을 거라고 합니다. 피해상황을 부인할 수 없는 지경에 이르면, 그때는 그 문제를 거론하는 사람들을 공격합니다. 당신네는 그들의 위상을 문제 삼습니다. 그들은 인디언에 불과하니 과학적이지 않고 인구역학 따위는 전혀 모르는 사람들이라고 합니다. 그들은 단지 환경보호주의자에 불과하며, 지나치게 감정적이고 얼마간의 땅을 지키기 위해 거짓말을 일삼는다고 합니다. 반갑지 않은 소식을 전하는 사람들을 공격해 봐야 먹혀들지 않게 되면, 그 피해가 실제로는 피해라고 할 만한 수준이 아니라는 입장을 취합니다. 대관절 들소가 누구에게 필요하단 말인가? 그리고 강물마다 화학약품이 좀 흘러들고 있다고 해서 문제될 게 뭐냐? 몸속에 화학물질이 좀 들어 있다고 해서 죽는 사람은 아직 없지 않은가? 지구 온난화가 나쁠 것이 없지 않은가? 피해가 없는 것으로 가장하려다가 그것이 먹혀들지 않으면, 다른 누군가에게 책임을 전가하려 듭니다. 들소를 마구 잡아 멸종시킨 것은 백인들이 아니라, 인디언들이라고. 책임을 전가하려다가 그것도 통하지 않으면, 마침내 그 피해를 일으킨 장본인이 자신들임을 인정하지 않을 수 없게 되지만, 그때는 누군가가 그들로 하여금 그렇게 하게 했다고 주장합니다. 인디언들이 땅을 내주지 않기 때문에, 그럴 수밖에 없었다고 말합니다. 그들이 땅을 지키려고 싸우지 않았다면, 들소를 굶어죽게 할 이유가 없었다고 합니다. 그러니 잘못은 인디언에게 있다는 겁니다. 그리고 자신의 파괴성을 남의 탓으로 돌리는 일도 먹혀들지 않게 되면, 그때는 마지막 방법으로 그 책임을 자기들에게 추궁할 수는 없지 않느냐고 합니다. 인디언들이 자기들의 서식처를 파괴했으니, 우리가 그렇게 하는 것도 당연한 일 아니냐고 합니다. 온통 미쳐 돌아가고 있습니다. 우리가 무슨 소리를 하건 당신들에게는 대꾸할 말이 있고, 우리가 무슨 소리를 하건 당신들은 계속해서 우리의 주거지를 파괴하고 있습니다."

그동안 내가 인간은 본성적으로 파괴적이라고 말하는 사람들—거듭 말하지만, 거의 모두가 환경보호를 위해 행동하지 않는 사람들—을 접하는 일이 얼마나 많았고, 그런 사람들을 만나 이야기를 나누고 토론하는 자리가 얼마나 많았는지 이루 말할 수 없다. 문명이 북아메리카에 당도했을 때 이 대륙은 생태적으로 아주 풍성했다는 말로 내가 응수하면, 그들의 반응은 한결같이 '홍적세 과잉살육'이다. 의심스러운 일이지만 설사 그런 일이 있었다 할지라도 그것은 까마득한 옛날 일이고, 지금의 행동양상을 변명하기 위해 확실하지도 않은 1만 년 전의 일을 들먹인다는 것은 참으로 서글픈 일이라고 내가 말하면, 그들의 반응은 언제나 똑같이 '홍적세 과잉살육'이다. 설사 의심쩍은 그런 일이 있었다 할지라도, 어쩌면 인디언들이 거기서 교훈을 얻어 생활방식을 바꾸게 되었고 그래서 지난 100세기 동안 주변환경과 비교적 조화롭게 지낼 수 있었던 게 아니겠느냐고 말해도 그들의 응답은 한결같이 '홍적세 과잉살육'이다. 수십 가지의 종이 멸종했다는 주장을 지구 전체의 파괴를 정당화하기 위한 핑계로 들이댄다는 것은 추하기 짝이 없다고 생각한다고 내가 말해도, 그들의 반응은 여전히 '홍적세 과잉살육'이다. 토착민들에게도 굴삭기와 줄톱·네이팜·핵무기를 발명할 정도의 호기심과 지능이 있었으니 그들도 문명인들만큼이나 파괴적이었을 것이라는 말에 담긴 인종주의를 내가 비판해도, 그들의 반응은 언제나 '홍적세 과잉살육'이다.

나 자신 홍적세 과잉살육설을 평가절하하고 싶지만 나보다 훨씬 훌륭한 여러 학자들이 이미 그 일을 했고, 누구보다도 호소력 있게 그 일을 해낸 것은 인종생물학회(Society of Ethnobiology) 회장 유진 헌(Eugene S. Hunn)이 아닐까 싶다. 그는 수렵채집학회 제9차 국제회의에 제출한 글에서 다음과 같이 지적했다. 홍적세 과잉살육을 들먹이는 사람들을 위해 다소 길게 인용하고자 한다.

> 홍적세 과잉살육… 정통한 고고학자들 다수가 이 가설은 경험적 뒷받침이 없는 그저 그렇고 그런 이야기라는 데 의견을 같이하고 있음에도 불구하고, 이 드라큘라와 같은 짐승은 결코 죽지 않을 것이다. 능숙한 수렵

자들이 신세계의 무대에 처음으로 등장한 것과 때를 같이하여 약 35속(屬)의 카리스마적 대형 동물이 사라진 것이 '클로비스인'(Clovis Man, 북아메리카 대륙에 살았다는 석기시대 원시인디언–옮긴이)의 잔인성을 단정할 충분한 근거가 되지는 못한다. 클로비스 문화가 시간적으로 먼저라는 설은 남부 칠레에서 1만 4천 년도 더 되는 흥적세가 발견되면서 이제 접어진 상태다. 게다가 원시인디언의 살육장과 멸종한 거대 동물들의 연관성을 보여주는 증거도 별로 없다. 내가 볼 때는, 그 멸종과정을 보여주기 위해 꾸며낸 컴퓨터 시뮬레이션을 배격해야 할 이론적·경험적 이유들이 훨씬 더 설득력이 있다.

『사이언스』지에 실렸던 마틴(Martin)의 1972년 시뮬레이션은 이런 범죄를 가상적으로 재연해 보이는 첫 시도가 아니었을 뿐더러 정교함에서 으뜸가는 것도 아니었는데, 이를 통해 명확해진 것은 바로 그런 시뮬레이션에 필요한 것은 개연성이 가장 낮은 인간행위에 대한 가정이라는 점이다. 예컨대 마틴의 모델은 다음과 같이 가정하고 있다. ① 원시인디언 인구는 20년마다 배로 증가했다. ② "… 비교적 순한 먹잇감들이 갑자기 철저히 우위에 있는 새로운 포식자,[39] 즉 동물을 발견하는 족족 죽이기로 작정하고 그런 행위를 고집하는 사냥꾼에게 노출되었다…" ③ "먹잇감이 멸종하고 나서야 수렵자들은 억지로, 필요에 따라, 식물생태(botany)를 배우게 되었다…" ④ "네 명 중 한 명이 한 주에 1동물단위(450kg)를 수렵하는데, 이는 어느 한 지역의 평균적 구역에서 1년 동안 자라는 생물자원의 26%에 해당하는 것이다. 10년 안에 멸종상태에 이른다… ." 이것이 이치에 닿는 가정인가?

칼라하리 산족(Kalahari San, 이른바 부시맨–옮긴이) 수렵자들에 대한 인구동태 조사에서는 이 유목수렵자들의 평균 출생간격이 4년으로 나타났는데, 예상 유아사망률을 감안할 때 이런 출생간격이면 인구가 수천 년 동안 제자리걸음을 하면서 매우 느리게 증가하게 된다. 인구증가를 제한하는 것은 먹을거리의 확보가 아니라 어린것들을 데리고 다니는 어려움이다.

살육을 즐겨 마지막 동물을 없앨 때까지 살육을 일삼는 수렵자들이란 인간을 혐오하는 염세학자들의 뒤틀린 상상 속에서만 존재한다. 아메리카의 토착수렵자들이 어느 정도로 현대식 최대 지속성 수확(maximum sustained yield)의 원리에 따라 먹잇감을 거둬들였는지는 의문이지만 인종학적 증거는 생존을 위한 수렵이 살해충동이 아니라 동물의 행태와 현장의 풍토에 대한 지식, 동태를 해석할 수 있는 미묘한 추리, 커다란 인내심 그리고 전형적으로 먹잇감을 살아 있는 존재, 도덕적인 '사람'으로 대하는 겸손하고 공손한 태도를 요하는 활동임을 확인해 주고 있다. 한 공동체의 성인남자 한 명이 1주일에 450kg의 동물단위를 죽였다는 이야기를 믿으라는 것인데, 이는 1인당 1일 16kg(아마도 절반은 조리할 수 있게 처리된 상태), 1일 필요량의 15배나 되는 1일 1인당 3만 칼로리가 된다. 다른 것은 전혀 안 먹고 이 분량의 10%만 소비했더라도 원시인디언들은 티에라델푸에고(Tierra del Fuego, 아르헨티나 남단 지역-옮긴이)까지 어기적거리면서 걸어가기에는 너무 비대했을 것이다. 그러니 우리는 이 고기의 90% 이상은 낭비되었을 것이라고 믿어야 한다. 그러자면 450kg의 '동물단위'를 먹어치우기가 지극히 쉬워서 고기를 보관하는 일은 우습게 알았다는 가정을 요구한다.

이와 같은 낭비는 아마도 최근의 공업생산과 관련이 있는 '규모의 경제'의 특징일 테지만, 수렵채집자들의 실제 양식과는 무관한 것이다. 오히려 우리가 생각할 수 있는 것은 생존을 수렵과 채집에 의존하는 공동체의 '가내 생산양식'(domestic mode of production)이다. 사람은 다만 가족을 먹여살리는 데 필요한 만큼, 나아가서 그의 공동체의 번식에 기여하는 데 필요한 만큼만 부지런히 일한다. 뿐만 아니라 인종학적 증거는 수렵채집경제가 남자와 여자의 분업을 기초로 하고 있으며, 남극과 북극을 제외하고는 여자들이 먹을 수 있는 식물을 채집하여 식생활에 크게 기여했음을 압도적으로 보여주고 있다. '식물생태를 익히는 것'이 마틴이 말하는 것처럼 굶주리는 수렵자의 최후수단이 아니라, 모든 경우에 수렵채집에 의한 생존전략의 불가분의 한 요소였다.

끝으로, 아메리카의 홍적세시대에 거대 동물들이 새로운 슈퍼급 약탈자의 등장을 뒤늦게 깨닫고 피할 방법을 익히지 못했다니 얼마나 어리석은 일인가? 대륙의 거대 동물들은 검치호나 작은얼굴곰(short-faced bear)과 같은 영악한 약탈자들이 있는 가운데 진화했으니, 갈라파고스와 같은 외딴섬의 약탈성 없는 토착동물들과는 비교할 수 없다.

이처럼 홍적세 과잉살육 시나리오를 뒷받침할, 믿을 만한 고고학적 증거가 없을 뿐만 아니라 이는 현대 및 역사적인 수렵채집사회의 실질적인 수렵채집 관행에 관한 고고학자들의 연구결과와 정반대되는 것이다.[40]

이제 요점을 정리해 보자. '홍적세 과잉살육'을 떠드는 사람들은 좀처럼 자신들의 논리를 끝까지 밀고 가는 일이 없는데, 그 논리의 끝은 정말로 인류가 본질적으로 파괴적이라면(다시 말해 단지 이 문화의 파괴성과 함께 악에 직면하여 그것을 방관하는 자신의 태도를 정당화하기 위해 그런 말을 하고 있는 것이 아니라면), 다시 말해서 인간은 언제나 자신의 주거환경(과 남의 주거환경)을 파괴하는 '철저하게 월등한 약탈자'라고 진심으로 믿는다면, 그리고 만일 문명인은 더 파괴적이고 그 까닭은 문명인이 모든 점에서 더 낫기 때문이라고(그리고 인간사회가 그토록 발전한 상태에 있기 때문이라고[어쩌면 우리 문명인들은 지독히도 똑똑하기 때문이라고]) 생각한다면, 그리고 만약 조금이라도 자연계에 관심이 있다면, 우리는 인간들이 자연을 몽땅 파괴하기 전에 모조리 제거해야 한다는 것이다. 이것은 저들의 논리이지, 내 논리가 아니다.

◎ ◎ ◎

이 모든 것들은 감옥에 있는 친구가 내게 들려준 이야기를 떠올리게 한다. 그 친구는 노상 흑인들을 더없이 증오한다면서 그들을 죽이고 싶은 생각

뿐이라고 하는 동료죄수에게 진저리를 치고 있었다. 내 친구는 마당 어디에 칼이 묻혀 있는지 알고 있었다. 그는 동료죄수를 그곳으로 데리고 가서 칼을 파내 손에 쥐어주면서 말했다. "난 네가 하는 소리에 진저리가 나. 뭔가 행동을 하든지 아니면 그놈의 주둥이 닥쳐."

그 동료죄수는 입을 닥치게 되었다.

일체성

세상의 모든 군대보다도 강한 것이 있으니, 그것은 제때를 만난 사상이다.

빅토르 위고

지구에는 고유한 운명의 여신이 셋 있다(그리스신화에서 나오는 생명의 실을 잣는 Clotho, 실의 길이를 정하는 Lachesis, 실을 끊는 Atropos-옮긴이). 지구에는 목적이 있다. 그런데 우리는 그 목적이 무엇인지를 부분적으로만 알고 있다. 그래서 나는 이 말에 대한 이해와 사용을 뒤집고 싶다. 누가 환경보호 활동이나 지구상의 그 어떤 다른 활동을 하고 있는가에 대한 생각을 뒤집을 필요가 있는 것과 똑같이 말이다. 우리는 모든 일을 다 하고 있다고 생각한다. 그러나 그 모두를 보듬어 우리가 제 길을 가도록 실질적인 일을 하는 것은 동물이며 식물들이다. 우리는 마치 별과 해와 달 그리고 자구 자체도 아무것도 하지 않는다고 생각하는 것 같다. 그런데 지구에는 지능과 목적과 고유한 운명의 여신들이 있다. 그리고 이런 것들이 실제로 가장 중요한 운명들이다.

이것이 우리에게 요구하는 바는 막대한 책임이다. 이들 운명의 여신들의 일에 참여하는 것이 우리의 책임이다. 우리는 지구의 일부다. 지구의 목적들을 거스르거나 물러앉아 시늉만 하는 것이 아니라 거기에 동조하는 게 우리가 해야 할 일이다. 우리는 되돌려줘야 한다. 우리가 운명의 여신들과 함께해야 하는 이유는 그들이 우리 자신의 운명의 여신들이기도 하기 때문이다.

제인 카푸티[41]

며칠 전 나는 한밤중에 철제 여행가방을 들고 항공기에서 내려 어느 터미널에서 다른 터미널로 걸어가는 꿈을 꿨다. 첫 항공편이 연착하는 바람에 다음 항공편에 늦어졌다. 나는 게이트로 다가갔다. 카운터 직원이 신분증을 보자고 했다. 그래서 지갑을 꺼내 운전면허증을 내밀었다. 무슨 이유에서인지 면허증 숫자들이 마음에 들지 않았던 그녀는 그것을 인정하려 하지 않았다. 문제될 것이 없다고 생각한 나는 다른 운전면허증을 꺼냈다. 나는 면허증을 열 개쯤 가지고 있었다. 유감스럽게도 그 어느 것도 그녀의 마음에 들지 않았다. 나와 나의 여행가방은 목적지까지 갈 다른 방도를 찾아야 할 판이었다.

이 꿈을 계기로 나는 정체성에 관해 생각하게 되었다. 나는 누구인가?

나 자신의 정체성을 소비자로, 유권자로, 작가 혹은 혁명가로 확인하는 문제 전반이 정의(definition)라는 것을 다시 생각하게 되었다. 내가 이미 그 이유를 밝혔듯이, 지속 가능한 유일한 기술수준은 석기시대라는 게 명확해 보이지만, 마찬가지로 특정한 어떤 자아의식만이 지속성이 있으리라는 생각이 들었다.

이 책의 〔전제 18〕은 이 문화의 지금과 같은 자아의식은 현재의 에너지 또는 기술의 사용과 마찬가지로 지속 가능하지 않다는 것이다.

스스로를 소비자로 인식하는 사람은 소비행위를 할 것이다. 자신을 "철저하게 우월한 새로운 약탈자"로 인식하는 사람은 그런 사람으로 행동하게 될 것이다.[42] 스스로를 자신의 토지기반을 파괴하는 행위밖에 할 수 없는 종의 일원으로 인식하는 사람은 그렇게 행동할 것이다. 자신을 진화의 '정점'으로 생각하는 사람은 매사에 꼭대기로 기어오르려 할 것이며, 자기 밑에 있다고 여겨지는 것들을 짓밟을 것이다. 자신을 토지기반과는 별개의 존재라고 생각하는 사람은 토지기반을 파괴하고도 살아남을 수 있다고 생각하여 이를 파괴할 공산이 크다. 스스로 주변의 것들을 착취할 권리가 있다고 인식하는 사람은 그렇게 할 것이다.

이 같은 자아인식은 그 어느 것도 지속성이 없다. 이런 식으로 자신을 인식하며 세상을 보는 사람들은 미래에 오래 살아남을 수가 없을 것이다. 나로서는 개의할 바가 아니다. 그런 식으로 세상을 대하던 사람이 살아남지 못하게 되면 속이 시원할 것이다. 문제는, 그런 사람들이 망하기 전에 불필요한 불행을 많이 초래하여 수많은 사람들이 함께 다치게 된다는 데 있다.

◎ ◎ ◎

문명이 세계를 죽이는 이유, 화제 21. ORV들, 곧 도로 아닌 데를 달리는 차량(off-road vehicle) 때문이다. 나는 우리의 미래를 조금이나마 낙관하려다가도 ORV라는 세 글자만 보면 그만 기가 죽는다.

최근 『샌프란시스코 크로니클』지에 이런 제목의 표제기사가 실렸다. "오프로드 오락에 제동: 석면과 희귀식물들이 청정하천 관리구역(Clear Creek Management Area)을 달리는 바이커들을 위협." 그 기사는 다음과 같이 시작한다. "오프로드 주행에 열중하는 사람들에게 에덴동산이 있다면, 그것은 청정하천 관리구역일 것이다. 이 구역은 홀리스터에서 남쪽으로 55마일 떨어진 곳에 위치해 있으며, 포장되지 않은 곳을 달리는 오토바이 주행자들에게 희열을 안겨주는 약 5만 마일 길이의 구역이다. …그러나 에덴동산에서처럼, 새로운 정보가 클리어 크리크에서의 자유분방한 주행에 종말을 가져오거나 최소한 제한을 가하게 될 것으로 보인다." 그 '새로운 정보'란 ORV차량들의 주행으로 흙이 파괴되고 식물들이 죽어간다는 것인데,[43] 이 경우 피해대상은 산베니토의 희귀식물인 금달맞이꽃 등이다.[44]

자신의 전제를 사람들에게 회자되도록 만들면 성공이라는 프로파간다의 제1원칙을 잊지 말자. 또 한 가지 기억해야 할 것은, 학대자들은 언제나 자신을 진짜 피해자로 내세운다는 사실이다. 이 사례에서는 식물을 위협하거나 죽이면서 도로 아닌 데를 차를 몰고 다니는 사람들에게 문제가 있는 것이 아니라, 오히려 희귀식물들이 '자유분방한 바이커들을 위협'하고 있는 것이다.[45]

만일 ORV 주행이 더없는 희열이나 에덴동산에서의 생활과 명시적으로 하나로 결합된다면, 만일 무책임하고 본질적으로 파괴적인 행위가 '자유분방한 즐거운 시간'으로 간주되거나 재정의된다면, 이 문화가 지구 죽이기를 멈출 가망은 정말 없다.

요즈음 나는 이 점에 대해 많이 생각하고 있다. 만일 우리가 순전히 오락적인 파괴행위를 제지하기 위해 싸우듯이 힘들게 투쟁해야만 하는 것이라면, 그리고 만약 종들의 존속 자체가 위기에 처해 있는데도 우리가 이 싸움에서 그토록 자주 질 수밖에 없는 것이라면, 현실적으로 지금의 전략과 전술 가지고는 공리적 기능을 하는 파괴행위를 제지할 가망이 없다. 이렇게 말한다고 해서 공리성이나 생산이 오락이나 레저보다 더 중요하다는 이야기는 아니고, 다만 ORV는 체제에서 주변적인 것이라는 점을 지적하려는 것이다. 만일 우리가 체제의 기능이라는 점에서는 전적으로 배제해도 상관없는 지엽적 파괴행위를 제지할 수 없다면, 이 체제가 의존하는 행위들을 중지시키기란 불가능할 것이다. 만일 우리가 용인된 방법으로 ORV를 제지할 수 없다면, 우리는 결코 용인된 방법으로 벌목이나 광물채굴, 석유채굴 역시 제지하지 못할 것이다. 다른 예를 들어보자. 우리가 아직도 로데오나 모피옷[46] 문제 따위로 옥신각신해야 하는 상황이라면, 결코 생체해부나 공장형 농업과 어로를 제지하지 못할 것이다.[47] 만약 우리가 인정된 방법으로써 체제에 반드시 필요하지도 않은 어리석은 짓들을 제지하지 못한다면, 시스템의 존속에 필수적인 것을 용인된 방법으로써 제지한다는 건 절대로 불가능할 것이다.

◎ ◎ ◎

문명이 세계를 죽이는 이유, 화제 22. ORV들. 단지 이 차량이 터무니없이 파괴적이라고 해서 다시 끌어들이는 것은 아니다.[48] 내가 이 차를 다시 거론하는 것은 미국 대법원 때문이다. 어제 대법원은 전원일치로 국민들에게는 환경법을 강행하지 않는다고 해서 연방기관을 고소할 권리가 없다는 판결을 내렸다. 그 사건은 ORV에 대한 것이었다. 이런 이야기다. 유타주의 토지관리국[49]이 ORV 주행자들을 200만 에이커의 황무지 후보지(주목해야 할 것은, ORV 운전자나 다른 약탈자들이 설사 불법적으로라도 이 황무지들에 길을 내게 되면 그곳은 황무지 보호구역에서 제외될 수 있다는 사실이다)에 들어오지 못하도록 막지 않았다고 해서, 시민들이 소송을 제기한 것이다. 토지관리국은 그 토지를 ORV 사용자들로부터 보호해야 한다는 법적 규정(『크로니클』의 기사대로라면 그들을 낙원에서 쫓아내라는 규정)이 있지만, 대법원판사 안토닌 스케일리아의 표현을 빌린다면 토지관리국이 일정 지역을 보호할 것을 요구하는 그 어떤 계획도 단지 '우선순위의 표명'(statement of priorities)일 뿐이며 법적 구속력은 없다는 것이다. 대법원 판결의 본질은, 시민들이 법으로 규정된 어떤 조치를 취할 것을 연방기관에 요구하는 소송을 제기할 수는 있지만 신속한 혹은 효율적인 조치를 취할 것을 요구하는 소송을 제기할 수는 없다는 것이다. 그러므로 토지관리국은 어떤 토지를 ORV 사용자들로부터 보호해야 한다는 법적 규정이 있다 하더라도, 토지관리국이—제아무리 우스꽝스러운 것일지라도—모종의 계획을 내놓기만 한다면 시민들로서는 사법기관을 통해 호소할 길은 없어 보인다. 예컨대 토지관리국은 이렇게 말할 수 있다. 우리는 이 토지들을 보호하기 위한 중대한 공약을 지키고 있으며, 이를 이행하기 위해 정확하게 연간 3달러를 지출할 것이다. 우리는 2050년까지 또는 마지막 한 방울의 기름이 바닥 날 때까지, 그 어느 쪽이건 뒤에 오는 시기까지는 어김없이 이 토지들에서의 파괴적인 ORV 주행을 일절 중지시킬 것이다. 따라서 이들을 제지할 방도는 아무것도 없는 것이다.

아니, 법원을 통해서 이룰 수 있는 것은 아무것도 없다.

실상은 이렇다. 다 아는 바와 같이, 규제기관들의 일차적 목적은 시민들의 분노와 그들의 토지기반과 생명[50)]을 파괴하는 자들 사이에 완충작용을 마련하여, 법적인 구속력을 배제한 채 '우선순위 표명'을 해주는 것이다. 산림국이나 토지관리국으로부터 토지를 보호하려고 시도해 본 사람들은 이런 일을 당하곤 한다. 즉 누군가가 그런 기관들의 규정을 활용하여 파괴에 제동을 걸 방법을 찾아내면, 해당 기관은 그 규정을 바꾸어버리는 것이다.

스케일리아 판사가 토지관리국의 '우선순위 표명'을 들먹인 것은 부정직한 처사였다. 우선순위는 행동(아니, 행동하지 않는 것)에서 명확하게 나타난다. 토지관리국이 표명한 바가 행동으로써 뒷받침되지 않는다면 단지 연막에 불과한 것이며, 런디 밴크로프트(Lundy Bancroft)가 학대자들의 특징으로 지적한, 상대방의 주의를 산만하게 하는 짓일 뿐이다.

> 한 가지 중요한 점에서, 학대자는 마술사처럼 행동한다. 그의 트릭은 주로 당신을 엉뚱한 데 바라보게 하여 주의가 산만해지게 함으로써 실제 행동을 눈치 채지 못하게 하는 데 있다. … 자기 자신에게조차 시인하지 않을 수도 있지만, 그의 욕구는 당신을 이런 식으로 머리를 쥐어짜게 함으로써 자기 행동의 패턴과 논리 그리고 그 광기의 바탕에 깔린 의식을 눈치 채지 못하게 하는 것이다.[51]

이 경우도 마찬가지다. 토지관리국은 황무지 보호가 우선사업이라고 하면서도 그렇게 행동하지는 않는다. 대법원은 시민들이 토지를 보호하기 위해 행동에 나설 수 있다는 듯이 태도를 취하면서도, 시민들이 그런 행동에 나서는 것을 막으려고 한다.

대법원의 이 판결은 존 F. 케네디의 유명한 말을 떠올리게 한다. "평화적 혁명을 불가능하게 하는 자들이 폭력적 혁명을 불가피하게 만든다." 나는 이 말을 우리의 토지기반에 맞게 수정하고 싶다. "우리 토지기반의 평화적 보호를 불가능하게 하는 자들이 토지기반의 폭력적 방어를 불가피하게 만든다."

◎ ◎ ◎

내가 사는 이곳에서 남쪽에 위치한 험볼트(Humboldt) 카운티는 캘리포니아주에서 인구 1인당 성범죄율이 가장 높은 곳이다. 작년에 험볼트의 보안당국에 신고된 성폭행사건은 61건이었는데, 보안당국이 검거한 성폭행범은 정확하게 두 명이었다. 보안당국은 이 카운티에서 퍼시픽 목재회사의 불법벌목을 저지하기 위해 나무에 앉아 항의하는 사람들과 관련해서는 적어도 8배나 많은 사람을 검거했다.[52] 파격적인 사례 한 가지를 예로 들어보면, 보안관 29명과 보안관견습생 3명 그리고 고속도로 순찰대원 3명이 현장에 출동하여 나무 위에 올라가 앉아서 항의하고 있는 시위자들을 끌어내리는 목재회사를 지원했다. 토지관리국의 경우와 마찬가지로, 카운티 보안당국의 일차적 목적은 언제나 그렇듯이 이 책의 〔전제 4〕를 강행하면서도, 마치 보호하고 있는 것처럼 착각하게 만드는 것이다.

여기서 내가 케네디의 말을 고쳐서 성폭행범에게 적용한다고 해서 반대할 사람은 많지 않을 것이다. "우리 신체의 평화적 보호를 불가능하게 하는 자들은 폭력적 방어를 불가피하게 만든다.

◎ ◎ ◎

이제 이 말을 우리의 풍토와 신체를 온통 독극물로 찌들게 하고 있는 화학회사들에 적용해 보자. 우리 몸의 평화적 보호를 불가능하게 하는 자들은 우리 몸의 폭력적 방어를 불가피하게 만든다.

◎ ◎ ◎

지구에게 저지르는 일은 곧 우리 자신에게 저지르는 것이다. 정말 아주 간단한 이야기다. 우리는 지구 없이는 못 산다. 지구는 우리 없이도 살 수 있다. 이 시점에서 지구가 우리와 더불어 살 수 있겠는가 하는 것은 아직 미결의 문제이다. 우리가 지금처럼 행동한다면, 지구가 우리와 더불어 살 수 없다는 것은 분명하다.

문명 때문에 해마다 1400제곱마일 가까운 땅이 사막으로 변하고 있는데, 이는 30년 전과 비교해서 2배도 더 되는 규모이다(문명 이전과 비교하면 그 비율은 본질적으로 무한대로 높아졌다). 약 20년 후면 경작 가능 면적이 아프리카에서는 2/3가, 아시아에서는 1/3이, 남아메리카에서는 1/5이 줄어들게 된다. 자본주의 매체들조차도 사태의 심각성을 인정하고 있다. "테크놀로지가 문제를 더 악화시킬 수 있다. 오스트레일리아의 일부 지역에서는 관개 시스템이 염수를 펌프로 끌어올림으로 해서 농장이 서서히 오염되고 있다. 사우디아라비아에서는 목축업자들이 가축을 이 오아시스에서 저 오아시스로 옮겨다니게 하지 않고 물트럭을 사용하고 있음으로 해서 가축들이 비대해지고 풀을 죄다 먹어치우는 실정이다. 스페인·포르투갈·이탈리아·그리스에서는 한때 황야에 수분을 공급해 주던 물을 해변의 휴양지들이 독차지하고 있다. 이들 나라의 많은 농민들은 '세류관개'(drip irrigation) 방식으로 물을 아껴 쓰지 않고 여전히 농지가 물에 잠기게 하는 방식을 사용하기 때문에, 그로 인한 물 부족으로 땅이 서서히 말라가고 생명이 살아남지 못하고 있다." 기업언론은 나아가 지금은 황량하기 그지없는 사막의 일부도 문명 이전에는 쾌적한 곳이었음을 인정하면서 이렇게 말한다. "중동·지중해·북아프리카 대부분의 지역이 전에는 녹지였다. 사하라 자체도 대초원이었으며, 바위에 새겨진 그림들은 일찍이 이곳에 기린과 코끼리, 소가 서식했음을 보여주고 있다."[53]

산업문명은 땅을 죽이며 바다까지 죽인다. 해마다 여름이면 멕시코만에서는 데드존(dead zone)이 8천 제곱마일에 이른다. 그런 구역이 체사피크만(Chesapeake Bay, 미국 메릴랜드주와 버지니아주 사이에 있음—옮긴이)도 뒤덮는다. 발트해도 그렇다. 통틀어 약 150군데의 데드존이 있는데, 이런 곳에서는 물에 함유된 산소가 부족하여 생명이 살아남지 못한다. 이 숫자는 1960년대 이후 10년마다 배로 증가했다. 원인은? 공업형 농업이다.[54]

물론 데드존이 바다의 최대 위협은 아니다. 이보다 훨씬 큰 위협은 심해트롤어로다. 그 피해가 어찌나 심각한지, 캐나다의 〈CBC〉방송은 이렇게 보도했다. "해마다 트롤어선이 해저에서 끌어올리는 거대한 그물은 산호에서부터 상어에 이르기까지 온갖 것을 싹쓸이하면서 지구의 해저를 결딴내고 있다."[55]

산업문명이 땅을 죽이고 있다. 산업문명은 물도 죽이고 있다.

◎ ◎ ◎

이 문화가 숲만을 결딴낸다고 생각하면, 잘못이다. 그것은 우리의 정신까지 결딴내고 있다. 그것이 강물만 댐으로 막고 있다고 생각하면, 잘못이다. 우리 자신도 이런 댐에 막혀 저주받고 있다. 이 문화가 비단 바다에만 데드존을 만들고 있다고 생각해서도 안 된다. 우리의 마음과 머리에도 죽음의 구역을 조성하고 있다. 그것이 주거환경만 파괴하고 있다고 생각해서도 안 된다. 우리 역시 분열되고 갈라지고 갈기갈기 찢어지고 뜯겨서 망가지고 있다.

바로 지난밤에 나는 TV에서 BP, 즉 일찍이 브리티시 석유회사(British Petroleum)로 알려져 있던 기업의 광고를 봤다. 지금 이 회사는 BP란 '석유 이후'(beyond petroleum)를 의미한다고 주장하면서, 재생 가능한 에너지의 연구를 내세우는 홍보활동을 벌이고 있다. 예컨대 BP는 1999년에 전문적인 재생 가능 에너지 기업인 솔라렉스(Solarex)를 4500만 달러에 인수했다며 대대적으로 떠벌였다. 이게 꽤 큰돈으로 여겨질는지 모르지만, 우리가 알아야 할 것은 BP가 석유기반 확충을 위해 아르코(Arco)를 인수하는 데 265억 달러를 지불했다는 사실과 알래스카 석유개발에만 앞으로 5년 동안 50억 달러를 지출할 계획이라는 사실 그리고 2000년에 재생 가능 에너지보다 새로운 '환경 친화적' 로고에 더 많은 돈을 썼다는 사실이다.[56] 케이트 머피(Cait Murphy)가 『포천』지에 쓴 것처럼 "이상한 광고전략이 여기 있다—가장 중요성이 뒤지는 품목을 띄움으로써 가장 중요한 품목은 외면한다. … 만약 세계 제2위의 석유회사가 석유 이후 시대에 주력하고 있는 것이라면, 『포천』으로서는 할말이 없다." BP의 지사장 밥 머피도 BP가 석유 이후 단계로 들어가는 것은 '몇십 년 뒤'의 일임을 인정하고 있으니, '석유 이후'로 명칭을 바꾸는 것 자체가 무의미한 일이다. 그때가 되면 채굴 가능한 석유가 모두 사라질 터이므로, 우리 모두가 저절로 석유 이후 시대에 살게 될 것이기 때문이다. 명칭변경이 무의미한 것임을 보여주는 또 하나의 사례는, BP가 지구 온난화를 늦추기 위해 더 한층 노력할 것을 요구하는 결의안이 이사회의 반대로 부결되었다는 사실이다. BP의 회장 피터 서덜랜드는 주주들에게 이렇게 말했다. "BP가 화석연료 판매를 단계적으로 폐지해야 한다는 요구가 있었다. 우리는 그와 같은 요구를 받아들일 수 없으며, 마치

 그렇게 할 수 있는 척하는 것은 무의미한 일이다."[57)]

다시 말해 BP의 명칭변경은 '우선순위의 표명'일 뿐, 법적 구속력이 있는 공약은 아니다. 단적으로 말해서 그것은 또 하나의 연막전술일 뿐이다.

이런 유형의 연막전술을 가장 완벽하게 개발한 사람은 피터 샌드먼(Sandman, 어린이 눈에 모래를 넣어 잠들게 한다는 잠의 귀신-옮긴이)이라는 격에 맞는 이름을 가진 홍보 컨설턴트다. 그에게는 '불법행위의 도사'(high priest of outrage)라는 별명이 붙었는데, 기업체들이 일반대중의 분노를 누그러뜨려 다시 잠들게 해달라고 그를 고용하기 때문이다. 샌드먼은 자신의 역할을 이렇게 밝히고 있다. "내가 고용되어서 하는 일은, 기업이 '이런 혼란스러워하는 사람들에게 정련시설은 폭발하지 않을 것이니 제발 우리를 못살게 굴지 말라'고 설명하는 것을 도와주는 일이다."[58)]

그는 기업을 위해 대중의 분노를 잠재우는 5개항 프로그램을 개발했다. 첫째, 대중들을 자기 스스로 파괴적인 과정에 참여하고 있으며 위험은 외부에서 온 것이 아니라고 믿게 만든다. 네가 그런 옷을 입어 자청한 일이라고 성폭행범은 말한다. 당신 역시 차를 몰지 않느냐고 홍보 컨설턴트는 말한다. 둘째, 대중들을 그런 과정들에 수반되는 해보다 혜택이 더 많다고 믿게 만든다. 내가 아니면 너는 결코 삶을 스스로 꾸려나가지 못한다고 환경파괴자는 말한다. 화석연료가 없다면 어떻게 살아남을 수 있겠는가? 하고 홍보 컨설턴트는 따진다. 셋째, 위험에 익숙해지게 함으로써 두려움을 깎아내린다. 위험에 대한 자기반응을 (그 반응이 의미 있는 것이거나 혹은 실효성이 있는 것이든 상관없이) 설명해 주면 상대방은 긴장을 풀게 마련이다. 걱정 마라. 내가 다 보살펴줄게. 사정이 달라질 거야. 두고 봐 하고 학대자는 말한다. 우리는 석유 이후의 지속성 있는 에너지 확보를 향해 가고 있다고 홍보 컨설턴트는 말한다. 넷째, 대중들은 위험을 통제할 수 있다고 (사실 여부와는 상관없이) 다시금 강조한다. 당신은 원한다면 언제든지 떠날 수 있지만, 나는 당신이 떠나지 않을 것이라고 믿는다고 학대자는 말한다. 우리 모두가 힘을 합치면 나아갈 길을 찾게 될 것이다라고 홍보 컨설턴트는 말한다. 다섯째, 자기 잘못을 인정하면서 개선하려고 힘쓰고 있다고 (사실이 아닐지라도) 말한다. 다시는 안 때릴게 하고 학대자는 되풀이해서 말한다. 과거에 얽매여 살지 말고 함께 미래를 향해 나아가자고 홍보 컨설턴트는 말한다.[59)]

광산업계 중역들과 어울리게 된 자리에서, BP의 컨설턴트이기도 한 샌드먼은 "당신들이 일을 크게 저질렀다는 인식이 증대하고 있으며, 이로 말미암아 광업허가를 따내기가 더욱더 어려워지고 있습니다" 하고 말했다. 이어 그가 내어놓은 해결방안은 물론 업계가 그 운영방식을 바꾸는 것이 아니라 광산업계에 적합한 '외적 인격'(persona)을 찾아내는 것이다. 그의 이야기를 한번 들어보자. "거듭난 죄인의 이미지가 먹혀들게만 할 수 있다면 효과가 매우 좋을 겁니다. …그런데 '거듭난 죄인' 방식은 BP의 존 브라운이 회사를 위해 성공리에 구사해 온 방식입니다. 셸의 경우에도 브렌트 스파(Brent Spar, 브렌트의 석유저장시설-옮긴이)와 관련하여 이 방식을 썼다고 할 수 있습니다. 이들 거대 석유회사들은 스스로에게 다음과 같이 말함으로써 큰 성과를 거두었습니다. '다들 우리가 나쁜 놈이라고 생각하고 있어. …우리가 착한 사람이라고 내세울 수는 없고, 우리 스스로 마침내 나쁜 놈이라는 걸 깨달았으니 이제 개과천선하겠다고 발표하자….' 잘못을 뉘우치고 있다는 인상을 주게 되면, 비판적인 사람들과 대중들이 착한 자들로서의 업계의 이미지를 받아들이기가 한결 수월해질 것입니다."[60)]

간밤에 내가 본 광고에서는 화면에 얼굴이 보이지 않는 인터뷰 진행자가 한 여성에게 "자동차와 깨끗한 환경 가운데 어느 하나를 택하라고 한다면 어느 것을 택하시겠습니까?" 하고 묻고 있었다.

여자는 잠시 생각에 잠긴 듯하더니 이렇게 말하는 것이었다. "나는 자동차 없는 생활은 생각할 수 없네요. 물론 깨끗한 환경을 원하기는 하지만 우리가 처한 상황에서는 타협하기가 대단히 어려워요."[61)]

그 광고는 세상을 나아지게 하기 위해 BP가 하고 있는 바를 이야기해 주는 내레이터의 말로 끝을 맺었다.

여기서 일어난 일을 살펴보자. 이 광고의 전제는 무엇인가? 첫째로, 이 광고는 인터뷰 형식을 취하고 있어서 유료광고라는 사실을 쉽사리 잊어버릴 수 있다. BP의 광고용 웹사이트는 그 광고가 전혀 모르는 사람들을 무작위로 선정하여 실시한 수백 건의 인터뷰에서 골라낸 것이라는 점을 강조하고 있다. 그들이 수백 건에 달하는 인터뷰를 했을 것이라고 나도 믿어 마지않는다. 그렇게 해야만 많은 의견을 들어 그 가운데서 자기들의 요구에 꼭 들어맞는 것을 추려낼 수 있었을 것이니 말이다. 한번 생각해 보자. 광고담당자가 이 문제에 대해 나에게 물었다면, 과연 내 답변을 필름에 담아 돈을 들여 그것을 TV에 방영까지 했을지, 의심스럽다. 광고담당자가 사용하기로 결정한 '인터뷰'라는 것은 샌드먼의 5개항을 간결하게 잘 살린 것이기 때문에 선정되었을 것이다. 즉 우리는 기꺼이 참여한다, 손실보다 혜택이 더 많다, 그 위험은 그럭저럭 익숙해져 있다, 우리는 위험을 관리할 수 있다, BP는 문제해결을 위해 노력하고 있다.

그러나 이야기는 더 있다. 첫째로, 그 광고는 '환경'이란 우리에게서 멀리 떨어져 '저 밖'에 있는 그 어떤 것인 양 이야기하고 있다. 가령 이른바 '인터뷰' 진행자가 이렇게 물었다고 해보자. "우리들 자신의 안녕이 토지기반의 건강과 불가분의 관계를 가진 사실을 감안할 때, 당신은 어느 쪽을 택하겠습니까?—건전한 토지기반을 택할 건가요, 아니면 이 토지기반을 파괴해서 얻게 되는 '안락과 우아함을 바탕으로 한 문화를 택하겠어요?" 그러고 나서 다음과 같은 추가질문을 했다고 생각해 보자. "만일 후자를 택한다면, 그것은 인간으로서의 당신에 대해 무엇을 말해 주는 것일까요?" 또는 인터뷰 진행자가 미국에서만도 자동차와 관련된 대기오염으로 인한 호흡기질환으로 연간 약 3만 명이 죽어가며 대기에 방출되는 일산화탄소의 65%가 도로를 달리는 차량들이 뿜어내는 것이라고 말한 다음 "당신이라면 자동차문화와 당신의 생명 가운데 어느 쪽을 택하겠어요?" 하고 묻는다면 어떻게 될까?

둘째로, '인터뷰 진행자'가 자동차를 운전하지 않을 경우에 얻게 된다고 하는 '환경'에 '더 깨끗한'(cleaner)이라는 형용사를 붙이는 저의는 무엇인가? 이는 '환경'을 이미 깨끗한 것으로 단정하고, 지금의 상황은 문명의 기정값(default)이라고 단정하는 것이다. 우리가 질문내용을 다음과 같이 바꾼다면 그 광고는 어떻게 될까? "당신은 어느 쪽을 택하겠는가—자동차를 비롯한 다른 문명의 후유증으로 오염되고 사실상 파괴되고 있는 지구를 택하겠는가 아니면 당신의 차를 택하겠는가?"

이 광고의 보다 깊숙이 숨어 있는 언외의 전제는, 깨끗하지 않은 지구는 그녀의 탓(그리고 우리 탓)이라는 것이다. "어느 쪽을 택하겠어요—자동차요 아니면 더 깨끗한 환경?" 선택은 그녀가 한다. 그것은 그녀의 차다. 그녀가 가진 낡은 혼다 시빅을 팔기만 한다면 만사가 해결된다는 식의 분위기를 풍기고 있다. 그렇지만 그녀는 그럴 수 없다. 그녀가 말하듯이 "나는 자동차 없이 사는 건 생각할 수 없는 일"이다. 그녀는, 그리고 우리 모두는 토지기반보다는 문명이 만들어낸 것들, 기계들과 더 한통속이라고 간주되고 있는 것이다. 우리는 이렇게 훈련되고 있다. 그리고 우리는 상상력이 부족하도록 훈련되고 있다. 만약 우리의 상상력이 결딴나지 않았더라면, 우리가 이런 식으로 살 수는 없는 것이고 그러지도 않을 것이다. 그리고 더 나아가 우리는 스스로 직접 뭔가를 상상할 수 없다면 그런 상상은 불가능하다고 믿을 만큼 나르시시즘에 빠져들게 훈련되고 있는 것이다.

문명이 만들어낸 인공물과의 이 같은 일체화야말로 우리들 각자가 타파해야 할 것이다. 그녀가 정녕 자동차 없는 자신을 상상할 수 없다면, 나는 그녀가 요행히 지구 없이 살아가는 자신을 상상하게 되기를 바랄 뿐이다.

그리고 또 한 가지 전제가 있다. "물론 나도 깨끗한 환경을 원하지만 우리 처지에서 그런 타협을 하기란 대단히 어려운 일"이라고 그녀는 말한다.

이런 '타협'은 이미 정신이 나가버린 사람들에게만 어려운 일일 것이다. 세계는 우리를, 그리고 우리 자동차를 필요로 하지 않는다. 우리가 세상을 필요로 하는 것이다.

◎ ◎ ◎

이런 기업들의 작태는 그칠 줄을 모른다. 나는 BP의 또 다른 광고를 봤다. '인터뷰 진행자'가 어떤 사람에게 묻는다. "그래서 석유회사에 하고 싶은 말이 무엇입니까?"

그 사람이 대답한다. "이렇게 말하겠어요. 당신네 제품은 필요악이지만 우리 모두가 그것을 사용하고 있고, 우리 모두가 하나가 되어 그것을 즐기고 있습니다. 모두 함께 환경에 좀더 안전한 방법을 궁리해 봅시다."[62] 이 말을 분해해 볼 수 있다. 독자들도 분해해 보기 바란다. 재미있다. 그리하여 그들이 하는 소리를 한번 해체해 보면, 그 밖의 다른 것을 해체하는 작업을 진행시킬 수 있게 된다.

◎ ◎ ◎

유독 BP만의 일이 아니다. BP 못지않게 고약한 기업들이 있다. 그런 기업은 무궁무진하다.

예컨대, 엑슨 모빌은 이 문화가 만들어내는 탄소의 5%를 혼자서 배출하고 있는 기업이다. 최근의 한 조사를 보자. "1882년부터 2002년까지 엑슨 및 그 전신이었던 기업들이 기업운영 및 제품연소를 통해 배출한 이산화탄소는 총 203억 톤으로 추정된다. …이는 같은 시기에 지구에서 배출된 이산화탄소의 4.7~5.3%에 해당한다."

그렇다면 같은 보고가 지적하고 있듯이, 엑슨이 "여러 해 동안 기후관련 과학 및 정책, 특히 기후변화에 대처하기 위한 국제협정 '교토의정서'에 대해 반대하는 로비를 벌이면서 적극적으로 방해공작을 일삼아 온" 것은 전혀 놀라울 게 없다.

역시 놀라울 게 없는 일은, 지난해에 주주들이 재생 가능 에너지원으로 업종전환을 할 것을 요구하는 결의안을 4 대 1로 부결시킨 후 최고경영자이자 회장인 리 레이몬드가 "우리는 주주들의 수익을 희생시켜 가면서 사회적 성명을 발표하기 위해 투자하지는 않는다"고 한 발언이다.[63]

학대자

가부장적 종교와 과학이 모두 정당화해 주고 조장하기까지 하는 여성과 지구에 대한 폭력은 지배의 에로티시즘화에 뿌리를 둔 상호 연결된 폭행이다. 여성을 객체나 제물 취급하는 여성 죽이기 문화(gynocidal culture)의 이미지에 필적하는 것은 지구를 끊임없이 장난감이나 기계 혹은 유린된 객체로 표현하는 현 시대의 표상들을 비롯하여 어머니 지구의 소유와 오염 그리고 파괴를 정당화하는 종교적·과학적 이데올로기이다.

제인 카푸티[64)]

우리는 지금껏 지구를 죽이는 자들에 대해 지나치게 관대했다. 변명의 여지가 없이, 도저히 용서받을 길 없이, 미쳤다고밖에 할 수 없이 관대했다.

이제 나는 깨달았다. 여러 해 동안 학대자들이 과연 자신의 거짓말을 믿고 있을까 하는 의문을 품어왔는데, 마침내 그 답을 찾은 것이다.

내가 이 같은 깨달음에 이르게 된 것은, 거짓말 그 자체와 거짓말을 퍼트리는 사람들에게 초점을 맞추지 않고 마침내 학대자들의 행위에 초점을 맞추기 시작했기 때문이다. 런디 밴크로프트를 따라서, 나는 학대자들이 자신의 거짓말을 믿는가 하는 문제에 대한 해답을 찾으려다가는 그들의 마술에 걸려서 "엉뚱한 방향을 쳐다보면서" 주의가 산만해져서 "진짜 행동이 있는 곳을 주목하지 못하게 된다"는 사실을 깨닫게 되었다. 그런 질문에 매달리는 것이야말로 학대자들이 바라는 바이다.

밴크로프트는 몇 가지 아주 중요한 사실을 깨닫게 해주었다. 그는 특히 가정폭력을 자행하는 자들을 부각시키면서 학대자들에 대해 쓰고 있지만, 그의 말은 이 학대문화 전반에, 그리고 내가 지적했던 보다 큰 차원의 학대자들에게도 들어맞는다.

1차적인 문제는 학대자들이 각별히 '자제력을 잃는다'거나 '갑자기 불끈하는' 성향을 지닌 데 있는 것이 아니라, 그들 스스로 착취할 권리를 가졌다고 생각하면서 무슨 짓이든 저지르려 한다는 데 있다는 것이 밴크로프트의 핵심 주제이다.

밴크로프는 잘못된 관념을 깨부수는 데 탁월한 능력을 지녔다. 어떤 여자가 학대를 하는 자기 남편 마이클은 자제력을 잃으면 불끈해서 물건들을 부수지만 나중에는 후회한다고 말하자, 밴크로프트는 그녀에게 남편이 부수는 물건들이 그의 것이냐 아니면 그녀 것이냐고 물었다. "놀랍게도 그런 것은 미처 생각해 보지 못했는데, 그러고 보니 남편은 내 물건만 골라서 부수어버리네요. 남편이 박살낸 물건치고 자기 물건은 하나도 없었던 것 같아요" 하고 그녀는 대답했다. 그러면, 그렇게 어질러진 것을 누가 치우느냐고 물었다. 그녀는 자기가 치운다는 말했다. 밴크로프트가 말했다. "마이클의 행위는 겉보기만큼 광포한 건 아니군요. 게다가 그가 진심으로 후회했다면 치울 때 거들어주었을 것 아닙니까."[65)]

나는 아버지가 십대인 누이를 호되게 야단치며 때리고 있는데, 바로 그때 누이의 보이프렌드가 약속보다 한 시간 일찍 찾아왔었던 날이 기억이 난다. 누이에게 화냥년이라고 닦아세우며 손찌검을 하던 아버지는 언제 그랬냐는 듯이 손을 내리고는, 마치 아무 일도 없었던 것처럼 미소를 지으며 누이의 보이프렌드에게 다가가 인사를 했다. 아버지의 분노는 자제력을 잃은 것이 아니라, 전등을 켰다 껐다 하듯 조절할 수 있는 것이었다.

또 이런 일도 있었다. 아버지가 어머니를 때렸다. 그전에도 여러 번 어머니를 때리곤 했다. 그런데 그날따라 어머니가 몰래 다른 방으로 가서 경찰에 신고했다. 어머니가 돌아오자 아버지는 다시 어머니를 때렸다. 벨소리에 아버지의 매질은 중단되었다. 아버지는 어머니에게 삿대질을 하며 한 손으로 머리를 쓰다듬으면서 현관으로 걸어가 문을 열었다. 경찰관 두 명이 와 있었다. 아버지는 아무 일도 없었다는 듯이 차분하고 냉정했다. 어머니는 방금 매를 맞은 사람이라 미친 듯이 날뛰었다. 경찰관들은 그 지경으로 감정에 치우치는 여자를 데리고 사는 아버지를 동정하면서—그들은 이미 학대자 편이니까(예컨대 험볼트 카운티의 성폭행범 검거율을 보라)—물러갔다. 현관문을 닫자마자 아버지의 매질은 다시 시작됐다. 역시 그의 분노는 조절이 되는 것이었다.

어머니는 경찰관들이 도와줄 거라고 믿을 정도로 순진했다. 그도 그럴 것이, 자식 둘을 거느리고 또 셋째를 임신한 19세의 여자였다. 그러나 이 지점에서, 특히 보다 큰 차원에서 우리는 그토록 순진해서는 안 된다.

학대자들은 자제를 못하는 것이 아니다. 그들은 충분히 자제할 수 있다. 나는 밴크로프트의 책을 읽고서야 이 사실을 알게 되었다.

마찬가지로 나는 이 문화의 파괴적 충동을, 권력자들이 자신이 장악하지 못하는 것들을 어떻게 파괴하는지를 이야기하고 있다. 나는 개벌(皆伐)과 황폐해진 바다와 피살된 빈민들과 멸종한 종들에 관한 글을 써왔다. 그러나 기업과 그 경영자들도 주변의 모든 것을 내키는 대로 도리깨질하듯 마구 두들기는 것은 아니다. 마이클처럼 그들도 자신에게 속한 것은 파괴하지 않는다. 그리고 물론 그들은 제아무리 후회하는 척해도, 그리고 제아무리 석유 이후 시대나 새로운 임업방식 등으로 전환했다고 둘러대도, 자신들이 저질러놓은 일을 뒷정리하는 법이 없다.

밴크로프트는 자신이 상대한 학대자들에게 그들이 자행하는 폭행의 한계를 묻는다. 그는 이렇게 묻는다. "당신은 그녀를 보고 xx년이라고 했고, 그녀의 손에서 전화기를 빼앗아 멀리 집어던지고는 그녀를 밀어서 넘어뜨렸어요. 그래서 그녀는 당신 발치에 나동그라져 당신은 발길로 걷어차기 좋은 상태였어요. 그런데 당신은 그녀를 걷어차지 않았다고 했습니다. 무엇이 당신을 제지한 건가요?" 중요한 것은 질문보다도 답변이다. 그는 학대자는 "언제나 이유를… 댈 수 있다"고 말한다.[66] 그 이유 몇 가지를 보자. "나는 그녀를 크게 다치게 할 생각은 없었습니다." "애들 중 하나가 보고 있었어요." "누군가가 경찰에 연락하지 않을까 걱정되어서요." "내가 걷어찼더라면 그녀는 죽었을 거예요." "싸우는 소리가 커져서 이웃까지 들릴까 봐 걱정되었어요." 가장 흔히 듣는 답은 "천만에, 난 그런 짓 안 해요. 절대로 아내에게 그 따위 짓은 하지 않습니다"이다. 15년 동안에 밴크로프트가 "이유를 모르겠다"는 답을 들어본 것은 단 두 번이었다.[67]

그가 지적하고자 하는 바는, 학대자들이 그런 행위를 할 때도 다음과 같은 질문을 크게 의식한다는 것이다. "내 행동을 남들이 알게 되면 내 체면이 구겨질 것 아닌가?[68] 내 행동이 법에 걸리지는 않을까? 내가 다치는 건 아닌가? 내가 생각해도 내 행동이 너무 잔인하고 막돼먹었거나 포악한 건 아닌가?"[69]

이런 물음 하나하나를 기업의 중역실에서 그대로 들을 수 있다. 몇 년 전에 나는 기업의 변호사로 일하다가 양심을 되찾고 그 자리에서 물러나 그 기업을 상대로 싸우기 시작한 사람과 장시간 이야기를 나눈 적이 있다. 그녀는 이런 말을 했다. "이들 기업 운영자들은 자신들이 무슨 짓을 하는지 정확하게 알고 있습니다. 그들은 자기들 때문에 사람들이 죽고 있다는 것을 알고 있어요. 자기들이 강물을 망쳐놓고 있다는 것을 알고 있어요. 자신들이 거짓말한다는 것도 알고 있습니다. 그리고 그렇게 하는 과정에서 큰돈을 벌고 있다는 것도 알고 있습니다."

밴크로프트의 이야기를 더 들어보자. "최초의 고객 수십 명을 접하면서 나는 결정적인 사실을 파악하게 되었다. '악덕한 자가 스스로 도덕적으로 용납되지 않는다고 생각하는 짓을 하는 경우는 거의 없다'는 것이다. 자기가 하는 일에 남들이 반대할 것이라는 생각 때문에 숨기는 수도 있겠지만, 그 사람은 내심 정당하다고 생각한다. '내가 한 일은 변명의 여지가 없습니다. 그것은 전적으로 잘못된 일이었습니다.' 이렇게 말한 고객은 내 기억에 없다. 그들은 한결같이 그럴 듯한 구실을 댄다. 요컨대 **학대자의 핵심 문제는 선악에 대한 감각이 뒤틀려 있다는 것이다**."[70)]

이는 보다 큰 사회적 차원에서도 맞는 말이다. 확실히 지구를 죽이는 문화는 선악에 대한 감각이 뒤틀려 있다.

밴크로프트는 고객들에게 자기 어머니를 보고 xx이라고 욕한 적이 있느냐고 묻는다. 그런 일이 없다고 대답하면, 그럼 자기 여자에게는 아무렇지도 않게 그런 욕을 하는 이유가 뭐냐고 묻는다. 밴크로프트가 내린 해답은 "학대자의 문제는 무엇보다도 자기 여자를 좌지우지하거나 난폭하게 다루는 것은 정당하다는 신념에 있다"는 것이다.[71)]

보다 큰 문화적 차원과의 관계는 여기서도 분명해진다. 어떻게 보면 이것은 〔전제 4〕를 재천명한 것이지만, 그보다는 오히려 〔전제 19〕에 해당한다고 보아야 한다. 즉 **문화가 안고 있는 문제는 무엇보다도 자연계를 지배·혹사하는 것이 정당화된다는 신념에 있다**는 것이다.

이 모든 것은 결국 지각된 권리(perceived entitlement) 의식(즉 권리를 부여받았다는 그릇된 인식-옮긴이)으로 귀착된다. 밴크로프트는 이렇게 말한다. "권리부여란 자신이 특별한 지위에 있고, 그 지위로 하여 그의 파트너에게는 적용되지 않는 특권과 특전을 부여받고 있다는 학대자의 신념이다. 학대행위를 추동하는 마음가짐은 크게 이 한마디로 요약될 수 있다."[72]

이런 태도는 보다 큰 사회적 차원에도 적용된다. 당연히 인간은 현명하고 전능한 신이 마음대로 이용하라고 이 지구를 지배할 독점권과 특전을 부여한 특별한 종이다. 그리고 기독교가 아닌 과학종교(religion of Science)를 신봉하는 자일지라도, 인간의 특별한 지능과 능력은 당연히 우리에게 이 세계를 마음대로 사용할 수 있는 배타적 권리와 특전을 부여하고 있다는 것이다. 그리고 인간 중에서도 문명인은 당연히 매우 특별한 존재이니, 우리는 사회적·문화적으로 높은 발전단계에 있어 세상을 마음대로 이용할 특별한 배타적 권리와 특전을 부여받았기 때문이다. 그리고 물론 문명인들 중에서도 쇼를 진행하는 사람들은 더욱더 특별하다 등등.

주변의 것들을 착취할 권리가 있다며 우쭐해하는 신념이야말로 학대자들이 좀처럼 그와 같은 짓을 멈추지 않는 주요한 이유다. 비록 이것이 밴크로프트의 말대로 "학대행위를 논할 때 좀처럼 언급되지 않는 이유"이기는 하지만 "실제로는 가장 중요한 원동력의 하나이다. 즉 학대자가 여기서 '이익'을 얻기 때문에 자신의 행위를 '바람직한 것'으로 여기게 된다는 것이다. 학대행위는 어떤 보답을 주는가? 이 파괴적 행동양식은 어떻게 조장되는가?"[73]

그는 또 이렇게 말한다. "억압적인 배우자와 한바탕 싸우고 나서 속이 상하거나 혼란스러울 때는 자신에게 물어보라—그가 방금 그렇게 하면서 얻고자 했던 바는 무엇이었는가? 그에게 돌아가는 궁극적인 이익은 무엇인가? 이런 문제들을 생각해 보면 머리가 맑아져 그의 전술을 규명하는 데 도움이 된다."[74]

아버지는 내 누이에게 접시를 닦으라고 한다. 누이가 왜 아버지는 그런 일을 전혀 하지 않느냐며 불평한다. 아버지가 누이를 노려본다. 누이는 접시를 닦는다. 아버지가 제대로 설거지가 되어 있지 않은 곳을 지적한다. 그리고는 누이를 때린다. 그런 꼴을 또 당할 생각이 아니라면, 누이는 다시는 아버지에게 접시를 닦으라고 하지 않을 것이다.

아버지가 섹스를 원한다. 어머니는 싫다고 한다. 아버지가 어머니를 노려본다. 바로 그날, 시간이 조금 지나서 아버지는 아무 관계가 없는 어떤 일을 핑계로 어머니를 때린다. 그런데 그 주에 이런 일이 다시 일어나고 다음 주에도, 또 다음 주에도 다시 일어나자 마침내 어머니는 그 연관성을 깨닫게 된다. 뒤따르는 결과를 받아들일 각오가 아니라면, 어머니는 다시는 싫다는 소리를 하지 않을 것이다.

밴크로프트의 말처럼 "시간이 흐르면서 남자는 자신의 여러 가지 안락과 특권에 집착하게 된다."[75]

이 이야기에서 곧바로 1837년 윌리엄 하퍼(William Harper)가 노예제도를 변호하면서 했던 말이 떠오른다. "오직 노예상태의 강요만이 사람에게 노동하는 습관을 몸에 배게 하는 적절한 방법이다. 이것 없이는 재산의 축적이라든가 미래를 위한 비축이라든가 문명의 특성이자 필수요소인 안락이나 우아함을 즐기는 일은 있을 수 없다."[76]

보다 큰 차원에서도 권력자들의 거짓말을 비롯한 다른 술책들—엑슨 모빌이 기후에 변화를 가져오고 있고, 보이스 캐스케이드가 산림을 남벌하고, 몬샌토가 세상을 독극물로 망쳐놓고, BP가 자신들의 관행에 대해 거짓말을 일삼고, 정치인들이 온갖 거짓말을 다 해대는 등—이 우리를 혼란스럽게 하거나 속상하게 할 적마다, 우리는 밴크로프트가 제시한 질문을 던져볼 필요가 있다. 힘을 가진 사람들이 방금 한 일에서 얻고자 하는 바가 무엇인가? 그들이 얻는 궁극적 이익은 무엇인가?

◎ ◎ ◎

다른 유의 중독자들과 비교해서 유독 학대자들에게 불리한 점이 있으니, 그것은 약물중독자들의 경우 종종 살아가기가 너무나 고통스러워 '바닥을 치는' 경우 그 부정적 상태에서 헤어나는 수도 있지만 학대자들은 그런 행운을 기대할 수 없다는 것이다.

밴크로프트는 이렇게 말한다. 배우자 학대는 "상대방에게는 심각한 해를 끼치지만 특별히 자기 파괴적이지는 않는다. 남자는 20년 내지 30년 동안 여자를 학대하면서도 여전히 안정된 일자리나 사회적 지위를 유지하고, 재정적으로 잘 꾸려나가며, 친지들 사이에서도 인기를 유지할 수 있다. 그의 자존심, 밤에 잠잘 수 있는 능력, 그의 자신감, 그의 신체적 건강, 이 모든 것들이 학대를 일삼지 않는 다른 남자들과 다를 바 없이 잘 유지되기 십상이다. 학대당하는 여성의 삶에서 한 가지 큰 고통의 원천은, 남자가 비뚤어졌다는 사실을 아무도 눈치 채지 못하는 데서 오는 고독감과 좌절감이다. 남자가 주는 마음의 상처 때문에 여자의 삶과 자유는 멍들 수 있지만, 일반적으로 남자의 삶은 그렇지 않다."[77)]

◎ ◎ ◎

많은 인디언들이 문명인들에 대해 이런 질문을 한다. 나는 최고경영자, 기업가형 언론인, 정치인 들에 대해 똑같은 질문을 한다. 이 사람들은 밤에 어떻게 잘까?

사설 보안시설을 갖춘 5천 제곱피트의 집에서 안락한 침대에 누워 잘 자고 있으니, 정말 고맙다.

◎ ◎ ◎

그들의 행동 때문에 밤잠을 설치는 것은 다른 사람들이다.

◎ ◎ ◎

학대가정의 역학구조에서는 모든 것이—그야말로 모든 것이—학대자를 자신의 행동에 따른 신체적·정신적 결과로부터 보호하도록 되어 있다. 모든 구성원들이 자신의 행복과 자기가 사랑하는 다른 피해자들의 행복보다 가족구조와 가족폭력 역학구조를 중시하도록 적응되어 있다. 이 역학구조가 학대자의 행복을 지키도록 되어 있기 때문에, 가족구성원 모두의 행동 하나하나는 학대자의 행복을 보호하는 것을 목표로 한다. 이 '행복'은 특수한 것이어서 유대관계와 그에 따르는 감정이 없고, 학대자가 자신의 학대행위 때문에 받는 외적 보상(그리고 물론 괴상한 물질문명이 강조하는 바로 그런 외적 보상)에 치중되어 있으며, 무엇보다도 학대자가 어렸을 때 (그리고 성인이 되어서) 받았거나 주는, 자신의 감정으로부터 스스로를 유리시킨 데서(스스로를 자신이 아니라 학대자 및 학대의 역학관계와 동일시한 데서) 오는 고통 그리고 학대행위의 보상이 결코 진정한 관계가 결여된 '삶'을 살아가는 공허함을 보상해 주지 못하는 학대의 역학구조에서 살아가는 고통 등 자신의 아픈 감정과 마주치지 않도록 하는 데 초점이 맞추어져 있다.

『말보다 오래된 언어』에서, 나는 학대받는 어린이의 생존에 무엇보다도 중요한 것은 기억상실 또는 선택적 기억임을 자세히 설명했다. 자신이 당하는 학대를 막거나 어떻게든지 자신을 방호할 아무 힘이 없다면, 그 끔찍한 일을 의식적으로 기억한다는 것은 아무 도움이 되지 않는다. 실제로 자기 자신이 아닌 가해자의 감정과 존재상태를 읽고 이에 일체감을 가지는 것이 살아날 길일 수 있다. 어쨌든 어린이의 감정은 전혀 중요하지 않으며, 항상 힘센 어른의 감정을 읽고 가능하다면 달래야 하는 것이다. 그러나 나는 이처럼 유도된 기억상실이 가해자에게 어떤 도움을 주는지는 언급하지 않았다. 다름아니라 가해자는 학대행위에 따른 정서적 결과나 자기 행동의 감정적 동기를 대면하지 않아도 된다는 것이다.

모두가 항시 가해자를 보호하는 행동을 한다. 당신 자신의 생활에 비추어, 이 문제를 생각해 보라. 누군가가 당신을 학대했는데도 당신은 그 사람의 감정을 건드리지 않으려고 애쓴 적이 몇 번이나 있었는가? 그 사람을 돌봐주기 위해 당신은 무엇을 했는가? 어떤 여자가 방금 나에게 들려준 이야기가 있다. 그 여자는 자매들과 함께 바에 앉아 콜라를 마시고 있었다. 한 남자가 다가와서 천박한 대화를 나누게 되었다. 얼마 후 그녀는 화장실로 갔다. 그녀가 변기에서 일어나 나오는데, 그 남자는 거기서 그녀를 기다리고 있었다. 뭘 하고 있는 거냐고 그녀가 물었다. 그 남자는 그녀를 벽에 떠밀고는 성폭행을 하려고 했다. 그 남자한테서 간신히 벗어난 그녀는 혼자 돌아왔다. 남자가 뒤따라 왔다. 남자는 그녀에게서 3미터쯤 떨어진 곳에 있었다.

그 여자는 한 시간 더 머물렀다. 여기서 문제는 이거다. 그녀는 한바탕 소란을 피우지 않았을 뿐만 아니라, 그곳을 떠나지도 않았다. 성폭행을 모면하고 나서 그녀가 한 시간 내내 생각한 것은 '저 남자의 감정에 상처를 주지 말아야지' 하는 것이었다.

학대자를 보호하기 위해 나도 이처럼 나 자신을 저버린 적이 얼마나 많았는지 이루 말할 수 없다.

몇 해 전에 내가 앞에서 언급한 학대관계를 한창 다루고 있었을 때, 나는 한 친구의 도움을 받은 바 있다. 어느 한 대목에서 나는 이런 말을 했다. "그 여자가 나를 해칠 생각이 있었던 거라고 생각하지 않아. 내가 보기에 그녀가 생각하고 있었던 건…."

친구가 내 말을 가로막았다. "그녀가 무엇을 생각하고 있었는지 알고 싶다면, 난 그 여자하고 이야기할 걸세. 그런데 난 그건 알고 싶지 않으니, 그 여자하고 이야기하지는 않을 걸세. 내 관심은 자네가 무슨 생각을 하며, 무엇을 느꼈는가 하는 거야."

나는 아무 말도 할 수 없었다. 아무 생각이 없었던 것이다. 나는 남의 감정을 배려하기에 너무 바빴던 것이다.

남을 돌보고, 남에게 동정심을 갖는 것은 아름답고 생명에 대한 긍정적인 태도다. 그러나 자기를 학대하는 자를 배려하고 그를 측은히 여긴다는 것은 진정한 동정심의 중독성 모방(toxic mimic)이며 학대문화가 낳은 역겨운 일의 하나다.

보다 큰 차원에서도 줄곧 똑같은 일이 일어나고 있다. 최고경영자들도 사람이고 그들도 어린 시절을 겪은 사람들이므로, 그들을 동정해야 한다는 소리를 나는 수없이 들어왔다. 우리는 결코 그들의 감정을 건드리지 말아야 하고, 특히 그 인격을 해치지 말아야 한단다. 우리를 죽이는 자들을 정중히 대해야 한다는 것이다. 우리가 폭력에 호소할 가능성이라도 내비치면, 그들을 절대적으로 죽이려면 오직 친절함을 잃지 말고 죽여야 한다는 것이다. 그런 방법이 어떤 일에는 어쨌건 효과가 있다는 것이다. 그러나 그런 방법은 학대자만 도울 뿐이다.

밴크로프트는 학대자들을 부추기는 가장 일반적인 형태는 "학대당한 여자에게 '설사 그가 나쁜 짓을 했더라도 그를 어느 정도 동정해 줘야 한다'고 말하는 사람들"이라고 말한다. 그는 계속해서 이렇게 말한다. "내가 만난 피학대여성들 가운데 배우자의 인간성을 부정하는 사람은 거의 없었다. 문제는 그 반대다. 남자는 여자의 인간성을 잊어버린다. 남자가 자신의 학대성향을 인정하고 상대방에게 얼마나 큰 상처를 주었는가를 강력하고도 정직하게 이야기하는 것이 피학대여성의 회복에 필수적이다. 여자가 남자로부터 받은 상처를 노골적으로 이야기하는 것은 상스럽다는 게 가해자의 시각이다. 자신이 동정받아야 할 필요성이 학대 없이 살아갈 여자의 권리보다 우선이라고 여자에게 말하는 것이 학대자의 시각에 부합하는 것이다. 학대당한 여자의 친지들에게서 흔히 볼 수 있는 경향은 '그 사람이 속은 진짜 얼마나 착한 사람인지' 여자가 확실히 깨달을 수 있게 해주는 것이 자신들의 책임이라는 생각이었다—다시 말해서 여자에게 필요한 것보다 남자의 필요에 초점이 맞추어져 있는 것이다. 이것은 잘못된 생각이다."[78)]

우리 모두는 우리의 삶과 토지기반을 비롯한 우리 주변의 생명들보다도 학대자와 그리고 문명이라고 일컫는 학대사회의 역학구조에 더 친밀하게 일체감을 가지도록 훈련받아 왔다. 사람들은 학대행위를 자신과 주위의 모든 사람들로부터 숨기기 위해서 아무리 터무니없는 짓이라도 못할 짓이 없다. 우스꽝스런 '연예오락'(entertainment)에서부터 똑같이 우스꽝스런 '철학'과 정치와 종들 상호간의 관계와 인간들 내부의 관계에 이르기까지 그 모든 것이 학대의 역학구조를 지키는 데 봉사하고 있다.

레잉(R. D. Laing)은 가족들이 학대사실을 인정하지 못하게 되는, 폭력가정의 역학구조를 지배하는 세 가지 규칙을 다음과 같이 밝히고 있다.

규칙 A: 〔인정〕하지 마라.

규칙 A-1: 규칙 A는 존재하지 않는다.

규칙 A-2: 규칙 A, A-1 혹은 A-2의 존재 또는 비존재를 논하지 않는다.[79)]

이상의 규칙들은 이 문화에 꼭 들어맞는 것이다. 우리는 가장 가까운 것에서 가장 글로벌한 것에 이르기까지 갖가지 형태로 매일같이 이런 규칙들을 접하고 있다. 이 문화는 집단적으로 그리고 그 구성원들 거의 모두는 개별적으로, 이 학대구조를 포기하느니 이 세상을 포기할 것이다.

◎ ◎ ◎

몇 년 전에 나는 위대한 사상가이자 저술가인 토머스 베리(Thomas Berry)에게, 우리가 지속 가능한 자아의식을 (나아가서 지속 가능한 문화를) 갖기 위해서는 어떤 변화가 있어야 하겠느냐고 물었다.

그는 이렇게 대답했다. "우리가 만들어놓은 인류공동체와 지구의 다른 부분들 간의 인위적인 구분을 뛰어넘어야 합니다. 오직 하나의 공동체가 있을 뿐이며, 그것이 한 단위를 이루어 살고 죽는 것이지요. …자연계에 해악을 가하면 인간세상이 위축되는데, 그것은 인간세상이 물질적 공급만이 아니라 정신적 발전과 성취에서도 자연계에 의존하고 있기 때문입니다. 이것이 가장 중요한 이유는, 사람들이 인간세상의 발전을 위해 자연계를 파괴해야 한다고 말하기 때문이지요. 그런데 우리가 자연계에서 얻는 경이와 성취를 저해하는 것은 모두가 인간의 진취성을 좀먹는 것이지요. 우리는 재물을 잔뜩 소유할 수도 있겠지만, 산이나 바다로 갈 수 없다거나 새소리나 꽃향기를 즐길 수 없다면 재물도 별 의미가 없는 겁니다. 우리 자손들이 그런 것을 즐길 수 없다면 어떻게 되겠소?"

그가 계속 말했다. "이 이면에는 내가 정말 걱정하는 것이 있는데, 그것은 우리가 어떻게 우주를 체험할 것인가 하는 겁니다. 내가 제안하는 바는—그리고 우주적 세계관이 그렇듯 이것이 중요한 이유지만—우주질서를 거대한 전례집(典禮集)이라고 부를 수 없겠냐는 거예요. 인간의 프로젝트는 우주질서에 전례로 삽입됨으로써 정당성을 갖게 된다는 거지요. 우리가 할 일은 존재를 예찬하는 거대한 찬송에 동참하는 겁니다."

◎ ◎ ◎

이 문화는 스스로 달라지지는 않을 것이다. 이 문화가 착취대상인 자연계와 인간에게 요구하는 바는, 문화가 파괴되지 않는 한 줄어들지 않을 것이다. 밴크로프트의 이야기를 들어보자. "학대자는 비위를 맞춰주기를 바라며, 긍정적인 관심을 받을수록 더 많은 것을 요구하게 된다. 그는 더 요구할 것이 없는 흡족한 상태에 이르는 일이 결코 없다. 오히려 자기가 받는 후한 대접에 익숙해져서 곧 요구수준을 더 높이게 된다."[80]

보다 큰 사회적 차원에서도 마찬가지이다. 그 어떤 안락이나 우아함, 남들 위에 군림하는 느낌, 그 어떤 재물축적도 우주적 전례에 참여하지 못하는데 대한 보상은 되지 못하기 때문이다. 그것은 날로 증폭되는 공허함으로 커다란 공백을 메워보려는 시도다(레잉의 말을 빌리자면 "어떻게 공백을 가지고 공백을 메운다는 말인가?"[81]). 그것은 힘을 통해 외로움을 치유해 보려는 시도다. 그러나 고독은 관계[82]를 통해서만 달랠 수 있는 것인데, 착취와 학대는 바로 이 관계를 깨뜨리고 있다.

만족할 줄 모르는 자와는 타협이 불가능하다. 그들은 부탁하다가, 그 다음에는 흥정을 하며, 나중에는 요구를 하면서 폭력으로 위협하다가 결국엔 빼앗는다. 그러나 그들은 만족할 줄 모르기 때문에, 그것으로 끝나지 않는다. 그들은 다시 부탁하고 협상하다가, 나중에는 요구를 하고 결국 빼앗는다. 그러고 나서도 아무것도 남아 있지 않을 때까지 그들의 부탁과 협상과 요구와 빼앗기는 계속 이어진다. 그후에도 그들의 압박은 계속된다.

어떤 면에서 밴크로프트의 책은 자조(自助)적인 것이어서 이 모든 것을 약간 다르게 표현하고 있다.

객관화는 학대자들이 시간이 흐를수록 더 나빠지는 중요한 이유다. 그의 양심이 일정 수준의 잔혹행위—또는 폭력—에 적응하게 되면, 그것은 다음 단계로 발전하게 된다. 학대자는 배우자를 비인격화함으로써 스스로를 평상적인 죄책감과 감정이입으로부터 보호하여 양심의 가책을 전혀 느끼지 않고 잠을 잘 수 있다. 그는 자신을 배우자의 인간성으로부터 격리시키기 때문에, 그녀의 감정은 중요치 않거나 아예 존재하지도 않게 되는 것이다. 이런 장벽은 시간이 갈수록 더 높아지는 경향이 있어서 내 고객들은 〔학대〕관계를 몇 년 계속하고 나면 배우자를 망신 주거나 협박하고서도, 평소에 길을 가다가 홧김에 굴러다니는 돌멩이를 발로 차는 정도의 죄책감밖에 느끼지 않게 된다.[83)]

아니 어쩌면 밴크로프트는 학대자들이 배우자를 위협하면서 느끼는 죄책감은 문명인들이 채석장의 돌을 깨거나 강에 댐을 건설하거나 산중턱의 숲을 파괴하면서 느끼는 정도밖에 안 된다고 말하려는 것인지도 모른다.[84)] 돌, 강물, 나무, 숲, 그들의 감정 따위는 전연 중요하지 않은 정도를 훨씬 뛰어넘어서 이 문화 안에서는 존재를 멈춘 지가 오래다.

◎ ◎ ◎

토마스 베리(Thomas Berry)는 나에게 이렇게 말했다.

우리는 사물의 자연적 질서와의 접촉을 상실했어요. 예컨대 우리에게 근무일 중의 어떤 날이 계절 사이클의 중요한 전환의 순간보다 더 중요할 수 있을까요? 그리고 우리에게 하루 중 어떤 시간이—제시간에 직장에 도착할까? 러시아워의 교통체증을 피할 수 있을까? 내가 좋아하는 TV프로를 볼 수 있을까?—하루 사이클의 전환의 순간보다 더 중요할 수 있겠어요? 우리는 이런 전환적 순간이 지닌 정신적 의미를 잊고 있어요. 동틀 녘은 인간이 신성함 속에서 성취의 경이와 깊이를 체험하는 아주 신비롭고 특별한 순간입니다. 해질녘도 마찬가지지요. 그리고 우리가 의식상태에서 잠의 세계로 들어가서 우리의 잠재의식과 만나는 순간도 똑같이 신비롭습니다. 그것이 특별히 친밀한 순간이라는 것은 특히 어린이들이 잘 압니다. 아이들은 종종 잠드는 순간이 요술과 같은 신비로운 순간이라는 것을 알아요. 그런 순간에 부모의 이야기는 아이들에게 특별하게 다가갑니다. 대단히 부드럽고 민감하며 평온하지요. 그런 것이 밤낮 사이클에서의 중요한 전환의 순간입니다.

1년 주기에도 신비로운 순간들이 있어요. 동지가 있는데, 태양의 하강과 상승 사이에서 전환이 이루어지는 순간이지요. 그것은 자연의 죽음의 순간, 만물이 되살아나는 순간이에요. 우리는 이런 친근한 경험과의 접촉을 상실했습니다.

봄철에는 인간들이 봄이 여름의 성취로 이어지는—그리고 다시 죽음을 향한 이동의 시작으로 가는—계절의 연속을 놀라워하면서 엄숙하게 관찰하도록 되어 있어요. 수확의 철에도 감사와 축제의 순간이 있지요. 이로쿼이족의 감사축제는 인류의 종교적 전통에서 가장 훌륭한 축제의 하납니다. 물, 비, 바람, 지구의 결실, 나무 등 자연의 여러 요소들을 생각하며 감사하지요. 이로쿼이족은 인간이 소통하면서 감사해야 할 열다섯 개 남짓한 특별한 자연력을 명확히 구별하고 있어요.

이런 것이 다 우주론적인 겁니다. 그와 같은 경험은 사물의 장엄함에 대한 경이감을 자아내지요. 신성한 세계, 신비의 세계, 성취의 세계에 참여하는 겁니다. 이런 순간에 우리의 성취를 인식함으로써 인간이 무엇인지를 알게 되는 겁니다.

장소에 대해서도 마찬가지의 얘기를 할 수 있어요. 완전한 인간이 되려면 지구의 장엄한 구조를 제대로 경험해야 합니다. 특정한 산과 특정한 강과 바위 구조들을 경험해야 해요.

우리는 이제는 이런 경험을 하지 않아요. 주변의 자연계를 체험하지 않는 거예요. 동틀 녘, 해질녘, 동지, 봄철에 동참하지 않음으로써 스스로를 가장 심오한 기쁨으로부터 차단하고 있는 거예요.

○ ○ ○

불행한 일이지만 학대자들은 자기가 무엇을 놓치고 있는지 별로 신경 쓰지 않는다. 밴크로프트는 이 문제에 관해서도 언급하고 있다. "배우자를 학대하는 사람들이 그 학대행위 때문에 친밀감을 상실하게 된다는 것은 사실이다. 진정한 친밀감과 학대행위는 서로 배타적이기 때문이다. 그런데 그들은 이것을 좀처럼 상실로 인식하지 않는다. 그들은 친구나 친척들과의 긴밀한 정서적 유대를 통해 친밀함을 찾거나(내 고객들 가운데 이런 이들이 많다), 아니면 아예 친밀감을 목표나 가치로 여기지 않는 사람들이다(비학대자들 중에도 이런 사람이 많다). 갖고 싶어하지 않는 것에 대해 아쉬움을 느낀다는 건 있을 수 없는 일이다."[85)]

이 말은 몇 군데만 바꾸면 보다 큰 사회적 차원에도 쉽게 적용할 수 있다. "문명인들이 개발행위 때문에 그들의 토지기반과의 친밀감을 상실하게 된다는 것은 사실이다. 진정한 친밀감과 개발은 서로 배타적이기 때문이다. 그러나 그들은 좀처럼 이를 상실로 인식하지 않는다. 그들은 다른 인간들과의 긴밀한 정서적 유대를 통해 친밀감을 경험하거나, 아니면 아예 토지기반과의 친밀감이 목표나 가치가 아닌 사람들이다(거의 모든 문명인들의 경우에 맞는 말이다). 갖고 싶은 생각이 없는 것을 아쉬워한다는 것은 있을 수 없는 일이다."

나는 많은 환경보호주의자들로부터 이런 이야기를 들어왔다. 최고경영자와 정치인들을 회의실과 의사당(아니면 펜트하우스나 별장)으로부터 불러내어 깨끗한 숲속의 공기를 들이마시고 발 밑에 두껍게 쌓인 가랑잎을 느끼면서 주식시세에 관한 생각을 접고 얼룩올빼미의 생각을 하기 시작할 만큼만 거기 머물게 해서, 최고경영자들이 마법적인 변신을 겪어 문득 새로 알게 된 숲속 친구들의 보금자리를 파괴하고 싶지 않게 된다면 얼마나 좋겠는가.

그런 일은 일어나지 않는다. 그런 허황된 희망은 여러 가지를 외면하는 것이다. 이런 희망은 유럽인들이 처음 북아메리카의 기름진 황야를 발견했을 때 그에 매료되거나 애착을 느끼지 않았다는 사실, 오히려 두려움을 느끼고 증오하면서 그것을 결딴내기 시작했다는 사실 그리고 그들의 그런 행위가 지금까지도 더욱더 심해지고 있다는 사실을 외면하는 것이다. 이런 희망은 벌목자들 가운데는 자기가 파괴하는 숲을 사랑한다면서 대부분의 시간을 숲속에서 지내는 사람들이 많다는 사실을 외면하는 것이다. 또한 다른 학대자들과 마찬가지로, 최고경영자나 정치인들도 단절된 상태를 유지하는 대가로 재정적으로나 사회적으로 풍성한 혜택을 누리고 있다는 사실을 외면하는 것이다. 또 몇몇 개인이 통찰력을 가졌다 하더라도 다른 사람이 그와 대체해서 그 파괴행위를 신속히 계속하게 된다는 사실을 외면하는 것이다. 그리고 무엇보다도 이 같은 희망은 앞서 언급한 바와 같이 이 문화가 안고 있는 문제는 자연계를 지배·학대하는 행위가 정당화될 수 있다는 믿음에 있다는 사실을 외면하는 것이다.

◎ ◎ ◎

그렇다면 우리는 어떻게 해야 하는가?

나의 테제는—충분히 입증된 것이라고 믿는다—학대행위의 동기, 역학관계 그리고 그 해악은 비단 어린 소녀와 소년의 침실이나, 여자의 시꺼멓게 멍든 눈과 찢어진 성기나, 충격적인 일을 당한 사람의 두려움으로 산산조각난 정신상태에만 나타나는 것이 아니라, 파괴된 개울과 댐으로 막힌 강, 병든 바다와 멸종된 종 그리고 노예가 되었거나 길들여지거나 망가진 인간(과 비인간과 풍경)에게서도 나타나고 있다는 것이다. 이것이 의미하는 바는 학대자에게 부탁하거나 달래거나 심지어 친절을 베풀기까지 해봐야 시간낭비라는 것이다. 다시 밴크로프트의 말을 들어보자. “애걸하거나 간청해서 학대자를 변화시킬 수는 없다. 변화하는 학대자는 자신이 저지른 일의 결과를 인정하려 드는 사람뿐이다.”[86] 그는 계속해서 이렇게 말한다. “미안한 이야기지만, 간청하거나 달래거나 점잖게 인도하거나 친구들에게 설득하게 하는 등 대결적이 아닌 방법을 사용하여 학대자의 마음을 움직이게 할 수는 없다.

나는 수많은 여자들이 헛되이 이런 방법을 시도하는 것을 봐왔다. 학대자가 달라지도록 도울 수 있는 방법은 달라지라고 요구하는 것밖에 없다."[87)]

이 말을 보다 큰 차원에 적용해 보자. 우리가 간청하거나 달래거나 점잖게 유도하거나 사람들에게 그들을 설득하게 하는 등 대결적이 아닌 방법을 사용하여 대규모 학대자들을 멈추게 하기란 불가능한 일이다. 그 방법은 먹혀들지 않는다.

그러나 그것은 모두가 이미 알고 있는 사실이다.

밴크로프트의 이야기는 계속된다. "학대자에게 자신에게 이익이 된다고 설득해서 달라지기를 바라는 것 역시 불가능하다. 그는 배우자를 지배함으로써 얻는 이익이 손해보다 훨씬 크다고 인식하고 있기 때문이다. 이렇듯 많은 사람들이 처음에는 자신의 학대행위를 바꾸려고 하다가도 다시 이전 상태로 되돌아가는 이유의 일단이 여기 있다. 그의 이기심에 호소해 봐야 먹혀들지 않는 또 다른 이유가 있다. 문제의 핵심은, 자신의 요구가 배우자의 그것보다 우선해야 한다는 학대자의 신념에 있다. 그러므로 치료전문가를 비롯하여 누군가가 학대자에게 변화하는 것이 자신의 이익을 도모하는 최선의 길이므로 변화해야 한다고 말한다면, 그건 본의 아니게 오직 자신에게만 초점이 맞추어져 있는 그의 이기심을 키워주는 것이다. **문제를 조장하면서 동시에 해결할 수는 없다.**"[88)]

다시금 보다 큰 규모와의 관계를 명확하게 밝혀보자. 문명인들에게 이익이 돌아올 터이니 달라지라고 설득하면서 동시에 문명의 틀과 보상 시스템 속에 머물러 있도록 해가지고는, 그들을 변화시킨다는 건 불가능하다. 문명인들은 주변의 것들(인간 및 비인간, 땅과 공기와 물, 유전구조, 분자구조 등)을 지배함으로써 얻는 이익이 손실을 크게 압도한다고 인식하고 있기 때문이다. 문명인들의 이기심에 호소해 봐야 먹히지 않는 또 다른 이유가 있다. 문제의 핵심은, 토지기반이 필요로 하는 것보다 자신이 필요로 하는 것이 우선해야 한다는 문명인들의 신념에 있다. 그러므로 환경보호 운동자들을 비롯하여 사람들이 문명인—예컨대 최고경영자나 정치인—을 보고 달라지는 것이 그들 자신의 이익을 도모하는 최선의 길이라고 말하는 것은 본의 아니게 그들로 하여금 이기적인 차원에 초점을 맞추게 하는 처사다. **문제를 조장하면서 동시에 해결할 수는 없다.**

한번 더 살펴보자. 밴크로프트는 말한다. "학대자가 달라지는 것은 죄책감을 느끼거나 제정신이 들거나 신을 알게 되어서가 아니다. 아이들의 눈빛에서 두려움을 보았다거나 그들이 자기에게서 멀어진다는 생각이 들어서 달라지는 것도 아니다. 문득 배우자가 마땅히 더 나은 대접을 받아야 한다는 생각이 들어서도 아니다. 남을 지배하는 데서 오는 여러 가지 보상과 결부된 자기중심적 태도 때문에, 학대자는 강요에 의하지 않고는 결코 달라지지 않는다.[89] 그러므로 학대자를 달라지게 하는 여건을 조성하는 데 가장 중요한 요소는 그를 선택의 여지가 없는 상황에 처하게 만드는 것이다. 그렇게 하지 않고는 그의 태도가 달라지기란 거의 기대할 수 없다."[90]

달리 선택할 여지가 없다.

정말이지, 다른 선택의 길은 없다.

전혀 없다.

이제 이 말을 큰 차원으로 옮겨보자. 지구를 죽이는 사람들이 죄책감을 느낀다거나 소비 지상주의의 중독에서 헤어났다거나 신이나 대자연과 만나게 되었다고 해서 달라지는 일은 없다. 그들이 공장형 농장에서 키우거나 생체해부를 한 동물의 눈빛에서 두려움을 보았다고 해서 혹은 야생동물들이 자기들로부터 멀어진다는 생각이 들어서 달라지는 일은 없다. 토지기반을 마땅히 더 잘 대접해야겠다는 생각이 문득 드는 것도 아니다. 주변의 것들을 지배하는 데서 오는 갖가지 보상과 결부된 자기중심적 태도 때문에 학대자가 달라질 수 있는 것은 다만 그럴 수밖에 없는 처지에 몰렸을 경우뿐이다.[91] 그러므로 지구를 죽이는 사람들이 달라질 여건을 조성함에 있어서 가장 중요한 요소는 그들을 달리 선택의 여지가 없는 상황에 처하게 만드는 것이다. 그렇게 하지 않고서는 그들의 태도가 달라지기란 거의 기대할 수 없다.

달리 선택의 여지가 없다.

아무것도 없다.

◎ ◎ ◎

내가 품었던, 학대자들이 자기 거짓말을 믿는가 하는 의문을 풀어준 답은, 그것은 문제가 아니라는 것이다. 그것은 전혀 문제가 되지 않는다. 문제는 학대자를 제지하는 것이다.

◎ ◎ ◎

간밤에 나는 수천이나 되는 사람들과 함께 배를 타고 있는 꿈을 꾸었다. 몇 사람이 우리를 큰 무도장에 모이게 했다. 그들이 한마디도 하지 않았지만, 우리는 그들이 우리를 죽이리라는 것을 알고 있었다. 어떤 사람들은 벽쪽에 우르르 몰려서, 또 어떤 사람들은 바닥에 웅크리고 앉아서 죽음을 기다렸다. 그들은 총을 가지고 있었지만, 나는 어째서 사람들이 그들에게 달려들어 싸우지 않는지 의아했다. 우리가 싸우기로 작정한다면 그들이 우리 모두를 죽일 수는 없을 노릇이겠으나, 싸우려 들지 않는다면 틀림없이 다 죽을 것이었다. 그런데도 우리는 가만있었다.

나는 일어섰다. 총을 가진 그 사람들은 내가 일어서는 것을 눈치 채지 못했다. 움츠리거나 웅크리고 있던 사람들이 내게 다시 바닥에 엎드리라고 눈총을 주었다. 내가 일어서서 자기네들이 위태로워졌다고 나무랐다. 저들이 눈치 채면 당황해한다는 것이었다. 나는 생각했다. 당황해한다고? 저들은 총을 들고 우리를 여기로 몰아넣었다. 저들은 세 사람씩 다른 방으로 데리고 간다. 그리고는 총소리가 들린다. 저들은 다시 와서 또 세 사람을 데리고 간다. 그런데 내가 우리를 위태롭게 만든다고?

나는 싸우고 싶었지만 혼자서는 할 수 없었다. 바닥에 엎드린 사람들 가운데 나에게 가세할 사람은 하나도 없었다. 모두가 죽을 것이다. 나는 천천히 문으로 가서 방을 빠져나가, 복도를 지나서 갑판으로 갔다. 한 여자가 우리가 탄 배를 향해 헤엄쳐 왔다. 여자가 뱃전으로 올라왔다. 아름다운 여자였다. 알몸이었다. 우리는 아무 말도 하지 않았다. 우리는 각자 무엇을 해야 할지 알고 있었다. 우리는 잠시 서로를 바라봤다. 그녀가 다시 바다로 뛰어들었다. 나는 방방을 돌아다니면서 아직 무도장으로 끌려가지 않은 사람들을 찾았다.

반쯤 잠이 깬 나는 달빛 아래 누워서 천천히 초점을 그 꿈과 그것이 의미하는 온갖 것들에서 머리 위의 억눌린 소리로 옮겨갔다. 그 희미한 소리와 그 의미가 분명해지면서 나는 그게 날개가 유리에 부딪히면서 나는 소리라는 걸 알게 되었다. 나는 일어나서 몸을 돌려 손을 위로 뻗어서 나방을 잡았다. 엄지손가락으로 창문을 열어 손안에 든 나방을 내어보냈다. 나는 다시 잠이 들어 그 꿈으로 돌아갔다.

그 여자는 다시 헤엄쳐서 돌아와 배 위로 올라왔다. 그녀는 미소를 지었다. 구조대를 데려온 것이다. 우리는 준비가 되었다. 무엇을 해야 하는지를 알고 있었다. 우리가 하고자 하는 것이 무엇인지 우리는 알고 있었다.

나는 꿈에서 깨어났다.

천년

나는 세상을 살아오면서 사람들은 모두 특정한 동물이나 나무, 식물 또는 지구의 어떤 장소에 호감을 가진다는 것을 알게 되었다. 사람들이 이처럼 자기가 좋아하는 대상에 더 주의를 기울여 스스로 그에 상응하는 존재가 되기 위해 최선책을 모색한다면 자기 삶을 맑게 해줄 꿈을 갖게 될 것이다. 좋아하는 동물을 정해 놓고 연구하게 되면, 그 동물의 순진한 행태를 알게 된다. 동물들은 사람과 의사소통을 하고 싶어하지만, 와카탄카(북아메리카 인디언부족의 주신-옮긴이)는 그들이 직접 의사소통하는 것을 바라지 않는다—그들을 이해하는 데 인간이 더 많은 역할을 하지 않으면 안 된다.

브레이브 버팔로[92)]

『전쟁처럼 낯선』(*Strangely like War*)에서 조지 드래펀과 나는 황야의 개념을 폭넓게 다룬 레이 라파엘(Ray Rafael)의 다음 글을 인용했다.

> 아메리카 토착민들은 여러 차원에서 주변환경과 상호 작용했다. 다행히도 그들은 지속 가능한 방법으로 그와 같은 상호작용을 했다. 그들은 수세기, 심지어 수천 년 동안 지속될 수 있는 방법으로 사냥을 하고 채집을 하고 고기를 낚았다.[93)]

그래서 내가 요즈음 품고 있는 의문은 이런 것이다. 내가 살고 있는 이 땅이 천년 후에 어떤 상태이기를 바라는가? 이 질문에 대한 답은 물론 문명이 도래하기 전에는 이 땅이 어떤 상태였는가? 하는 질문에 대한 답에 따라 달라진다.

장담할 수 있는 것은, 땅이 원하는 바가 무엇이고 땅에게 제일 좋은 것이 무엇인지는 우리보다 땅 스스로가 더 잘 알고 있다는 사실이다. 그렇다면 다음 질문은, 어떻게 우리는 땅이 원하는 바를 알 수 있고 그것이 실현될 수 있게 도울 방법은 무엇인가 하는 것이다.

생태 중심주의자(bio-centrist)들은 나 자신의 개인적 욕구를 이 논쟁에 끌어들인다고 격노하는데, 그러기 전에 우선 고려해야 할 것은 모든 존재는 자기 주변에 영향을 미친다는 사실이다. 내가 땅을 사서 방치하면 그 행위가 땅에 영향을 미치게 된다(실제로 그 땅과 나의 정신, 경제 등 다른 여러 가지에 영향을 미친다). 내가 땅을 사서 마구 개발하면 그 행위는 다른 영향을 주게 된다(그 땅과 나의 정신, 경제 등 다른 것들에 영향을 준다). 풀을 뜯어 먹는 사슴도 땅을 비롯한 다른 여러 가지에 영향을 미친다. 사슴을 잡아먹는 퓨마도 땅과 다른 여러 가지에 영향을 미친다. 누군가 댐을 폭파했다면 그 사람은 땅과 다른 여러 가지에 영향을 미친다. 댐을 파괴하기를 거부했다면 그 사람도 땅(과 다른 여러 가지)에 영향을 끼친다. 여기서 모든 영향이 똑같다고 하지 않는 점에 주목할 필요가 있는데, 다만 나는 우리 모두가 복잡하게 얽힌 관계들의 한 부분이라고 말하고 싶은 것이다.

그리고 또 생각할 것은, 우리 모두에게는 선호하는 것이 있다는 사실이다. 낙원을 포장해서 주차장을 만드는 행위도 선호 때문이다.[94] 아스팔트를 들어내는 것 역시 좋아서 하는 일이다.

무릇 문필가는 글에 어떤 내용을 넣거나 빼는 방식으로 선전행위를 하는 사람이지만, 우리 모두도 취하거나 취하지 않는 행위를 통해서 선호하는 것을 현실화한다. 더 나아가서 '객관적'이라고 주장하는 문필가들이 정직과는 거리가 먼 가장 어리석은 사람인 것과 마찬가지로, 우리가 행하거나 행하지 않는 행위로써 선호하는 것을 추구하는 것이 아니라고 주장하는 사람들 역시 잘못된 주장을 하고 있는, 한마디로 어리석은 사람들이다.

그러나 생태 중심주의자들이 그렇게 야단스럽게 굴 필요가 없는 진정한 이유는, 긴 안목에서 보면 인간 중심적 견해와 생명 중심적 견해 간의 마찰은 사라지거나 최소한 한결 줄어들 것이기 때문이다. 내가 배제하는 것은 갈수록 더 기술에 의해 지배되는 (그리고 망가지는) 미래를 학수고대하는 사람들의 시각이다. 기술이 지배하는 미래를 주창하는 사람들은 긴 안목으로 내다보지 않을 뿐만 아니라, 한마디로 제정신이 아니다. 그들은 물질적 현실에 대한 감이 없다(그게 '고도의 기술'이 하는 일이다—우리를 물질적 현실로부터 떼어놓는 일이다). 그들은 진정한 의미에서 인간 중심적이지도 않으며, 오히려 기술 중심적(혹은 권력 중심적 혹은 지배 중심적)이다.

특히 길게 따져볼 때 진정한 인간 중심적 안목은 생태 중심적이다. 왜냐하면 인간(anthro)은 생태(bio)에 의존하기 때문이다. 생태 없으면 인간도 없다. 비생태 중심적인 인간은 참으로 어리석을 수밖에 없다. 어리석은 문화 때문에 어리석어지는 것이다.

나는 표토를 걷어내서 땅을 병들게 하기를 (의식적으로) 바라는 농민이 많다고는 믿지 않는다. 그런데 농민들은 그렇게 하고 있다. 그들이 선택한 것은 땅의 건강보다도 생산을 중시하는 것이다. 만일 그들이 자신들의 선호를 바꾸기로 했다면, 후손들이 천년 뒤에도 땅과 더불어 살기를 바란다면 지금과는 전혀 다르게 행동해야 할 것이다. 진정 그들은 산업형 영농을 하지 않을 것이며 할 수도 없을 것이다. 농사일 자체가 과연 가능하겠는가 하는 것도 문제다. 이는 다른 '직업'에도 해당되는 이야기다.

땅을 해치지 않는 방법으로 땅에서 사는 것이, 일반적으로 땅 자체가 바라는 바에 크게 어긋나지 않은 것이라고 나는 생각한다. 나아가서 장기적으로 땅에서 살아갈 수 있는 유일한 방법은 땅이 원하는 방식으로 살아가는 것이다. 오랜 시간이 흐르면서 인간들이 땅이 원하지 않는 다른 것을 원하게 된다면, 인간은 땅을 부분적으로 해칠 수 있겠지만 땅은 인간을 모조리 파멸시킬 것이다.

우리가 땅이 원하지 않는 방식으로 살아가고 있음은 분명하지만, 땅이 원하는 바가 무엇인지를 분간하기란 늘 쉽지만은 않으며 문명으로 인해 광기에 사로잡혔거나 바보가 되어버린 사람들의 경우에는 특히 더 그러하다. 어제 오후에 나는 친구 카렌 라스와 함께 바다가 내려다보이는 절벽에 서 있었다. 오랫동안 환경보호운동을 해온 그녀도 온통 썩어 들어간 이 문명의 시스템이 머지않아 끝장나리라고 생각하는 사람이다. 사실 여느 사람들처럼 그녀도 그날을 고대하고 있다.

우리는 절벽의 북쪽으로 보이는 모래언덕에 사는 몇 가지 토착식물 종들의 이야기를 하고 있었다. 그 식물들은 유럽에서 온 외래종 해변잡초에 밀려 위기를 맞고 있다. 그녀는 그 잡초가 어떻게 거기 오게 되었는지 아느냐고 물었다.

나는 고개를 저었다.

"아마 백년쯤 전에 농부들 몇 사람이 심었을 거예요."

"왜?"

"모래언덕이 이동하지 못하게 하려고 심었대요."

"뭐요?"

"모래언덕은 살아 있잖아요."

"모래언덕이? 그래, 알아요."

"모래언덕은 사방으로 움직이지요. 농부들은 모래가 움직이는 게 싫었어요. 그래서 유럽종 해변잡초를 심은 거예요. 그래서 잡초가 모래언덕을 주름잡게 된 거죠."

북쪽으로 보이는 모래언덕은 저 멀리까지 그 노란색을 드러내 보이고 있었다. "저게 온통 다 그 잡초들이오?" 하고 나는 물었다.

"아직 토종잡초들이 더러 남아 있지만 밀려나고 있답니다."

"이건 문제로군" 하고 내가 말했다.

나는 집필중인 글에 관해 이야기했는데, 사람이 어느 한 장소에서 영구히 살기로 계획할 경우 그 사람의 결정은 일반적으로 땅이 원하는 바와 일치하게 된다는 내용이었다.

그녀가 고개를 끄덕였다.

"그런데 이 농부들 때문에 내 이론이 아주 엉망이 돼버리네요." 내가 말했다. "설사 이들이 이곳에서 천년은 살기로 작정했더라도 저 해변잡초들을 심었을 수 있다는 이야기, 아니냐고요. 또 센트럴 파크에 찌르레기를 갖다 퍼뜨린 친구는 어떻고요? 그 이야기 들었죠? 그 사람은 셰익스피어가 언급한 모든 피조물을 미국에 가져오고 싶었답니다. 그래서 찌르레기 몇 마리를 가져온 겁니다. 그리고 어떤 여자는 민들레가 마음에 들어서 두어 포기를 뒤뜰에 갖다 심었습니다. 이런 사람들 모두가 외래종을 도입하는 것 아니겠어요? 어쩌면 그 여자는 천년 후에도 민들레가 있었으면 하는 것일 테고, 그 남자는 찌르레기가 그래 줬으면 하는 것이고, 그 농부들은 모래언덕이 그 자리에 있어줬으면 하는 거지요."

카렌이 대답했다. "우선, 농부들이 이곳에서 한 천년 살 작정이었다면 살충제를 그리 많이 뿌리지 않았거나 아예 사용하지 않았을 거예요. 그런데도 농민들은 메탐소디움, 메틸브로마이드 등 온갖 지독한 발암성 화학물질들을 사용하고 있어요. 둘째로, 농민들이 모래언덕만 그 자리에 묶어두려고 하는 건 아니에요. 웨스트브루크 가문을 알죠?"

"알지요." 웨스트브루크는 델 노트 카운티에서 으뜸가는 부자가문의 하나다. 그들은 이곳에서 수천 에이커의 땅을 소유하거나 해치고 있다. 본질적으로 이 문화의 모든 부가 그러하듯 이 집안의 부(富) 역시 땅의 착취와 약탈 그리고 토착적인 인간·비인간 문화의 빈곤화 내지는 말살을 기초로 해서 이루어졌으며 지금도 계속 그런 것들에 의존하고 있다.

"그 사람들은 이미 스미스강을 묶어놓았어요." 그녀가 말했다.

"뭐라고?" 내가 놀라서 소리쳤다.

"스미스강이 바다로 접근하다가는 해안을 따라 곧바로 북으로 몇 마일 흐른 다음 웨스트브루크 집안의 휴양지 있는 데서 서쪽으로 방향을 바꾸는 욘토키트를 보면 알 수 있죠. 1964년의 대홍수 때 스미스강이 이 모래언덕을 뚫어 욘토키트 근처에 새 하구가 생겼어요. 그런데 웨스트브루크가 불도저로 그걸 막아버렸어요. 왜 그랬는지 알아요?"

"있는 그대로의 자연이 싫었기 때문인가?"

"추측 한번 잘했네요. 그런데 더 가까운 답은 그가 매년 자기 휴양지에서 낚시대회를 열고 있는데 그곳에 강이 없으면 낚시대회를 열 수 없기 때문이랍니다."

"낚시대회를 위해 강을 옮겨간 거란 말이죠?"

"셋째로, 그 사람이나 다른 농부들이 하는 짓이 나쁜 짓이라는 거죠. 자기가 사는 땅을 어떻게 할지를 논할 때 이 점도 다루어야 합니다. 그가 강물을 움직이지 못하게 만들었듯이, 농부들은 모래언덕을 제자리에 묶어두려고 한 거예요. 모두 지배와 예속을 위한 것이지요. 그건 나쁜 짓이에요. 하는 일이 정당해야 하는 것 아니겠어요?"

나는 고개를 끄덕였다.

그녀가 이야기를 계속했다. "뭔가가 빠졌네요. 선생님은 천년 앞을 내다보며 생각하고 느껴야 한다고 말씀하시는데, 그게 훌륭한 일이기는 하지만 천년 전으로 되돌아가 봐야 할 필요성에 대해서는 언급하지 않고 있어요."

"나는 말했다고 생각하는데…. 땅이 문명에 짓밟히기 전에는 어떤 모습이었을까를 생각해야 한다고 이야기했어요."

"그건 사실이에요. 그렇지만 그 이상의 것이 있단 말이에요. 이 땅은 톨로와족의 것이었는데, 그들도 외래종 잡초를 들여오면 안 된다는 걸 알았을 거예요. 무엇이 알맞은지 알 만큼 오랫동안 이곳에서 살아왔기 때문이죠. 다른 관계들도 마찬가지예요. 상대방을 아는 데는 시간이 걸리는 법입니다. 땅의 경우에는 여러 세대가 걸릴 수도 있어요. 여러 대에 걸친 개발을 말하는 게 아니에요. 여러 세대에 걸쳐 관심을 기울여야 한다는 거예요. 강줄기가 이동하는 걸 목격할 만큼 오래 살지 않으면, 강의 이동패턴을 어떻게 알 수 있겠어요? 대대로 전해 내려온 이야기와 노래가 땅의 길고 짧은 주기의 미묘함을 가르쳐주지 않았다면 어떻게 알겠어요?"

그 순간 나는 내가 사는 땅에서 히말라야 블랙베리를 제거하는 문제를 놓고 겪고 있는 갈등을 떠올렸다. 나는 그것이 외래종이라는 것, 침략적이어서 토종식물들을 밀어낸다는 것을 알고 있다. 그러나 나는 블랙베리를 베어내자 링컨참새들이 나에게 소리쳤던 사실도 기억하고 있다.

물론 나는 이 문제를 둘러싼 갈등의 큰 부분을 이루는 것은 이 문화의 특징인 책임에 대한 공포증이라는 것도 알고 있다. 지구가 죽임을 당하고 있는데, 아무도 책임을 지지 않는다. 벌목하는 사람들은 다른 일자리가 보장되면 나무를 베지 않을 것이라고 말한다. 경찰은 상부의 지시가 없다면 불법적 벌목을 보호하지 않을 것이라고 말한다. 최고경영자는 주주들의 요구가 없다면 숲을 파괴하지 않을 것이라고 말한다. 그런데 주주들은 아무런 결정도 내리지 않는다. 나는 블랙베리들을 없애기 바란다. 그렇지만 그것을 없애는 데 따른 책임은 지고 싶지 않다. 나는 댐들이 없어지기를 바라지만, 그것을 폭파하는 데 따른 책임은 지고 싶지 않다. 나는 문명이 허물어지기를 바란다. 그렇지만 피크 오일(peak oil) 같은 것이 닥쳐와 그런 일을 해주기를 바란다.

무책임성이라는 더 큰 문제가 있기는 하지만, 나는 이 땅에서 4년을 살면서 숲이 되살아나면 블랙베리를 그늘로 가려 자라지 못하게 한다는 것을 알게 되었다. 그것은 오랫동안 기다리기만 하면, 블랙베리가 어린 나무들을 죽여 숲이 되살아나는 것을 방해하지 않는 한 내가 그 블랙베리들을 죽이건 말건 그건 상관없는 일이라는 것을 의미한다. 땅이 숲을 원하면 숲은 되살아나는 것이다.

게다가 나는 오래 전부터 블랙베리들이—거의 모든 침략적 외래종 식물들이 그러하듯이—이미 교란을 겪고 있는 지역으로 쉽게 이동한다는 것을 알고 있었다. 오래된 무성한 숲에서는 히말라야 블랙베리가 눈에 띄지 않는다. 히말라야 블랙베리가 해를 끼치는 것은 사실이므로 이를 부인하는 것은 아니지만, 이 문제는 거의 언제나 부차적인 것이다. 나는 칼을 휘두르고 가위를 들이댈 때마다 블랙베리의 울부짖는 소리가 들리는 것만 같다. "우린 희생양이야. 그리고 넌 위선자야. 정말 파괴적인 외래종을 없앨 생각이라면, 우리는 우선순위에서 밀려난단 말이야. 불도저는 왜 놔둬? 포클레인은? 자동차는? 포장도로는 어쩔 건데? 우선순위 제1호는 문명인들, 즉 호모 도메스티쿠스(home domesticus, homo stupidus라고도 부른다)야.[95] 그 칼을 다른 데로 가지고 가서 파괴의 진짜 원천을 찾아봐."

이 같은 책임전가에 대해 팜파초(pampa grass, 남미 원산의 참억새 비슷한 풀-옮긴이)가 하는 소리는 듣고 싶지도 않을 것이다. 귀가 따가울 것이다.[96]

내가 이곳에서 오래 살았더라면 더 나은 행동을 할 수 있는 정보를 더 많이 확보했을 것이다. 어쩌면 히말라야 블랙베리는 토양이 다음 단계의 승계에 대비하도록 하는 것이어서, 내가 참견할 일이 아닐지도 모른다. 50년 후건, 100년 후건, 500년 후건 상관없는 일이다. 어쨌거나 숲은 되살아날 것이다. 그리고 어쩌면 이 블랙베리들은 곰과 새와 땅벌과 인간을 비롯한 다른 것들에게 꼭 필요한 먹이(와 우는 새들에게 보금자리)를 제공하려는 것일지도 모른다. 아니면 그런 것이 아닐지도 모른다. 어쩌면 숲은 히말라야 블랙베리를 계승하겠지만, 그렇게 되기까지는 블랙베리가 일시적으로 희귀 토착식물들을 밀어내 버리는 것인지도 모르겠다. 나는 모르겠다. 그런데 그게 문제의 핵심이다.

천년 후에 땅이 어떤 모습을 보이고 어떠해야 할지를 내가 문제 삼는 것은, 그 점에 대해 어느 정도 감이 잡힌다면 지금 결정을 내리는 데 도움이 될 것이기 때문이다.

우선 첫째로, 외래종을 지금 막는 것이 나중에 그렇게 하는 것보다 한결 쉬울 것이다. 나는 사람들이 히말라야 블랙베리를 반입하기 전에 이 점을 생각해 줬으면 한다. 두어 해 전에, 어머니가 느닷없이 우리 집 앞의 못에 금붕어를 넣어주라는 것이었다. 나는 천년 후에 여기서 금붕어가 서식하기를 바라지 않으며 또 금붕어를 지금 못에 넣어주기는 쉬워도 나중에 제거하기는 힘들기 때문에, 어머니의 제의를 받아들이지 않았다. 나는 문화 전체가 이런 간단한 규칙을 따라줬으면 싶다.

방사능으로 환경을 오염시키지 않는 것이 나중에 그것을 청소하는 것보다 한결 쉬운 일이다 나는 500년 후에도 이 땅에서 방사능이 검출되지 않기를 바라기 때문에, 지금 방사능 물질을 도입하지 않을 것이다. 발암성 물질도 마찬가지다.

반면에 나는 연어가 살아 있기를 바란다. 천년 후에도 우리 집 뒤 개울에 (천년 전처럼) 연어가 살기를 바란다면, 나는 그 개울이 연어 서식처가 되도록 하는 데 할 수 있는 바를 다해야 한다. 링컨참새, 은빛털박쥐, 붉은다리북방개구리, 델 노르테 도롱뇽도 마찬가지다. 미국삼나무와 포트 오퍼드 삼나무도 마찬가지이다. 사슴, 큰사슴, (갈색·회색) 곰, 늑대를 비롯하여, 이곳이 서식처였고 앞으로도 서식처이어야 할 다른 모든 것들도 마찬가지다. 나는 어떻게 해야 이 땅이 문명이 도래하기 전처럼 그들이 좋아하는 곳이 되도록 하는 데 기여할 수 있을까?

분명한 것은 이런 유의 기본적인 상식과 질문들이 이 문화에서는 거의 전무한 상태이며, 기업이나 정부·문화적 차원에서의 정책결정이나 모든 문명인이 개인적인 차원에서 내리는 결정에서 거의 아무런 비중도 차지하지 못한다는 사실이다(미국삼나무숲으로 이사하여 잔디밭을 만들기 위해 낙원을 결딴내 버린, 앞에서 언급한 내 이웃의 경우가 좋은 예다).

독자들은 분명히 내 사고방식의 결함을 발견했을 것이다. 연어가 이곳 하천에 서식하기 바란다면, 나는 집에 틀어박혀 이 땅조각의 복원에만 전념해서는 안 된다. 이곳 하천이 세상에서 으뜸가는 연어 서식처일지라도, 바다가 죽어버리면 연어는 없는 것이다. 강에 댐을 건설하면 연어는 없다. 강이 벌목으로 인해 침니(沈泥)로 막혀도 연어는 없다. 마찬가지로 천년 후에 새들이 이곳을 지나 날아다니기를 바란다면, 이곳뿐만이 아니라 다른 곳에서도 벌목이 중단되어야 하고 살충제 사용도 중지돼야 한다. 휴대전화 중계탑도 걷어내어야 한다. 그리고 미국에서만도 연간 10억 마리의 새들이 초고층건물 때문에 죽어가고 있으니, 고층건물도 제동이 걸려야 한다.[97)]

때늦은 지금 단계에서 "전지구적으로 사고하고 지역적으로 행동하는 것" 만으로는 미흡하다. 세상이 범세계적인 단작농업으로 파괴되고 있는 가운데 나의 새로운 모토는 이 책의 앞부분에서 언급했듯이 "범세계적으로 해체하고 지역적으로 되살리자"는 것이다.

◎ ◎ ◎

그렇다고 해서 지역적으로는 해체하지 말자는 얘기는 아니다. 반드시 지역적으로도 해체해야 한다. 모든 곳이 어떤 장소에게는 지역이므로, 예컨대 모든 댐을 제거하려면 지역적으로 존재하는 댐들을 제거해야 한다는 이야기다. 아마도 나의 모토는 "지역적으로 되살리고 지역과 범세계적으로 해체하자"로 고쳐야 할 것 같다. 이것이 더 정확하기는 하지만 유감스럽게도 별로 잘 먹혀들지는 않을 것 같다.

무엇을 기다리는가?

댐(1)

세상이 구제될 수 있다면, 그것은 오직 복종하지 않는 사람들에 의해서만 이루어질 것이다.

앙드레 지드[98)]

문명이 세계를 죽이는 이유, 화제 23. 댐.

다만 강물을 가둬놓기 때문만이 아니다. 고기들을 죽이기 때문만이 아니다. 숲을 물에 잠기게 하기 때문만이 아니다. 흙 속의 수은을 걸러내서 식수로 사용하는 개울로 흘러 들어가게 하기 때문만이 아니다. 인간 및 비인간의 주거지를 모조리 물에 잠기게 하기 때문만이 아니다(세계댐위원회는 2000년에 댐에 밀려서 추방된 인구가 세계적으로 4천만~8천만 명이라고 추정했다[99]). 대량의 물 낭비로 이어지기 때문만이 아니다(라스베이거스, 골프장, 애리조나의 목화밭과 알팔파 목초지 등이 그 예다). 흉물스럽기 때문만이 아니다. 도처에 있기 때문만이 아니다(얼른, 댐이 없는 강 세 군데를 대보라). 종종 대량살육과 대량 생태파괴의 의도적 도구가 되기 때문만이 아니다. 흔히 환경적으로 '깨끗하다'고 홍보되고 있기 때문만도 아니다. 분명히 이런 모든 것들은 문명이 왜, 어떤 식으로 세상을 죽이고 있는지를 보여주는 좋은 예가 될 수 있다. 그러나 그 어느 것도 지금 내가 이야기하고자 하는 것이 아니다.

내가 이야기하려는 것은 댐 해체사업이다. 방점은 사업에 찍힌다. 댐 제거가 전혀 강조되지 않는 실태. 올봄 『샌프란시스코 크로니클』 12면에 실린 기사의 일부를 소개한다. 이 기사는 캘리포니아 동북부의 아름다운 계곡을 "위기에 처한 새크라멘토강 연어의 겨울과 봄철 여행의 최대의 희망"으로 묘사하고 있다. "5년 전 연어의 소하(溯河)를 되살리기 위한 합의가 이루어져, 배틀 크리크의 8개 소형 PG&E 수력발전 댐 가운데 5개를 제거하고 나머지 3개에는 물고기들을 위한 사다리를 마련했다. 이는 캘리포니아 물 개발 150년 역사상 혁명적인 발상이었다. 댐이란 올라가기만 하는 것이 아니라 허물어져 내려오기도 한다는 것을 처음으로 기록하게 될 것이다. [사실은 전적으로 맞는 이야기는 아니다. 1920~56년에 총 3천 달러의 국가비용으로 클래머스강을 따라 22개의 댐이 헐린 것을 비롯하여 많은 댐들이 제거되었다.[100]] 그러나 최근에는 배틀 크리크의 복원 공사비가 2600만 달러에서 약 7500만 달러로 치솟으면서 제거된 댐은 단 한 개도 없다."[101]

물고기들에게 별 도움도 주지 못하면서 이렇게 많은 돈이 소비되자, 주로 목축업자들로 구성된 토지소유자단체(일반적으로 적극적인 환경보호주의자로 통하지는 않는 사람들)의 대변인까지 "이곳 사람들은 하나같이 특별히 이루어진 것도 없는데 비용이 초과한 사실에 경악을 금치 못하고 있다"고 말했다.[102)]

이 대변인은 잘못 알고 있다. 많은 것이 이루어졌다. 사실 이 일은 예상했던 그대로였다. 연어를 구하는 것이 결코 핵심은 아니었다. 더러 연어를 구하는 척하기는 했지만, 진짜 핵심은 이 문화에서 언제나 그렇듯 돈을 버는 것이다. 그래서 돈을 벌고 있는 것이다.

5~8개의 댐을 제거하는 비용이 7500만 달러. 댐 하나당 900만~1500만 달러라는 이야기다. 이것은 큰 댐들이 아니다. 그 기사는 댐들의 높이가 7~10미터라고 전하고 있으나, 기사에 딸린 사진을 보면 그보다 작은 것 같다. 내가 보기에는 높이 5미터에 폭 1미터, 길이가 30미터쯤 되는 것 같다(물론 폭파 때는 지름의 중요성이 높이나 두께보다 훨씬 덜하다. 댐 한두 군데만 터뜨려놓으면 나머지는 물이 해주기 때문이다).

나라면 이 댐들 하나에 900만~1500만 달러에 훨씬 못 미치는 돈으로 헐어낼 수 있겠다고 말한다면, 독자들은 내가 받은 첫 학위가 광물기술물리학 부문이었다는 사실에 관심이 미칠지 모르겠다. 나는 통계학, 유체역학, 물질역학 등도 공부했다(그리고 인정하고 싶지는 않지만 그 공부를 즐겼다). 공학, 물리학, 화학에 대해서도 웬만큼 알고 있다. 그러니 문제없이 그 일을 해낼 수 있다.

내 구상을 밝히겠다.

수위가 가장 낮은 10월 중순의 어느 하루를 정한다. 공사에 들어가기 전 몇 주 동안 수문을 활짝 열어 수위가 더 내려가게 한다. 댐 제거에 대해 상당 기간을 두고 사전에 발표해서, 서부지역 전역의 연어 애호가들(과 특히 생활이 연어와 영원토록 얽혀 있는 부족들)에게 댐을 부순다는 것을 알린다. 그들에게 큰 망치를 가지고 나오라고 한다. 그들에게 아미시 공동체(Amish community)의 헛간 상량식(마을사람들이 다 모인다)에 관해 들어봤느냐고 물으면서, 그 사람들처럼 모두 나와 함께 댐을 부수자고 한다. 큰 망치가 없는 사람들은 손수레나 삽이나 곡괭이를 들고 온다. 연장이 없는 사람들은 샌드위치와 시원한 주스를 가지고 온다. 수천 명은 아니더라도 수백 명은 몰려와서 어깨를 맞대고 일하면서 물고기들을 그들의 집으로부터 떼어놓고 있는 장벽을 깨부술 거라고, 나는 장담한다. 무너진 조각들이 거짓말처럼 쉽게 퉁겨져 나가고 큰 덩어리들이 땅으로 떨어지면, 땀범벅이 된 남자여자들이 웃으면서 그것을 집어든다. 아름다운 것을 만들고 자신들이 사랑하는 사람을 해방시켜 주고 강이 다시 제 모습을 찾을 수 있게 하기 위해 함께 일하는 것이 즐거운 것이다. 고된 일이지만, 우리 모두는 친한 사람들과 더불어 열심히 일하는 것이 그 어떤 파티보다 신난다는 것을 잘 알고 있다. 그리고 그 일은 생산적이다. 많은 사람들이 난생처음 땅을 해치는 것이 아니라 땅에게 도움을 주는 일을 해보게 된다. 댐에는 점점 더 깊고 넓은 구멍이 생길 것이다. 댐 위쪽에 있는 사람들이 잠깐 쉬면서 다른 사람들이 집에서 만들어온 맛있는 음식들(채식주의자들의 감자샐러드에서부터 놓아기른 닭을 튀김한 것, 수박, 일찍이 맛보지 못한 최고의 물냉이 샌드위치에 이르기까지 온갖 것들)을 먹는 동안, 아래에 있던 사람들이 뛰어 올라가 그들 대신 열심히 일한다. 축구경기나 파티, 정치집회 같은 데서 중독성 모방을 해봤을 뿐, 공동체가 한데 어울려 하는 이런 유의 일을 경험해 본 사람은 별로 없을 것이다. 어떤 사람들은 일하면서 노래를 부른다. 또 어떤 사람들은 묵묵히 일한다. 또 어떤 사람들은 큰 망치를 휘두를 때마다 낑낑댄다.

드디어 수위에 이른다.

솔직히 말해서, 그 다음으로 우리가 할 일이 무엇인지는 나도 확실치 않다. 나도 전에 이런 일을 해본 적이 없기 때문이다. 문제는 물에 휩쓸리지 않으면서 물 밑 콘크리트를 어떻게 깨부수는가이다. 나는 방법이 있을 것으로 확신한다. 그것을 알지 못하고 있을 뿐이다.[103] 대형 포클레인이나 건물해체용 철구가 있으면 그런대로 해볼 만하다. 우리는 물러서서 그놈의 것을 내려

쳐야 한다. 폭약을 입수할 수 없다면, 그땐 일을 중지하고 강물이 나머지 일을 해주기를 기다려야 할지, 아니면 계속 댐을 조금씩 낮추어서 마침내 강물이 넘치도록 해야 할지 확신이 서지는 않는다. 그렇지만 엔지니어 서너 명이면 쉽게 방법을 찾아낼 수 있을 것이다. 아니, 어쩌면 엔지니어가 아닌 보통 사람들이라도 그 방법을 궁리해 낼 것이다. 또 어쩌면 사정에 따라 댐마다 방식이 다를 수도 있을 것이다(이런 일을 단 한번만 할 것으로 생각지는 않았을 것 아닌가?). 또 어쩌면 독자들 가운데 답을 제공해 주거나, 더 중요하게는 그것을 실현시켜 줄 사람이 있을 수도 있을 것이다. 결국 이것은 우리 각자가 기량을 제공하는 하나의 공동 프로젝트이다.

나는 이것이 사실 기술문제가 아니라는 것도 알고 있다. 흔히 기술적인 문제로 제시되기는 하지만, 댐 제거의 일차적인 장애가 기술적 문제인 경우는 거의 없다. 여타 문명의 해체를 가로막는 일차적 장애가 주로 기술적인 것이 아니고, 학대자의 제지를 방해하는 일차적인 장애가 주로 기술적인 것이 아니고, 체중감량이라든가 금연의 일차적 장애가 주로 기술적인 것이 아닌 것과 마찬가지이다. 일차적인 장애는 지각(知覺)·정서·도덕·정신·타성과 관계된 것이다. 우리는 하나의 공동체로서 한데 뭉쳐 방법을 궁리해서 댐을 제거할 것이다.

그리고 국가는 단 한 푼도 부담하지 않게 될 것이다. 나는 부족들과 연어 관련단체들이 일하러 오는 사람들의 자동차 연료비와 그들이 배불리 먹을 음식은 마련해 줄 것으로 확신한다.

사정이 이와 같으므로, 당연히 국가가 승인하는 사업에서는 이런 일이 일어날 수 없다. 이런 공동의 노력은 강과 물고기와 거기에 얽힌 사람들과 공동체를 위해 뭔가를 이룩해 주지만, 타당성 조사 용역비로 수백만 달러씩 받는 기술업체에게는 아무것도 돌아가는 것이 없다.

그리고 문제의 핵심은 거기에 있다.

◎ ◎ ◎

한 가지, 다짐해 두고자 한다. 당신이 댐 철거공사를 조사하는 업체에 관계하고 있다면(댐 철거보다 조사를 중요시), 그래서 내가 댐 철거(침전물을 준설해야 해, 침전물을!)를 너무 수월하게 생각하고 있다며 분격해서 나에게 항의서한을 보내려 한다면 그런 유혹에 넘어가지 말아야 한다. 그런 이야기라면 이미 당신의 동료들로부터 들었을 법한 일이다(공개적으로 당혹감을 토로하거나 사사롭게 연대감을 표명하면서). 댐 철거전문가들 중에는 강을 살리는 일보다 적법성에, 연어보다 과학에, 정의보다 절차에 더 관심을 갖는 유형이 있다. 이들 전문가는 조심하라고 나에게 경고하며, 우리가 가만 내버려두기만 한다면 시스템이 제 기능을 하게 된다고, 우리가 참고 기다리면 권력을 쥔 사람들이 알아서 댐을 철거하게 된다는 소리를 체계적으로 해댐으로써 비폭력주의자들처럼 나를 괴롭힌다. 만약 당신이 이런 유의 전문가의 한 사람이라서 책을 통해 그런 뜻을 개진했다면 걱정할 것 없다. 다음 몇 페이지에서 그와 같은 우려에 대한 내 입장을 밝히겠다.

◎ ◎ ◎

워싱턴주 올림픽 반도에 있는 엘와강에 관해 이야기하겠다. 댐이 생기기 전에는 태평양 연어의 북아메리카 종 다섯 가지 모두가 이 강에 있었고, 뿐만 아니라 얼룩무늬 송어(cutthroat trout)며 무지개송어(steelhead), 곤들매기도 볼 수 있었다. 어떤 연어들은 무게가 100파운드도 더 나가는, 사람이 본 것 가운데 가장 큰 것이었다.[104] 클랄람 인디언들의 삶은 해마다 이 강을 따라 올라오는 40만 마리의 연어를 중심으로 이루어졌다.

지금 이 강으로 해마다 소하하는 물고기는 3천 마리 가량으로 줄었다. 그 이유는? 댐 때문이다.

엘와강에 맨 처음 생긴 댐은 캐나다인 토마스 앨드웰이 시카고의 투자자들을 등에 업고 건설한 것이다. 앨드웰은 이 땅과 자신의 관계를 이 문화의 집단적 욕구를 잘 나타내는 말로 요약했다. "어떤 장소에 속한다는 건 중요한 일이다. 그 장소를 직접·간접으로 더 많이 지배하고 싶다면… 땅은 우리가 일을 벌여 바꿔놓고 개발할 수 있는 중요한 대상이다."[105]

그 댐은 불법적으로 건설된 것이었다. 그 몇 년 전에 워싱턴 주의회는 강이나 개울에서 물고기들의 통과를 막는 것을 금지하는 법률을 통과시켰었다. 데이비드 몽고메리가 그의 이례적 저서 『왕 물고기』(*King of Fish*)에서 냉정하게 지적했듯이 "그 법률의 취지는 분명해 보이는데도 일반적으로 그 법률은 간단히 무시되거나 외면당하고 있었다."[106]

예컨대 1901년에 시애틀시는 시더강에 댐을 건설했는데 "그 댐은 주법을 어기고도 아무 문제 없이 한 세기 이상을 버텼다."[107]

엘와강에 댐을 건설한 목적은 언필칭 수력발전이었다. 시장이 없다는 사실은 문제될 게 없었다. 단지 수력발전만 아니라 지상낙원을 표방한 사업이었기 때문이다. 수력발전을 부추긴 한 기사를 보자. "궁극적으로 그 엄청난 전력의 상당 부분이 개발되어 이용된다면, 그것이 인류에게 가져다줄 숱한 혜택을 어떻게 일일이 예측할 수 있겠는가? 경제적인 산업여건에 완전한 혁명을 일으킬 것이다. 생활비가 크게 줄 것이다. 부자들은 물론이고 가난한 사람들도 생활필수품뿐 아니라 사치품까지도 쉽게 입수할 수 있게 될 것이다. 실용성과 편의성 그리고 인류에게 혜택을 주기 위한 가전품이 이미 많이 나와 있고, 또 발명의 세대는 여러 가지 발명으로 인류생활을 향상시킬 터이니, 밸러미가 말하는 이상국가의 실현이 비관론자들 말처럼 그리 먼 훗날의 일이 아닐지도 모른다."[108]

그러나 나는 그 댐이 건설된 진짜 이유는 앨드월이 말한 그대로라고 생각한다. 더 많은 땅을 지배하려면, 그만큼 더 많은 땅을 지배하려고 노력해야 하는 것이다.

댐건설은 1910년에 시작되었다. 1911년에 클랄람 카운티의 수렵지구 관리인은 주 당국의 어로감독관에게 다음과 같은 서한을 보냈다. "댐 위쪽 엘와강의 상류를 직접 답사한바, 연어를 단 한 마리도 볼 수 없었습니다. 최근에 여러 차례 댐을 둘러보았고 어제도 다녀왔는데, 댐 바로 밑에서는 수천 마리의 연어가 인공수로를 거슬러 올라가려고 쉼 없이 날뛰고 있었습니다.

아주 가까이서 지켜본 결과, 이젠 연어들이 댐 위로는 갈 수 없다는 것을 확인하고 안심하게 되었습니다."[109)]

수렵지구 관리인이 무엇 때문에 그토록 면밀하게 관찰해서 연어들이 댐 위쪽으로 올라가지 못한다는 사실을 만족스럽게 확인해야 했는지는 확실히 알 수 없다. 연어들이 제아무리 힘세고 결심이 대단하다 해도 높이가 30미터도 넘는 그 댐을 넘어가지는 못할 것이다.

공사현장 기술자들은 어로 관계자들에게 물고기의 통로를 만들어주겠다고 다짐했었다. 그들이 거짓말을 했다는 것은 조금도 놀랄 일이 아니다.

당연히 주 당국의 반응도 불법 건축물을 해체하라—혹은 1912년의 호우 때 댐이 제구실을 못했으니 보수를 할 필요가 없다—고 요구하는 것이 아니었다.[110)] 기억해야 할 것은 상층부 사람들의 재산은 언제나 하층민의 생명보다도 비싸게 매겨진다는 사실이다. 주 당국이 내놓은 해결방안은 물고기 엘리베이터를 설치하여 물고기들을 댐 아래쪽에서 위로 운반해서 저수지에 풀어놓는 것이었다.

이 멍청한 해결방안은 외면당했다. 새 지사가 부임하면서 레슬리 다윈이 어로감독관으로 새로 임명되었다. 다윈은 설득력 있는 말을 제대로 구사할 줄 아는 사람이었다. 그의 말을 들어보자.

"자신의 부를 위해 우리 주를 가난으로 몰아넣고 사람들의 먹을거리를 없애려 드는 극소수 사람들의 이기적인 요구 때문에 워싱턴주의 대규모 연어 떼가 결딴난다는 것은 인류에 대한 범죄이자, 이곳에 살고 있고 앞으로 대대손손 태어날 사람들에 대한 범죄라고 나는 생각한다. 유감스럽게도 이처럼 이기적인 목적을 추구하는 사람들을 위해, 도저히 믿을 수 없을 정도의 갖은 압력이 행사되고 있다. 어떤 경우에는… 자기들의 계획과 수법에 반대하는 사람들을 중상모략하고 헐뜯기를 서슴지 않았다. 그들은 우리 주의 주민들이 사태의 진상을 알게 되면 환경보호와 자원보존에 나설 것이라고 생각하므로, 일이 알려지기를 원하지 않는다. 사람들이 사태를 이해했다면, 우리나라 최대의 연어떼의 일부가 사실상 절멸되는 것을 막았을 것이라고 나는 믿

 는다."[111]

그래서 그는 그 댐을 헐어냈던가? 아니다. 그는 자신이 개탄했던 짓을 했고 "이기적인 목적을 추구하는 사람들을 위해 도저히 믿을 수 없을 정도의" 압력을 행사했다.

역사가 제프 크레인의 지적을 들어보자. "다윈은 다른 곳에서는 법을 집행하기 위해 흙으로 쌓은 작은 댐들을 제거하는 데 적극적으로 다이너마이트를 사용했으면서도, 엘와강의 댐처럼 거액이 투입된 프로젝트의 경우에는 신축적인 태도를 보였다. 그는 법을 어긴 회사와 5년간 협상을 했는데 그동안 연어떼는 큰 타격을 입었다."[112]

다윈은 법의 맹점을 이용했다. 일반적으로 강물을 막는 것은 불법이지만, 물고기를 잡거나 양어장에서 사용할 물고기 알을 확보하기 위해 강물을 막는 것은 가능하다. 다시 크레인의 말을 통해 다윈이 어떤 식으로 일을 꾸며 나갔는지 알아보자. "다윈은 영악하고 실용적이며 불법적인 안을 제시했다. 그는 댐 기슭에 양어장을 설치해서 그 댐을 차단막으로 삼아서 양어장에서 사용할 물고기 알의 채집하게 하면 물고기 통로에 관한 엄격한 법적 적용을 피해 갈 수 있을 것이다…는 안을 내어놓았다."[113]

다시 말해서 댐은 이제 댐이 아니라 물고기들이 상류로 거슬러 올라가지 못하게 막는 차단막 역할을 하므로, 양어장에서는 물고기들을 잡아 알을 채취할 수 있었고, 그리고 공교롭게도 이 양어장을 운영하는 사람들이 바로 댐에서 판매용 수력발전을 생산할 사람들이었다. 댐은 여전히 불법이었지만 관리들은 개의치 않는 것으로 보였다. 댐은 여전히 연어를 비롯한 물고기들을 해치고 있었으나 그 점에 대해서도 관리들은 개의치 않는 것으로 보였다.

다윈은 자신의 아이디어에 만족한 나머지, 나중에 주 입법부를 설득하여 물고기 통로 대신 양어장 설립을 허용하도록 법을 고치게 했다. 양어장이 야생연어들에게 전연 도움이 되지 않을 뿐더러 오히려 해치고 있다는 사실은 안중에도 없었다.

체제 전체가 온통 거짓말에 기초해 있다. 그들이 그럴싸한 거짓말을 둘러

대기만 하면, 우리는 그들이 점점 더 많은 땅과 공기와 물과 유전물질과 지구상의 온갖 것을 계속 지배하도록 내버려둘 것이다.

그 거짓말이 뜻을 이루면서 댐은 건설되고 1922년에는 양어장 운영이라는 구실도 사라져 버렸다.

그럼 낙원에 에너지를 공급한다던 그 전력은 어떻게 되었는가? 댐은 제재소를 가동하는 데 필요한 만큼의 전력만 생산했다. 그 제재소는 물론 그 지역의 산림을 결딴내는 데 사용되었다.

◎ ◎ ◎

지금은 2004년. 엘와강에는 70년이 넘도록 불법 댐들이 버티고 서 있다. 엘와 댐과 높이가 70미터나 되는 글라인즈 캐넌 댐(1927년에 건설)이 있다. 70여 년 동안 이 불법 댐들은 연어, 사드(청어과 식용어–옮긴이), 무지개송어 등 각종 물고기들을 죽음으로 몰아넣었다.

하류의 클랄람 부족(엘와강에서 발원한 것으로 알려져 있다)을 비롯하여 여러 부족들의 수십 년에 걸친 원성과 압력 끝에 마침내 댐 철거를 승인하는 법안이 의회를 통과하여 대통령이 이에 서명했다. 이 불법 댐들은 버지니아에 본사를 둔 다국적 제지회사 제임스 리버 사(미국·캐나다·멕시코·스코틀랜드·프랑스·이탈리아·핀란드·터키 등 11개국에 212개의 펄프 제지 시설을 가지고 있다[114])로부터 매입하기로 되어 있었다. 그런데도 매입할 자금이 배정되지 않아 이 불법 댐들은 그 자리에 그대로 있다.

가장 큰 문제는, 이 불법 댐들이 여전히 제재소에 전력을 공급하여 그 지역 산림의 훼손을 방조하고 있다는 것이다. 제재소는 일본에 본사를 둔 다국적 제지회사 다이쇼와[115]의 소유인데, 다이쇼와는 캐나다의 루비콘 크리족의 본거지를 황폐화시킨 것으로 악명 높은 기업이다.

그 결과 두 다국적기업이 이 불법 구조물로부터 계속 이익을 취할 수 있도록, 연어들은 앞으로도 고난을 겪어야 할 것이다. 그리고 이 문제가 해결되려면, 미국 납세자들이 돈을 내어서 이들 다국적기업으로부터 파괴적인 불법 구조물들을 사들여야 할 것이다.

이 체제는 이와 같은 식으로 작동한다. 지구가 죽어가고 있는 이유 한 가지가 바로 여기에 있다.

2000년에, 마침내 댐들을 매입하였다.

2004년에 시작하는 것으로 되어 있었던 해체작업이 최근에 2007년으로 미루어졌다. 그때 가서 예정된 해체작업 공정이 진행될 것이다. 규모가 더 큰 글라인즈 캐넌 댐의 작업은 매우 간단할 것으로 보인다. 기술자들이 콘크리트를 V자형으로 계속 깎아 내려가서 수위를 점점 낮추어 마침내 강물이 자유롭게 흐르도록 하면 되기 때문이다. 그런데 유감스럽게도 엘와댐의 경우에는 보수작업을 부실공사로 했기 때문에, 이런 간단한 공정이 통하지 않을 것이다. 엘와 댐은 강물이 댐을 우회해서 흐르도록 하여 호수(앨드웰 호)의 물을 뺀 다음에 댐을 폭파해야 할 것이다.

댐이 사라지면 불과 몇 달 안에 살아남은 연어들이 고향으로 돌아와 다시 엘와강을 자유롭게 돌아다니게 될 것이라고, 현재 국립공원서비스의 댐 해체작업을 맡고 있는 어로생물학자 브라이언 윈터는 말한다.[116)]

◎ ◎ ◎

우리가 대형 댐을 철거하려 한다고 가정해 보자. 국가권력이 뒤를 밀어주기 때문에, 경찰관들이 와서 불법구조물을 부순다고 연행하거나 연장들을 압수해 가는 귀찮은 일은 없다고 하자. 물론 그 구조물이 설치될 때 경찰관들은 그곳에 코빼기도 보이지 않았었다. 사실 경찰은 불법 댐의 건설을 막기 위해 댐 진입로를 차단하려던 항의시위자들을 검거하려고 출동해 있었을 것이다. 우리는 경찰관의 호칭을 '선택적 법집행자'들이라고 바꿔야 할 것이다.[117)]

댐을 어떻게 철거할 것인가?

주 당국이 댐을 철거하는 방법에는 다섯 가지가 있는데, 단연코 가장 일반적인 방법은 마지막 다섯번째이다.

첫번째 방법은, 댐 주변을 파서 강물이 우회하게 한 다음 중장비를 사용하여 댐을 제거하는 것이다. 예를 들어 메인주의 케네벡강에 있던 높이 7미터, 길이 300미터의 에드워즈 댐은 1999년에 이 방법을 사용하여 불과 며칠 만에 철거되었다.

두번째 방법은 일반적으로 대형 흙댐에 사용되는데, 중장비로 댐을 부숴서 구조물 잔해들 언저리로 강물이 흐르게 하는 방식이다. 마치 이 문화의 오만과 어리석음을 보여주는 기념물인 양, 잔해들은 그대로 남아 있게 된다. 물이 차 있는 상태에서 어떻게 댐을 부순다는 것인지, 아직 나는 잘 모르겠다. 내가 이 방법에 관심을 가지는 것은 비교적 비용이 덜 드는 방법이기 때문이다.

세번째는 매우 쉬운 방법이다. 수문이 방사상 형태로 된 보막이형 댐(barrage-type dam)의 경우 그저 수문을 모두 열어놓고 댐이 없다고 생각하는 것이다. 두 가지 예가 있는데, 일본의 나가라 하구 댐과 타이의 팍 문 댐이 그것이다.

네번째는 우리 모두가 기다려 온 대규모 폭파방법이다. 콘크리트를 깨부수기 위해 때로는 폭약이 사용된다. 이 방법의 몇 가지 예로는 클리어워터강(1963년), 클라이드강(1996년), 루아르강(1998년), 키시미강(2000년) 등의 댐을 들 수 있다. 물론 폭약을 사용하더라도 중장비를 가진 사람의 도움을 받으면 좋다.[118]

◎ ◎ ◎

대형 댐을 폭파하는 데는 어느 정도의 폭약이 필요할까, 궁금한 사람도 있을 것이다. 다행히 그 답은, 많은 폭약이 필요치 않다는 것이다.

반복한다. 폭약은 많이 필요하지 않다.

가능성들을 한번 상상해 보라!

올 2월 23일에 버지니아주 프리데릭스버그 인근에 있는 래퍼노크강의 엠브리 댐이 폭파하여 30미터 가량 금이 갔다. 높이가 7미터 조금 넘는 이 댐의 길이는 거의 270미터나 된다.

잠수부들이 폭약을 장전했고, 정오가 조금 지나 폭발신호가 떨어졌다. 불과 10%의 폭약만 터져서, 연기와 물기둥이 솟아올랐으나 댐은 그대로 서 있었다. 90분 후에 다시 시도했다. 이번에는 성공이었다. 금이 가 생긴 틈새로 물이 콸콸 흘러내렸다.

사용된 폭약은 겨우 600파운드였다.

그리고 그건 상당히 큰 댐이었다.

뭘 망설이는가?

◎ ◎ ◎

엠브리 댐이 폭파된 후 나는 어떤 사람으로부터 이메일을 받았는데, 그 댐은 체제 내부에서 일하는 사람들에 의해 제거되었다고 씌어져 있었다. 각종 청어와 농어류 등 표류성 물고기들에게 70마일의 물길이 열린 것이다. "봤죠, 체제가 제구실을 합니다!" 하고 그 사람은 말했다. 1960년대 이후 전력이 생산되지 않았다는 사실은 접어두자. 그런데 댐이 헐릴 때까지 40년 동안 강은 죽어 있었다. 그 이메일은 이렇게 끝맺고 있었다. "사람들이 스스로의 힘으로 댐을 철거한다는 이야기는 제발 그만하세요. 체제가 구실을 하고 있습니다. 믿으세요."

나는 그 사람이 정말 그런 말을 했다는 것이 믿어지지 않았다.

나는 다음과 같은 답장을 보냈다.

> 그 댐이 철거되었으니, 당연히 나도 기쁩니다. 체제가 제 기능을 할 때는 그 안에서 일하는 것이 문제될 것이 없습니다. 제 기능을 발휘할 때는 그렇게 하는 게 좋겠지요. 엠브리는 1999년에 메인주의 에드워즈 댐이 헐린 이후로, 미국에서 철거된 두번째로 큰 댐이었습니다. 미국에만도 높이가 2미터 이상인 댐이 약 7만 5천 개나 있습니다(약 6만 5천 군데는 높이가 7미터 이상입니다). 1년은 365일이고, 10년은 3652일입니다.[119)]

100년은 3만 6525일입니다. 200년은 7만 3050일입니다. 하루에 댐 하나씩만 철거하더라도 미국에 있는 대형 댐들을 모두 다 제거하는 데는 약 200년이 걸립니다. 미국에 소형 댐이 몇 개나 있는지는 알 길이 없으니, 사태가 얼마나 종잡을 수 없는 것인지 짐작할 수 있을 겁니다. 약 200만 개쯤 되지 않을까 하는 것이 가장 그럴싸한 추측입니다.[120] 하루에 하나씩 철거한다 해도 거의 5500년이 걸립니다. 그 다음은 캐나다입니다. 그 다음에는 러시아가 있고, 이어 중국 등이 있습니다. 미국에 있는 댐이 200만 개라면, 전세계의 댐은 모두 몇 개나 될지, 내 수학으로는 산출할 수 없을 것 같습니다. 그렇지만 세계적으로 한 시간에 약 한 개꼴로 댐이 건설되었다는 사실은 잘 알고 있습니다.[121] 댐은 철거되어야 합니다. 댐은 철거될 것이고, 우리는 우리의 몫을 할 수 있습니다. 우리가 할 일은 많습니다. 당신에게 제의합니다. 당신이 체제 안에서 노력한다면, 나는 당신이 하는 일을 지원할 것입니다. 전력을 다해 당신을 돕겠습니다. 그 대신 내가 요구하고 싶은 것은, 체제 밖에서 일하고자 하는 사람들이 있으면 당신 쪽에서도 똑같은 너그러움과 지원을 베풀어달라는 겁니다.

그 사람으로부터는 응답이 없었다.

◎ ◎ ◎

반가운 소식은, 체제 내에서의 노력일지라도 아무튼 댐 철거가 증가세를 타고 있다는 것이다. 지난 40년 동안 미국에서는 약 120개의 꽤 큰 댐들이 철거되었다.[122] 나쁜 소식은, 이렇게 1년에 3개씩 철거하는 추세로는 이 나라에 있는 큰 댐들만 해체하는데도 약 2만 5천 년이 걸린다는 것이다. 그나마도 새로운 댐이 건설되지 않았을 때의 이야기다. 나는 연어들이 그렇게 오랫동안 버틸 수 있을지 장담할 수 없다. 우리 스스로도 그렇게 오랫동안 버틸 수 있을지 확신할 수 없는 노릇이다. 소형 댐들을 포함시킬 경우 지난 몇 년 사이에 적어도 600~700개의 댐이 철거된 것으로 추산하고 있지만,[123]

어쩌면 이것은 낮게 잡은 수치일 수 있다. 위스콘신주만 해도 방치된 채 누군가가 나서서 해체해 주기를 기다리는 댐이 약 800~900개에 이른다. 매디슨-위스콘신대학의 생물지구화학자 에밀리 스탠리는 이렇게 말한다. "댐은 강물을 따라 나 있는 계단과도 같은 것이었으나, 해체되기도 하고 홍수로 떠밀려 내려가기도 하고 더 이상 필요가 없어서 벌목업자들이 폭파하기도 했다. 우리가 알고 있는 것보다 훨씬 더 많은 댐이 제거되었다."[124] 반갑지 않은 사실은, 소형 댐들을 포함시킬 경우 철거를 요하는 댐이 200만 개에 이르면서 계산이 다시 어려워진다는 것이다.

이제 우리가 줄곧 예상해 왔던 더 고약한 사실을 보자. '체제 내부' 사람들이 댐 철거를 이야기하는 경우, 환경보호 차원에서 그런 이야기를 하는 일은 거의 없다. 물론 과격한 노선을 추구하는 우리는 엘와 댐(자매 격인 글라인즈 캐넌 댐과 함께 순수하게 환경보호의 목적으로 철거될 예정인 단 두 개의 대형 댐[125])이나 로어 스네이크 강(이곳 댐들은 합법적인 수단으로 철거하기가 불가능하다) 혹은 에드워즈강 혹은 글렌 캐넌 강의 댐들이나 후버 댐의 철거에 관해 이야기할 때면 하고 싶은 말을 다 한다. 그러나 이렇게 해서 댐이 철거되는 것은 아니다.

어째서 댐들은 철거되는가? 돈 때문이다. 이유는 늘 돈이다. 이 문화에서는 돈이 명령하고, 환경을 비롯한 그 밖의 것들은 그에 따른다. 이것을 거부하면, 콘크리트 속에 매장되어 버린다. 혹은 죽음이 기다리고 있다.

물론 댐이 건설되는 일차적인 이유는 돈이다. 세계댐회의(World Congress on Dams)에 참석한, 다소 학자적이지만 그래도 순수한 사람들은 그외 다른 고려사항은 모두 밀려난다는 것을 분명히 밝히고 있다. "부정적 영향의 잠재적 가능성에 대한 평가를 조직적으로 회피하는 관행이 만연해 있고, 쫓겨난 사람들을 위한 적절한 보상 및 재정착·개발 프로그램을 제대로 시행하지 않고, 대형 댐이 하류지역의 생활에 어떤 결과를 가져올지에 대해 전혀 고려하지 않음으로 해서, 결국 수백만 명이 빈곤과 고통에 허덕이고 있으며 또 전세계적으로 이 영향을 받는 지역사회에서는 댐 거부운동이

거세어지고 있다. 경제적 측면에서 대형 댐의 환경적·사회적 비용이 제대로 산정되지 않았기 때문에 이런 사업들의 진정한 수익성을 파악하기란 힘들다."[126] 다시 말해서 위계질서의 꼭대기에 있는 사람들이 댐은 수익성 있는 사업이라고 하면, 우리는 누가 (항상) 이익을 보고 누가 (항상) 손해를 보는지 짐작할 수 있다.[127] 뻔한 이야기다. 위계질서 상층부의 은행잔고가 하층부의 생계보다 훨씬 더 중요한 것이다. 언제나 그렇듯이 '이윤이 최고'(profits über alles)다. 세계댐회의 사람들이 이와 같은 사정을, '상아감옥'(상아탑을 비꼰 말–옮긴이)에서나 받아들여질 법한 투로 한 말을 한번 들어보자. "어쩌면 가장 중요한 점은, 대형 댐의 사회적·환경적 비용과 위험을 부담하는 사회집단, 특히 빈민층은 물과 전기의 혜택은 물론이고 이로써 생겨나는 사회·경제적 혜택을 받는 집단이 아니라는 사실이다. 비용과 혜택의 분배 면에서 이처럼 큰 불균형이 존재하는 대형 댐의 비용 및 혜택을 '대차대조표' 방식으로 평가한다는 것은, 인권에 대한 기왕의 공약과 지속 가능한 개발을 고려할 때 수용할 수 없다고 사료된다."[128]

이 책의 다음 전제는 이 문화는 점령의 문화이고 이 정부는 점령정부라는 〔전제 11〕을 부드럽게 재천명한 것이다. 나는 이것을 〔전제 11〕의 당연한 결과라고 말하고 싶은데, '점령'이라는 용어의 사용을 달가워하지 않는 사람들까지도 공감할 것으로 생각한다. 〔전제 20〕은 **이 문화에서는 경제문제가—사회복지나 윤리도덕, 정의나 삶 자체가 아니라—사회적 결정을 이끌어낸다는** 것이다.

이제 나는 이것을 다시 수정해서 더 정확하게 밝히고 싶다. 첫째로, 사회적 결정을 이끌어내는 경제란 동등한 파트너들이 각자에게 동등한 영향을 미치는 상거래에 대해 동등한 결정을 내리는 실질적인 자유시장 경제와는 전혀 무관하다는 것이다. 그것은 인간이 인간적 관심사를 바탕으로 해서 결정을 내리는 인간적 경제—진정한 자유시장 경제는 그것의 한 유형일 수 있다—와는 전혀 다르다. 그보다도 그 경제에서는 상층부 사람들의 이익이 다른 모든 고려사항을 좌지우지하며 총을 가진 남자들(과 '남녀평등주의'가

대두한 지금의 시대에는 여성들)이 종종 그들로 말미암아 피해자가 죽기도 하는 상황에서 그 같은 거래를 집행한다. 그러므로 이 전제를 이렇게 수정하기로 하자. **사회적 결정은 일차적으로(종종 배타적으로) 그 결정이 의사결정자들과 그들이 섬기는 자들의 재산을 늘리게 될지 여부에 근거하여 내려진다.**

이 문화에서는 돈이 권력을 대신하므로 우리는 이 전제를 다시 다음과 같이 수정해야겠다. **사회적 결정은 일차적으로(종종 배타적으로) 그 결정이 의사결정자들과 그들이 섬기는 자들의 권력을 늘리게 될지 여부에 근거하여 내려진다.**

그런데 이것은 한번 더 수정해야 한다. 가정폭력을 일삼는 자들에게 적용되는 선택의 경우와 마찬가지로 이 같은 사회적 결정의 바탕에는 언제나 권리주장의 태도가 깔려 있다. 이런 태도로 하여 높은 자리에 있는 자들은 언제든지 강물을 댐으로 막을 자격을 부여받는 것이다. 유일하게 실질적인 결정의 근거는, 권력자들이 문제의 조치가 자신들의 이익을 도모하는 것으로 보는가 여부다. 분명히 그렇다. 그래서 이 전제는 더 수정되어야 한다. **사회적 결정은 일차적으로(종종 배타적으로) 의사결정자와 그들이 섬기는 자들은 하위층 사람들을 희생해서라도 자기들의 권력과 재산을 확대시킬 권리를 갖는다는 거의 검증되지 않은 신념에 바탕을 두고 있다.**

그렇지 않은가?

그런데 안됐지만, 이 전제는 다시 수정해야 한다고 생각한다.

이런 사회적 결정들은 충동적으로 이루어지는 경우가 너무나 허다하다. 댐을 한 시간에 하나씩? 설령 댐 자체의 발상은 좋았다고 하더라도 좀 너무했다는 생각이 들지 않는가? 미국에만 200만 개나 되는 댐이? 이렇듯 수적으로 언어도단의 양상을 보이고 있는 댐이야말로 심한 정신병적 망상의 확실한 발로라고 볼 수 있는 것 아닐까? 바다에 있는 큰 고기들의 90%, 천연숲의 90%, 토착민의 90%를 죽이는 짓이 강박관념의 소치라고 생각되지 않는가? 철비둘기가 깡그리 사라진 것은 어떻고? 1947년으로 거슬러 올라가는 신문들로 가득 찬 집에서 세상을 등지고 살아가는 사람들이나, 발톱을 깎아서 분류해서는 포르알데히드 용액이 든 병에 담가서 라벨을 붙여 보관하는 사람들을 보면서 우리는 눈을 휘둥그레 뜨고 킬킬거리거나 혹은 그런 사람들보다는 내가 낫다는 우월감을 맛보기도 하겠지만, 이런 사람들의 강박관념과 주변의 것을 더 많이 차지하려고 혈안이 된 사람들의 더 큰 강박관념은 어떻게 비교해야 할까?

미치광이는 이렇게 말한다. "있잖아, 땅(여자, 물, 권력)에는 직간접적으로 갈수록 더 많이 장악하고 싶은 욕심이 생기게 하는 뭔가가 있단 말이야. 땅(여자, 물, 권력)은 내가 함께 일해서 바꾸고 개발할 수 있는 것이거든."

이 문화는 전체적으로 그리고 그 구성원은 거의 전부가 미쳤다는 이 책의 〔전제 10〕을 상기하자. 이 문화를 움직이는 것은 죽음의 충동, 생명을 파괴하려는 충동이다. 몇 년 전에 워드 처칠과 이야기를 하다가, 나는 나치가 잔혹행위를 자행하면서 그것을 꼬박꼬박 기록으로 남겨 이 때문에 적어도 그들의 일부가 처형되기에 이르기도 했으니 얼마나 어리석은 짓이었는가 하는 말을 한 적이 있다. "GNP는 어떻고?"라며 그는 응수했다.

나는 생산이란 살아 있는 것의 죽음으로의 전환이라는 것을 오래 전부터 알고 있었으나, GNP란 이런 잔혹행위의 총화 이상의 아무것도 아니며 그것을 끔찍이도 세세히 기록한 것이 장부라는 데는 미처 생각이 미치지 못했었다. 월스트리트는 노예시장으로 생겨났던 것인데, 지금은 노예제도의 시장, 지구를 죽여가면서 이루어지는 선물시장으로 기능하고 있다.

그가 계속 이야기했다. "그들은 야생들과 야생인을 죽여야 할 뿐만 아니라 그것을 기록해야 하는데, 자신들이 죽인 것들의 리스트를 작성하고 있다는 사실을 자인하지 않은 채 그렇게 하고 있어요. 그리고는 온갖 야릇한 금융용어, 수백만 보드푸트(board foot, 목재의 계량단위-옮긴이)의 목재, 몇 톤의 물고기, 거액의 은행계좌 등으로 그것을 위장하지요. 그렇지만 이런 것들은 지구해체의 기록이지. 그리고 우리 두 사람이 알다시피 부의 축적은 일차적 파괴의 구실일 뿐이고."

그러니 이 전제를 다시 한번 수정을 해야겠다. 의식적 차원에서, 사회적 결정은 일차적으로(그리고 종종 전적으로) 그 결정이 결정권자와 그가 봉사하는 대상의 권력—또는 그것을 대신하는 돈—을 늘려줄 것인가의 여부에 근거해서 이루어진다. 그러나 그 결정이 이루어지는 과정은 사실상 제스처 게임과도 같은 것이다. 이것은 물론 일반사람의 경우에도, 참여를 시도해 본 적이 있는 사람이라면 누구나 알고 있는 일이다. 결정권을 가진 사람들 자신도 알고 있다. 그러나 이 게임은 '결정권자'가 깨닫고 있는 것보다 훨씬 깊게 진행되는데, 그것은 권력과(혹은) 돈을 늘리려는 이런 동기가 일차적인 동기가 아니기 때문이다. 일차적 동기—바닥에 깔려 있어서 인정되지도 않고, 종종 인식되지도 않는다—는 지배 및 파괴다. 양심—양심이라는 것이 조금이나마 남아 있다면—을 파고 들어가 보면 사회적 결정은 일차적으로 그 결정이 야생의 자연을 통제 또는 파괴한다는 목적에 얼마나 기여하느냐에 기초하여 내려진다.

심지어 의식적 동기조성이 사회적 의사결정과정을 좌우한다 해도—무의식적 동기가 조성되는 경우에는 더더욱—최상층부에 있는 사람들의 금전적 관심이 댐을 합법적 경로를 통해 제거할 것인지 아닌지—후자의 개연성이 더 크다—를 결정하게 된다.

댐 철거에 관한 한 웹사이트에 글을 올린 사람들의 이야기를 들어보자. "댐 철거의 계기를 제공하는 것은 환경파괴가 아니라 댐이 너무 낡았다는 단순한 사실이다. 미국의 200만 개 댐 가운데 25%가 50년도 더 되었다. 이렇게 오래된 댐들 중에는 문제가 있는 것들이 많다. 금이 갔을 수 있다. 물 때문에 기초가 약해졌을 수 있다. 침전물이 쌓여서 물을 저장할 수 없게 되었을 수도 있다. 댐 건설의 목적이 지금은 사라졌을 수도 있다. 아니면, 댐 하류에 생겨난 '물구멍'에 걸려들어 익사하는 사고에 헤엄치거나 카누 타는 사람들이 노출될 수도 있다. 댐 철거과정은 종종 정부 검사관이 시찰 나와서 보수공사를 강력히 요구해서 시작된다. 그런 경우 보수비가 철거비용을 훨씬 웃도는 경우가 많아서, 댐이 상당 수준의 경제적 혜택을 제공할 때만 보수공사는 타당성을 가지게 된다. 예를 들어 곡물처리 시설에 동력을 공급할 목적으로 건설되었으나 그 시설은 오래 전에 사라지고 없는 댐이라든가 소량의 수력발전밖에 못하는 댐이라면, 5만 혹은 10만 달러를 들여서 철거해

버리지 무엇 때문에 100만 달러나 들여서 보수하겠는가?"[129)]

댐 철거문제를 다루는 또 다른 웹사이트에는 이런 글도 올라와 있다. "여러 가지 이유로 댐이 철거되지만, 대부분의 귀착점은 경제적 요인이다. 댐이 안전하지 않거나(중대한 구조적 결함), 효율성이 없어졌거나(침전물이 쌓이면서 저수기능을 상실), 애초의 설치 타당성이 사라져 버린(더 이상 경작을 하지 않는 토지에 대한 관개) 경우, 그 소유자는 댐을 보수·유지할 가치가 없다는 판단을 내리게 된다."[130)]

돈이 명령한다. 환경은 복종한다.

◎ ◎ ◎

위계체계의 상층부 사람들은 그 결정이 자신들의 권력과 돈을 불려줄 것인가에 기초해서—적어도 의식적으로—사회적 결정을 내린다.

그러나 다른 기준에 입각해서 결정을 내리는 사람들이 있다.

내가 강이라면

오래 전 북부캘리포니아에 살 때 나는 울타리에 앉아 있는 커다란 새를 봤다. 그 새가 이렇게 말했다. "우리는 전에는 모두 같은 말을 했었는데 당신네는 우리가 진정 모두 하나라는 것을 잊었어요. 그래서 이젠 당신이 우리말을 알아듣지 못하는 거예요."

제인 카푸티[131)]

사람 역시 여러 모습이다. 공기, 땅, 풀, 돌이 무엇으로 이루어졌건, 모두 다 우리 몸의 일부이다. 우리는 다양해지는 법을, 바로 우리 자신인 갖가지 것들을 느끼고 음미하는 법을 배워야 한다.

레임 디어[132)]

내가 강이라고 생각해 보자. 내가 안개라고—어찌나 사뿐하고 얌전하게 내려앉는지 무엇으로도 물과 공기를 갈라놓지 못하는 안개라고 생각해 보자. 내가 억수로 쏟아지면서 땅에 부딪혀 여기저기 구멍과 흙탕물을 만드는 비라고 생각해 보자. 나는 빗물을 빨아들여 깊숙이 간직하는 땅이다. 나는 갈라진 틈이어서, 물이 고였다가 흘러서 못과 강에서 합쳐져 천천히 흘러가게 한다. 나는 뚝뚝 떨어지거나 가만히 머물러 있는 물의 소리와 침묵이다.

나는 바위틈의 작은 웅덩이다. 나는 흘러넘쳐서 나의 길을 가다가 나처럼 움직이고 또 움직이는 다른 물들과 만난다. 나는 여울이고 급류이고 물을 공기로, 공기를 물로 바꾸어주는 작은 폭포다. 나는 땅 위에 내려앉는 안개다. 나는 안개를 들이마시는 식물이며, 식물들을 따뜻하게 해주고 먹여주는 태양이다.

나는 물고기다. 물고기는 벌레를 먹고 자라며, 벌레는 식물을 먹고 자라며, 식물은 흙으로 살며, 흙은 물고기를 먹고산다. 물고기는 흙이 되고 식물이 되고 벌레가 되고, 다시 물고기가 되어 강물을 흘러 내려간다.

나는 강이다. 다른 강들과 만나서, 모든 강과 그 밖의 것들이 한데 어우러진 새로운 강이 된다.

나는 산과 결혼한 강이며, 해를 거듭할수록 더 깊은 산속으로 파고들어가 둥지를 트는 협곡이다. 나는 협곡에 쓰러진 나무들을 내주는 숲이다. 그리고 내가 물을 주고 먹이를 주는 풀밭은 온갖 과일과 자잘한 벌레들로 보답하고, 그 벌레들은 내게로 날아와 물고기들의 먹이가 되고, 그 물고기들이 다시 풀밭을 키운다.

나는 바다로 흘러드는 강이다. 조류가 하구에서 밀고 당기고, 파도가 민물과 소금을 섞는 것을 느낀다. 나는 그 혼합이다. 그것이 내 모습이다. 그것이 항상 나의 정체였다.

◎ ◎ ◎

나는 강이다. 화산과 빙하와 함께 살아왔다. 용암과 얼음에 시달려왔다.

무척 크고 오래된 통나무들을 실고 와서 그들 나름의 숲을 이루게 하면서, 그 아래를 흘러내리고 있다. 나는 가뭄과 홍수를 겪어왔다.

나는 강이다. 나는 연어를 그리워한다. 철갑상어를 그리워한다. 바다를 그리워한다. 풀밭을 그리워한다. 해리와 회색곰을 그리워한다. 나는 인간들을 그리워한다.

나는 강이다. 나는 그들이 돌아오기를 바란다. 철갑상어의 간질거림과 연어의 힘찬 움직임을 느껴보고 싶다. 나는 먹이와 흙을 바다로 실고 가고 싶다. 나는 예전에 그랬던 것처럼 풀밭을 덮어주고 싶고, 늘 그러했듯이 나 자신을 그들에게 주고 싶으며 그들 역시 그래 주기를 바라고 있다.

◎ ◎ ◎

자아, 내가 숲이라고 생각해 보자. 나는 나무껍질이며, 나무에 매달린 털이 수북한 이끼다. 낙엽더미다. 나는 흙이 되고, 나무가 되고, 종자가 되고, 다람쥐가 되고, 올빼미가 되고, 괄태충(括胎蟲)이 되고, 뒤쥐가 되고, 흙이 된다.

나는 균류 없으면 살아가지 못하는 나무다. 균류는 들쥐 없이는 못 살며, 들쥐는 나무 없이는 못 산다. 나는 나무 없이는 살 수 없는 불이다. 나무는 딱따구리 없이는 못 살며, 딱따구리는 풍뎅이 없이는 못 살며, 풍뎅이는 불 없이는 못 산다.

나는 나무를 통해 말을 하는 바람이며, 나무는 바람을 통해 말을 한다. 나는 노래하는 새이며 노래하지 않는 새다.

나는 도롱뇽이다. 양치류다. 노래기다. 따뜻하게 해줄 아침을 기다리며 꽃에서 잠을 자다가 일어나 먹이를 집어먹고 둥지로 날아가는 땅벌이다.

나 역시 가뭄과 홍수, 더위와 추위를 겪어왔다. 그리고 나 역시 연어를 그리워하고 있다. 나는 올빼미와 회색곰이 그립다. 강이 그립다. 인간들이 그립다. 나는 그들이 돌아오기를 바란다. 그들이 돌아와 줘야지, 그렇지 않으면 나는 죽는다.

◎ ◎ ◎

내가 댐 철거를 이야기할 때는 '단지' 강물을 풀어주는 문제만 이야기하는 것은 아니며, '단지' 연어를 살리는 문제만 이야기하는 것은 아니다. 나는 숲과 풀밭과 대수층(지하수를 함유한 다공질 삼투성 지층-옮긴이)을 비롯하여 문명이 들어오기 훨씬 전부터 이곳에 서식했던 온갖 것들을 이야기하는 것이다. 나는 이곳을 보금자리로 삼았던 것들을 이야기한다. 강을 숲과 풀밭으로부터 떼어놓을 수 없으며, 그렇게 할 수 있다고 생각하는 것은 어리석은 짓이다. 강을 죽이면 숲과 풀밭 등 온갖 것들을 다 죽이게 된다. 이것은 모든 방면에서, 이런 관계들의 모든 부분에 적용된다.

나는 연어가 숲을 먹여 살린다는 것을 오래 전부터 알고 있었으나, 숲이 얼마나 이 물고기에 의존하는지는 캐슬린 딘 모어(Kathleen Dean Moore)와 그녀의 아들 조나선이 쓴 『연어의 선물』(*The Gift of Salmon*)이라는 명석한 글을 읽고서야 비로소 알게 되었다. 글은 조나선이 알래스카에서 어머니에게 보낸 편지의 한 부분으로 시작하는데, 알래스카의 연어가 아직 문명에 의해 결딴나기 전의 이야기이다.

개울에 붉은 연어가 어찌나 많은지 상류로 걸어 올라가는 것만도 쉬운 일이 아닙니다. 자갈 모래톱으로 밀려 올라온 죽은 연어들을 밟아 비틀거리게 됩니다. 흡사 사람다리를 밟는 것만 같습니다. 뜻하지 않게 죽은 연어를 헛디디면 신음소리가 들리면서 속에 찼던 가스가 나옵니다. 얕은 물에서는 물고기가 내 장화에 와서 부딪힙니다. 알을 낳은 연어가 생기를 잃고 죽어가면서 흐르는 물에 떠내려와 내 발목을 건드립니다. 개울 상류에서 푸르스름한 잿빛 날개의 갈매기들이 떼를 지어 시끄럽게 떠들어대는 것을 보니 회색곰들이 고기를 잡고 있나 봅니다. 개울은 죽음의 악취를 풍기고 있습니다.[133]

이듬해 여름 그곳을 다시 찾은 캐슬린은 연어가 깨끗이 사라지고 없는 모습을 보고 물었다. "내 아들이 보았던 그 죽은 연어더미는 어디로 갔나요? 연어가 살아 있는 것과 죽은 것이 생태계 전체의 건강에 어떤 차이를 가져오나요?"[134)]

알다시피 연어는 숲에 어마어마한 양의 영양소를 제공한다. 연어는 몸무게의 약 95%가 바다에서 형성되는데, 그 무게를 숲으로 가지고 와서 죽는 것이다. 문명—그리고 댐—이 들어오기 전까지만 해도 이런 식으로 숲으로 흘러드는 영양소의 양은 거의 상상을 초월했다. 연어, 옥새송어, 사드, 청어, 줄무늬바스(농어의 일종-옮긴이), 칠성청어, 뱀장어 등을 비롯한 여러 어종이 강을 따라 자기 집을 찾아와서 숨을 거뒀다. 조사자들은 약 5억 파운드의 연어(옥새송어, 칠성상어 등은 제외)가 태평양 서북부의 강들을 거슬러 올라오는 것으로 추정하고 있다(일부 개울의 경우, 1제곱야드당 평균 3마리 이상의 연어가 온 개울에 몰린다). 이렇게 해서 연간 생성되는 질소와 인(燐)의 양은 수십만 파운드에 이른다.[135)]

연어가 들어오면 먹자판이 벌어진다. 곰들이 연어를 먹는다. 독수리도 연어를 먹는다. 갈매기는 곰과 독수리가 먹다 남긴 것을 먹는다. 지렁이는 갈매기가 먹다 남긴 것을 먹는다. 거미는 지렁이를 먹은 파리들을 먹는다. 날도래는 죽은 연어를 먹는다. 어린 연어는 살아 있는 날도래를 먹는다. 태평양 서북부에서는 66종의 척추동물이 연어를 먹는다. 여기에는 연어도 포함되며, 어린 은송어와 옥새송어의 뱃속에 든 내용물의 78%가 연어의 잔해와 알이다. 회색곰의 체내 질소의 33~90%가 연어로부터 나오는데, 이는 어디까지나 곰이 먹을 연어가 있을 때의 이야기다. 내륙 깊숙이 아이다호(Idaho)주에서도 이와 똑같은 현상을 볼 수 있다. 연어가 가는 곳이면 곰도 간다. 핑크색 연어의 인은 야생염소에게까지 간다. 연어가 많은 개울가의 나무는 여느 개울가의 나무보다 성장속도가 3배나 빠르다. 데이비드 몽고메리는 『왕 물고기』에서 이렇게 말한다.

알래스카 남동부에 있는 개울가의 가문비나무속 수목들의 경우, 개울 속으로 빠졌을 때 연어 덕분에 작은 못을 만들어낼 정도로 큰 나무로 자라는 기간이 300년 이상에서 100년 이하로 단축된다. 연어는 자기들이 서식하는 개울뿐 아니라 물 속으로 빠져서 연어의 보금자리를 마련해 주는 거목들까지도 기름지게 해준다.[136)]

연어 덕분에 호수도 달라진다. 캐슬린 딘 모어의 말을 들어보자. "연어의 주기는, 먹이사슬의 기초이자 호수의 생물에 영양을 공급해 주는 플랑크톤의 성장에 그대로 나타난다. 호수에 연어가 많을수록, 그만큼 동물성 플랑크톤이 늘어나고 조류가 풍성해진다. …〔조사에 따르면〕 플랑크톤의 수준과 호수 생산성의 급격한 저하는 1800년대 후반부터 시작된 대규모 어로와 관계가 있는 것으로 나타났다. 지난 100여 년 동안 어로작업으로 인해 연어로부터 파생되는 영양소의 연간 상류(上流) 이동량의 최대 2/3가 그 지역 생태계에서 인간들에게 넘어갔다."[137)] 게다가 문명인들이 댐 건설, 상업성 벌목 등으로 연어를 괴롭혀 죽이는 바람에 서북지역에서는 강들이 굶주리고 있다. 강물이 공급받는 영양소는 1세기 전에 비해 겨우 6% 정도밖에 안 된다.[138)]

숲에는 연어가 필요하다. 우리에게도 연어가 필요하다. 그리고 연어도 우리가 필요하다. 북서부인디언어로위원회의 의장 빌 프랭크가 말했듯이 "연어가 말을 할 수 있다면, 제발 살아남을 수 있게 도와달라고 할 것이다. 이것은 우리가 함께 대처해야 할 문제다."[139)]

귀를 기울이기만 한다면, 우리는 연어의 말을 들을 수 있을 것이다. 조나선 모어가 어머니에게 보낸 편지를 보자.

나는 눈이 쪼아먹혀 버린 은연어가 상류로 거슬러 올라와 알을 낳는 것을 보았습니다. 그들은 죽어가면서도, 등에서 살점이 떨어져 나가는데도 보금자리를 지키려고 싸우는 것을 봤습니다. 아주 작고 후미진 데를 밀고 올라가 몸이 자갈에 부딪히는 것도 봤습니다. 곰에게 물려 몸 한쪽이 뭉텅 뜯겨져 나간 채로 상류로 올라가는 것도 봤습니다. 그들은 포기하는 법이 없습니다.[140)]

연어들이 말하고 있다. 우리는 그 말을 들어야 한다.

댐(2)

행동하고 글 쓰고 말하고 존재하는 것이 두렵지 않을 때까지 기다린다면, 나는 심령전달 점괘 널빤지를 통해서 저편의 숨은 불평을 담은 메시지를 보내게 되리라는 것을 알고 있다.

오더 로드[141)]

우리에게 귀담아듣지 말라고 하는 사람들이 있다. 우리에게 이성적이어야 한다고 하는 사람들이 있다. 참으라고 주의를 주는 사람들이 있다. 온갖 증거를 다 외면하고는, 체제가 제 기능을 할 수 있다고 말하는 사람들이 있다. 이 사람들은 잘못 알고 있다.

언론인과 과학자, 활동가, 엔지니어, 기술자 들이 그들이다. 그들은 누군가가 불쑥 죽음의 소식을 입 밖에 내지나 않을까 공포감에 사로잡혀 침몰하는 배의 무도회장 벽에 웅크리고 앉아 있는, 운명이 다한—아직 숨을 쉬기는 하지만 이미 죽은—사람들이다.

무도회장에서 한쪽 구석에 웅크리고 있는, 운이 다한 사람들은 무슨 수를 써서든 필사적으로 당신을 제지하려 들 것이다. 그들은 너무나 오랫동안 자기 내면의 인간적 관례의 반향실(방송에서 에코 효과를 내는 방-옮긴이) 소리를 들어와서, R. D. 레잉의 『잭과 질』에 나오는 잭처럼 잊었던 것을 일깨워줘서는 안 되겠다는 생각에 아무도 자연계의 소리에 귀를 기울이지 못하도록 막아야만 한다. 그들은 자신들도 전에는 연어와 얼룩올빼미의 말을 들을 수 있었다는 사실을 잊어버렸으며, 그것을 일깨워주려는 사람이 있으면 그를 제지한다. 그들은 강요된 귀머거리 상태를 유지하기 위해 당신을 죽이려 들 것이다. 왜냐하면 그 상태가 유지되지 않으면 언론인, 과학자, 활동가, 엔지니어, 기술자 등의 신분을 상실하고, 문명인이라는 신분도 상실하여, 그들의 안목에서 본다면 죽게 될 것이기 때문이다.

◎ ◎ ◎

그러나 통상적으로 전문가들은 우리를 죽일 필요가 없다. 그저 자기들을 믿으라고 말만 하면, 우리가 알아서 기기 때문이다. 우리는 우리의 건강을 병원산업에, 안전을 경찰산업에, 아이들을 교육산업에, 우리의 구원을 교회산업에 맡기고 있다. 우리는 지역에서 어떤 일이 일어나고 세계에서 어떤 일이 일어나고 있는지 전해 주는 기자들을 믿으며, 세상이 어떻게 '작동'하는지 이야기해 주는 과학자들을 믿는다.

댐 철거의 경우, 기업이나 (점령)정부가 고용한 전문가들은 댐 철거하는 일은 기업이나 (점령)정부에서 고용한 전문가들에게 일임하라고 말한다.

이것이 어떤 식으로 작용하는지, 한 가지 예를 들어보자. 나는 강연을 하면서 문명이 강을 죽이고 있다고 말한다. 수백 년 동안 잘살아 오던 연어와 철갑상어가 왜 문명과 댐을 견뎌내지 못하는지 자세히 설명한다. 그러면서 댐을 없애야 할 필요성을 강조하면서, 바로 지금 그렇게 해야 한다고 이야기한다.

50대 중반쯤으로 보이는 남자가 일어서서 이렇게 말한다. "나는 수문학자입니다. 당신이 댐 철거를 이야기할 때, 그건 당신이 하고자 하는 말을 은유적으로 표현한 것이라고 믿습니다. 즉 사람들이 자기 마음속의 댐을, 지금 자기가 해야 할 바를 가로막는 것들을 제거해야 한다는 뜻 아닌가요?"

나는 이렇게 대답한다. "물론 내 이야기는 은유적이기도 하지만, 은유적으로 댐을 철거해서 연어를 살리기란 턱도 없습니다."

6개월 후 나는 같은 고장에서 다시 강연을 하게 된다. 그 사람은 이번에도 나타나서 똑같은 말을 한다. 내 대답은 똑같다. 이번에는 그 사람의 부인도 일어선다. 그 부인은 몸을 앞으로 수그려 앞좌석의 등받이를 잡고는 감정이 격한 어조로 말한다. "나도 수문학자입니다. 나는 선생님에게 무책임하게 나서서 당신 스스로 일을 하겠다는 생각을 버릴 것을 '강력히' 촉구하려고 이 자리에 나왔습니다. 선생님이 이 문제를 거론함으로써 얼마나 큰 해를 끼치는지 이루 말할 수 없습니다."

"해라니, 누구에게요?" 하고 나는 묻는다.

"강에게 해를 끼치지요. 선생님 말을 듣고 행동하는 사람들이 있을 수 있는데, 그 사람들이 댐을 철거하면 그건 아래쪽의 강을 죽이는 거예요. 댐에는 침전물이 가득한데 갑자기 댐을 철거하면 흙탕물이 마구 흘러 내려가서 강을 더럽힙니다."

이런 말에는 어떻게 응수를 해야 하는 것일까? 나는 전문가가 아니다. 어쩌면 그 부인의 말이 맞을지도 모른다. 나는 침전물 때문에 망가진 강과 개울들을 본 적이 있다. 분명히 그 침전물은 제거된 댐에서 흘러나온 것이 아니라 마구잡이 벌목으로 산중턱이 허물어져 개울로 쏟아져 내리면서 생긴 것이었지만, 그것이 남긴 인상은 너무나 충격적이었던 터라 나는 그 부인의 지적을 이해하고도 남음이 있다.

우리는 어려운 처지에 있다. 강들은 더 어려운 처지에 있다. 강은 죽임을 당하고 있고, 우리가 댐을 제거하지 않는다면 강은 죽어버릴 것이다. 그런데 우리—전문가가 아니라 보통사람들—가 댐을 철거하면 강을 죽이게 된다는 것이다.

나는 어떻게 해야 할지 모르겠다. 어쩌면 전문가들을 믿어야 하겠지. 따지고 보면 그들이 나보다 아는 것이 많으니까.

◎ ◎ ◎

나는 워싱턴주 올림피아에서 청취자가 전화를 걸어 참여하는 라디오 프로를 진행하고 있다. 그 프로에서 나는 댐을 둘러싼 딜레마를 이야기했다.

어떤 사람이 전화를 걸어 "진행자에게 들려주고 싶은 두 단어가 있어요. 터틀강(Toutle River)이오" 하는 것이었다.

그리고는 말이 없었다. 마침내 내가 입을 열었다. "대단히 고맙습니다만, 무슨 말씀을 하시는 건지 모르겠네요."

"그럼 세 마디로 합시다. 세인트 헬렌즈 산(Mt. St. Helens)이오." 그 사람은 또박또박 말하면서, 이것을 즐기고 있었다.

"끝까지 이야기를 해주셔야죠"라고 내가 말했다.

"1980년에 〔워싱턴주에 있는〕 화산 세인트 헬렌즈가 폭발했을 때 그 바로 아래 있는 터틀강은 침전물로 뒤덮였을 뿐 아니라 아예 끓어올랐습니다. 높이 30미터나 되는 물기둥과 재와 암설(岩屑) 기둥이 시속 100~150마일로 쏟아져 내리면서 거쳐 오는 모든 것을 결딴냈어요. 100제곱마일의 숲이 쑥대밭이 돼버렸어요. 짐승들은 모조리 다 죽은 것으로 추정되었고요. 그러니까 1천만 마리의 물고기와 백만 마리의 새와 1500마리의 큰 사슴, 200마리의 곰 등이 죽었다는 이야기가 되겠죠. 눈에 보이는 이끼를 비롯한 식물들이 모조리 사라졌습니다. 강줄기도 15마일 가량이 사라졌습니다. 그저 씻겨버린 게 아닙니다. 끓어오르기만 한 게 아닙니다. 아예 사라져 버린 겁니다. 달 표면을 방불케 하는 모습이었습니다. 어떤 과학자들은 영원히, 분명한 것은 우리 대에는 회복되지 못할 거라고 말했습니다. 심지어 벌레들도 되돌아오지 않을 것이라고 예측하는 과학자도 있었지요."

"그래서요?"

"터틀강은 지금 잘 있습니다. 산림국이 미쳐 돌아가는 목재산업을 위한 구실로 화산을 이용했고, 공병단이 그 볼꼴 사나운 구조물들을 더 세우기 위한 구실로 화산을 이용한 사실말고는 말입니다. 그래요, 과학자들은 하나같이 틀렸어요. 벌레들은 금방 다시 서식하기 시작했고 식물과 새들도 마찬가지였어요. 양서동물들도 대부분이 되돌아왔어요. 물고기들도 돌아왔고요. 포유동물들도 돌아왔습니다.

세인트 헬렌즈 산 폭발이 끼친 해는 댐 철거로 생겨날 수 있는 그 어떤 해보다 컸습니다. 강은 되살아나도록 내버려두면 잘해 나갑니다."

◎ ◎ ◎

이번에는 다른 사람이 전화를 걸었다. "나는 두 마디 더 추가하겠습니다" 하고 그는 말한다.

"올림피아 이야기인가요?"

그는 내가 묻는 말을 무시하고 "미줄라 홍수"라고 말한다.

"이야기 계속해요."

"지난 동절기에 빙하가 컬럼비아강과 그 강의 주요 지류인 클라크 포크강을 막아버리면서 에리 호의 4배가 넘는 호수가 생겼습니다. 급기야 호수의 수심이 약 2천 피트로, 빙하가 떠오를 정도로 깊어졌고, 곧바로 이 빙하가 댐을 허물어버렸습니다. 이 2천 피트나 되는 물기둥이 시속 100마일에 가까운 속도로 지금의 아이다호와 워싱턴 주를 덮쳤죠. 불과 이틀 만에 호수

 바닥이 다 드러났습니다. 이 수량(水量)은 시간당 5~10세제곱마일로 전세계에 흐르는 담수 전부를 합한 것보다도 많았을 거라고 생각합니다. 그 홍수의 위력이 어느 정도였냐 하면, 100톤짜리 바위들을 바다로 옮겨다 놓을 정도였습니다. 중심 수로가 그 엄청난 물을 감당할 수 없었기 때문에 곳곳에서 역류현상이 발생했습니다. 아마 높이 400피트쯤 되는 물기둥이 중심 수로의 남쪽 100마일까지 밀고 내려왔는데, 그곳이 지금의 오리건주 유진입니다. 또 다른 물기둥은 스네이크강을 역시 비슷한 거리로 밀어올렸어요."

"하시고자 하는 이야기의 핵심은…."

"강과 연어와 철갑상어가 그 홍수에서 살아남았습니다. 그랜드 쿨리 댐이 터져봤자, 그 홍수와 비교한다면 별것 아니겠지요?"

침묵.

그가 이야기를 계속했다. "한 가지 더 있어요. 미줄라 홍수 이야기를 하는 건, 사실 적절치 않습니다. 내가 알기로는 그런 홍수가 40번 내지 90번이나 있었거든요. 그 강은 그토록 많은 홍수를 겪고도 살아남았습니다. 하지만, 지금은 살아남기 어렵습니다."

◎ ◎ ◎

나는 그 수문학자와 연락을 취해, 체제 내에서 일하면서 수십 년간 쌓아온 경험에 비추어 그가 내릴 수 있는 최선의 진단을 내려봐 달라고 부탁했다. 나는 이렇게 말했다.

"우리가 직접 댐을 헐어내는 것이 ('소유주들이 댐의 보수·유지가 채산성이 없다'고 결정을 내렸을 때) 정부와 기업이 그것을 해주기를 기다리는 것보다 강에게 더 해롭다는 것을 납득할 수 있게 해준다면—다시 말해서 이들 기관의 승인을 받아 행동하는 것이 승인 없이 행동하는 것보다 어째서 강에게 더 좋은지 입증해 준다면—나 스스로 나서서 사람들에게 댐을 무너뜨리라고 촉구하는 일은 그만둘 것입니다.

내가 진정으로 바라는 바는 강에게 가장 이로운 일을 해주는 것입니다.

나는 연어가 멸종해서 인간의 삶이 계속되기를 바라는 사람들이 몸담고 있는 기관들을 믿지 않지만, 다른 대안이 더 나쁜 것이라면 유감스럽지만 그들을 따르겠습니다. 나는 설득을 받아들일 준비가 되어 있습니다."

그 수문학자는 훌륭한 분이다. 나는 그를 매우 좋아한다. 우리는 몇 차례 이야기를 나누었는데, 댐에 대한 의견차이에도 불구하고 우리는 서로 잘 지낸다. 나는 그분 역시 진심으로 강에게 최선의 것을 해주려고 한다는 것을 믿으며, 지금까지 좋은 일을 많이 했으리라고 확신한다. 그분은 책 제목을 알려주면서 그 책은 나를 납득시켜 줄 것이라고 친절한 편지를 보내왔다. "2002년 존 하인츠 3세가 과학·경제·환경센터에서 출판한 『댐 철거: 과학과 의사결정과정』(*Dam Removal: Science and Decision-making*)을 흥미 있게 읽으실 걸로 생각합니다.[142] 댐 철거에 대한 의사결정과정에서 고려되는 모든 문제를 조금씩 다루고 있습니다…. 저는 이 책에 대해 꽤 만족합니다만, 다만 예를 들어 스네이크강이라든가 콜로라도강, 컬럼비아강의 댐들을 둘러싼 복잡한 정치적 문제들은 다루지 않은 점만 빼고요. 하지만 제가 당신에게 말하고자 하는 요점은, 댐을 부수는 것은 오해를 부를 소지가 있는 이미지를 낳았을 뿐 아니라 당초 댐을 건설했을 때 못지않게 많은 문제를 일으킬 수 있다는 것입니다!"

그는 계속 이렇게 썼다. "강과 하천 유역을 다루는 (전세계적으로 광범위한) 저의 직업적 업무가 끝나기 전에, 정말 작은 것이나마 댐을 철거해 보고 싶습니다! 지난해 저는 3미터 높이 댐의 철거공사 설계용역을 따내는 데 역할을 했습니다만, 고객이 충격완화를 위해 하류의 급수 댐을 높이는 방안에 이 프로젝트를 묶어놓아 허송세월을 하고 있습니다. 그렇지만 만일 그들이 자금을 확보하면 기꺼이 그 일을 할 겁니다…."

독자들은 이 편지가 왜 나를 얼떨떨하게 만들고 괴롭혔는지 이해할 것으로 믿는다. 그의 분명한 목표는 내가 체제 내에서의 노력을 신뢰하도록 만드는 것이었지만, 그러나 이 헌신적인 전문가는 수십 년 동안 세계를 누비고 다니면서 강과 하천유역과 관련된 일에 종사하며 광범한 경험을 쌓았으면서

 도 아직 단 한 개의 댐도, 심지어 소규모 댐조차 철거해 보지 못했던 것이다. 그리고 그가 참여하기로 되어 있는 댐 철거사업마저도 정치와 돈에 발목이 잡혀 있다. 더 나아가, 그가 말하는 '만일'이란 조건은 그 댐이 끝내 제거되지 않을 가능성을 뚜렷이 암시하고 있다.

그럼에도 불구하고 나는 기꺼이 그 책을 주문해서 서둘러 읽었다. 그러나 나는 그 책이 그 수문학자의 편지만큼의 설득력도 없다는 것을 곧 알게 되었다. 아니 그의 편지보다 훨씬 못했다. 나는 "하인츠 재단 이사진에 케네스 레이(Kenneth Lay)가 끼여 있다는 사실에 놀랐다"는 말로 시작하는 답신을 보냈다.

알다시피 케네스 레이는 전례 없는 대형 파산사태로 투자자들에게 300억 달러의 손해를 입힌 악덕 에너지기업 엔론(Enron)사의 우두머리였다. 또 레이와 엔론은 일반시민들에게 수십억 달러의 손실을 입힌 캘리포니아의 에너지 위기를 불러들인 장본인이다. 독자들도 에너지업자들이 캘리포니아 에너지 시장을 어떻게 조작했는지를 이야기한 것이 녹음된 사건을 기억할 것이다.

예컨대 엔론의 한 직원이 "그가 캘리포니아를 망치고 있어. 그는 캘리포니아로부터 약 100만 달러의 돈을 훔치고 있는 거야"라고 말하는 것이 녹음되었다.

이번에는 다른 사람이 "그 얘기 좀더 해주겠나?" 하고 말했다.

"좋아. 그는 말이야, 음, 하루에 100만 내지 200만 달러 규모로 캘리포니아 시장을 주무르고 있어."

또 다른 사원은 정부가 벌금을 부과할 가능성에 대해 불평했는데, 그것이 녹음되었다. "이놈들이 우리가 챙긴 돈을 죄다 빼앗아가려 하고 있잖아. 우리가 캘리포니아의 가난한 할멈들로부터 훔쳐낸 돈을 몽땅 앗아가는 게 아니냐고?"

"그래, 밀리 할멈이지."

"맞아, 그 할멈이 우리가 메가와트당 250달러씩 받아냈던 그놈에 요금을 돌려달라는 거야."

이번에는 또 다른 사원의 목소리다. "레이가 에너지장관이 됐으면 좋을 텐데."

정말 그렇게 될 뻔했다. 레이는 부시의 에너지장관 후보명단에 올라 있었다. 엔론은 1989년부터 2000년까지 350만 달러 이상을 공화당에 바쳤다. 레이는 2000년 대통령 선거운동 때 부시로 하여금 엔론의 제트기를 이용하게 할 정도로, 부시의 좋은 친구이자 강력한 지지자이다. 부시가 레이를 '케니-보이'(Kenny-Boy)라는 애칭으로 부를 정도로 두 사람은 친한 사이이다.

레이를 비롯하여 엔론과 관계를 맺고 있는 행정부 사람이 비단 부시만은 아니다. 2002년 현재 엔론 주식을 소유한 고위관리는 15명이다. 국방장관 도날드 럼스펠드, 칼 로브, 환경보호청 차관 린다 피셔, 재무차관 피터 피셔, 미국통상대표 로버트 졸리크 등이 여기에 포함된다. 토머스 화이트는 육군장관이 되기 전에 엔론의 부회장이었으며, 그가 소유하고 있는 엔론 주식은 5천만~1억 달러에 달했다.

사실 켄 레이와 엔론이 부시행정부의 에너지정책을 수립했다고 해도 지나친 말이 아니다. 레이와 엔론이 정책을 건의하면, 부시와 그의 측근들은 귀를 기울였다.[143)]

그 수문학자가 나에게 믿으라고 권한 이 체제는, 그가 강과 하천유역 쪽 일에 수십 년을 종사하면서도 단 하나의 댐도 철거하지 못했다는 사실로써 저주스런 심판을 받았다. 독자적 행동을 단념하게 나를 설득해 줄 것으로 여겼던 문서가, 에너지기업의 수장이 이사로 있는 기관에서 발간한 것이었다는 사실이 더욱 한심했다. 에너지기업—영리를 목적으로 하는 기업, 특히 에너지기업—이 강과 물고기들에게 최선의 길을 찾아주는 일은 결코 없을 것이다(공교롭게도 "소유주들이 댐의 보수·유지가 채산성이 없다"고 결정을 내렸을 경우를 제외하고). 그러나 더더욱 고약한 것은, 문제의 에너지기업이 근래에 볼 수 있었던 가장 악덕한 기업—대단한 업적이다—이라는 사실과 자연계가 직면한 가장 파괴적인 적의 하나인 조지 부시 행정부와 긴밀하게 결탁되어 있는 기업이라는 사실이다.

그런데 놀랍게도 그 문서는 한 술 더 뜬다. 하인츠 재단은 이 책을 엮어내면서 공동 발간자인 FEMA와 EPRI의 도움을 받았다.

이것들을 따로따로 살펴보자.

FEMA는 연방재난관리국이다. 이 기관은 범람원(氾濫原)에 건물을 짓는 사람들에게 납세자들이 지원하는 홍수보험을 제공하는 것으로 가장 잘 알려진 곳이다. 이것을 보면 FEMA과 댐의 관계가 분명해질 것이다. 댐은 흔히 홍수관리에 사용된다. FEMA는 예측이 불가능한 자연 그대로의 강과 전혀 사이가 좋을 수 없다. 홍수를, 강이라면 봄철 대청소라고 부르고 초원은 필요한 영양소들의 반가운 유입이라고 부를 만하지만, FEMA는 대책을 요하는 비상사태라고 부른다.

그러나 FEMA는 다른 이유들로 해서도 문제다. FEMA의 공식 웹사이트는 이렇게 말한다. "재난. 그것은 언제 어디든지 덮친다. 그것은 허리케인, 지진, 토네이도, 홍수, 화재나 위험한 폭우, 천재나 테러행위 등 온갖 형태로 나타난다. 재난은 며칠 혹은 몇 주 동안 뜸을 들이다가 일어나기도 하지만, 아무런 예고 없이 불시에 들이닥치기도 한다. 해마다 수백만 명의 미국인들이 재난과 그 가공할 결과에 직면한다."[144] FEMA는 자연재해 대책을 강조하지만, 이 기관이 추구하는 다른 목적들을 짐작하기는 어렵지 않다. FEMA가 국토안전보장청의 산하기관이라는 사실을 알면, 앞에서 열거한 재난들 가운데 어떤 것에 주안점을 두는지 짐작이 갈 것이다.

FEMA의 진짜 관심사는, 편집증적 우파음모 광신자라면 누구든 거리낌없이 내뱉겠지만, 계엄령을 선포하여 비민주적 그림자정부를 세울 기초를 다지는 것이다. 이 나라의 수감자 비율과 국민 및 지역사회의 이익에 대한 정부의 철저한 외면을 감안하건대, 이런 목적을 위해 FEMA를 운용하는 것은 과잉조치라고 생각된다. 이렇게 말하면 FEMA가 예산의 6%만 긴급대책에 사용하고 나머지는 "국내외에 긴급상황이 발생했을 때 정부의 존립을 보장할 비밀 지하시설의 건설"에 쓰고 있다는 은박지모자(tinfoil hat)족들의 주장을 일축하기가 수월해진다.[145)] 마찬가지로 우리는 "1989년에 당시 부시 대통령이 서명한 대통령령은 FEMA에 1차 수용소(수용능력 각 3만 5천~4만 5천 명) 43개소와 2차 수용소 수백 개의 건설을 승인했다. 2차 수용시설 중 일부는 10만 명을 수용할 수 있다는 것은 주목할 만하다. 이 시설들은 완성되어 이미 사람들도 배치되었으나, 아직 잡혀온 사람은 없다"는 주장을 비웃을 수도 있다.[146)] 온통 웃기는 이야기지만 애시크로프트/관타나모(애시크로프트는 부시행정부의 초대 법무장관. 그의 재임중 쿠바의 관타나모 미군기지에 영장 없이 끌려온 테러용의자들을 수용하기 시작했다-옮긴이) 이전의 미치광이 주장을 들어보면 웃음이 그칠지도 모를 일이다. "이 계획은 고발된 사람들을 재판 없이 수용할 집단수용소의 건설도 승인했다."[147)] 그리고 "1984년 이후 세 차례나 FEMA는 국가장악 직전 단계에까지 갔었다"[148)]는 것을 알게 되면 얼마나 폭소가 터져 나올 것인가? 그러나 "정부와 연방준비은행 소유자들과 '300인위원회'(음모론에서 말하는 세계를 지배하는 그림자정부의 최상위 조직-옮긴이)의 고위급 구성원들이 건설한 비밀 지하 가상도시 60여 군데가 기록되어 있다"는 주장에 접하면 걱정일랑 멈추고 다시금 웃음을 터뜨릴 수 있는 것을 다행으로 알고 고마워해야 할 일이다.[149)]

300인위원회라니.

유감스럽게도 우리가 알고 있는 FEMA가 그토록 무서운 존재가 아니라면 이 편집증적 환상은 한결 떨쳐버리기 쉬울 것이다. 한 예로, 1981년 로널드 레이건이 이 기구의 장으로 임명한 방위군 장군 출신인 루이스 지우프리다의 이야기를 해보자. 일찍이 이 두 사람은 함께 일한 적이 있었다. 1971년 레이건이 캘리포니아 주지사로 있을 당시, 그와 지우프리다는 '케이블 스프라이서 작전'(Operation Cable Spricer)이라는 것을 구상했는데, 여기에는 정치적 반대자들을 억류하는 데 군대와 경찰의 사용을 합법화하는 계엄령 안이 포함되어 있었다. 바로 그 전해에 지우프리다는 육군대학에 있으면서 전국 규모의 반란사태가 발생했을 경우 최소한 2100만 명의 '미국흑인들'을 검거해서 강제수용소로 보낼 것을 촉구하는 글을 쓴 바 있었다.[150)] 우리는 이제 망상의 영역을 벗어나 역사의 영역에 있지만, 여기서 역사란 권력자들의 망상이 그 망상을 실현시켜 줄 힘과 결합되는 영역이라고 정의할 수 있지 않을까 생각한다. 어쨌건 지우프리다는 바로 이 같은 열정을 가지고 FEMA로 가서 프랭크 샐시도 장군 같은 동지들과 합류하게 되었다. FEMA의 민간안전보장국장인 샐시도는 1983년에 FEMA에 대한 자신의 비전을 "개인과 정부지도자들을 암살로부터 보호하고 민간 및 군사 시설을 사보타주 및(또는) 공격으로부터 보호하는 한편, 비상시기에 반체제집단들이 미국의 여론에 접근하거나 세계적으로 이목을 모으는 것을 방지하는 뉴 프론티어"라고 밝혔다.[151] 그리고 얼마 후 FEMA는 이런 '비상시기'에 권력을 장악하는 계획들을 짰다. FEMA는 곧바로 10만 명의 미국시민을 집단수용소에 수용하는 계획을 비롯하여, 대대적인 연습에서 (FBI, CIA, 재무부를 포함하여) 34개 연방기관을 진두지휘했다. 그러나 FEMA와 FBI의 세력다툼에서, FEMA는 10만여 명에 이르는 반체제인사의 신상자료를 넘겨주지 않을 수 없게 되었다.[152] 이 기사를 터뜨린 잭 앤더슨 기자에 따르면, 바로 그해에 FEMA는 '비상시기'에 의회가 "헌법과 공민권을 정지시키고 사유재산을 사실상 무시하고 자유기업을 폐지하고 나아가 미국민을 전체주의 틀 속에서 총체적으로 탄압할" 태세를 갖출 수 있도록 하는 법안을 기초했다.[153]

그런데, 홍수와 허리케인이라니.

FEMA의 의도에 의구심을 지울 수 없게 하는 또 다른 이야기도 있다. 루이스 지우프리다는 1981년부터 85년까지 4년 동안 FEMA의 책임자로 있었지만(그는 메릴랜드에 있는 자신의 홀아비 침실을 호화판으로 꾸미는 데 납세자들의 돈 17만 달러를 사용한 사실이 드러나 사표를 내야 했다[154]), FEMA의 웹사이트에 들어가 그의 이름을 입력해 보면 그런 이름은 목록에 올라 있지 않다는 메시지가 뜬다. 그는 거기엔 없는 사람이다.

FEMA의 정체는 무엇인가? 재난이 발생했을 때 우리를 도와주는 좋은 사람들인가, 경찰국가를 획책하고 있는 고약한 음모자들인가, 아니면 이 둘의 중간쯤에 있는 사람들인가, 아니면 아주 다른 엉뚱한 사람들인가?

나는 친구에게 이것을 물어본 적이 있는데, 그녀가 비슷하게 정곡을 찌르는 답을 해준 것이 아닌가 싶다. 그녀의 남편은 비상대책 업무를 맡고 있어 종종 FEMA와 함께 일할 기회가 있었다고 한다. "그 사람들은 대체로 무능하다는 게 남편이 받은 인상이었어요. 하지만 남편의 이야기 중 가장 중요한 건, FEMA의 업무는 어떤 특별한 뜻을 가지고 하는 일과는 상관이 없고(후버가 국장으로 있었을 때의 FBI처럼), 하는 일이 매우 다양해서 어떤 행정당국이라도 그 일이 하리케인 난민을 지원하는 것이든, 반체제인사들을 투옥하는 것이든 혹은 경찰국가를 도모하는 것이 되었든 이 기관을 동원해서 할 수 있다는 거였어요."

FEMA가 신뢰가 안 가는 (댐 철거에 관한 책의) 저자가 되기 위해서 300인위원회까지 끌어들일 필요는, 정말이지 없다. FEMA가 홍수 피해지역 주민들을 지원하는 기관이라는 사실만으로도, 하천의 해방에는 흉보(凶報)가 아닐 수 없다.

FEMA가 댐과 관련된 문제에서 미덥지 않은 기관이라면, 책의 출판에 동참한 EPRI는 신뢰성이라고는 눈곱만큼도 찾아볼 수 없는 기관이다. 전력연구소(Electric Power Research Institute)의 약칭인 EPRI는 자칭 "전력업체들의 이익을 도모하는 비영리 에너지연구 컨소시엄"이다. 그렇다, 그 수문학자는 전력산업의 이익을 위해 설립된 기관이라면 댐(그중에는 수력발전용이 많다)과 강의 관계를 진지하게 생각할 것으로 믿은 게 분명하다. 차라리 칼잡이 잭(Jack the Ripper, 1888년 런던에서 많은 창녀를 살해한 범인-옮긴이)에게 남녀관계를 물어볼 일이다. 하천의 건강과 댐에 관해 EPRI가 어떤 건의를 했는지 짐작이 가는 사람이 있을까? EPRI가 어떤 동기를 가지고 무슨 일을 하는지, EPRI 자신의 말을 들어보자. "[EPRI는] 경쟁력을 강화하고 환경문제에 대처하고 새로운 기업기회를 개척하고 에너지 고객의 수요를 충족시키는 데 필요한 지식과 도구, 전문기술을 제공한다. …운영비 및 유지비 감축방법, 수입증대 방안, 비용 효율적인 환경문제 해결방안 혹은 미래의 신규시장 및 기회의 개발방안 등 당신이 원하는 모든 것에 대해 EPRI는 유익한 해결방안을 제공한다." 이 문구를 보면 돈, 비용절감, 수입증대, '경쟁력' 확보, 에너지 고객의 '수요' 충족에 큰 관심을 보이고 있다. 그러나 하천의 안녕과 하천에 의존해 살아가는 고기들에 대한 관심은 찾아볼 수 없다. 죽어가는 강과 멸종위기에 있는 물고기들은 기껏해야 EPRI가 '비용 효율적인 환경문제 해결방안'을 찾아야 할 '골치 아픈 문제'일 뿐이다.[155)]

하인츠 재단의 이사진에 포함되어 있는 또 한 사람은 환경방위기금(Environmental Defense Fund, 이름과 달리 극우적인 '린드 앤드 해리 브래들리 기금' Lynde and Harry Bradley Foundation 같은 극우단체들로부터 재정지원을 받는다)의 수장인 프레드 크루프(Fred Krupp)이다. "홍보업계와 그외 선전전문가들이 정부와 특수 이해당사자들을 위해 대중의 정보인식과 여론을 어떤 식으로 조작하는가를 조사하여 폭로하는"[156)] 프로젝트인 '홍보감시'(PR Watch)는 크루프를 이렇게 평하고 있다. "〔홍보전문가 피터〕 샌드먼의 수하인 환경방위기금의 프레드 크루프는 기업체들과 마주앉아 환경문제의 '해결'을 놓고 협상하는 자리에서 '실리적' 흥정꾼으로서 자기 조직의 틈새 역할을 만들어냈다."[157)]

연어가 멸종되고 있는 마당에, 댐을 제거하는 일은 하지 않고 기업의 우두머리들과 마주앉아 그들이 또 다른 조사에 돈을 대도록 흥정을 벌이고 있다는 것이다. 그렇게 한들, 우리는 그럭저럭 살아갈 수 있을 테지.

천만에.

사태는 갈수록 나빠지고 있다. 그 책의 또 한 명의 공동저자는 법률·홍보회사 패튼 보그스(Patton Boggs)의 토마스 다운즈다(이 회사 고객으로는 앙골라의 국영석유회사, 텍사코, 엑슨 모빌, 셸, W. R. 그레이스, 페루, 카타르 등이 있다). 패튼 보그스의 자사소개를 들어보자. "40년 가까운 실무를 통해 우리는 워싱턴에서 의회 및 규제기관들과 긴밀히 일하고 전국의 법정에서 싸우고 전세계적으로 상거래를 엮어냄으로써 첨단 지원서비스를 제공하는 기업으로 정평이 나 있다. 패튼 보그스는 세계적 기업 및 통상 분야에 전념하는 국제법률회사로 출발했다. 1962년에 제임스 패튼이 설립했고 얼마 후 조지 블로우 그리고 뒤이어 토마스 헤일 보그스가 가세한 우리 회사는 70여 개국의 200여 국제고객들을 상대로 국제법과 통상법 분야에 집중해 왔다. 예컨대 패튼 보그스는 의회가 심의한 일체의 다국적 무역협정의 작성과정에 참여했다." 내가 당신들을 대변할 수는 없겠지만, 아무튼 GATT와 NAFTA, FTAA 등을 위해 로비활동을 해온—그리고 그 사실을 자랑스럽게 여기는—법률회사가 연어의 생존 여부를 결정하는 것은 별로 달갑지 않다. 그 웹사이트는 계속해서 이렇게 밝히고 있다. "법률에 문제가 있다고 판단되면, 패튼 보그스는 그 법률의 개정에 힘을 보탤 수 있는 좋은 위치에 있다. 예를 들어 귀중한 통상비밀과 기밀자료의 손실 위험성을 둘러싸고 에너지부와 유수한 한 항공기 제작업체 사이에 분쟁이 일어났을 때, 에너지부는 처음에는 그 사안을 검토할 권한이 없다고 주장했다. 그러나 우리는 수정된 세출승인법안에는 에너지부에 그 권한이 부여되어 있을 뿐 아니라 우리 고객의 문제를 해결할 것을 명시하고 있다는 사실을 알아냈다. 당연한 결과로 우리 고객은 애초 모색했던 구제조치를 전부 확보했다."[158]

늘 그렇듯이, 문제는 당신이 원하는 것이 무엇인가이다. 당신의 목표는 무엇인가? 당신에게 중요한 것이 무엇인가? 당신의 목표가 소득증가라면 당신은 그것을 추구할 것이다. 당신의 목표가 비용절감이라면 당신은 그것을 추구할 것이다.

이 문화에서는 돈이 될 자원으로 간주되지 않는 한, 자연계는 그 가치가 인정되지 않는다.

그 책이 나를 슬프게 한 데는, 책의 내용이 그 발간을 후원한 업계의 입장을 충실히 대변하고 있다는 사실 외에도 또 다른 이유가 있었다. 그 책의 헌사 때문이다. 그 책은 부분적으로는 2001년 9월 11일, 12일에 열린 회의의 산물이었다. 헌사는 이렇게 밝히고 있다. "우리들 누구도 2001년 9월 11일에 우리가 어디 있었는지를 잊지 못하며, 수천 명의 사람들이 그토록 무분별하고 잔인한 행동 때문에 목숨을 잃은 사실을 잊지 못할 것이다. 우리는 이 보고서를 그 희생자와 유족들 그리고 뉴욕, 워싱턴, 펜실베이니아의 용감한 소방대원과 경찰관과 구조대원들에게 바친다."

겉보기에는 그 책이 댐 철거에 관한 책이었다. 뉴욕시나 항공기 안전 혹은 항공기 납치에 관한 책이 아니었다. 뉴욕시나 워싱턴DC, 펜실베이니아에서 죽은 사람들은 그 책하고 무관하다. 관계가 있는 것은 죽은 강들이다. 그러나 헌사에서 죽은 강에 관한 언급은 찾아볼 수 없다. 그들에게는 이것이 중요하지 않기 때문이다. 나는 그 책을 읽으면서, 저자들이 댐 때문에 죽은 연어와 옥새송어와 철갑상어와 칠성장어를 생각하면서 이들에게 책을 헌정했다면 어떻게 달라졌을까 하는 궁금증을 떨쳐버릴 수가 없었다. 저자들은 2001년 9월 11일에 자신들이 어디 있었는지는 기억하겠지만, 그랜드 쿨리 댐이 컬럼비아강을 막아버린 날짜는 기억할까? 철문이 클래머스강을 막아버린 날짜는? 그들은 "그토록 무분별하고 잔인한 행동 때문에 목숨을 잃은 수천 명"을 결코 잊지 못한다고 말하면서도, 문명의 무분별한 행위와 특히 댐 건설이라는 무분별하고 충동적인 행위 때문에 파괴된 수백만의 인간 및 비인간에 대해서는 잊고 있는 것이다. 설령 인간에게만 국한한다 하더라도 그들이 그 책을 9월 11일에 죽은 수천 명이 아니라, 전세계 곳곳에서 댐에 밀려난 4천만~8천만 사람들에게 헌정했다면 어떻게 달라졌을까? 그래야만 댐 철거를 다룬 책은 읽을 가치가 있을 것이다.

그러나 물론 저자들은 이 점을 깡그리 잊고 있다. 그 책의 주된 목적은 결코 댐 철거가 강에 바람직한지 여부를 진솔하게 조사하는 것이 아니었다. 자본주의 매체의 일차적 목적이 개인과 공동체의 건강에 유익한 정보를 제공하는 것이 아니고, 학대가정 내에서의 논의의 일차적 목적이 건전한 가족관계를 도모하는 것이 아닌 것과 마찬가지다. "언론은 돈 많은 체제에 고용된 대행자로서, 오직 이권이 걸려 있는 곳에서 거짓말하는 목적을 위해 설립된다"고 한 헨리 애덤스(Henry Adams, 1838~1918, 미국의 역사가이자 작가—옮긴이)의 말은 옳다. 사실 이권이 걸린 데서 거짓말하는 것이 학대구조 내에서 이루어지는 모든 담론의 일차적 기능이다. 이것은 FEMA와 EPRI, 하인츠 재단이 발간한 책들에도 해당되는 말이다. '댐 철거' 보고서의 일차적 목적은 자신들이 죽어가는 지구를 위해 뭔가를 하고 있다는 믿음을 사람들에게 심어주는 것이었다. 만약 이권집단과 그 전문가들이 아무것도 하지 않는다면, 그때엔 우리 스스로 그 죽임을 막기 위해 뭔가를 해야 한다고 깨닫게 될 터이다. 그러나 만약 그들이 뭔가를—무엇이 되었든—하고 있으면 그땐 우리나 그들 모두 마음을 놓을 수 있는 것이, 전문가들이 문제에 매달려 있기 때문이다. "봐라, 우리가 댐 철거에 관한 책을 내놓았어. 우리는 이 문제에 힘을 쏟고 있다고. 참아. 우릴 믿어봐." 그들은 이렇게 말할 수 있고 우리는 그 말을 들을 수 있다.

이제 나는 참을 수가 없다. 그들을 믿을 수도 없다. 시간이 없다. 연어나 철갑상어 등도 마찬가지다.

이건 속임수 게임이다. 권력층이 댐 철거를 결정하는 일차적 근거는 비용-수익분석인데, 이 분석은 한결같이 권력층에 유리하도록 되어 있다. 권력층에 속한 사람의 입장은 존중된다. 그렇지 못한 사람의 입장은 존중되지 않는다.

◎ ◎ ◎

게임의 사기성은 더해 가고 있다. 오늘 『샌프란시스코 크로니클』지에는 "부시, 댐 소유주들에게 특별한 길을 터주다: 내무부 규정안은 업계에 수백만 달러의 가치"라는 제목의 기사가 실렸다. 기사의 내용은 이러하다.

"부시행정부는 약간의 규정 수정으로 댐 소유주들에게 미국 하천의 댐 인가 및 운영에 관한 내무부 규정에 호소할 수 있는 독점적 권한을 부여할 것을 제의했는데, 이는 수력발전업계에 수억 달러에 상당하는 가치가 있는 조치일 것이다.

이 제안으로, 댐 소유주들에게는 정치적으로 임명된 내무부 고위당국자에게 자신들의 입장을 직접 호소할 기회가 주어지지만, 주정부와 인디언부족 그리고 환경보호단체 들은 호소할 길이 막혀버릴 것이다."

그리고 뒷부분으로 가면 이렇게 말한다.

"문제의 규정 수정안은 수력발전업계 역사상 중대한 시점에 나왔다. 민간소유 댐들은 대부분 물고기를 비롯한 하천 서식물의 보호를 규정한 연방환경법이 제정되기 전에 건설되어서 연방정부로부터 유효 사용기간 30~50년의 승인을 받았다. 앞으로 15년 후면 민간소유 댐의 반 이상이 연방정부로부터 재인가를 받아야 한다.

그간 수력발전업계는 이 법을 준수하고 또 연방에너지위원회로부터 재인가를 받기 위해서 댐 소유자들은 댐이 물고기와 물고기에 의존하는 지역사회에 입히는 환경피해를 완화시킬 거액의 합의금을 지불해야 할 처지에 놓여 있다고 불평해 왔다."

또 이 기사는 문제의 수정 규정의 의도는 명백하다고 지적하고 있다.

"내무부의 한 관리는 '이렇게 되면 업계는 하천에 이해관계가 있는 다른 이해당사자들의 우려에 대처할 필요 없이 직접 와서 입장을 밝힐 수 있게 된다'고 말했다. 다년간 댐의 재인가 업무를 담당한 이 관리는 보복을 염려하여 이름을 밝히지 말 것을 요구했다.[159]

1920년에 제정된 수력발전인가법은, 원주민부족과 환경단체들이 이 법을 이용해서 업계가 거액의 돈을 물게 되는 방법을 고안해 내기 전까지 거의 60년 동안 업계와 별 문제 없이 지내왔다."[160]

누군가가 이 법을 이용해서 우리 모두가 소중히 여기는 것들을 파괴하지 못하도록 막을 방법을 궁리해 내면, 권력자들은 그 법을 바꿔버린다. 권력자들이 무엇 때문에 권력에 차질을 빚을 활동을 허용하겠는가? 그 규정의 목적은 결코 우리가 사랑하는 것들을 보호하자는 것이 아니라, 보호하고 있다는 환상을 갖게 하려는 데 있다. 보호의 환상을 실질적인 보호로 착각하는 한, 우리가 사랑하는 모든 것은 계속 파괴될 것이다.

◎ ◎ ◎

방금 게임의 사기성이 더욱더 노골화되었다면 곧이듣겠는가? 그게 가능할 걸로 믿었는가? 오늘 『뉴욕 타임스』에는 "미국, 연어보호 위한 댐 철거

배제"라는 제목의 기사가 실렸다.

기사는 이렇게 시작된다.

"화요일, 부시행정부는 멸종위기에 처한 11종의 연어 및 무지개송어를 보호하는 마지막 수단이라 할 수 있는 컬럼비아강과 스네이크강의 연방 댐의 철거 가능성을 백지화시켰다.

해양·대기관리국 어로부가 내놓은 의견서에서, 정부는 두 강의 하류에 위치한 8개 대형 댐은 연어의 환경에서 변경이 불가능한 부분이라고 천명했다."[161]

정말 이렇게 천명했다. 연방정부에 따르면, 이 점령정부에 따르면, 이 댐들은 컬럼비아강의 변경 불가능한 부분이란다. 이 문화가 만들어낸 인공물이 토지기반보다 중요하다는 것이다.

모종의 다른 조치를 기대했던 우리가 얼마나 어리석은가?

연방보고서에는 이런 대목이 나온다. "이 댐들 각각은 이미 존재하는 것이 분명하므로" 그것들의 존재는 연방기관의 "현재의 재량권을 벗어나 있다."

이 의견서를 쓴 사람들의 말은 맞다. 이 댐들은 모두 이미 존재한다. 그들이 이 사실이나마 인정한 것을 다행으로 여겨야 할 것이다. 그렇지만 연방정부가 이 댐들의 존재가 "현재의 재량권을 벗어난" 사항이라고 단정한다면, 어쩌면 이번만큼은 그 말을 그대로 받아들여 그들이 옳은 일을 하리라는 기대를 접고, 우리 스스로 나서야 할 것이다.

연어가 걱정이라면, 우리가 무엇을 해야 할지는 점점 더 명확해지고 있다.

◎ ◎ ◎

정부가 댐을 철거해 주기를 기다리고만 있어서는 안 되는 이유는 이렇다. 캘리포니아는 이미 환경파괴적인 샤스타 댐을 윈투족의 반대를 무릅쓰고 더 높일 방침을 세워놓고 있다. 이 댐을 더 높이면 처녀가 첫 월경 때 찾아가는 장소를 비롯하여 윈투족이 신성시하는 곳들이 물에 잠기게 된다. 윈투족이 강제 철거된다는 것은 거의 의심할 여지가 없다. 상원의원인 다이안 페인스타인이 댐 확장에 혈안이 돼 있기 때문이다. 왜? 그녀는 아주 분명하게 이렇게 말했다. "나는 캘리포니아 주민들이 정원과 잔디에 물을 줄 수 있는 권리와 마찬가지로, 그것은 신이 준 권리라고 믿습니다."

이 문명은 미쳐 있다. 제동을 걸어야 한다.

댐(3)

우리에게는 그것이 눈물의 댐이다. 우리는 마실 물도 없고 먹을 쌀도 없다. 그런데 눈물을 먹을 수는 없는 일 아닌가.

포 러트(부미폴 댐 때문에 삶의 터전을 잃은 부락민. 그는 타이의 댐 배척운동을 도왔으며 이 때문에 정체불명의 괴한에게 살해되었다)[162)]

나는 벌써 알고 있었다. 독자들도 알고 있었으리라 생각한다. 그러므로 체제는 경제적·정치적으로 힘 있는 사람들에게 봉사하며, 강과 인간을 포함한 자연계에 좋은 일을 하는 경우가 극히 드물다는 것을 구태여 복습할 필요는 없었다. 다만 나는 댐 철거가 강에 도움이 되는지 아니면 해로운지 알고 싶었다.

논리적으로 분명할 필요가 있다. 강물의 관점에서 볼 때 합법적인 댐 철거와 불법적 댐 철거의 주요한 차이는 전자의 경우 단계적으로 이루어질 가능성이 있다는 점이다. 우리가 글렌 캐넌 댐에 계속적으로 흠집을 낸다면 경찰이 방관하지 않을 것이다(앞에서 언급했듯이 경찰은 불법적 댐이 건설되는 동안에는 틀림없이 한쪽 눈을 찡긋거리며 방관했을 것이다). 내가 정말 묻고 싶은 것은 이것이다. 하천의 입장에서 볼 때, 댐에 끔찍한 사고가 일어나는 것이 아무 사고도 일어나지 않는 것보다 더 나을까?

논리적으로 더욱 명백해졌다. 이 체제는 파괴적이다. 체제가 파괴적이기 때문에, 댐이 그대로 있는 것보다 망가지는 것이 강에 더 해로운 경우도 있을 수 있다. 그리고 체제가 파괴적이기 때문에, 댐이 망가지는 것보다는 그대로 있는 것이 강에게 더 해로운 경우도 있을 수 있다. 한마디로 변수인 후자—댐 철거의 상대적 파괴성—는 상수인 전자—문화의 파괴성—의 영향을 받지 않는다는 것이다.

그 때문에 『댐 철거』를 읽는 것이 나에게는 아무런 소용이 없었다.

나는 도서관으로 달려가 보기도 하고 인터넷에 들어가서 몇 시간 동안 훑어보기도 했지만, 끔찍한 댐 사고가 하류의 물고기와 야생물의 서식처에 미치는 영향을 조사한 것은 거의 찾아볼 수 없었다. 나중에 어로생물학자들을 통해 알게 되었는데, 이 같은 조사결과를 찾을 수 없었던 것은 애당초 그런 조사를 하지 않았기 때문이었다. 어느 학자는 이렇게 말했다. “어느 댐에서나 대형 사고에 대한 검토를 하지만 어디까지나 인간에 대한 겁니다. 물고기에 미칠 영향은 뒷전으로 밀리고, 교량 몇 군데가 없어지고 사람이 얼마나 죽는가가 먼저죠.” 그의 말이 맞다. 대형 댐 사고가 하류의 교량 등 기반시설들(물론 위계질서의 상층부에 있는 사람들의 재산이 하층부 사람들의 생명보다 언제나 더 소중하니까)에 미치는 영향에 대한 조사(이 가운데 상당수가 FEMA 친구들이 한 것이다)는 많다. 댐에 사고가 나면 하류의 도시들이 물바다가 된다는 것이다. 그런데 강에 미치는 영향을 조사한 것은 전혀 찾아볼 수 없었다. 이것이야말로 도저히 용서할 수 없고 어리석고 추잡한 결함이 아닐 수 없다. 이 나라에는 200만 개가 넘는 댐이 있으며, 그 가운데 7만 5천 군데는 높이가 2미터를 초과한다. 언젠가는 이 댐들 모두 붕괴될 터인데, 200만여 댐을 건설하면서 불가피한 사고가 발생했을 때 강은 어떻게 되는지 알아보려고 한 사람은 아무도 없었던 것이다.

산림파괴, 바다 죽이기, 클로로플루오로메탄(CFC, 스프레이의 분사제·냉각제-옮긴이) 제조, 플라스틱제품 사용, 석유연소 등 사실상 문명의 온갖 것에 대해서도 똑같은 이야기를 할 수 있기에, 이 사실은 더더욱 용서할 수 없고 추잡하고—사악하고—어리석다. 아무도 이런 것들이 자연계에 미칠 영향을 알아보려고 하지 않았다. 이유는 명백하다. 정책 결정권자들이 개의치 않기 때문이다.

어차피 문화 전체가 검증되지 않은 독단적 권리에 기초하여 자기 주변의 모든 사람과 모든 것을 착취하고 있는 바에야, 구태여 자기 행동이 남에게 끼칠 영향까지 신경을 쓸 필요가 어디 있겠는가? 성폭행을 일삼는 자가 자기 행동이 어떤 결과를 빚을지 생각하는가? 아동학대자는 어떻고? 최고경영자는? 켄 레이는? 그의 수하에서 일하면서 '밀리 할멈'으로부터 돈을 훔쳐내도록 도와준 자들은? 이 문화는 체제가 초래하는 해악에 신경을 쓰지 말도록—정말이지 그런 해악은 눈여겨보지 말라고—체계적으로 우리를 가르치고 있다. 그러니 어떻게 댐을 건설하는 사람들이나 이를 감싸는 사람들에게 물고기를 걱정해 주기를 기대할 수 있겠는가? 그런 기대를 해서는 안 된다. 그들이 그런 생각을 해주리라 믿는 것은 커다란 잘못일 뿐 아니라, 자칫 빠지기 쉬운 함정이기도 하다. 우리가 그들을 설득해 보려고 애쓰는 것은 곧 그들이 정해 놓은 규칙에 따라 플레이를 하는 것을 의미하며, 실제로 우

 리 대부분이 거의 언제나 그러듯이 학대자들을 감싸주고 학대사회의 역학구조를 유지시키는 일을 하면서도 뭔가 좋은 일을 하는 척한다는 것을 의미하기 때문이다.

그들은 관심도 없다. 관심을 가졌더라면 댐 제거를 위해 뭔가를 했을 것이다.

나는 관심을 갖고 있다.

나는 연어에 깊은 관심을 가진 것으로 알려진 어류생물학자들을 찾아갔다. 그들 대부분은 어떤 부족을 위해 일하고 있었는데, 이 부족은 개중에 공원관리나 물고기와 야생 동식물을 관리하는 일을 하는 사람도 있지만 주로 물고기에 의존해서 살고 있다. 나는 그들에게도 똑같은 질문을 했다. "누군가가 댐을 폭파한다면 강 하류에는 어떤 영향을 미치게 될까요?"

그들은 하나같이 같은 반응을 보였다. 답변을 거부한 것이다. 나는 그 사람들을 탓하지는 않는다. 그들은 내가 정부 공작원이거나 테러리스트이거나 얼빠진 인간이라고 생각했을 법하다. 내 말투에 아랍계 억양이 있었더라면 십중팔구 단지 그런 질문을 했다는 이유만으로 누군가가 나를 당국에 신고하여, 나는 돈 한 푼 안 들이고 아름다운 관타나모로 가는 신세가 되었을 것이다. 다행히도 그런 일은 없이 그들의 대답을 듣지 못하는 것으로 그쳤다.

그러나 나는 그들이 정말로 물고기를 걱정한다는 걸 알 수 있었다. 그리고 요령 있게 질문하여 ① 내가 느닷없이 내뱉은 질문 때문에 그들이 나를 어리석고 경솔한 인간으로 여기지 않도록 했더라면 ② 그들을 겁먹게 하지 않았더라면 ③ 그리고 내가 그들에게 부정할 수 있는 확실한 근거를 제공하여 행여 아이언 게이트가 갑자기 붕괴하더라도 미치광이에게 폭파를 교사한 혐의로 당국의 조사를 받는 일이 없을 것이라는 믿음을 주었더라면, 그들은 진심으로 나의 질문에 대답하고자 했다는 것을 느낄 수 있었다.

내가 궁극적으로 알고 싶었던 것은 이것이다.

> 인위적이건 자연적이건 대형 댐 사고가 발생할 경우 하천이 입게 될 화

에 대해 명확하게 이야기해 줄 수 있겠는지, 궁금합니다. 단기적으로는 어떤 영향이 있고 장기적인 영향은 어떤 것입니까? 하천의 상태가 하루 뒤에는 어떻게 되고, 또 1년 뒤에는, 10년, 50년, 100년 뒤에는 어떻게 될까요? 이 문제에 대해, 이를테면 금본위제처럼 근거가 확실한 조사가 실시된 적이 있나요? 요약하자면, 대형 댐 사고가 야기하게 될 피해는 정확하게 어떤 것인가를 알고 싶습니다.

그것은 관념적 실험(thought experiment)으로 이어집니다. 작가로서 누릴 수 있는 이점 하나는 온갖 종류의 관념적 실험을 끝까지 추구해 볼 수 있다는 것입니다. 어떤 책을 쓰기 위해, 나는 노예제도의 문화·경제적 원인을 할 수 있는 데까지 깊이 파고들었습니다. 또 교육과정이 우리의 창의력을 어떻게 파괴하며 창의력을 키우는 학교교육은 어떤 모습이고 어떤 감성이어야 하는지, 천착해 보기도 했습니다. 또 다른 책에서는 감시의 역사와 미래를 살펴보기도 했습니다.

지금 집필중인 책에서 내가 하려는 일 한 가지는, 중·단기적 미래 시나리오를 엮어보고 그 각각의 상황에서 취해야 할 올바른 행동은 무엇일까를 탐색하는 것입니다.

그럼 관념적 실험을 해봅시다. 2015년이 되어 석유경제가 파탄을 맞았다고 가정합시다. 이로 말미암아 전력 기간시설이 기능을 상실했다고 칩시다. 내가 이런 가능성의 시나리오를 제시하는 것은 ① 세계 석유생산이 이미 피크에 도달했을(아니면 천연가스 생산처럼 곧 피크에 도달할) 공산이 커서 그런 시나리오가 빗나가지 않을 것이고, 더 중요하게는 ② 지역사회의 의사결정과정에 관해 이야기하고 싶기 때문입니다. 이 시나리오에서 공병단은 상관이 없습니다. 미국정부도 마찬가지입니다. 현지 하천에 영향을 미칠 결정은 그 하천변에 사는 사람들이 내립니다. 이 시나리오에서 댐은 발전이나 관개에 더 이상 쓸모가 없습니다. 이제 댐을 철거하고 말고는 지역사회가 결정합니다. 공동체가 결정한 일이기 때문에 하천변 주민들 모두에게 경고할 것이고, 따라서 인명피해가 발생할 일은 없습니다. 공동체 사람들은 물고기를 비롯하여 다른 서식생물과 하천 자체를 대변해 줄 것을 요구합니다. 당신에게 묻고 싶은 것은 이겁니다. 연어, 칠성장어, 송어 등 하천에 사는 생물들과 하천 자체를 위해서, 설령 극단적인 부작용이 따르더라도 댐을 철거하는 것이 좋겠는가, 아니면 댐을 방치하여 저절로 허물어지게 하는 편이 낫겠는가? 어느 쪽을 택하건, 그 이유는? 다른 이해당사자들은 이 문제에 대해 다른 견해를 가지고 토론하겠지만, 공동체 구성원들이 정말 궁금한 것은 하천의 입장에서 내린 당신의 해석과 인식입니다.

다음 질문입니다. 당신은 소형 댐이 아니고 대형 댐이라면 다른 대답을 하겠습니까?

또 묻습니다. 하천에 멸종위기에 처한 비소하성(非遡河性) 생물들이 있다면 당신의 답은 달라질까요? (소하하는 물고기들은 성장한 후에 일정 시간을 바다에서 지내다가 산란하기 위해 담수 하천을 찾는다.)

댐을 철거하기로 한다면, 언제가 가장 좋을까요?

내가 이처럼 관념적 실험을 하는 이유는, 여느 실험과 마찬가지로 변수를 줄여서 한꺼번에 한 문제씩 검토하고 싶기 때문입니다. 여기서 그 한 가지 문제는 댐과 하천의 관계와 관련된 것입니다. 석유경제의 과도적 성격이 확연히 드러나고 있는 점을 감안할 때, 생명의 핏줄인 하천에 대해 지역사회가 무엇을 하고자 하는가는 머지않아 이론적인 문제가 아닐 것이므로, 나는 이런 문제들의 일부가 공론화되어 가능한 한 깊이 있고 진지하면서도 지적으로 논의됨으로써, 사태가 갈수록 혼란스러워지는 속에서도 지역 사회와 주민들이 토지기반에 최대한 이익이 될 결정을 내리는데 도움을 줄 몇 가지 분석결과를 얻기를 바라는 바입니다.

세계 어디서나 어떤 식으로든 댐과 관련되어 있는 사람이라면 누구든 매순간 반드시 던져야 할 질문, "댐을 철거하면 강에 어떤 영향을 끼칠까?"를 위해 내가 이처럼 몇 가지 문항의 가상적인 틀을 만들어야 했다는 사실은,

이 문화의 담론을 특징짓는 자기검열에 대한 파격적이고도 위압적인 고발이 아닐 수 없다.

그러나 어떻게 보면 우스꽝스러운 이 틀을 만들어내는 일이 나에게 해답을 주었다.

내가 이야기를 나눈 물고기 옹호자들은 댐이 자기들이 사랑하는 하천을 죽이고 있다며 기염을 토했다. 그들은 내가 단지 질문을 확실히 하기 위해 마련한 틀이 마치 그들 마음속의 댐을 허물기라도 한 듯이 거침없이 말을 쏟아냈다.

한편 그들도 나에게 같은 선물을 주었으니, 그들과의 대화를 통해 내가 알게 된 것들은 내 안에서 인식과 감정의 댐을 허물어 낡은 세상을 보는 낡은 관점을 버리고 새로운 세계관을 갖게 해주었다.

◎ ◎ ◎

강은 수백만 년을 산다. 우리가 강을 있는 그대로 볼 수 있다면, 강은 결코 가만있지 않고 뱀처럼 꿈틀거린다는 것을 알게 될 것이다. 강은 낡은 물길을 버리고 새것을 만들어내며 옛 물길을 되찾기도 한다.

수백만 년을 사는 강은 단순히 둑 사이를 흐르는 물이 아니다. 강은 그 골짜기 전체이고 골짜기 전체가 강이다.

바위, 물, 연어, 곰, 독수리, 벌레, 대수층. 이 모든 것들이 함께 산다. 그들 모두가 강의 일부이다. 그들 모두가 끊임없이 움직인다.

그 움직임이 때로는 난폭하다. 한 어류생물학자는 내게 이렇게 말했다. "홍수 때 강의 물길이 바뀌면서 강줄기가 마르는 것을 보고 당황해하는 사람들이 많습니다. 물고기가 갇혀 동물들이 잡아먹거든요. 그러나 대체로 물에 빠져죽거나 깔려죽는 생쥐와 도롱뇽에게는 생각이 미치지를 않습니다. 식물들은 뽑히거나 잘려져 나가 바다로 밀려갑니다. 나는 식물과 동물 모두를 생각하고 이들을 동정하지만, 차츰 홍수 때 강에서 일어나는 황폐상태(변화)를 받아들이게 되었어요. 강줄기의 이동을 막아보려는 사람들이 많습

 니다. 그러나 강의 이동은 새로운 생산적 서식처를 형성해 주는 거예요!

이 같은 경험에 입각해서 나는 나 나름의 철학을 개발했습니다. 어떤 경우에는 문제를 잊고 생물들에게 미치는 당장의 영향을 받아들이고 서식지에 속하는 유기물들(인간 및 비인간들)에게 서식지를 마련해 주는 편이 낫다는 겁니다. 나는 특히 소하성 물고기들을 생각하는데, 그들이 상류 쪽에 갖다 주는 영양소가 엄청난 수의 다른 동식물을 부양하는 데 매우 중요하다는 겁니다. 늘 나는 피해당사자 모두에게 사과합니다. 어떤 경우에는(산사태나 언덕 경사면과 수로의 황폐화) 소극적 복원이 더 적절할 겁니다—나무들이 간섭 받는 일 없이 수백 년에 걸쳐 다시 자라게 하는 겁니다."

댐(둑)은 자연적으로 형성된다. 그런 일은 항상 일어난다. 산사태, 흘러내리는 용암, 빙하가 강을 덮으면서 그와 같은 일이 생기는 것이다. 문제는 이 강 혹은 저 강에 댐이 있다는 것이 아니다. 문제는 거의 모든 강과 거의 모든 개울에 들어선 댐이 200만 개를 헤아린다는 사실이다.

또 댐은 자연적으로 허물어진다. 그런 일도 늘 일어난다. 미줄라 홍수를 보자. 40개의 댐이 모조리 다 당했다. 또 다른 사람은 내게 이런 말을 했다. "7만 년 전에는 화산 둑이 샤스타 계곡 전체를 가두고 있었어요. 그러나 결국 물은 이것을 뚫고 지나가는 길을 찾았습니다. 그리고 그랬기 때문에 그 강은 아주 비옥하지요. 6천 년 전에 마자마산이 폭발하여 어퍼 클래머스 호와 윌리엄슨강은 화산재로 뒤덮였고, 그 높이가 3미터가 넘었습니다. 그 때문에 그 강은 아주 비옥합니다. 지질학적으로 보면, 일은 그런 식으로 일어납니다. 개울과 강에 둑이 생기면 물은 둑을 뚫고 지나가는 것입니다. 강이 그런 일을 합니다. 서식지가 파괴되면 다시 서식지가 만들어집니다. 어쨌든 홍수가 강을 망치기만 하는 것은 아닙니다. 그리고 대형 댐 사고도 그럴 겁니다. 그저 큰 홍수가 나는 겁니다. 댐이 터졌을 때 어떤 일이 생길지 알고 싶다면, 가장 좋은 방법은 유사한 규모의 자연적 지각변동을 보는 것입니다. 세인트 헬렌즈 산은 규모가 훨씬 크기는 하지만, 댐의 범람으로 어떤 일이 일어날지를 비슷하게 보여줍니다."

또 어떤 사람은 이렇게 말했다. "댐을 헐면 물론 큰 이변이 일어나지요. 하지만 물고기들은 바다로 갔다가 1년, 2년, 3년, 4년이 지나면 다시 돌아옵니다. 그리고 다른 개천의 물고기들이 와서 서식하게 됩니다. 댐을 철거하지 않으면 연어들은 돌아올 수 없어요. 댐을 철거한다면, 바다가 아직 살아 있는 한 연어들은 다시 올 겁니다."

또 다른 사람의 말이다. "댐 철거의 장기적 영향은 없습니다. 댐이 어차피 궁극적으로 허물어지는 것이라면, 하천도 궁극적으로는 되살아납니다. 그런 일은 늘 일어나지요. 그러면 연어가 다시 서식하게 됩니다. 미줄라 홍수가 있은 후 컬럼비아강에서도 바로 그런 일이 일어났어요. 여기서도 그렇게 될 겁니다. 연어의 약 2%는 본래 태어났던 강으로 가지 않고 새로운 곳을 찾아가 알을 낳는답니다."

또 다른 사람. "동물들에게 질적으로 좋은 서식지를 마련해 주면 거기서 살 수 있다는 것을 사람들은 이해하지 못합니다. 서식지를 파괴하면 그들은 죽습니다. 댐 아래서는 심각한 침전물 부족[163)]이 발생하고, 댐 위쪽에서는 바다에서 오는 영양소의 부족이 심각합니다. 연어, 철갑상어, 하천 등은 화산이나 빙하 등에도 불구하고 수백만 년 동안 명맥을 유지했지만, 이 문명이 도래하고부터 100년 동안은 간신히 명맥을 유지하고 있습니다. 앞으로 100년을 더 견딜 수는 없을 겁니다. 50년도 못 견뎌낼 수도 있습니다. 어쩌면 앞으로 20년을 견뎌내기도 힘들지 모릅니다. 댐은 철거해야 합니다."

나는 그들에게 물고기를 비롯하여 다른 하천서식 동식물의 입장에서, 하천의 입장에서 이야기해 달라고 했다. 나는 물었다. "댐 철거가 설사 큰 이변을 일으키는 양상으로 이루어진다 하더라도 연어, 칠성장어, 송어를 비롯한 다른 하천서식 생물(그리고 하천 자체)에게는 이로운 일일까요, 아니면 댐이 저절로 허물어질 때까지 내버려두는 편이 더 나을까요?"

그들은 말했다. "댐을 철거해야 합니다." "그렇습니다, 철거해야지요." "그렇습니다, 지금 철거해야 해요." "철거해야지요." "철거해야 합니다." "그렇습니다." "댐을 단계적으로 철거할 방법이 없다면 그냥 치워버려야 합니다.

장기적 이익을 위해 단기적인 어로의 피해는 감수해야지요." 그들은 이렇게 말했다. "큰 이변을 초래하는 댐 철거는 단기적으로 서식지를 파괴하지만, 장기적으로는 서식지를 조성할 수 있습니다." 또 이렇게 말했다. "강의 관점에서 볼 때 댐을 철거하지 말아야 한다고 생각되는 유일한 경우는, 다른 데서는 볼 수 없는 희귀종이 서식하고 있어서 댐에 문제가 생기면 영영 사라지고 마는 경우입니다. 미주리강과 철갑상어의 경우가 여기에 해당할 겁니다. 하지만 무엇이 철갑상어를 죽이고 있습니까? 바로 댐입니다. 그래서 내 생각엔 설사 그런 경우라 할지라도, 문제는 댐을 철거하지 않는 게 아니라 그 시기와 방법에 더 신경을 써야 한다는 데 있는 것 같습니다." 사람들은 이렇게 말했다. "해야 할 일은 아주 명백해요. 댐 철거에 반대하는 사람들은 근시안적입니다." 그리고 이렇게도 말했다. "댐 철거에 반대하는 사람들은 소견이 좁아서 이 생물들이 어떤 것들인지, 그들을 방해하는 것들이 의미하는 바가 무엇인지 생각해 보지 않은 사람들입니다." 또 이런 이야기도 있었다. "댐 철거에 반대하는 사람들은 자연계에 대한 믿음이 없는 사람들이에요. 자연계가 지닌 탄력과 살려는 의지를 믿지 않는 사람들이에요. 그들은 강에게 가장 좋은 것이 무엇인지는 인간이 잘 알고 있으며 인간의 간섭이 없다면 어쨌거나 살아남지 못할 터이니 관리를 강화해야 한다고 생각합니다. 터무니없는 생각입니다. 우리는 강을 풀어주고, 그리고 강 스스로 돌볼 방법을 알고 있다는 것을 믿어야 합니다."

◎ ◎ ◎

다음은 유록족 인디언의 한 남자가 최근 클래머스강의 댐 철거에 관한 사설에서 주장한 것이다.

클래머스강의 생물들과 관련된 문제를 이야기할 때면, 우리는 조물주가 영원토록 아끼며 보호하라고 우리에게 준 강과 그 인근의 모든 인간과 피조물들을 대변한다는 확신을 가지고 말한다. 이것이 우리에게 부여된 거룩한 사명이자 목적이다. 이 목적은 우리 부족의 헌법에 소중하게 명시되어 있다.

우리는 퍼시픽코프(PacificCorp)와 스코티시파워(ScottishPower)의 주주들에게 위대한 클래머스강의 위대한 종들의 보존을 위해 과감하게 역사적 조치를 취해 댐을 허물 것을 촉구한다. 우리는 그들이 그렇게 할 것으로 믿으며, 캘리포니아주 북부해안의 모든 동지들에게 그들을 지지해 줄 것을 촉구한다. 우리가 한평생 살면서 참으로 위대한 존재를 실감하는 기회는 매우 드물다. 지금이야말로 그런 기회라고 나는 믿는다. 유록족 사람들과 이 땅을 사랑하며 아끼는 모든 사람들이 힘을 합하여, 연어들이 힘과 활력을 되찾도록 도와줄 수 있다.

대량파괴 무기인 댐의 존재는 우리 형제인 연어들의 생활 사이클을 해치고 있다. 그렇다, 나는 '연어형제들'이라고 부른다. 인간이 나타나기 전에는 우리 모두가 친족 영혼들이었다는 것이 우리의 소신이다. 영혼들이 새나 포유동물이나 파충류나 물고기가 된 것이다. 어떤 피조물도 사람이 된 영혼보다 더 중요하거나 덜 중요하지 않았다. 그래서 우리는 모든 피조물이 형제지간이며 같은 조물주로부터 왔다고 믿고 있다. 나로서는 내 그물에 걸린 고기들을 걷어 올릴 때 살려달라는 물고기의 소리를 묵살하는 것이 괴로운 일이다. 그런데 요즈음은 연어가 크게 줄어든 가운데 연어가 우리 가족과 이곳 사람들의 먹을 것이 되어준다는 사실이 언제나 큰 경외심을 자아낸다. 나는 연어가 우리에게 먹히기 위해 목숨을 희생하는데 대해 연어와 조물주에게 감사한다.

요즈음 내가 그물을 들어올릴 때 느끼는 큰 부담감은 물고기의 무게에서 오는 것이 아니라, 소하하는 연어가 크게 줄어든 사실에서 오는 커다란 슬픔 때문이다. 우리는 해마다 돌아오는 연어의 수가 꾸준히 줄어드는 것을 주목해 왔다. 첫 댐이 들어서기 전인 1900년대 초에는 이 위대한 강에서 수십만을 헤아리는 연어와 옥새송어들이 잡혔다. 해마다 100만이 넘는 물고기들이 상류의 산란장을 찾아 이동해 왔다. 지금은 돌아오는 연어의 수가 만 단위에 그치는 실정이다. 강에서 연어수확이 줄어듦으로 해서 우리는 기본적인 생존과 상업상의 필요를 충족시키지 못하고 있다. 북부 해안지역의 모든 스포츠형 고기잡이와 상업적 어로도 우리와 마찬가지로 타격을 받았다.

어쩌면 나는 가족을 먹여 살리기 위한 고기잡이를 그만둬야 할지도 모른다고 여겨지지만 그런다고 문제가 해결되는 것은 아니다. 연어형제들에 대한 위협이 제거되지 않으면 안 된다. 산란하는 연어들을 위해 물의 질과 하상(河床) 접근이 복원되어야 한다. 유록부족은 우리의 연어형제들을 보호할 것이며, 우리는 땅과 강을 사랑하는 모든 이들, 특히 퍼시픽코프와 스코티시파워가 합세해 줄 것을 호소하는 바이다.

댐 철거는 클래머스강의 물고기를 되살리는 첫걸음이 될 것이다. 이것은 연어를 살릴 수 있는, 문자 그대로 일생에 단 한번뿐인 기회이다. 이 순간이 연어들과 함께 영영 그대로 가버리게 해서는 안 된다.[164)]

◎ ◎ ◎

강, 인디언, 연어, 옥새송어, 철갑상어, 곰, 독수리를 비롯한 많은 것들이 문명 때문에 엄청난 고난을 겪어왔다. 기업들이 클래머스강의 댐들을 지배하고 강을 죽여 이익을 보고 있으면서도 뒤로 물러앉아 댐 제거하는 일을 하지 않는다면, 아마 문명인들 중에서 각성하여 사태를 걱정하는 우리가 이제 그 죄의 대가를 치르기 위해 옳은 일에 착수해야 할 것이다.

◎ ◎ ◎

나는 폭약에 관해 잘 아는 사람과 이야기를 나누었다. 내 친구의 친구인 그는 소개해 준 사람이 보증하는 인물이었다. 실제로 그는 뭔가를 하려던 참이었다. 물론 나는 그를 믿기까지 훨씬 많은 증거가 필요했다. 그러나 우리는 다만 이야기를 하는 것뿐이었고—어차피 우리가 하는 일이란 고작 그런 것인지도 모른다—그것으로 족했다. 우리는 야구경기장에서 만났다. 우리가 이야기 이상의 뭔가를 할 생각이었다면, 남의 이목을 피할 수 있는 곳에서 만났을 것이다. 우리는 몬트리올 엑스포스 팀의 야구경기를 관람하기 위해 올림픽 스타디움에서 만났는데, 그런대로 그곳은 남의 눈에도 잘 띄지 않는 호젓한 장소라는 생각이 들었다.

그 사람이 자청해서 내가 폭발물에 관해 이해할 수 있게 도와주겠다고 해서, 나는 감사의 인사를 하며 그런 전문지식을 어떻게 얻게 되었냐고 물었다.

그의 이야기는 이러했다. "어떻게든 도울 수만 있다면 기쁜 일이죠. 나는 이에 대해 그동안 많은 생각을 해보았는데, 매우 중요한 두 가지 이유가 있어요. 첫째로, 문명 허물기가 매우 중요하기 때문이에요. 뭔가를 살리고자 한다면, 우린 이 싸움에 전력투구해야 합니다. 나는 크나큰 분노와 실망을 느끼는데, 내 기량으로 해낼 일이 있다는 것을 알기 때문에 더욱 그래요. 그러나 나는 함정에 빠진 몸이기도 합니다. 내가 행동하면 가족을 위험에 빠뜨릴 것이기 때문입니다. 가족을 떠나야 할 텐데 가족들이 견뎌낼 수 있을지, 장담할 수 없어요. 그래서 날마다 여기 앉아서, 분노와 실망감이 활활 타오르면서 내 영혼을 파괴하는 듯한 기분에 사로잡힙니다. 그렇지만 조만간, 빠를수록 좋겠지만, 우리가 이 체제에 일격을 가해 무너뜨리고 우리 모두가 마땅히 찾아야 할 삶을 되찾을 날이 오리라는 것을 확실하고도 분명히 알기 때문에 어느 정도 위안을 얻고 있지요."

"우리가 승리하리라는 걸 알고 있을 테죠?" 하고 내가 물었다.

그는 고개를 끄떡이며 이야기를 계속했다. "내가 도움이 돼드리고 싶은 두번째 이유는—이상하게 들릴는지 모르지만—지금까지 나는 이런 것들을 배워 내 영혼을 좀먹는 일들을 많이 했기 때문에, 지금이라도 이 기술을 좋은 목적에 활용할 수 있다면 지난날 일들에 대한 역겨움을 다소나마 덜 수 있지 않을까 하는 생각에서입니다."

"무슨 말씀인지 모르겠군요."

"1981년에 나는 방위군에 입대해서 포병에서 근무했는데, 전술핵무기도 발사할 수 있는 부대였습니다. 나는 그런 무기하고는 상관없었지만, 그 부대에 들어가기 위해서 신원조회를 받아야 했습니다. 1982년에 대학을 졸업한 후에 돈 없고 집 없는 신세였던 내가 간 곳은 해병대였어요. 당장 받아주는 데는 거기뿐이었기 때문입니다. 나는 보병이었어요. 그런데 나는 이미 신원조회가 끝나 있었기 때문에, 그들은 나를 실험단계에 있는 어느 부대에 배치했습니다. 첫 10개월의 훈련을 받고 나서 알게 된 사실입니다만, 우리는 특수부대원이 될 자격을 80% 갖춘 것으로 간주되고 있었습니다. 내가 정식으로 받은 폭약교육은 포트브래그에서 육군이 실시하는 3주 코스였어요…."

"3주요? 별로 긴 기간은 아닌 것 같네요."

"아닙니다, 긴 훈련이에요. 알아듣기 쉽게 말씀드리자면, 스카이다이빙과 스쿠버다이빙을 다 가르치는 데 걸리는 시간보다 더 긴 시간입니다."

"그 밖에 뭘 또 배웠습니까?"

"스카이다이빙과 스쿠버다이빙말고도 산악, 사막, 북극, 밀림, 온대에서 살아남기와 전투, 현수하강(이중 자일로 암벽을 내리는 방법-옮긴이), 암벽등반, 저격, 부비트랩(위장폭탄), 중화기, 게릴라전술, 첩보수집, 방첩작전, 주변·내부·외부 보안(동물·전자·기계식 보안장치의 설치 및 파괴 방법 등), 장거리 수색, 정찰, 피신 및 도주(점화장치에 의한 차량시동, 부수고 들어가기 등을 포함), 즉석에서 무기 및 폭발장치 제조, 전투지역에서 응급치료 그리고 마지막으로 보병의 표준전술 등입니다.

한 가지 밝혀둘 것은, 내가 받은 훈련에 대해 많은 갈등을 하고 내가 저지른 짓에 심한 혼란을 느껴 그 때문에 거의 강박감에 사로잡힐 지경이었지만, 그러면서도 내가 배운 기술이 우리를 뒤덮고 있는 이 광기를 끝장내는 데 도움이 될 것이라는 생각에 기쁘기도 했다는 사실입니다."

"뭘 하셨는데요?"

"우리는 우선 아프리카에 배치되어 거의 1년간 근무했습니다. 앙골라, 콩고 등지에서요. 우리 임무는 반란활동을 진압하는 전술을 가르치는 거였어요. 그 다음에는 아시아에 배치되어 타이와 캄보디아에서 1년 동안 같은 활동을 했습니다. 이 지역들은 모두가 전쟁중이었고, 우리는 명목상으로는 고문에 불과했지만 그래도 배운 것을 실제로 활용할 기회가 너무나 많았습니다. 제대한 후에, 군대에서 다루지 않았던 기술적인 국면들을 다룬 책 몇 권을 더 읽었습니다."

우리는 모두 다 기술을 가지고 있으며, 어디서 그런 기술을 배웠건 토지 기반을 지키는 데 활용해야 한다는 게 나의 생각이다. 확실히 그 사람은 매우 중요하고 유용한 기술을 가지고 있었다.

◎ ◎ ◎

유록 사람이 쓴 그 사설을 처음 읽었을 때, 마음에 걸리는 문장 하나가 있었다. "우리는 퍼시픽코프(PacificCorp), 스코티시파워(ScottishPower) 주주들에게 위대한 클래머스강의 위대한 종들의 보존을 위해 과감하게 역사적 조치를 취해 댐을 허물 것을 촉구한다." 기업체에 '촉구한다'는 말이 내게는 지나치게 상투적인 구걸로 들렸다. 이제 우리 모두는 학대자에게 애걸하는 것은 소용없다는 것을 알고 있다. 명사 몇 군데만 바꿔서 밴크로프트의 말을 다시 들어보자. "애걸하거나 간청해서 기업과 그 운영자들을 변화시킬 수는 없다. 기업의 의사결정권자들 가운데 변화하는 자는 자신이 저지른 일의 결과를 인정하려 드는 사람뿐이다."[165] 전체 체제는 착취자들을 착취행위의 결과로부터 보호하기 위해 마련된 것이므로, 그들에게 결과를 들이대는 일은 우리 몫이 된다. 다시 그의 말을 들어보자. "하소연하고, 달래고, 점잖게 이끌어주고, 아는 사람들을 통해 설득하고, 대결적이 아닌 다른 방법을 동원하는 등으로 기업이나 정치의 의사결정권자들에게 영향을 미친다는 것은 있을 수 없는 일이다. 나는 수백만을 헤아리는 항의자들과 운동가들이 그런 방법을 시도했지만 무위로 끝나는 것을 보았다. 그를 변화시키는 방법은 변하라고 요구하는 것이다, 다른 방법으로는 안 된다."[166] 그의 말을 더 들어보자. "지구를 죽이는 사람이 달라질 여건을 조성하는 데 가장 중요한 요소는 그를 달리 선택의 여지가 없는 처지로 몰아넣는 것이다. 그렇지 않고는 그의 행위가 달라질 가능성은 매우 낮다."[167] 그리고 기업과 정부가 식은 죽먹듯이 하는 거짓말과 지연전술을 감안할 때, 또 실제로 자연계에 도움이 될 수도 있는 조치가 실행되기도 전에 걸핏하면 과학자들이 동원되어 온갖 부정적 부작용 가능성을 강조함으로써 그런 움직임을 무산시켜 버리는 것을 감안할 때, 댐이 실제로 철거되려면 최소한 15~20년은 지나야 한다는 게 최선의 시나리오라고 확실히 말할 수 있다. 엘와강의 경우 얼마나 시일을 끌었는지, 생각해 보라. 그런데 클래머스강의 연어들이 15~20년을 견딜 것 같아 보이지는 않는다.

그러나 나는 유록부족 사람의 말을 반드시 애걸로 볼 것은 아님을 깨달았다. 설사 내가 촉구하는 행동이 학대자의 성격에 부합하지 않을지라도, 어떤 행동을 명확하게 촉구하는 것이 나쁠 것은 없을 것이다. 혹시 그렇게 해서 원하는 바를 얻을 수도 있지 않을까. 하지만 효율적 행동과 상호의존을 구분시켜 주는 것은 학대자가 변하지 않을 때, 그때 취하는 행동이다.

만일 이 경우 기업과 그 기업을 지원하는 정부가 요지부동이거나 혹은 연어들이 견디지 못할 정도로 시간을 질질 끈다면, 그땐 어떻게 할 것인가? 그 시점에서 우리의 성실성은 어떤 행동으로 표출되어야 할까? 우리는 법과 법의 비호를 받는 기업에 더 충실해야 하는가, 아니면 연어에게 더 충실해야 하는가? 우리는 포악한 권력구조를 유지시키도록 설계된 절차에 충실해야 하는가, 아니면 강에 더 충실해야 하는가? 만약 이런 선택을 해야 할 계제가 된다면—이미 여러 경우, 여러 곳에서 이런 일이 나타났다—어느 쪽을 택할 것인가?

◎ ◎ ◎

그 사람은 이렇게 말했다. "구체적인 이야기를 해봅시다. 건물에는 중력 등으로부터 상대적으로 압력을 더 많이 받는 부분이 있어요. 이런 기본적 사실은 충분히 인식되고 알려져 있어서, 건물을 설계할 때는 이 점을 고려하여 압력이 쏠리는 부분을 보강하지요. 댐에는 압력이 몰리는 데가 두 군데 있습니다. 하나는 초승달 모양 구조물의 가장 멀리 있는 부분이고 또 하나는 수

문과 수문 사이의 부분들입니다. 벽을 더 두껍게 하거나 철근으로 이런 부분들을 보강해 주지요. 건축하는 사람들은 그저 필요한 만큼만 이 부분을 보강해서, 벽의 여느 부분과 이어지게 합니다. 폭약을 무한정 보유하고 있지 않은 한, 이런 이음새 부분에서 압력이 몰리는 곳을 겨냥해서 공격해야 합니다. 여기서 가장 중요한 점은 건설자재에 관한 세부적인 사항을 파악하는 일입니다. 만약 건설업자가 여러 가지 자재를 사용했다면, 전체적으로 다 가장 견고한 자재를 사용했다고 보아야 해요. 이건 아주 기초적인 사항이에요. 군 안팎의 폭파전문가들은 항시 이런 유의 분석을 활용합니다."

우리가 야구경기를 구경하면서 이런 이야기를 하고 있다는 사실이 믿어지지 않았다. 엑스포스팀은 플로리다의 말린스팀을 3 대 1로 누르고 있었다.

그가 계속해서 말했다. "요약해 보면, 댐 파괴를 계획하는 사람에게 필요한 것은 이런 겁니다. 첫째, 청사진 또는 이에 상당하는 정보를 줄 수 있을 정도로 전문성을 갖춘 사람. 나는 이런 일을 많이 해봤기 때문에 이제는 거의 모든 댐을 청사진 없어도 보기만 하면 어느 부분이 압력 집중점인지 알 수 있어요. 결국 보는 훈련, 전체적으로 보는 훈련을 하는 것이 관건입니다. 둘째로 구조물에 사용된 자재에 관한 지식, 셋째로 지형에서 특별히 고려해야 할 사항에 대한 지식. 지진이나 허리케인 발생 지역에서는 구조물을 보강하게 됩니다. 이런 사항들은 네번째로, 목표를 달성하기 위해서 어떤 종류의 폭약을 얼마나 사용해야 할지 파악할 수 있게 해줍니다. 여기까지 되었다면, 그 다음 단계로는, 다섯째 어떻게 안으로 들어가고, 누가 언제 어디서 어떤 종류의 기폭제를 사용할지 계획을 세우는 것입니다. 이 단계를 건너뛰어서는 안 됩니다. 만일 댐이 전기를 생산하고 있다면, 전기타이머나 원격조정장치를 방해할 수 있으니까요."

"이런 이야기를 하는 게 겁나지 않아요?" 하고 나는 물었다. 내가 겁이 나서가 아니었다. 천만에, 나는 조금도 겁이 나지 않았다. 정말이다. 그리고 내 목소리는 떨리지도 않았다. 글쎄, 어쩌면 조금은 겁이 났을지도 모른다. 하지만 흥분도 되었다.

그가 말했다. "이런 정보는 불법적인 게 아니에요. 아까 말했듯이, 이건 군대에서 납세자들의 돈으로 숱한 사람들에게 가르치고 있는 지식입니다. 만약 이런 이야기를 하는 것이 불법이라면, 어째서 내게 이런 걸 가르친 건 불법행위가 아니란 말입니까?"

"그 까닭은 우리가 돈 있는 사람들이 아닌 보통사람들과 지구를 위해서 그런 정보를 활용하는 문제를 이야기하고 있기 때문이지요. 우리가 전세계의 가난한 사람들을 해치려고 이런 이야기를 하는 게 아니기 때문입니다."

"젠장, 맞는 말이군요. 그렇다면 불법일지도 모르겠네요."

침묵.

마침내 그가 입을 열었다. "멋진 게임이지요?"

"그렇군요." 스코어는 3 대 2였다.

그때 그가 말했다. "있잖아요, 방금 생각났는데 군대에선 많은 사람들에게 폭파를 가르치는데, 그들 중에는 문명이 얼마나 파괴적인지를 아는 사람들이 많아요."

나는 그를 흘끔 쳐다보았다.

그는 마치 꿈을 꾸고 있는 듯한 표정을 짓고 있었다. 떨쳐내듯 얼굴표정이 바뀌면서 그가 다시 말했다. "일단 계획을 세우고 예상되는 모든 사고와 실수를 틀림없이 검토했다면, 이제 여섯번째로 들어갈 준비가 된 겁니다. 당신의 임무뿐 아니라 최소한 다른 두 사람의 임무까지도 몇 번씩 반복해서 연습하여, 팀원들 모두가 눈을 감고도 해낼 수 있어야 해요. 일을 망칠 생각이 아니라면, 제대로 해내고 싶다면 말이지요."

"젠장, 이거 겁나는군."

"당연히 겁날 테죠. 겁나는 일이니까요." 그가 말했다.

댐(4)

강에 댐을 설치하면 강의 혼이 죽는다. 우리는 수천 년을 여기서 살아왔다. 강의 영혼을 죽이면 우리 문화도 파괴된다. 그리고 우리 문화를 파괴하면 우리를 죽이는 것이다. 우리가 살려면 댐이 없어져야 한다.

* '이빨 갖고 태어난' 밀턴[168)]

---

* Milton Born with a Tooth: 캐나다 토착민(First Nations)운동 지도자. 1990년 올드먼강의 댐 건설에 반대하다가 체포·투옥되면서 유명해졌음.

이건 게임이 아니다. 결과는 현실로 나타난다. 권력자들은 모독을 참지 못하며, 이 책의 〔전제 4〕나 〔전제 5〕를 어기는 것을 참지 못하며, 자신들의 폭력독점에 대한 위협, (자신들의 지배에 대한 위협을 의미하는) 재산에 대한 위협, 권력에 대한 위협, 세계를 파괴할 능력에 대한 위협을 참지 못한다.

최근 들어서 이런 모독을 가하는 사람들이 많아지고 있다. 문명이 구제불능상태가 되었음을 인정하는 사람들이 많아지고 있다. 경찰이 우리와 우리가 사랑하는 땅을 기업으로부터 보호해 주는 것이 아니라, 오히려 생산을 촉진하고 우리가 사랑하는 모든 것의 파괴를 촉진하는 일을 일차적 목적으로 삼고 있다는 것을 깨닫는 사람들이 점점 많아지고 있다. 우리 자신의 신체와 우리가 사랑하는 땅의 온전함을 지키기 위해서는 우리가 나서야 한다는 것을 깨닫는 사람들이 갈수록 많아지고 있다. 그리고 지금, 우리는 공격에 나서야 한다는 것을 깨닫고 있다.

사람들이 스키 휴양지에 불을 지른다. 벌목트럭에 불을 지른다. 벌목중장비의 가스탱크에 모래나 설탕을 집어넣는다. 개인적·집단적으로 자동차 매장에 진열되어 있는 SUV차에 불을 지른다. 민감한 서식지에 건설중인, 빈 아파트단지와 호화주택에 불을 지른다. 유전자공학으로 조작된 작물들을 밭에서 뽑아낸다. 실험실과 공장형 축사에 갇힌 동물들을 풀어주고 있다. 사람들이 생체해부 연구소에 불을 지른다.

이것은 시작일 뿐이다.

이런 행동을 하다 잡힌 사람들은 많지 않다. 검거된 사람들 가운데 경찰영화와 TV 과학수사 프로 등과 같은 경찰 선전물에 나오는 것처럼 기민한 수사에 걸려들어 잡힌 경우는 거의 없다. 오히려 검거된 사람들은 거의 대부분 사보타주 행위자 자신의 부주의 때문이다. 징역형을 받은 어느 동물해방운동가는—그리고 그에게 불리한 증언을 하느니 차라리 형을 살기로 한 많은 활동가들도—처음에 홍보단체에 성명서를 보내면서 택배회사 페덱스(FedEx)의 봉투에 자신의 거래번호를 가짜로 기입했기 때문에 입건된 것이었다. 물론 그 편지는 도착하지 않았고 페덱스의 배달 불능 서신 집결처에서 개봉되면서 단서를 주게 되었는데, 그가 10달러를 내고 편지를 합법적으로 보냈더라면(아니면 우편서비스를 통해 더 저렴하게 발송했더라면) 단서가 잡히는 일은 없었을 것이다. 또 몇몇 사보타주 실행자는 벌목트럭에 불을 질렀다. 그 사건이 탄로난 것은 그중 한 사람이 보안관보의 딸인 여자친구에게 그 일을 자랑삼아 이야기했기 때문이었다. 방화범으로 확정판결을 받을 경우 80년형을 살아야 할 또 한 사람은 9개월간 도주생활을 하던 끝에 가게에서 볼트 절단기를 훔치다가 붙잡히는 바람에 정체가 들통이 났다. 내가 그를 알았더라면 그에게 볼트 절단기 살 돈을 주었을 것이다. 한 활동가는 캘리포니아 남부에서 SUV판매대리점을 방화한 죄로 8년형을 선고받았다. 경찰이 어떻게 그를 의심하게 되었는가? 방화사건 직후 경찰은 이를 구실삼아 무작위로 한 활동가를 검거하고 그의 집을 뒤졌다. 그가 검거된 후, 방화사건의 장본인은 경찰이 엉뚱한 사람을 검거했다고 주장하는 이메일을 수차례 『LA 타임스』에 보냈다. 그것으로도 부족했던지, 그는 자기가 다니는 대학의 도서관에서도 이메일을 보냈는데 이메일이 발송되기 직전 도서관으로 들어가는 모습이 감시 카메라에 잡혔던 것이다. 그는 또 여자친구와 친구들 몇몇에게도 그 방화를 자랑했으며, 그들이 경찰조사에서 그 사실을 그대로 밝혔다.

분명히 해두자. 그는 SUV대리점을 방화했기 때문에 감옥에 간 것이 아니다. 자기 스스로 정체를 밝혔기 때문에 감옥에 가게 된 것이다.

이건 정말이지 잘못된 일이다. 게다가 그는 방화협의에 관련된 사람들의 이름을 친구들에게 떠벌이고 다녔을 뿐 아니라 경찰에 가서도 밝혔다. 나는 글을 쓰면서 (혹은 인생을 살아가면서) 좀처럼 누구에게 이래라 저래라 지시하는 투의 말을 하는 법이 없다. 나는 사람들이 자신의 진심을 찾아서 그것을 따라야 한다고 굳게 믿는다. 사람들이 문명을 허물기 위해 자기가 무슨 일을 해야 하느냐고 물으면, 언제나 나는 단정적으로 답변하기보다는 자신의 토지기반과 자신의 마음에 귀를 기울이면 무엇을 해야 할지 알 수 있다고 답한다.

그렇지만 여기서는 지시하는 말을 해야겠다. 얼빠진 짓은 하지 마라. 경솔한 행동은 하지 마라. 당신을 비롯하여 진짜 목숨들이 걸려 있다. 우리 중 일부가 죽게 된다. 또 일부는 감옥을 갈 것이다. 우리는 어쩔 수 없이 모험을 해야 한다. 그러나 그 모험이, 우리가 체포되었을 때 받게 될 처벌에 상당하는 가치가 있다는 확신이 반드시 서야 한다. 가게에서 볼트 절단기를 훔치다가 잡히면 기껏해야 두 달 정도 철창신세를 지면 된다. 그런데 수십 년형을 받을 혐의로 수배된 사람이 가게에 가서 볼트 절단기를 훔친다면, 이야기가 전혀 달라진다.

강을 해방시키기 위해 차를 몰고 댐으로 가는 사람은 과속운전을 하면 안 된다. 자동차의 미등이 고장 나 있어도 안 된다. 말소된 번호판을 달고 다녀서도 안 된다. 친구에게도, 보안관보의 딸인 여자친구에게도, 아무에게도 이야기를 하지 마라. 알 필요가 없는 사람에게는 일절 이야기하지 마라. 직접 관련이 없는 사람은, 누구든 이야기하지 마라. 감옥에서 40년을 지내는 한이 있더라도 비밀을 지킬 사람이 아니라면, 절대 말하지 마라. 목숨을 걸고 하는 일이니, 목숨을 걸고 믿을 수 있는 사람이 아니라면 누구에게도 이야기하지 마라.

내 이야기를 오해해서는 안 된다. 나는 지금까지 어리석은 일을 숱하게 하면서 살아왔다. 그 일에 따르는 위험이나 비용에 턱없이 못 미치는 보상이 돌아오는 그런 일을 말이다. 밤늦게 운전을 하다가 문득 깨어보니, 도로변의 반사경을 향해 속도를 내고 있었다. 운전을 하면서 편지를 읽다가, 급히 전화요금 고지서를 뜯어보려다가 하마터면 죽을 뻔했다. 어렸을 때는 종이비행기에 불을 붙여 날려서 화재가 난 적도 있었다. 그때 나는 종이비행기를 격추된 전투기처럼 날려보려고 했었다. 그러나 영화에서 본 것처럼 멋져 보이지 않았다. 나는 TV 앞에 죽치고 앉아서 내 삶과는 아무 상관도 없는 유치한 프로들을 시청하면서 단 하나뿐인 내 인생을 너무 허송세월로 보냈다. 컴퓨터 앞에 앉아서 내 삶과는 아무 관계도 없는 게임을 하면서 단 하나뿐인 내 인생의 시간을 너무나도 많이 헛되이 보냈다. 때로는 건강이나 신체적 안녕도 아랑곳하지 않았다.

이런 모든 것들은 '데릭의 멍청한 짓'이라 일컫는 거대한 빙산의 작디작은 한 귀퉁이에 불과하다. 나는 그 사람들보다도 더 나을 게 없는 사람이다. 사실 그 사람들이 나보다 나은 것이, 적어도 그들은 공세를 취해 뭔가를 했다. 나는 다만 남들에게 같은 잘못을 되풀이하지 말라고 경고하고 있을 뿐이다.

우리는 전쟁을 하고 있다. 전쟁은 이미 수천 년 전에 전세계를 상대로 선포되었다. 전쟁은 여성들을 상대로 선포되었다. 아이들을 상대로 선포되고, 야생 동식물을 상대로, 토착민들을 상대로 선포되었다. 지금 상대—지구를 죽이는 쪽—는 우리보다 많은 무기를 가지고 있다. 아직은 반격에 나서겠다는 사람이 많지 않기 때문에, 경솔한 실수로 동지들을 잃는 일은 용납될 수 없다.

가끔 나는 교도소에서 가르쳤던 한 학생을 생각한다. 그가 즐겨 저지르는 범죄 중 하나가 마약업자들의 물건을 훔치는 것이었다. 만약 잡히면 그저 죽이기만 해줘도 다행인지라, 그는 그 스릴을 도저히 뿌리칠 수 없었다고 했다. 중요한 것은 그가 한번도 잡히지 않았다는 사실이다. 그는 온갖 불의의 사태를 다 고려하여 치밀하게 계획을 짰다. 그리고 모든 행동이 자동적으로 이루어질 때까지 연습을 거듭했다. 예리함과 침착함을 유지할 수 있다는 확신이 들면, 그 다음에 행동에 들어갔다. 누가 보아도 위험하기 짝이 없는 이 모험의 세계에서 그는 자신이 취할 구체적인 행동을 똑똑히 인식하고 있었다. 그런 그가 어쩌다가 감옥에 갔느냐고? 어느 날 마약에 잔뜩 취한 상태에서 자동차를 한번 훔쳐보면 재미있겠다는 생각이 들었기 때문이었다. 그는 경솔해졌다. 멍청해졌다. 그래서 잡힌 것이다.

경솔해져서는 안 된다. 알 필요가 없는 사람에게는 절대 이야기하지 마라. 잡히면 안 된다.

◎ ◎ ◎

말린스팀이 역전세를 탔다. 그들이 이길 것으로 보였다. 그건 즐거운 일이었다. 나는 그 사람에게 라파하노크강의 엠브리 댐 철거에 관해 이야기하면서 두 번 폭파를 시도한 이유를 설명했다. 폭약 600파운드면 많은 거냐고, 내가 물었다.

그는 신문기사에 폭약의 종류가 밝혀져 있었느냐고 물었다.

"아니오."

그가 말했다. "대개의 경우 보도가 대략적인 이유는 엉뚱한 (아니 내 생각에는 올바른) 사람들에게 정보가 들어갈까 봐 우려해서이지요."

"캘리포니아 남부의 어떤 청년이 혁명을 촉구하는 웹페이지를 가지고 있었어요." 내가 말했다. "또 그의 사이트를 찾는 사람들이 링크를 추가할 수 있는 페이지도 있었지요. 우파의 부잣집 아이 하나가 폭약 제조방법을 설명하는 페이지를 찾아갈 링크를 추가해 놓았습니다. 링크된 내용은 howthingswork.com이나 loompanics.com, bombshock.com, totse.com, 심지어 amazon.com에서도 찾아볼 수 있는 지극히 평범하고 애매한 것들이었어요. 그러나 그 링크 때문에 그 청년은 1년형을 언도받았습니다."

"무슨 말인지 모르겠네요."

"그의 웹사이트에 올라 있었기 때문이에요."

"하지만 그건 단지 링크일 뿐인데요. 당국에서 체포하려면, 올린 사람을 체포해야 하는 것 아닌가요? 하긴, 언제나 그렇듯이 미국군대는 어떻고요?"

"글쎄요, 첫째로 연방수사당국은 어차피 이 청년을 잡을 구실을 찾고 있었답니다. 그래서 그들은 아무거나 눈에 띄는 대로 걸고 넘어졌죠. 그것이 없었더라면, 아마 무단횡단 했다고 잡아갔을 겁니다. 둘째로, 더 중요한 사실은 그들은 맨 처음에 그 내용을 올린 사람은 잡아들이지 않았으며, loompanics.com의 사람들은 잡으려 들지도 않는다는 거예요. 그 사람들은 혁명 이야기를 하지 않기 때문이지요. 누구나 사회변혁을 들먹이지 않는 한, 폭력 이야기는 얼마든지 할 수 있습니다. 그러나 이 두 가지를 한데 엮어서는 안 된다는 거지요."

"어째서죠?"

"그게 내가 말하는 네번째 전제랍니다. 어째서 군대에서는 그 많은 사람들에게 폭약을 만들고 사용하는 방법을 가르쳐도 되고, 어째서 군대는 세계 곳곳에서 사람들을 죽여도 되는가 하는 이유가 바로 그겁니다. 그래서 폭력은 위계체계를 따라 내려가는 겁니다. 그래서 기업은 사람들에게 폭약을 만들어 사용하는 방법을 가르쳐서 광산에서 사용하고 산을 파괴해도 괜찮은 겁니다. 그러나 폭발물을 들먹이면서 그것을 위계체계의 상층부를 향해 사용할 가능성을 이야기하면 처벌을 받아야 합니다."

말린스팀은 원 아웃에 주자를 1루와 3루에 두고 있었다.

그가 말했다. "일반적으로 폭약은 TNT를 기준으로 해서 나타내는데, 그래서 C_4가 TNT보다 2.5배 강력하다면 TNT 600파운드는 C_4 240파운드를 의미하지요. 엠브리 댐을 폭파하는 데 사용한 것은 상업용 C_4 플라스틱 폭약이었을 것으로 추정됩니다. 1차 시도에서 폭발하지 않은 것은 연결부위가 습해져서 단락(短絡)현상이 일어났다는 얘기가 아닌가 싶군요."

"그건 많은 양인가요?"

"TNT 600파운드는 별로 많은 게 아니에요. 나도 그 정도는 확보할 수 있죠."

"어떻게요? 암시장의 무기상을 통해서요?"

"천만에요, 아닙니다. 그 세계에 발을 들여놓으면, 당신이 올리버 노스(레이건 대통령 안보담당 보좌관으로 이란과의 비밀 무기거래를 주도한 '이란 콘트라 스캔들'을 일으켰던 인물-옮긴이)쯤 된다면 몰라도, 엄청 큰 위험에 노출됩니다. 나라면 아마도 광산업계 같은 데서 구해 올 것입니다."

"정말입니까?"

"그런 게 널려 있는 광업소가 많아요. 현장에 따라 다른데요, 여느 곳들보다 보안에 신경을 많이 쓰는 데도 있어요. 하지만 TNT는 폭발성 때문에 항상 다른 건물들과 떨어져 있는 곳에 보관하므로, 그 창고들이 오히려 취약한 거죠."

“내가 전혀 모르는 세상이군요.”

“누구나 폭발물은 구할 수 있어요. 누가 그걸 사용하는지만 눈여겨보면 됩니다. 숲을 파괴하기 위해 진입로를 뚫는 데 사용되죠? 광산 지상 작업장과 지하 작업장은 또 어떻고요. 선생은 머리가 좋으니 충분히 알아낼 수 있을 겁니다.”

내가 작가인 것이 참 잘됐다는 생각이 들었다.

그가 계속 이야기했다. “여기서 한마디해 두고 싶은데요. 많은 양의 폭발물이 없어지면 당국에서는 정말이지 미쳐 날뛥니다. 그러나 별로 표나지 않게 훔쳐낼 수 있습니다.”

나는 히틀러 살해를 시도했던 게오르크 엘저가 120파운드의 폭약을 한꺼번에 훔치지 않고 시간을 두고 조금씩 훔쳐낸 덕분에 발각되지 않았던 사실을 떠올렸다.

계속 그가 말했다. “이건 신중히 생각해야 할 전술문제들입니다. 또 기억해야 할 점은, 대개 경비원들은 보수가 형편없고, 자격미달로 경찰이 되고 싶어도 될 수 없는 깡패 출신들이라는 겁니다.”

나는 다시금 작가인 것을 매우 다행으로 생각했다.

역시 그의 말이다. “아니면 내가 집에서 폭발물을 만들 수도 있어요. 그게 깜짝 놀랄 정도로 쉽거든요. 나도 많이 해봤어요. 가장 약하고 손쉬운 폭약은 질산암모늄 비료와 디젤을 섞어서 찰흙 같은데 넣은 건데요, 여기에 알루미늄 같은 산화제를 약간 첨가하면 폭발력이 60% 가량 증가합니다.”

“많이 해봤어요? 지금까지 폭발물을 만들어본 사람을 만난 적이 없거든요. 고등학교 때 화학을 좋아하는 얼간이들이 그런 걸 만들어 남자 화장실에서 터뜨리곤 했던 일은 있었지만요.”

그가 대답했다. “난 새로운 질산암모늄 폭발물 제조법을 접할 때마다 소량이지만, 그 성능을 파악할 수 있을 정도의 양을 만들어봅니다. 통제된 상황에서 그 방식을 시험해 보아야 성능을 제대로 파악할 수 있거든요.”

내가 아까 작가가 된 게 다행스러운 일이라고 했던가?

◎ ◎ ◎

나는 그에게 한 가지 더 물었다. "당신은 한번 보면 폭약을 어디에 설치해야 하는지 알 수 있다고 했는데, 양을 얼마나 사용해야 하는지도 알 수 있어요?"

"물론이죠. 엠브리 댐의 규모가 어느 정도였죠?"

"그들은 30미터를 폭파했는데 그 부분은 높이가 6.6미터에, 두께가 최소한 45센티는 됐어요."

"계산을 해보세요. 6.6미터(22피트)를 100으로 곱하면 2200제곱피트가 됩니다. 그걸 600피트로 나누세요. 그러면 45센티(18인치) 두께의 1제곱피트당 약 4파운드가 됩니다. 대상이 무엇이 되었건 이런 식으로 계산할 수 있습니다. 아니면 직접 도표를 찾아보면 되지요."

◎ ◎ ◎

내가 강연을 한다. 누군가가 묻는다. "난 선생의 강연을 몇 번 들어봤는데, 노상 댐을 철거해야 한다고 이야기합니다. 왜 입을 다물고 행동에 나서지 못하지요?"

나는 대답한다. "좋은 질문입니다. 나 스스로 늘 그걸 자문합니다. 내 대답은 세 가지인데, 그 모두가 날이 갈수록 더 공허하게만 들립니다. 첫째는 겁이 납니다."

"뭐라고요?"

"잡히는 거요. 감옥에 가고 싶지 않습니다. 죽고 싶지 않습니다. 그렇지만 어떤 면에서는 이런 두려움들보다 앞서는 것이 있습니다. 내가 사랑하는 이들을 뒤에 남겨두고 떠날 준비가 되어 있지 않다는 사실입니다." 이건 앞에서 소개했던 그 사람, 자기 부족은 연어의 부족이라면서 자식들이 좀 크면 댐 철거에 나설 작정이라고 하던 그 사람과 비슷한 입장이다.

"내가 알고 지냈던 매우 훌륭한 활동가가 있었는데, 그 여자는 생체해부 실험실에서 구해낸 스물세 살 된 고양이가 죽고 나면 지하운동에 나서겠다고 말했어요. 그 고양이를 남겨두고 떠날 수는 없다는 겁니다. 또 한 사람을 알고 있었는데, 그 여자는 연로한 아버지가 세상을 하직해야 행동에 나설 거라고 했어요. 나는 내 처지를 별로 자랑스럽게 여기진 않지만 그렇다고 부끄럽게 생각하지도 않습니다. 그저 그런 겁니다. 하지만 요즈음, 세상이 파괴되는 속도를 보면 이런 두려움도 차츰 힘을 잃어갑니다. 그리고 이 문화가 우리의 몸까지도 병들게 하고 있으니, 그런 두려움도 갈수록 문젯거리가 되는 겁니다.

두번째 대답은 기질과 관련이 있습니다. 어떤 사람들은 폭발물을 가지고 노는 것을 좋아합니다. 그들은 재미로 그러지요. 또 어떤 사람들은 글 쓰는 걸 좋아합니다. 나는 재미로 그걸 합니다. 내가 좋아하지도 않고 별로 소질도 없는 이런저런 기술들—내가 대학에서 유일하게 D학점을 받은 과목이 화학의 정량분석이었습니다—을 익힌다는 건 좀 바보스럽다는 생각이 들어요. 이미 이런 일을 잘 알 뿐 아니라 잘해 나갈 수 있는 사람들이 있는 마당에, 내가 시행착오를 겪으면서 경험부족으로 인한 온갖 실수를 저지르는 건 바보스럽다는 생각이 든다는 말입니다.[169] 그렇지만 세상은 죽어가는데 그런 기술을 가진 사람들이 곧바로 나서주지 않는다면, 나라도 기술을 배워야겠지요.

세번째 이유는—이게 정작 중요한 이유인데—나는 내가 지금 하는 일이 중요하다고 생각하는데, 이 일을 하는 사람을 보지 못했기 때문입니다. 나처럼 문명을 파괴하자고 분명하게 촉구하면서 종합적이고도 알기 쉽게 분석하는 사람은 많지 않다는 겁니다. 이런 일을 하는 사람이 많다면 나도 폭탄 제조법을 가르쳐주는 YMCA 강습에 등록하겠어요. 그런데 그렇지가 않단 말이지요.

그리고 테쿰세는 한편으로는 문명인들에 대한 습격을 감행하면서 동시에 동조세력을 모을 수 있었는데, 그 까닭은 그가 활동한 지역이 아직 완전히 점령당한 지역이 아니었기 때문입니다. 지금은 온 나라가, 아니 지구상의 대부분 지역이 문명인들에게 유린당하고 있어요. 이는 공개적인 인물과 지하 활동 사이에 철저한 방화벽이 있어야 한다는 이야기입니다. 그렇지 않으면 다들 경찰서에 가서 놀이삼아 얼굴사진을 찍는 편이 나을 거예요. 나는 꼭 공공연하게 댐 철거를 이야기하기 때문에 댐을 파괴할 생각이 없습니다. 누군가가 그 일을 해야 하기 때문에, 공공연하게 이야기하는 겁니다.

요컨대 지금으로서는 이렇게 하는 게 최선이라는 생각이에요. 사정이 달라지면 나도 뭔가 다른 일을 할 겁니다.

중요한 건, 일을 해내는 거예요. 따지고 보면, 온 세상이 위기에 처해 있어요."

◎ ◎ ◎

또 다른 강연을 한다. 한참 지나서 어떤 사람—그 노인이 네덜란드-미국계 인디언이며 농민이자 수렵인이자 채집가이자 활동가라는 것은 나중에 알았다—일어서서, 몇 년 전에 자기 고장에서는 연어를 둘러싸고 인디언들과 백인들 사이에 큰 갈등이 있었다고 말한다. 그가 말한다. "그 싸움에서 드러난 인디언 전사들과 대부분의 백인 활동가들 간의 중요한 차이는, 인디언 전사들은 연어를 위해 죽을 각오가 되어 있었지만 백인 활동가들 가운데 가령 나무를 위해 죽을 각오를 한 사람은 별로 없더란 말이오. 당신은 연어 이야기를 하는데, 내가 묻고 싶은 건 당신은 그 물고기들을 위해 죽을 각오가 돼 있느냐는 겁니다."

나는 주저 없이 대답한다. "진심으로 각오가 되어 있어요."

◎ ◎ ◎

또 다른 강연장이다. 사람들이 댐에 관해 묻는다. 여러 사람들이 여러 가지 유식한 이야기를 한다. 나중에 나는 내 책에 사인을 해준다. 그 일이 다 끝나고, 나는 의자 뒤쪽 바닥에 놓아뒀던 배낭을 챙긴다. 배낭에다 책과 서류들을 넣고 호텔로 향한다. 호텔에 도착하여 배낭에서 책과 서류들을 꺼내

 어 여행가방을 꾸린다. 이튿날 아침에 일어나면 다음 장소로 갈 예정이다. 배낭에는 내 이름이 찍힌 쪽지를 접착제로 부착한 봉투가 들어 있다. 봉투는 봉해져 있다. 뜯어보니 타이핑을 해서 복사한 종이 한 장이 들어 있다. 물론 보낸 사람 이름은 없다.

편지내용은 이러하다.

"나는 선생님의 댐 폭파 이야기가 진심인지 알지 못합니다. 나도 젊었을 때 작은 댐 몇 군데를 폭파했고, 생체해부 실험실 벽에 구멍을 냈고, 벌목장비와 도로건설 장비를 폭파하기도 했습니다. 그건 중요한 일이었고, 신나는 일이었어요. 그렇지만 유감스럽게도 가족들 모두에게 신나는 일은 아니었던지 남편은 나더러 그만두라고 하더군요.

지금까지 내가 찾아본, 폭약 제조법을 소개해 놓은 것 중에서 최고는 roguesci.org라는 사이트에 있어요. 유감스럽게도 그 도메인 이름은 취소되었지만(언론자유란 신나는 것이지요?) 나는 그런 사이트가 곧 되살아나기를 바랍니다. 그 사이트에는 폭발물 제조에 관한 안전상의 유의사항과 일반인에게 판매하는 화공약품 공급회사들의 명단을 비롯하여 폭발물에 관해, 우리가 궁금하게 여기는 온갖 것이 올라 있습니다. 아시겠지만, 지금 '셈텍스'(체코제 고성능 플라스틱 폭약-옮긴이)에는 폭발물 색출견이 찾아낼 수 있도록 냄새가 첨가되고 있고 상자마다 바코드가 있어서 그 이동이 기록되고 있어요. 그래서 요즈음은 자가 제조를 하는 사람들은 잘 이용하지 않습니다. 그러나 가소제(可塑劑)를 가지고 PETN이나 RDX를 어렵지 않게 만들 수 있습니다. ANFO가 언제나 인기 있는 것은, 질산암모늄과 연료용 기름 다 입수하기가 쉽기 때문입니다.

폭발물에 관한 훌륭한 정보는 미국군대의 웬만한 교재(특히 해군의 SEAL)에도 나와 있어요. 내가 늘 매우 흥미롭게 생각하는 것은, 다른 데서는 검열대상이거나 심지어 불법화되어 있는 그런 정보를 군대에서 납세자의 돈으로 공개하고 있다는 사실입니다. 이쯤 되면 죄다 알 수 있는 것 아닌가요? 이 교재들은 amazon.com이나 서점에서 구할 수 있습니다.

두어 가지 책을 추천하겠습니다. 하나는 페스터 아저씨(Uncle Fester)란 이름의 신사분이 쓴 『자가제조 폭약』(*Home Workshop Explosives*)입니다. 가격은 14달러인데, 그만한 값어치를 하는 책입니다. 그는 안전에 몹시 신경을 쓰고 있는데, 이건 굉장히 중요합니다. 본래 폭약은 위험합니다. 낮에는 산업체 화학기사로 일하는 그는 그 방면에 일가견이 있는 사람입니다. 생물학 무기에 관한 책도 내놓았습니다. 이에 대해서도 정말 관심이 있다면, 좋은 책 두 권을 더 소개해 드리죠. 쿠퍼와 쿠로브스키가 쓴 『폭발물기술 입문』(*Introduction to the Technology of Explosives*)과 테니 L. 데이비스가 쓴 『화약 및 폭발물 화학』(*The Chemistry of Powder and Explosives*)입니다. 이 책들은 모두 amazon.com이나 동네 책방에서 구할 수 있습니다. 독립서점의 경우엔 그 서점이 애국법에 반대하는 입장인지, 책을 주문하는 사람들의 기록을 작성하지 않는지 확인하세요. 아무튼 가명으로 주문하시고 대금은 현금으로 치르세요. 그리고 『로버트 프로스트 시집』 같은 다른 책들도 함께 주문해서 주문목록에서 이 책이 두드러지지 않게 하세요.

끝으로 한마디. 『아나키스트의 요리책』(*The Anarchist Cookbook*)은 피하시기 바랍니다. 조리법이 잘못되어 있는 데가 많아서, 요리하는 사람에게 위험할 수 있습니다.

하지만 누가 알아요? 선생님은 폭약이 필요 없을지도 모릅니다. 1998년에 열두 살짜리 해커가 여기저기 해킹을 하다가 애리조나의 루스벨트 댐을 가동시키는 컴퓨터 시스템을 뚫고 들어갔습니다. 필시 본인은 그 사실을 알지도 못했고 관심도 없었겠지만, 나중에 연방당국은 그 꼬마가 댐의 수문들을 조절하는 시스템을 완전히 장악했었다고 밝혔습니다. 행운을 빕니다."

나는 그 편지를 내 노트북 컴퓨터에 입력했다. 아마 집이었더라면 그 편지를 불살라 버렸을 것이다. 호텔방이어서 편지와 봉투를 갈기갈기 찢어서 변기에 넣어 내려보냈다. 그리고는 물을 내리고 또 내리고 또 내리고 내렸다.

◎ ◎ ◎

 나는 내가 작가라는 사실이 얼마나 기쁜지 이루 말할 수 없다.

◎ ◎ ◎

다른 고장에서 또 다른 강연회. 다시 질문과 답변의 시간. 그날 밤에는 어떤 사람이 이런 질문을 한다. "지금 중국에서는 도저히 믿을 수 없을 정도로 파괴적인 댐들이 건설되고 있습니다. 나는 직접 그 현장에 가서 허물어버리고 싶습니다. 그러나 그렇게 하면 하류의 마을들이 물바다가 되고 많은 사람들이 죽습니다. 이거 어떻게 해야 합니까?"

나는 이런 유의 질문을 종종 받는데, 그때마다 바로 인간의 목숨이 토지 기반의 건강보다 소중하다는 소신에 문제가 있다고 대답하곤 한다. 그러나 무슨 이유에선지 그날 밤은 그런 말을 하고 싶지 않았다. 나는 이렇게 말했다. "첫째로, 우리는 중국까지 갈 것 없어요. 바로 여기에도 아주 파괴적인 댐들이 있습니다. 둘째로, 우리가 행동하는 것과 마찬가지로 행동하지 않는 것도 살상을 초래합니다. 댐은 마을을 쓸어버리고 사람들을 죽이기도 하지만, 그 비용은 결코 계산되지 않는 것 같습니다. 그리고 댐으로 해서 득을 보는 사람이 누구입니까? 언제나 권력자들이지요. 아주 중요한 세번째 점도 있어요. 그건 인명에 아무런 위험도 주지 않고 철거할 수 있는 댐이 수십만 개나 된다는 사실입니다. 하지만 이런 댐들을 철거하려는 움직임은 전혀 볼 수 없습니다. 그래서 생각하게 되었죠, 인명피해를 걱정하는 것은 행동하지 않는 것을 합리화하기 위한 연막전술에 불과하다는 거예요. 인명피해가 정말 걱정이라면, 어째서 지금 당장 소형 댐들을 철거하고 그런 다음 대형 댐 문제에 대처하려고 하지 않는 겁니까?"

◎ ◎ ◎

다가오는 해에는, 댐 하나를 파괴할 작정이다. 내가 폭발물에 관해서 배울 필요는 없을 것이다. 법을 어길 필요도 없을 것 같다.[170] 그곳에 사는 비인간들은 알게 될 터이지만, 인간들은 알아채지도 못할 가능성이 매우 높다.

그리고 많은 사람들이 좋아할 것이다.

미국에 있는 200만 개 댐은 거의 대부분이 높이가 2미터도 안 된다. 상당수가 노후해 있다. 경제적 기능을 상실한 댐들도 많다. 애당초 불법으로 건설된 것들도 많다. 단지 아무도 철거에 신경을 쓰지 않았다는 이유만으로, 여전히 작은 개천들의 목을 죄고 있는 것들도 많다. 관심을 가지고 있다면, 실로 댐을 철거하지 않는 데 대해 변명의 여지가 없다.

◎ ◎ ◎

최근에 나는 1주일 동안 여행을 다녀왔다. 여행을 하면서, 특별한 지식 없이 철거할 수 있는 댐을 여섯 군데나 봐두었다. 모두가 높이가 1미터도 채 안 되고 폭이 2미터를 넘지 않으며 두께는 고작 15센티이다. 이런 댐이라면 곡괭이나 큰 망치나 어쩌면 쐐기 같은 것을 가지고 15분 정도면 균열을 낼 수 있을 텐데(사실 이 정도만 해도 물고기들에게는 충분하다).[171] 그러나 곡괭이는 여행가방에 들어가지 않고 그렇다고 맨손으로 콘크리트를 긁어댈 기분은 아니었으므로, 집 가까이 댐을 골라서 시도해 보기로 했다.

아름다운 개울을 따라 오후산책을 할 시간이다. 그러고 나서 밤이 이슥해지면 보다 목적이 분명한 산책을 할 것이다.

지나치게 큰 손실: 단기적 손실, 장기적 이득

나는 아버지가 죽어가는 모습을 지켜봤다. 배앓이를 하시는 아버지에게 드릴 약을 살 돈이 우리 마을에는 없었다. 그래서 나는 사파티스타에 가담했다. …나는 어차피 죽을 바에야 무엇이든 해야겠다는 생각에서 싸우기로 결심했다.

라울 에르난데스(멕시코 당국에 잡힌 17세의 사파티스타 포로)[172)]

나는 살상하기가 싫다. 나로서는 정말 어려운 일이다. 보통 나는 모기를 잡아서 밖으로 가지고 나가는데, 동물의 권리를 주장하는 내 친구들 사이에서조차 그건 극단적인 행동이다. 나는 형편없는 정원사여서, 잡초 죽이는 일이 질색이고 때가 되어도 채소를 수확하여 죽이기가 딱 싫다. 나는 무를 죽이지 않으려고 이파리를 먹는다(무청도 맛이 있으며, 실제로 뿌리보다 먹을 것이 더 많다). 내가 낚시하러 다닐 때는 함께 간 사람이 물고기를 죽이지 않아야 좋아했다.

그래도, 나는 죽여야 할 일이 있으면 죽일 것이며, 그게 조금도 무섭지 않다. 다만 죽이기를 좋아하지 않을 뿐이다. 나는 많이 죽였다. 물론 그 사실을 인정하든 하지 않든, 우리는 누구나 살상을 한다.

철학자의 입을 통해 생명은 생명을 먹고 산다는 소리를 들어야 할 필요는 없다. 밖에 나가 산책하거나 냉장고를 열어보기만 해도 금방 알 수 있는 일이다. 살상의 필요성을 인정하지 않거나 인정하려 들지 않거나 심지어 인정할 능력조차 없다는 것은, 우리가 생명과 동떨어진 생활을 하면서 생겨난 사치다. 상당수의 문명인들이 먹을거리는 살아 숨쉬는 동식물의 살에서 나오는 게 아니라 식품점에서 온다고 믿고 있다는 건 이제 진부한 얘기다.

◎ ◎ ◎

이 같은 살상과의 단절은 우리 자신의 죽음을 믿으려 들지 않는 것, 나아가 우리 자신의 죽음의 정당함에 대한 불신과 다른 한편으로 죽음은 적이라는 믿음과 관계가 있다. 따라서 이것은 이 책의 〔전제 4〕와 연관된다. 죽음은 폭력이고, 폭력이 우리에게 일어나면 안 된다. 우리는 죽을 수 없다. 우리는 죽지 않을 것이다. 우리는 죽지 않는 존재다. 이와 같은 망상은 이 책의 저 앞부분에서 논했던 선형적/역사적 세계관에 근거해 있는바, 그 세계관에서는 생명은 순환하지 않는다. 즉 내가 너에게 기생하고 너는 다른 누군가에게 기생하고 그 사람은 나에게 기생하는 (달리 표현하면, 내가 누군가를 먹여 살리고 그 사람은 다른 누군가를 먹여 살리며 또 그 다른 사람이 나를 먹여 살리는) 순환구도를 이루지 않는다는 것이다. 아니, 우리는 이 순환관계로부터 면제되어 있다는 것이다. 우리는 피라미드의 꼭대기에 있다. 우리는 소비자이다. 나는 너에게 기생하고 나는 누군가에게 기생하고 나는 다른 누군가에게 기생하며 나는 또 다른 누군가에게 기생하는 것이다. 아무도 나에게 기생하지는 않는다. 나는 결코 죽지 않을 것이다.

◎ ◎ ◎

훈제연어를 먹어본 적이 있는가? 나는 2년 전까지만 해도 먹어보지 못했지만, 그걸 먹고 나서 서북지방의 인디언들(그리고 그보다 앞서 동북지방의 인디언들, 그보다 훨씬 앞선 시기에 유럽의 원주민들)이 어떻게 연어를 매일같이 먹을 수 있었는지 알 수 있을 것 같았다. 그것은 내가 지금까지 먹어본 음식 가운데서 가장 맛있는 몇 가지에 속한다. 해마다 여름이면 나는 주머니 사정이 허락하는 양껏 연어를 장만하여 일년 내내 먹는다. 이 음식은 또 정치적 관점에서 보더라도 적절한 품목이다. 유록족 인디언이 클래머스강에서 잡은 야생연어를 부족원로 중 한 사람이 훈제를 한다.[173)]

나는 댐 철거 이야기를 쓰다가 잠시 멈추고, 컴퓨터 앞에서 일어난다. 냉장고로 가서 문을 열고 봉지에서 연어 한 조각을 끄집어낸다. 껍질에서 살점을 좀 떼어낸다. 연어살점이 나에게 말한다. "약속한 것 명심해요."

나는 고기를 먹는다. 냉장고 문을 닫는다. 정말 그 생각은 하고 싶지 않다. 나는 그저 먹고 싶을 뿐이다.

다시 일을 한다. 하지만 더 먹고 싶어진다. 정말 맛있다. 나는 다시 냉장고로 가서 연어를 더 꺼낸다. 연어는 같은 말을 한다. "약속한 것 명심해요." 나는 그 연어를 먹는다. 문을 닫는다. 그 생각은 하지 않으려고 애쓴다.

나는 다시 간다. 포식동물과 먹이의 약속을 생각한다. 남의 살을 소비하면 그 공동체의 존속에 대해 책임져야 한다는 약속 말이다. 나는 냉장고를 연다. 더 먹는다.

이번에는 연어가 좀 다른 말을 한다. "당신이 살상을 좋아하지 않는 건 알아요. 당신이 댐 파괴를 거든다면 우리가 살아남는 데 도움이 될 거예요. 그러면 당신은 연어를 실컷 죽여서 마음껏 먹을 수 있을 거예요. 우리는 물에서 뛰어나와 곧장 당신에게 달려갈 거예요. 우리를 죽인다고 미안해할 것 없어요. 당신은 우리 공동체를 도와줬으니까요. 우리가 살아남을 수 있게만 해준다면, 우리는 기꺼이 그렇게 할 거예요."

◎ ◎ ◎

나는 독단적인 인도주의자들이 어떻게 생각하는지 알고 있다. 이자는 완전히 미쳤군. 연어고기가 자기에게 말한다고 생각하고 있어. 사이비종교 지도자들 중에도 짐승들이 자기에게 말한다고 믿는 자들이 많거든. 그리고 일부 정신병자들은 꿈에 어떤 형상이 나타나 할 일을 가르쳐준다고 말하지!

내 대답은 두 가지다. 첫째, 지금까지 이 지구에 사는 대부분의 인간들은 자기 주변의 비인간들이 하는 소리에 귀를 기울여왔다는 것이다. 이것이 문명인과 토착민들의 근본적 차이점이다(글쎄, 문명인이 지구를 죽인다는 사실을 제외하면). 이에 관해 누차 이야기했지만, 여전히 나는 사람들을 설득시키지 못하고 있는 것 같다. 하지만 그래도 괜찮다. 왜냐하면 나의 두번째 대답은, 연어가 내게 말을 하고 안 하고는 눈곱만큼도 문제가 되지 않는다는 것이기 때문이다—엄연한 현실은 연어가 먹고 싶다면 댐을 철거해야 한다는 것이다.[174)]

누군가가 이 책임을 떠맡아 연어들을 살려야 한다.

◎ ◎ ◎

관련된 뉴스는 오늘 캘리포니아 어류수렵국이 앞에서 언급한 클래머스강의 2년 전 물고기 떼죽음이 당초 생각했던 것보다 두 배나 더 심각하다는 보고서를 발표했다는 것이다. 기억하겠지만, 이 강은 연방정부가 물고기는 물이 필요하지 않다면서 오리건주 남부 클래머스 분지의 국고보조금을 받는 소수 농민들에게 물을 제공하기로 결정했던 곳이다. 어류수렵국은 떼죽음의 원인은 클래머스강의 댐들로 인해 하천수위가 낮아진 탓이라고 밝혔다. 연방 어류·야생동식물보호국과 유록부족의 조사에서도 같은 결론이 나왔다.

댐을 관리하는 간척국 대변인은 새로 나온 평가들을 부인하면서 "사건이 발생한 지 2년이 지난 지금에 와서 어떻게 알 수 있느냐?"고 말했다. 또 그는 간척국이 물고기보다 관개사업자들을 우선시한다는 주장은 물론이고 댐이 "강 하류에 항구적인 가뭄상태"를 조성했다는 한 수산단체 지역책임자의 주장도 부인했다. 나아가 2년 전 연어의 떼죽음으로 소하하는 연어의 수가 기록적으로 줄어들 것이라는 관측에 대해서도 "내년까지 기다리며 대자연의 추이를 지켜봐야 한다고 생각한다"고 말했다.[175)]

이것이 물고기를 죽이고 있는 기관의 대변인이 하는 소리다.

나도 '대자연'의 일부이고 독자들 역시 그렇다. 자, 이제 우리는 어떻게 할 것인가? 댐을 어떻게 해야 할까?

◎ ◎ ◎

우리는 지금 문명을 허물어야 한다. 더 망설일 것 없다. 지구가 눈앞에서 무너지고 있는데도, 우리는 아무것도 하지 않고 있다. 우리가 소규모 항의집회를 하고 작은 구호판을 만들고 작은 편지와 큼직한 책을 쓰고 있는 가운데 세계는 불타고 있다.

오늘 날짜의 영국 『인디펜던트』지에는 "바다의 재난: 지구 온난화 영국의 조류를 강타"라는 제목의 기사가 실렸다. 기사내용은 이렇다.

> 과학자들이 지구 온난화를 그 직접적인 원인으로 지목하는, 야생 동식물의 수난으로 올 여름 스코틀랜드의 바닷새 수십만 마리가 번식을 하지 못했다. 오크니와 셰틀랜드에서 바닷새 여러 종이 둥지 틀기를 대대적으로 실패한 전례 없는 사건은 영국에서 기후변화가 미친 중대한 영향을 입증한 첫 사례로 보인다.
>
> 최근에 나온 지구재난 영화 〈내일 모레〉(The Day After Tomorrow)

에서처럼, 해수의 온도상승이 바다 먹이사슬의 핵심 부분—지금까지 큰 물고기와 바다 포유동물과 수백만 마리의 바닷새를 먹여 살린 까나리 등과 같은 작은 물고기들—의 수수께끼 같은 잠적을 야기한 것으로 추정되고 있다.

오크니와 셰틀랜드에서는 몇 년 동안 까나리 군체가 줄어들다가 올 여름에는 아예 사라져 버렸다. 그 결과 바닷새들이 떼죽음을 하게 된 것이다. 특히 셰틀랜드의 경우, 산란 실패율은 거의 믿을 수 없을 정도로 심각하다.

지난번 전국 개체수 조사 '바닷새 2000'(그 결과는 올해 책으로 발간되었다)에서 번식중인 바다오리류는 17만 2천 쌍이 넘는 것으로 기록되었다. 왕립조류보호협회의 셰틀랜드 지부장 피터 엘리스에 따르면, 이 새들이 이번 여름에는 거의 부화를 하지 못했다고 한다.

30년 동안 셰틀랜드의 바닷새를 관찰해 온 애버딘대학의 마틴 휴베크는 "유럽에서 바다오리류의 번식실패는 전례가 없다"고 말했다. 같은 조사에서 셰틀랜드의 큰 도둑갈매기가 6800쌍이 넘는 것으로 나타났으나, 그중 올해 부화한 개체는 극소수에 불과하며—아마 10마리도 안 될 것이다—북극 도둑갈매기의 경우 2000년에 1120쌍인 것으로 조사되었는데 올해에 한 마리도 부화를 하지 못했다.

2만 4천 쌍의 제비갈매기와 1만 6700쌍의 셰틀랜드 세가락갈매기—작은 갈매기—는 "완전히 실패한 것으로 보인다"고 엘리스는 말했다.

아직 자세한 자료가 입수되지는 않았지만, 오크니의 사정도 크게 다르지 않을 것 같다. 왕실협회의 오크니 본토 관리인 앤디 나이트는 "매우 심각하다. 새끼를 키운 새는 극소수에 불과하다"고 말했다.

계수와 모니터는 지금도 계속되고 있으므로, 아직은 완전한 수치라고 볼 수 없다. 예를 들어 퍼핀(바다오리의 일종—옮긴이)도 번식에 크게 실패했지만, 동굴 깊숙이 둥지를 틀고 있기 때문에 그 정도가 즉각 확인되지는 않는다.

하지만 사태의 심각한 양상은 이미 드러나고 있으며, 이것과 기후변화의 관련성을 과학자들은 공공연하게 밝히고 있다. 작은 새끼까나리들이 먹는 플랑크톤이 해수 온난화로 북쪽으로 이동하면서 치어들의 먹이가 사라지고 있는 것이다.

특히 북해에서 이와 같은 현상이 두드러진데, 북해의 경우 지난 20년 사이에 수온이 섭씨 2도나 높아져 생태계가 '구조적 변화'(regime shift) 혹은 생태계를 구성하는 종들간의 상호작용에 근본적인 변화를 겪는 것으로 추정된다. "북해를 엔진이라고 생각하고 플랑크톤을 연료라고 생각해 보라"고 어류와 해조(海鳥)의 상호작용에 관해 세계적인 권위자인 왕실협회의 유언 던은 말한다. "지난 20년 동안 기후변화로 연료 배합상태에 급격한 변화가 일어나, 이제는 엔진 전체가 기능장애를 일으키기 시작했다. 그 결과 처음에는 까나리, 그 다음에는 대구 같은 큰 물고기 그리고 마침내 바닷새 등의 식으로, 먹이사슬에서 플랑크톤 위에 있는 모든 동물이 영향을 받고 있다."

지난해 조사에서 온도가 상승하면 그만큼 까나리 개체수가 줄어든다는 것이 밝혀졌다면서, 던 박사는 말했다. "한마디로 새끼까나리들이 살아남지 못하는 것이다."

그는 과거에는 과도한 어로활동이 번식실패의 요인이었지만, 현재 상황은 어로의 탓으로 돌릴 수 있는 게 아니며 "기후변화가 훨씬 더 큰 요인이라고 본다"고 말했다. 셰틀랜드 까나리의 경우 어획량이 급격하게 줄어들어, 그 예방조치로 금년 초에 어로활동이 중단되었다.

스코틀랜드 북부의 섬들에 장관을 이룬 바닷새들은 이중적인 중요성을 지니고 있다. 가령 이 섬들은 큰 도둑갈매기의 세계 최대 서식지로서, 과학적으로 큰 가치를 지녔다. 또 관광객들이 몰려와, 오크니와 셰틀랜드의 관광자원으로서도 엄청난 가치를 지녔다. 현 사태의 국가적·국제적 중요성이 보다 광범위하게 정계와 과학계의 주목을 받기 시작한 것은 얼마 안 되었지만, 일부 지도급 인사들 사이에서는 이미 이 문제가 공론화되고 있다.

‘지구의 친구들’(Friends of the Earth)의 사무국장 토니 주니퍼는 이렇게 말했다. “믿기 힘들 정도로 엄청난 일이다. 바닷새들이 당한 재난은 장차 일어날 일의 예고편에 불과하다. 이는 기후변화가 이곳 영국에서 파국적 결과를 초래하면서 일어나고 있다는 것을 보여주며, 바야흐로 지구 기후변화의 원인인 환경오염 감축이 전세계의 최우선적인 정치적 과제가 되어야 한다는 것을 말해 주고 있다.”[176]

무엇을 망설이고 있는지, 다시 생각게 하는 사태이다.

◎ ◎ ◎

이날의 다른 뉴스로, 미국증시는 대량거래로 주가가 조금 올랐다고 한다.

◎ ◎ ◎

앞의 『인디펜던트』 기사가 나간 지 이틀 후 『샌프란시스코 크로니클』은 D-10면(스포츠 섹션 뒷면 맨 아래쪽)에 이 뉴스를 짤막하게—3단—다루었다. 그리고 1면에는 전설적 펑크가수이자 맹렬한 여성혐오자인 리크 제임스의 죽음을 애도하면서 그의 생애를 소개하는 전면 기사에, 특히 4단짜리 티저광고(보너스나 경품 등을 내건 광고–옮긴이)가 실렸다.

◎ ◎ ◎

나는 이 문화가 싫다.

◎ ◎ ◎

나는 내가 사는 작은 마을을 차를 몰고 지나간다. 정지신호에서 밴(van) 뒤에 갇혔다. 그 차 범퍼에는 스티커 넉 장이 붙어 있었다. 하나는 “난 마누라를 위해 총을 장만했어. 최고로 잘한 일이었어”라는 문구였다. 두번째는 “난 전처가 그리워. 하지만 내 목표는 더 좋아지는 것”이었다. 세번째는 “나의 이상적인 여자친구는 음란한 술가게 여주인"이었다. 다른 것들 위에, 마치 그것들을 뭉뚱그려 놓은 듯한 스티커에는 미국국기와 함께 "미국에 하나님의 은총을"이라는 글이 씌어 있었다.

◎ ◎ ◎

나는 정말 이 문화가 싫다.

◎ ◎ ◎

수산생물학자들과 이야기를 나눈 뒤로, 지난 몇 달 동안 특히 이 말이 나의 뇌리를 떠나지 않았다. 파멸적인 댐 사고에는 항상 단기적인 서식지의 상실과 장기적인 서식지의 확보가 뒤따른다는 말이다.

단기적인 서식지의 상실, 장기적인 서식지의 확보라. 단기적인 손실, 장기적인 이익. 내 어머니가 그토록 오랫동안 아버지와 함께 지낸 주요한 이유가 무엇이었을까? 단기적 손실에 대한 두려움이 장기적 이득이라는 전망을 압도했던 것이다. 무엇 때문에 사람들이 그런 학대관계에 머물러 있겠는가? 따지고 보면 단기적 손실에 대한 두려움이, 지각된 장기적 이득의 가능성보다 크기 때문일 것이다. 무엇 때문에 사람들은 자기파괴적인 관계에서 벗어나지 못하는 걸까? 무엇 때문에 사람들은 그토록 싫어하는 직장을 떠나지 못하는 걸까? 무엇 때문에 약물중독자는 중독에서 헤어나지 못하는 것일까? 무엇 때문에 사람들은 댐을 파괴하지 않는 것일까? 무엇 때문에 사람들은 문명을 제거하지 못하는 것일까? 단기적 손실, 장기적 이득 때문이다.

지그문트 바우만이 썼듯이, "합리적인 사람들도 그곳이 욕실이라고 믿게만 해주면 조용히, 얌전히, 좋아하며 가스실로 걸어 들어가는 것"은 무엇 때문일까?[177] 어째서 오늘날 그 많은 사람들이 저항을 하지 않는 것일까?

나는 수산생물학자들이 그 답의 일부를 말해 주었다고 생각한다.

우리는 장기적 이익을 가져다 줄 위험을 감수하기보다, 단기적인 손실—사람과 지구의 죽음까지도—을 받아들일 것이다.

◎ ◎ ◎

물론 문제가 그렇게 단순하지는 않다. 기독교의 바탕은 천당이라는 장기적 이득을 위해 아름다운 지구에서의 하찮은 육신적 존재의 단기적 손실은 외면하라는 가르침 아니던가? 기술문명의 바탕은 바로 저만치서 우리를 기다리고 있는 테크노피아(technotopia)를 위해 자연계의 단기적 손실은 외면하라는 가르침 아닌가? 자본주의의 바탕은 (죽어가는 지구에서) 부유한 은퇴자로 살기 위해서 싫은 일을 하며 일상의 즐거움과 행복을 포기하는 단기적 손실을 감수하라는 가르침 아닌가?

그 차이는 무엇일까?

마지막 문제 가지고 이틀을 씨름하다가, 숲속을 한참 산책하던 중 문득 그 답을 찾았다. 지배다. 중요한 문제는, 장기적인 이익에 더 끌리는가 아니면 단기적 손실에 더 거부감을 느끼는가가 아니라 이와 같은 정체상태에서 득을 보는 사람이 누구인가 하는 것이다. 여자가 자기를 학대하는 남자 곁을 떠나지 않으면 누가 득을 보는가? 누가 누구를 착취하는가? 싫은 일을 마다하지 않고 계속하면 득을 보는 것은 누구인가? 누가 누구를 착취하는가? 천당 가서 나은 삶을 누릴 생각으로 이승의 삶을 희생시킨다면 누가 득을 보는가? 누가 누구를 착취하는가?

◎ ◎ ◎

바로 10초 전에 나는 클래머스강 낚시안내자가 유지들에게 보낸 다음과 같은 메시지를 받았다. “이틀 전 블루 크리크 근처 하류에서 낚시를 하다가 죽어가는 물고기들을 발견했습니다. 살펴보려고 그물로 고기들을 떠올렸습니다. 블루 크리크 바로 아래쪽 수온은 24도였습니다. 무지개송어들이 물이 차가운 곳을 찾아 강가로 몰려들고 있습니다(바로 2년 전처럼 말입니다). 수량을 늘릴 방법이 없을까요? 제발 무슨 수를 좀 써주세요.”

◎ ◎ ◎

내가 문명인이 아니라고 상상해 보자. 내가 살고 있는 이 땅을 사랑하는 척해 보자. 생명보다 경제적 생산을 중시하는 교육을 받은 적이 없는 척해 보자. 나 이외의 사람들은 오직 나를 위해 존재한다고 배운 적이 없는 척해 보자. 나에게는 다른 사람들의 것을 빼앗을 권리가 없다고 생각하는 척해 보자. 언젠가는 내가 죽는다는 걸 알고 있는 척해 보자. 내가 토지기반과 별개의 존재가 아니라 그 일부라고 생각하는 척해 보자. 마치 내 생명이 토지기반에 달려 있는 듯이 그것을 아끼라고 배운 척해 보자. 내가 하는 일이 바로 그런 일이라고 상상해 보자.

◎ ◎ ◎

남을 포로로 잡은 사람은 그 자신도 포로다. 자유는 자유를 키우고, 포로는 포로를 키운다. 인간을 포로로 잡고 있는 사람들도 마찬가지이다. 세상을 포로로 잡고 있는 사람들도 마찬가지이다. 강을 포로로 잡고 있는 사람들도 마찬가지이다. 댐 이쪽의 야생의 물뿐만 아니라 댐 양쪽의 모든 공동체가 포로 신세가 된다. 자유는 자유를 키우며, 속박에서 풀려난 강은 일찍이 포획되어 있던 하류의 모든 인간과 사물들에게 자유를 찾게 해준다.

식물이 물을 들이켜는 소리를 들어본 적이 있는가? 뿌리로 물을 빨아들여서 줄기로 끌어올려 잎사귀 겉을 살짝 적시는 소리를 들을 수 있다. 댐이 터지면 물뿐 아니라 자유도 함께 콸콸 쏟아져 나와 아래로 퍼져나간다.

나는 강들이 차례차례 자유를 찾아 그 자유를 다른 생명들에게 나누어주는 그곳에 가보고 싶다. 필시 가장 아름답고도 특별한 무차별 공격일 것이다.

진정 자유를 아는 사람은 스스로 그 자유를 잃으려 하지 않는 것과 마찬가지로, 남의 자유를 빼앗으려 하지도 빼앗고 싶어하지도 않을 것이다. 겁먹고 무력하고 어리석은 노예들—문명인들을 포함하여—만이 자기를 가두고 있는 감옥을 지키려 들 것이다.[178)]

◎ ◎ ◎

내가 문명인이 아니라고 상상해 보자. 내가 노예가 아니라고 상상해 보자. 내가 자유로운 인간인 척해 보자. 자유를 위한 싸움에 나설 만큼 나와 남의 자유를 존중하는 교육을 받았다고 상상해 보자. 그리고 그렇게 하는 것이 내가 할 일이라고 상상해 보자.

정신병리학

우리의 훌륭한 기술발전—바로 우리의 문명—이 모두 다 병적인 범죄자의 손안에 든 도끼 같다는 것을 어떻게 믿을 수 있겠는가?

앨버트 아인슈타인

문명이 처음에는 심리적·사회적(지각적)으로, 그런 다음 물리적으로 생명체를 죽은 물건으로 바꿔놓는 것과 마찬가지로—나무를 돈으로 보게 되면 삼림 황폐화는 필연적이다—문명 역시 똑같은 순서를 따라 처음에는 심리적·사회적(지각적)으로 그 다음에는 물리적으로 역전되어야 한다. 나무를 돈으로 보지 않게 사람들을 도와줄 수 있다면, 산림파괴를 저지하기 위해 그토록 힘겨운 싸움을 하지 않아도 될 것이다. 전혀 싸울 필요가 없을지도 모른다. 물론 성폭행범을 비롯한 학대자들에게도 똑같이 들어맞는 이야기다. 그들이 여자를 학대대상으로 보지 않게 도울 수 있다면 그 많은 여자들이 성폭행을 당하는 일은 없을 것이다. 이는 자기에게 권리가 있다고 생각하는 모든 사람과 모든 착취자들의 온갖 형태의 착취에도 해당하는 이야기다. 만일 우리가 그들의 생각을 고쳐줄 수 있다면, 그들의 행위는 달라질 것이다.

그러나 여기에는 두 가지 문제가 있다. 첫째로, 우리에게는 시간이 없다. 얼룩올빼미와 바다쇠오리는 지금 멸종되어 가고 있는 판이니, 부동산개발업자 찰스 후르비츠의 세계관을 바꿔놓을 시간이 없다. 설사 우리가 그의 세계관을 바꿔놓더라도 그는 더 이상 이윤 극대화를 실현하지 못해 침몰할 것이고, 이제 우리는 그를 대신한 사람의 생각을 바꿔놓아야 할 것이다. 나는 마음과 머리를 바꾸는 일이 대단히 중요하며, 특히 젊은이들을 바꾸는 것이 중요하다(그래서 나는 교육에 관한 책을 썼다)[179]는 것을 잘 알지만, 하지만 마냥 기다리고만 있다가는 아이들이 미처 어른이 되기도 전에 전세계 대부분이 죽게 된다는 것도 잘 알고 있다(우리에게 힘이 있고 설득력이 있고 보급능력이 있어서 아동학대, 산업교육, 광고 등이 어린이에게 미치는 영향을 극복할 수 있다면, 만일 우리에게 이런 변화를 지금 당장 일으킬 만한 힘과 파급력이 있다면, 어째서 우리가 직접 나서서 댐을 부수지 못한단 말인가?).

둘째로, 설사 우리에게 시간이 있더라도 모든 사람을 변화시킬 수는 없다. 고립시켜 키운 원숭이들이 영영 미치광이가 되었던 사실을 기억해야 한다. 학대행위를 하는 사람들의 재범비율을 기억해야 한다. 설상가상으로 이 문화를 운영하는 정신질환자(psychopath)들은 반사회적인, 실로 정신질환적인 결정을 내린 대가로 사회적인 보답을 받고 있다. 찰스 후르비츠는 캘리포니아 북부의 미국삼나무숲을 파괴하고 엄청나게 후한 보답을 받았다. 이 문화에서는 그가 태도를 바꾸면 필시 바보가 되어버릴 것이다. 물론 학대자들도 모두 마찬가지이다.

◎ ◎ ◎

방금 나는 찰스 후르비츠를 비롯하여 이 문화를 이끌어가는 사람들을 정신질환자라고 했다. 이 말을 건성으로 사용하는 건 아니다.[180] 정신질환자란 아무런 가책도 느끼지 않고 고의적으로 해를 끼치는 사람이라고 정의할 수 있다. "그런 사람은 충동적이고 타인의 욕구에 무감각하며 자기 행동의 결과를 예상하거나 장기적 목표를 추구하거나 좌절감을 이겨낼 능력이 없다. 정신질환자들은 일반적으로 반사회적 행위에 뒤따르는 죄책감과 불안감이 부재한 것이 특징이다."[181] 오랫동안 정신질환자들을 연구해 온 로버트 헤어 박사는 이렇게 말한다. "정신병의 가장 끔찍한 특징으로는 남들의 권리는 아예 안중에 없다는 점과 약탈적이고 포악한 행동성향을 들 수 있다. 정신질환자는 가책을 전혀 느끼지 않고 자신의 이익을 위해 다른 사람을 미혹시키고 착취한다. 그들은 동정심과 책임감이 결여되어 있으며, 거짓말하고 사기 치고 상대방의 감정을 전연 고려하지 않고 마음대로 휘두른다."[182] 그는 또 "매우 많은 사람들이 본질적으로 정신질환자는 살인자 아니면 범죄자라는 생각을 가지고 있다. 일반사람들은 사회적 통념을 벗어나서, 감옥이라고는 가본 적이 없는 기업가나 정치가·최고경영자 등 성공한 사람이 정신질환자일 수도 있다고 인식하도록 교육받지 못하고 있다."[183]

이런 정의들 중에서 어느 것을 선택하건 마찬가지다. 두 가지 정의가 모두 후르비츠에게 해당되고 기업체와 그 기업체를 운영하는 사람들에게 해당되며 문화 전반에 해당되기 때문이다.

◎ ◎ ◎

정신병자 이야기를 좀더 해보자면, 오늘 『뉴욕 타임스』에는 "북극 온난화에 관한 나쁜 (그리고 좋은) 소식"이라는 제목의 기사가 실렸는데, 그 기사는 이렇게 시작한다. "지난 수십 년 동안 북극 온난화의 추세에 대한 최초의 철저한 조사는 이 지역이 빙하와 바다얼음의 격감, 영구 동결층의 해빙, 바다 및 대기 상태의 변화 등 심각한 변화를 겪고 있음을 말해 준다. 그러나 몇 가지 혜택도 제공해 주고 있다."

혜택이라니? 말인즉슨 이러하다. "이와 같은 변화의 잠재적 혜택에는 예측된 해양어족의 증가, 일부 지역의 농업·임업 생산 향상 그리고 북극 수자원에 대한 접근권 확대 등이 포함된다.[184] 지금까지 이동하는 두꺼운 바다얼음에 가려져 있던 해저의 석유·가스 매장지가 불원간 탐사되고, 얼음이 없는 시베리아 무역수로는 여름철 유럽과 아시아 간 해상운송 거리를 크게 단축시켜 줄 것이다."[185]

자연계가 대가를 치르게 될 이와 같은 '혜택' 운운하는 것은 미친 수작이다. 물리적 현실과 동떨어진 이야기다.

◎ ◎ ◎

지구 온난화는 우리가 걱정하는 것보다 훨씬 심각할 수 있다. 이 심각성은 『볼티모어 선』의 존 애치슨이 나보다 훨씬 잘 묘사하고 있다.

> 자연적으로 발생하는 엄청난 양의 온실가스가 추운 북방의 진흙과 해저 얼음처럼 생긴 구조물 안에 갇혀 있다. '클라스레이트'(clathrate)라 불리는 이 얼음에는 대기보다 3천 배나 많은 메탄이 들어 있다. 메탄은 이산화탄소보다 20배 이상 강력한 온실가스이다.
>
> 무서운 이야기는 다음과 같은 것이다. 기온이 불과 몇 도만 상승해도 이 가스는 휘발해서 '트림'을 하듯 대기 속으로 내뿜어져 기온을 더 상승시키고, 그러면 다시 메탄이 더 방출되어 지구와 바다에 열을 가하는 등의 연쇄반응을 일으킨다. 얼어붙은 북극 동토대에는 400기가톤(TNT 10억

톤분의 폭발력 단위-옮긴이)의 메탄—이 연쇄반응을 촉발하기에 충분한 양—이 갇혀 있으며, 북극회의(Arctic Council, 지구 온난화에 관한 최신 지식을 논하기 위해 소집되는 세계 기후학자 단체-인용자)가 예측하는 온난화는 '클라스레이트'를 녹여 그 같은 온실가스를 대기로 방출하기에 충분한 것이다.

이 사이클은 일단 촉발되면 가장 비관적인 종말론자조차 얘기하기 꺼려할, 걷잡을 수 없는 지구 온난화를 초래할 수 있다.

이성을 잃은 환경보호론자들이 지어낸 종말론적 환상일까?

유감스럽지만 그렇지 않다. 강력한 지질학적 증거가 과거에 최소한 두 차례 이와 유사한 일이 일어났음을 시사하고 있다.

가장 최근에 일어난 대이변은 약 5500만 년 전의 이른바 PETM(Paleocene-Eocene Thermal Maximum, 효신세-시신세 극대온도)이다. 이때 분출된 메탄은 급속한 온난화, 대대적인 종(種)의 격감과 함께 10만여 년 동안의 기후혼란을 야기했다.

이런 대이변의 할아버지 격인 사태는 2억 5100만 년 전 이첩기(二疊紀) 말에 일어났는데, 연속적인 메탄분출로 지구의 모든 생물이 멸종하기 직전까지 이르렀다. 화석기록으로 볼 수 있는 해양 종의 94% 이상이 산소량 격감으로 갑자기 사라졌다. 그후 50만여 년 동안 몇 가지 종이 냉혹한 환경에서 발판을 마련하기 위해 악전고투했다. 심지어 산호초가 다시 자리를 잡고 숲이 되살아나는 데도 2천만~3천만 년이 걸렸다. 어떤 지역에서는 생태계가 이전의 건전한 다양성을 되찾는 데 1억 년 넘게 걸렸다.[186)]

지구 온난화의 혜택이라는 것을 다시금 생각해 보게 된다.

이를 막는 데 필요한—정말 필요한—각종 모든 수단을 동원하지 않는 이유가 무엇인지, 다시금 생각해 보게 된다.

◎ ◎ ◎

지구 온난화가 생각보다 훨씬 더 심각할 수 있다는 것을 얼마나 더 되풀이해야 하는가. 다른 기사를 보자.

> 조사자들에 따르면, 산업과 수송에서 배출된 막대한 양의 이산화탄소로 인해 이미 지구는 기후변화의 위협을 받고 있을 뿐 아니라 파국을 예고하는 새로운 위험이 발견되었다고 한다.
>
> 현재 이산화탄소는 해수에서도 용해되어 전세계 바다를 급속도로 산성화시켜 각종 바다생물들을 위협하고 있다고 그들은 경고한다. 바다의 산성화〔이산화탄소가 물에 반응하여 용해되면서 탄산을 형성-인용자〕는 바다 먹이사슬의 기초인 미세 플랑크톤을 대량으로 없애버려 갑각류와 더 나아가 대구 등 인간의 주요 식품종에 이르기까지 치명적인 타격을 줄 수 있다. 이미 산호 같은 유기체에도 심각한 타격을 주고 있어 산호초의 앞날이 불투명하다.[187]

지구 온난화의 혜택이라는 것을 다시금 생각해 보게 된다.

어째서 이를 막는 데 필요한 모든 수단—참으로 필요한 모든 수단—을 다 동원하지 않는지 다시금 생각해 보게 된다.

◎ ◎ ◎

실용 정신병리학

마침내 과학자들은 새들에게 지능이 있다는 것을 깨닫게 되었다. 『뉴욕타임스』의 기사를 보자. "오늘 국제 조류전문가단체는 『자연신경과학 평론』(*Nature Neuroscience Review*)에 선언문이라고 할 수 있는 글을 발표했다. 조류의 두뇌에 관한 해부학교본의 내용이 거의 다 거짓말이라는 것이다.[188] 조류의 두뇌는 포유동물의 두뇌만큼 복잡하고 신축적이고 창의력이 있으므로, 조류 및 포유동물 두뇌의 해부학적 구조에 대한 새로운 인식을 반영한 보다 정확한 분류학명을 채택하는 일이 시급하다고 이들은 주장하고 있다."

여기까지는 좋다. 물론 우리는 새들에게 지능이 있다는 얘기를 과학자들에게서 들을 필요가 없다. 우리가 주의를 기울이기만 한다면, 새들 스스로 지능이 있다는 것을 말해 준다.

새들에게 지능이 있다는 이 깨달음은 일종의 혁명이라는 게 피터 말러 박사의 말이다. 다시 말하지만, 여기까지는 좋다. 그러나 그의 혁명은 나의 혁명과 다르다. 그가 말하는 혁명이란 "신경해부학 연구에서 흰쥐 대신 새들이 실험대상으로 선호될 것이라고 생각한다"는 것이다.[189)]

분명히 해두자. 과학자들이 진작 알았어야 했을 사실, 즉 새는 감각능력이 있고 지능이 있는 복잡한 생물이라는 것을 그토록 오랜 세월이 흐른 지금에야 깨닫고 나서 고작 생각해 낸 것이 새들을 고문하는 것이다.

이것이 정신병리학의 본질이다. 이것이 문화의 본질이다.

◎ ◎ ◎

앞에서 학대자들의 특성을 이야기하면서 그것이 이 문화 전반에 해당하는 것임을 밝힌 바 있지만, 이제 정신질환자의 특징을 간략하게 정리해 보고자 한다. 이 특징들은 1992년 제네바의 세계보건기구(WHO)가 제시한 '정신 및 행동 장애 분류 ICD-10'에 나와 있다.

A: 남의 감정에 대한 냉담한 무관심

B: 총체적이고도 강고하게 무책임한 태도, 사회적 규범·규칙·의무를 도외시하는 태도

C: 지속적 관계를 맺는 데 어려움이 없는데도 그런 관계를 유지하지 못함

D: 좌절감에 대한 참을성이 매우 낮고 폭력을 비롯한 공격성 폭발의 식역(識閾)이 낮음

E: 죄의식을 경험하지 못하며 경험, 특히 처벌과 같은 경험으로부터 배

우는 능력이 없음

F: 남을 탓하거나 사회와 갈등을 빚은 행위에 대해 핑계를 대는 경향이 두드러짐[190)]

이것이 어떻게 문화 전반과 이 문화를 운영하는 자들에게 해당하는지는 독자들도 짐작이 갈 것이다. 하지만 간단히 살펴보기로 한다.

남의 감정에 대한 냉담한 무관심. 어떤 척도가 좋을까? 문명인들이 토지를 빼앗긴 원주민들의 감정에 신경을 쓴 적이 있었던가? 50만 가까운 이라크 어린이들의 죽음에 대해서는? 올브라이트 여사는 집권자들이 그 정도의 대가는 치를 의향이 있다고 말했었다.

모든 과학연구에서 감정을 배제해야 한다는 소리를 우리는 얼마나 자주 들어왔는가? 돈과 관계되는 결정에 감정이 개입돼서는 안 된다는 소리를 얼마나 자주 들어왔는가?

이 문화가 파괴할 대상들의 감정에는 의례적인 주의조차 기울이지 않을 뿐 아니라 대부분의 경우 그런 배려를 '과학적으로' 외면하고 있다. 도살장의 닭과 돼지는 어떠한가? 생체해부 실험소의 원숭이는 어떠한가? 나무는 어떠한가? 강물은? 돌멩이는? 이 문화는 이런 것들의 감정에 대해 '냉담한 무관심'을 보일 뿐 아니라 그런 감정의 존재 자체를 부인하고 있다.

다음은 총체적이고도 강고하게 무책임한 태도와 사회적 규범·규칙·의무를 도외시하는 태도. 확실히 문명인들의 무책임성은 강고하다. 나는 지구를 죽이는 것보다 더 무책임한 일은 있을 수 없다고 본다. 이 특징에서 후자와 관련해서는, 우리가 이야기하는 사회가 이런 병을 앓고 있는 실체이므로 우리는 그 규범과 규칙과 의무를 판단의 기준으로 삼을 수 없다. 그것은 테드 번디(70년대 미국 희대의 연쇄살인범-옮긴이)가 여자들을 살해할 때 자신의 규범과 규칙과 의무에 따라 행동한 것이냐고 묻는 거나 다름없다. 그런데 이 문화의 규범과 규칙과 의무란 어떤 것인가? 규범은 여자를 성폭행하는 것, 어린이를 학대하는 것, 땅을 파괴하는 것이다. 규칙은 권력을 가진 자들이 그 권력

 을 유지하기 위해 만들어낸 권력자들의 법률이다. 의무는 가능한 한 많은 권력을 장악하여 이 책의 〔전제 4〕로부터 절대로 일탈하지 않는 것, 곧 학대자들과 학대적 사회구조를 항상—언제나—지키는 것이다.

그러나 보다 큰 차원으로 옮겨가서, 토지기반에게 최소한 받은 것만큼 돌려주고 인간과 인간, 종과 종 사이의 장기적인 협조체제에서 살아가는, 가령 기본적 약탈자-먹잇감관계[191] 같은 지구에서의 지속 가능한 삶의 규범과 규칙과 의무를 이야기해 보자. 나는 삶의 모든 규칙을 다 어기는 문명인들을 도저히 이해할 수 없다는 말을 원주민들에게서 누차 들었다. 사우크 마카타이메시에키아키아크(블랙 호크)[192]의 말을 다시 들어보자. "백인처럼 나쁜 인디언은 우리나라에서 살 수 없다. 그런 사람은 죽임을 당해 늑대에게 먹힌다. 백인들은 나쁜 선생들이다. 그들은 거짓 표정을 짓고 거짓 몸짓으로 장사를 하며, 불쌍한 인디언을 속이기 위해 미소를 짓고 신뢰를 얻기 위해 악수를 하며, 그들을 술에 취하게 만들어 속이고 아내들을 망쳐놓는다…. 그들이 만지면 우리는 더럽혀졌다. 우리는 안전하지 못했다. 우리는 위험 속에서 살았다. 우리도 그들을 닮아 위선자와 거짓말쟁이, 간통을 일삼는 자, 게으름뱅이, 사기꾼, 놀고먹는 자로 변해 갔다."[193]

다음으로, 정신질환자는 지속적인 관계를 맺는 데 어려움이 없다 해도 그 관계를 유지할 수 있는 능력이 없다. 이 대륙에 이문화가 들어온 지 얼마나 되는가? 나는 지금 톨로와족의 마을에 살고 있는데 톨로와 사람들은 이곳에 최소한 1만 2천 년 동안 살아왔다(과학을 믿는다면, 아니 톨로와 신화를 믿는다면 태초부터 살아왔다). 그들은 인간 및 비인간 이웃과 지속적인 관계를 유지해 왔다. 우리는 그렇지 않다. 자기를 착취하는 자들과 지속적인 관계를 유지하기는 어렵다.

정신질환자는 좌절에 대한 인내심이 매우 낮으며 폭력을 비롯한 공격적인 성향을 쉽게 드러낸다. 미국은 다른 나라들을 얼마나 많이 침략해 왔는가? 문명인들이 얼마나 많은 원주민들을 도살했는가? 이런 침략행위에 대해 언제나 내세우는 핑계는 얼마나 하찮은가?

다음 특징은 죄의식을 경험하지 못하며, 특히 처벌과 같은 경험으로부터 배울 능력이 없다는 것이다. 오래된 미국삼나무숲을 파괴하면서 찰스 후르비츠는 얼마나 죄의식을 느끼는가? 중동, 지중해, 서유럽, 영국, 아일랜드, 북미와 남미의 대부분의 지역, 아프리카, 대양주 그리고 아시아에서 숲을 파괴하고 그와 같은 파괴행위의 피해가 날로 증가하고 있는 상황에서 우리는 이 문화를 운영하는 사람들이 앞선 경험으로부터 뭔가를 배우고 있다고 정직하게 말할 수 있는가? 그리고 새로 나오는 기술마다 깨끗한 기술이라는 약속을 어기고 파괴의 확대로 이어지는 것을 되풀이해서 경험하면서 이 문화에 몸담고 있는 사람들이 무엇을 배우고 있을까? 석탄, 석유, 천연가스의 연소로 인한 기후변화의 경험으로부터 얼마나 교훈을 얻고 있을까? 그런 경험 때문에 유전자공학 사업을 중지할까? 나노기술은 어떨까? 그들은 핵무기 추구에서 배우는 것이 있을까? 살충제는? 댐은? 당연히 배운 것이 없다.

끝으로, 남을 탓하거나 사회와 갈등을 빚은 행위에 대해 그럴 듯한 핑계를 대는 성향이 두드러진다. 후르비츠는 자신의 폭력행위에 얼마나 책임을 져왔는가? 조지 부시는? 전형적인 성폭행범은? 부시는 자신의 벌목충동을 산림화재 탓으로 돌린다. 클린턴과 그 주변사람들은 딱정벌레를 탓했다. 하나같이 케케묵은 정신병적 이야기다. 나는 진저리가 난다.

나는 오래 전부터 유한한 지구를 지배적 문화와 공유해야 하는 우리의 처지를 정신병자와 한방에 갇혀 있는 상황에 비유해 왔다.[194] 빠져나갈 길이 없다. 정신병자가 처음에는 다른 표적을 노리겠지만 결국엔 우리 차례가 온다. 결국 우리는 싸우지 않을 수 없다. 피해 갈 길이 없다. 그리고 우리가 빨리 반격에 나설수록—빨리 이 정신병자를 죽일수록—더 많은 생명이 살아남게 될 것이다.

비폭력주의(1)

권력자들은 자발적으로 물러나지 않는다. 경찰관에게 꽃을 주는 것으로는 아무 효과도 없다. 그런 식의 사고를 키우는 것은 주류세력이다. 그들이 더없이 좋아하는 것은 사랑과 비폭력이다. 내가 가장 좋아하는 것은 꽃다발을 받는, 그것도 높은 창문에서 내던진 화분의 꽃다발을 받는 경찰관의 모습이다.

윌리엄 S. 버로우즈[195)]

앞에서(제1권 "반폭력"), 그러니까 여러 해 전에 쓴 내용이지만, 나는 이 책이 원래는 반폭력(counterviolence)이 어떤 경우에 체제의 폭력에 대한 적절한 반응이 되는가를 검토해 나갈 것이라고 했었다. 사실 이 책은 결국 비폭력주의자들의 통상적인 주제를 다루면서 그게 타당한가를 검토하는 팸플릿 정도가 될 것으로 구상했었다. 그 팸플릿 내용은 이런 것이었다.

비폭력주의자(pacifist)들이 내세우는 몇 가지 표준노선을 한번 살펴보자. 사랑은 비폭력주의로 이어지며 폭력행사는 사랑이 없음을 뜻한다. 주인의 집을 부수기 위해 주인의 연장을 사용할 수는 없다. 화평하기보다는 전쟁을 하기가 훨씬 쉽다. 우리는 세계평화를 생생하게 마음에 그려야 한다. 이기고 지는 것을 말하는 것만으로도 (하물며 폭력에 관한 이야기는 말할 것도 없고, 더더욱 실제적인 폭력행사는 더 말할 것도 없이) 지구를 죽이는 파괴적 지배자의 심적 성향을 영속시킨다. 열심히 마음속에 그리면 평화를 찾을 수도 있을 것이다. 요한 크리스토프 프리드리히 폰 실러의 말처럼 "평화는 평화로운 사람에게는 거부되는 일이 좀처럼 없기" 때문이다. 목적은 결코 수단을 정당화하지 않으며, 그래서 비폭력주의자들이 인용하는 "가장 불리한 평화일지라도 가장 정당한 전쟁보다 낫다"는 에라스무스의 말로 이어진다. "인류는 비폭력을 통해서만 폭력으로부터 벗어나야 한다. 증오는 사랑으로만 극복할 수 있다"는 간디의 말은 억압자를 제지하지 못하는 우리의 무력함에 면죄부를 주면서, 우리들에게 얼마간의 절대주의를 제공한다. 간디는 더욱 기묘한 사고를 전개하면서 다시 이렇게 말한다. "절망적인 때면, 나는 역사를 통틀어 진리와 사랑의 길은 항상 승리했다는 것을 상기한다. 폭군과 살인자들이 한동안은 무적의 존재로 보이지만 결국엔 꺾이고 만다—이것을 항상 생각하라."[196] 폭력은 폭력을 낳을 뿐이다. 다시 간디는 "우리는 우리가 보고자 열망하는 그 변화이어야 한다"고 말한다. 착취자들에게 폭력을 사용하면 그 사람도 착취자처럼 된다. 이와 관련된 생각은, 폭력이 그것을 행사하는 사람의 영혼을 파괴한다는 것이다. 폭력을 사용하면 대중매체가 우리의 메시지를 왜곡해서 전달한다. 폭력행위가 있을 때마다 운동은 10년을 후퇴한다. 우리가 폭력행위를 하면 국가는 강경 대응으로 나온다. 국가가 가진 폭력행사 능력은 우리가 가진 것보다 크므로 그런 전술로는 결코 승산이 없고, 따라서 그 전술은 사용해서는 안 된다. 그리고 끝으로, 폭력은 아무것도 성취하지 못한다는 것이다.

이런 주장들을 하나씩 따져보자. 사랑은 비폭력주의로 이어지며 폭력행사는 사랑이 없음을 뜻하는 것이다. 우리가 사랑한다면 폭력은 결코 생각할 수 없고 심지어 우리가 사랑하는 이들을 보호하기 위해서조차도 생각할 수 없는 일이다. 글쎄다. 앞에서도(제1권) 이 문제를 다룬 바 있지만, 나는 어미 회색곰이 사랑은 비폭력주의를 뜻한다는 말에 공감하리라고 장담하지 못하겠고, 내가 아는 여러 어미동물들이 공감해 줄지도 장담할 수 없다.

주인의 집을 부수기 위해 주인의 연장을 사용할 수는 없단다. 내게 이 말을 한 사람이 얼마나 많은지 이루 말할 수 없다. 그러나 이 말의 원전을 아는 사람은 거의 없었다. "주인의 연장은 결코 주인의 집을 부수지 않는다"의 저자는 오더 로드(Audre Lorde)—분명히 그녀 자신은 비폭력주의자가 아니다—이다. 이 글은 비폭력주의와는 무관한 것이며, 사회변화를 다루는 담론에서 비주류의 목소리가 배제되는 상황에 관한 것이다. 비폭력주의자들 중에 이 글을 읽은 사람이 있었다면 틀림없이 기겁을 했을 것이다. 그녀는 당연하게도 당면한 다양한 문제들에는 다양한 방법으로 대처해야 한다는 의견을 제시하고 있기 때문이다. 그녀는 말한다. "여성으로서 우리는 우리의 차이성을 무시해 버리거나 아니면 이 차이성을 변화를 위한 힘이 아닌 차별과 불신의 원인으로 보도록 교육을 받아왔다. 공동생활 없이는 자유는 없으며, 개인과 그녀를 압박하는 것 사이의 아주 취약하고 일시적인 휴전만이 있을 뿐이다. 그러나 공동생활이 우리의 차이성을 벗겨버리거나 그런 차이가 존재하지도 않는다는 식의 애처로운 가식을 의미하는 것이어서는 안 된다."[197) 우리는 비무장저항 대 무장저항에 대해서도 같은 이야기를 할 수 있으며, 활동가들이 우리의 차이성을 변화를 위한 힘이 아니라 차별과 불신의 원인으로 간주하도록 교육을 받아왔다고 말할 수도 있다. 그것은 결정적인 오류다.

그녀는 계속한다. "〔살아남기란〕 우리의 차이성을 어떻게 받아들여 이를 강점으로 삼을 것인가를 배우는 것이다. 주인의 연장이 주인의 집을 부수는 일은 결코 없기 때문이다."[198]

나는 늘 사회변화에 대한 폭력적 접근과 비폭력적 접근은 상호 보완적이라고 생각했다. 내가 아는 사람들 중에 지배적 문화의 타락과 착취에 대해 무장저항의 가능성을 제창하면서 비폭력 저항을 거부하는 사람은 없다. 우리 가운데는 비폭력 저항에 정례적으로 참여하여 이를 유일한 저항방식이라고 여기는 이들을 지원하는 사람들이 많다. 바로 간밤에 나는 비폭력주의자가 아닌 사람 둘과 함께 어느 카운티의 장터에 나가, 그 고장 환경단체를 홍보하느라 두 시간을 허송하며 앉아 있었다. 거기서 나는 큰 체구에 어울리지 않게 작은 '부시/체니 2004년 선거 티셔츠'를 입고 지나다니는 사람들을 목격해야 했다. 많은 사람들이 우리에게 얼굴을 찌푸렸다. 우리는 이렇다 할 아무런 성과도 올리지 못하면서 이런 비폭력활동을 했다. 그런데 독단적 비폭력주의자들 중에는 우리를 동정적으로 봐주지 않는 사람들이 많다. 내가 만나본 많은 독단적 비폭력주의자들은 근본주의자들로, 폭력을 일종의 신에 대한 모독행위(이 문화 안에서는 폭력이 위계체계의 상층부를 향할 경우 모독행위가 되는데, 이 근본주의자들은 이 문화가 아래를 향해 일상적으로 자행하는 폭력에 부수되는 금전적 과실을 챙기는 일을 대수롭지 않게 해왔다)로 간주하면서 그들의 면전에서 폭력 운운하는 것을 허용하지 않는다. 그러니 그런 사람들이 오더 로드의 말을 들먹거리며 우쭐댄다는 것은 아이러니가 아닐 수 없다.

참으로 우리의 생존은 '우리의 차이성을 받아들여' 그것을 강점으로 삼는 방법—문명이 지구를 죽이지 못하도록 막기 위한 폭력적·비폭력적 방법을 포함하여—을 배우는 데 달려 있다. 그런데 이들 근본주의자들은 이와 같은 차이를 말살하고 부인하면서 모든 담론과 행동을 외곬으로, 자신들의 노선으로 몰아가려고 한다. 그것은 매우 해로운 일이며 당연히 권력자들에게는 이로운 것이다. 주인의 집은, 담론이건 망치건 고성능 폭발물이건 간에 한

 가지 연장만으로는 부술 수 없다.

힘은 전적으로 권력자들의 영역에 속한다는 비폭력주의자들의 주장에 대해서는 다른 문제들도 많이 제기할 수 있다. 주인이 폭력이라는 연장을 사용하는 것은 틀림없지만, 그렇다고 해서 그가 그 연장을 소유한다는 이야기는 아니다. 권력자들은 우리에게 토지는 자기들의 소유라고 믿게 만들었는데, 이는 우리가 자신의 양도할 수 없는 토지기반 사용권을 포기하도록 설득을 당했다는 이야기다. 그들은 우리에게 자기들이 분쟁해결 방법(그들이 법이라고 일컫는 것)을 소유하고 있다고 믿도록 만들었는데, 이는 우리가 우리 자신의 양도할 수 없는 분쟁해결 권리를 포기하도록 설득당했다는 이야기다. 그들은 우리에게 물은 그들의 소유라고 믿게 만들었다. 그들은 우리가 야생 동식물은 그들의 소유라고 믿게 만들었다(우리 모두가 애당초 나무들이 정부 소유라는 데 동의하지 않았더라면 정부는 '목재판매'를 공고할 수 없을 것이다). 그들은 공기도 자기들 소유라고 우리에게 설득하는 과정에 있다. 국가는 수천 년 동안 자신이 폭력을 독점한다고 우리에게 확신시키고자 했고, 학대자들은 그보다 더 오래 전부터 우리가 그 점을 믿게 하려고 애쓰고 있다. 비폭력주의자들은 기꺼이 그들의 주장을 인정해 주려고 하며, 이에 반대하는 사람들을 윽박지르고 있는 것이다.

나는 이에 찬성할 수 없다. 학대자들과 그 동맹자들이 제아무리 우리를 설득하려 들지라도, 폭력은 위계체계 상층부의 전유물이 될 수 없다. 그들은 야생인간을 비롯한 야생동물들을 결코 설득하지 못했으며, 결코 나를 설득하지도 못할 것이다.

그런데 우리가 주인의 연장을 사용하면 안 된다고 말하는 자가 누구인가? 종종 그들은 기독교도, 불교도 또는 다른 문명화된 종교의 신자들이다. 상투적으로 그들은 우리가 투표를 통해 정의를 찾거나 쇼핑을 통해 지속 가능성을 찾기를 바라는 사람들이다. 그러나 문명화된 종교는 폭력과 마찬가지로 주인이 어김없이 사용하는 연장이다. 투표도 마찬가지다. 쇼핑도 마찬가지다. 우리가 주인의 연장을 사용할 수 없다면, 우리가 사용할 수 있는 연장은 정확하게 뭐란 말인가? 글 쓰는 일은 어떤가? 미안하지만, 아니올시다. 앞에서 스탠리 다이아몬드의 말을 인용했듯이, 집필활동은 오랫동안 주인이 사용하던 연장이었다. 그러니 우리는 그것을 사용할 수 없다는 말인가. 그러면 담론 일반은 어떠한가? 물론 권력자들이 산업적 담론생산 수단을 소유하고 있고 또 공론을 그릇되게 사용하고 있다. 그래서 그들이 모든 담론을 소유하고 있으니 우리는 결코 그것을 사용할 수 없다는 말인가? 물론 아니다. 그들은 또 산업적 종교생산의 수단도 소유하고 있어서 종교를 그릇되게 사용하고 있다. 그들이 모든 종교를 소유하고 있으니 우리는 결코 그것을 사용할 수 없다는 말인가? 물론 아니다. 그들은 산업적 폭력생산의 수단을 소유하고 있어서 그것을 그릇 사용하고 있다. 그들이 모든 폭력을 소유하고 있으니 우리는 결코 그것을 사용할 수 없다는 말인가? 물론 아니다.

그런데 주인의 연장으로 주인의 집을 부수지 말라는 말에는 또 다른 문제가 있으니, 그것은 그 은유가 끔찍하다는 것이다. 한마디로 먹혀들지 않는 비유다. 은유의 첫째이자 가장 중요한 조건은 현실세계에서 말이 돼야 한다는 것이다. 그런데 이건 아니다.

우리는 집을 짓는 데 망치를 사용할 수 있고, 그것을 허무는 데도 망치를 사용할 수 있다.

그게 누구의 망치건 상관없다.

작가·사상가·운동가·인간으로서 그녀가 지닌 온갖 놀라운 능력에도 불구하고 오더 로드는 평생 집을 허무는 일은 하지 않았을 것으로 나는 추측한다. 그런 일을 해봤다면 결코 그런 은유는 나오지 않았을 것이다. 주인의 연장으로 주인의 집을 허물 수 있다는 건 이론(異論)의 여지가 없기 때문이다.[199] 그리고 주인의 고성능 폭발물을 사용하여 그의 댐을 허물 수도 있다.

◎ ◎ ◎

이 은유에는 더 큰 문제가 있다. 이 은유의 가장 근본적인 전제가 무엇인가? 그 집이 주인의 것이라는 거다. 그러나 주인은 없으며 주인의 집도 없다. 주인의 연장도 없다. 자기가 주인이라고 믿는 사람이 있다. 그가 자기 것이라고 주장하는 집이 있다. 그가 소유를 주장하는 연장들도 있다. 그리고 아직도 그가 주인이라고 믿는 사람들이 있다.

그렇지만 그 같은 망상에 빠지지 않은 사람들도 있다. 인간을 보고, 집을 보고 연장들을 보는 우리들이 있다. 그 이상도 이하도 아니다.[200)]

◎ ◎ ◎

권력자들은 그들의 결정에 대해 책임지고, 나는 나의 결정에 대해 책임을 진다. 그러나 강조해 둘 것은, 나는 내 선택이 이루어진 방법에 대해서는 책임을 질 수 없다는 것이다. 누군가가 내 머리에 총을 들이대고 당장 머리에 총알이 박히는 쪽을 선택할 것인가 그렇지 않으면 12시간 계속해서 〈데니스 밀러〉(Dennis Miller)를 시청하는 쪽을 택할 것인가를 물었을 때, 내가 쉬운 쪽을 택해 방아쇠를 당기라고 했더라도 그 책임을 전적으로 나에게 따질 수는 없을 노릇이다.

이것은 좀 우스개 이야기지만 그 핵심은 진지한 것이다. 나는 분명히 해두고 싶다. 내가 내리는 선택에 대해서는 나에게 책임이 있다. 그리고 언제 어디서건 내 선택을 제약하는 한계를 가능한 한 타파하려고 시도하는 것도 내 책임이다.

◎ ◎ ◎

자주 듣게 되는 비폭력주의의 다음번 논거는 "전쟁하기가 화평하기보다 훨씬 쉽다"는 것이다. 나는 처음에 이 말을 열 번인가 열다섯 번인가 들을 때까지는, 무슨 소리인지 전혀 이해하지 못했다는 것을 실토해야겠다. 전쟁이 더 어려운가 평화가 더 어려운가, 묻는 것은 부적절한 질문이다. 파리는 입으로 잡는 것보다 맨손으로 잡는 게 더 쉽지만, 그렇다고 해서 입으로 잡는 편이 더 낫거나 더 도덕적인가? 댐은 이쑤시개보다는 커다란 망치로 허무는 게 쉬운데, 이쑤시개로 한다고 해서 더 착한 사람이 되는 것은 아니다.

어떤 행동의 어려움은 그 행동의 질이나 도덕성과는 무관하다.

그 다음에 또 열 번인가 열다섯 번 이 말을 듣고 나니, 그 말이 폭력적 저항을 부추기는 것으로 들렸다. 내가 야생연어들이 있는 세상에서 살기 원한다면, 그리고 내가 가능한 한 쉬운 방법으로 그렇게 살기를 원한다면, 전쟁을 일으켜야 한다는 것이다. 우리는 지구를 죽이는 사람들을 제지하는 데서 큰 어려움을 겪고 있기 때문에 새로운 어려움을 더 추가할 여지도 없다.

그 다음에 또 열 번인가 열다섯 번 더 이 이야기를 듣고 나니, 나는 비폭력주의자들이 왜 투쟁을 위한 투쟁이 좋다고 믿게 되었을까 궁금해하면서 그 사람들을 정신치료학 차원에서 관찰을 하기 시작했다. 나에게는 순교자 콤플렉스처럼 들린다. 아니면 번지를 잘못 찾은 칼뱅주의일까? 나는 모르겠다.

그런데 이 말을 다시 열 번인가 열다섯 번 더 듣고 나서는 신경을 쓰지 않기로 결심했다. 그들의 주장은 말이 안 되는 것이므로 문명 허물기와 같은 일에 더 요긴하게 사용할 시간을 허비하고 싶지는 않다.

그런데 만일 이 말이 다만, 가끔은 창의력이 폭력을 불필요하게 만든다는 뜻이라면 나는 그들이 그 말은 해줬으면 한다. '가끔'이란 말을 강조하는 한 나는 이 말을 받아들이는 데 아무 문제가 없다.

◎ ◎ ◎

하지만 방심할 수는 없다. 자기 행동에 대해 책임지지 않는 사람들이 많다. 선택을 결정하는 조건이 선택의 여지와 폭을 제약한다는 것을 인정하지 않고, 결정의 조건을 탓하는 사람들이 많다. 불행한 가족의 가부장이 내뱉는 상투적인 소리를 예로 든다면, 불쌍한 남편은 외도가 좋아서 하는 것이 아니라 성생활에서 아내가 말을 안 듣기 때문에 외도를 강요당한다는 것이다. 나는 결혼을 깨고 싶지 않지만 그렇다고 섹스 없는 삶은 싫다. 그러니 내가 어떻게 해야 하는가? 불쌍한 아내는 섹스 없는 삶을 좋아서 택하는 것이 아니라, 육체를 벗어난 다른 차원에서는 의사소통을 할 의욕도 능력도 없는 남편 때문에 그런 처지를 강요당하는 것이다. 난 결혼을 깨고 싶지 않지만 정감이 없는 섹스도 싫다. 그러니 난 어떻게 해야 하는가?

마찬가지로, 나는 학대자가 "난 네가 겁을 먹고 순종하도록 만들기 위해 너를 때렸어"라고 말하는 것을 들어본 적이 없다. 그보다는 "내가 집에 늦게 들어온다고 네가 마냥 소리소리 지르지만 않았다면 너를 때리지 않았을 거야"라고 말할 것이다. 결정을 하도록 만든 조건이 폭력의 원인이 된 것이다. 이것을 더 큰 틀로 확대해서 본다면, 우리는 다른 나라들(공교롭게도 탐나는 자원더미 위에 앉아 있는 나라들)에 대한 선제공격의 필요성을 말하는 정치인들의 소리를 얼마나 자주 듣고 있는가? 그들은 좀처럼 "나는 이 나라를 침략하기로 했다"는 소리는 하지 않는다. 그리고는 그들은 자신들이 정복하고자 하는, 아니 해방시키고자 하는 자들이 자신들로 하여금 유감스러운 행동을 취하지 않을 수 없도록 한다고 말한다. 나치가 바로 이 카드를 사용하여—모두가 이 카드를 써먹는다—달리 도리가 없어서 폴란드를 침략했고, 달리 도리가 없어서 소련을 침략했으며, 달리 취할 도리가 없어서 열등인간(untermenmenschen)을 죽였을 뿐이라고 했다. 휴우, 한숨밖에 안 나온다.

최고경영자들이 추구하는 논리도 같다. 그들은 마음대로 할 수만 있다면 공장을 계속 가동시켜(그것이 지구의 관점에서 좋은 일이라서가 아니라 이 문화의 테두리에서는 대다수 사람들이 그것을 좋은 일로 간주하니까) 노동자들에게 생활급을 지불하고 알찬 퇴직 프로그램을 펴나가는 등의 일을 했을 것이다. 그런데 실상이 어떤지는 다들 아는 바다. 그들은 노동자를 해고하고 공장을 방글라데시로 이전하는 것 이외의 다른 선택은 하지 않았으며, 거기 가서는 방글라데시 사람들에게 시간당 8센트의 노임을 지불하는 것 이외의 선택은 하지 않았다(그들 자신은 연간 100만 달러씩이나 받는데 이를 시간당으로 환산하면 약 500달러가 되며, 그들이 분당 벌어들이는 돈은 방글라데시 사람이 100시간 일해서 받는 것보다도 더 많은 금액이다). 그리고 방글라데시 사람들이 불평을 하면 최고경영자들은 공장을 베트남으로 옮겨갈 밖에 달리 도리가 없다는 것이다. 시장압력이라는 것이다. 그런데 바로 이 시장압력이 그들에게 환경을 더럽히고, 숲을 결딴내고, 물고기를 마구 잡아들이도록 강요하고 있다는 것이다.

미안하지만 우리로서는 지구를 파괴할 밖에 달리 도리가 없다. 정말이지 우리 잘못이 아니다라고 저마다 말할 수 있다.

말도 안 되는 소리.

우리는 우리의 문화 전반이—꼭대기에서 밑바닥까지, 구석구석까지, 개인적으로나 사회적으로나—체계적이고 절대적인 책임회피에 기초하고 있으며, 이로부터 동기를 부여받으며, 또 이를 필요로 한다는 것을 인정하는 게 좋을 것이다. 이는 우리의 행동과 태만에도 똑같이 적용될 수 있는 말이다. 궁극적으로 환경퇴화란 무엇인가? 모든 환경퇴화는 하나같이 책임회피의 발로이자 그 결과이다. 환경오염은 무엇인가? 책임회피의 발로이거나 결과이다. 물고기 남획은 무엇인가? 산림파괴는 무엇인가? 모두가 책임회피의 발로이자 그 결과다.[201)]

그리고 우리가 이런 것들을 제지하지 못하고 있는 것 역시 똑같은 책임회피다.

◎ ◎ ◎

우리는 세계평화의 비전을 가져야 한다는 말을 듣는다. 나는 이 말을 들을 때면 먼저, 학대받는 배우자가 남편을 사랑하기만 하면 남편이 달라질 것이라는 얘기를 빈번하게 듣는다는 사실을 떠올리곤 한다. 두번째로 떠올리는 것은, 세계평화의 비전을 갖는다는 것은 본질적으로 신시대판 반(半)세속적인 기도라는 것이다.

여기서 내가 실토할 것은 실은 나 자신이 비전의 열렬한 팬이라는 사실이다. 평소엔 나는 이것을 그저 백일몽이라고 말한다. 대학에서 높이뛰기를 하던 시절 나는 바를 훌쩍 뛰어넘는 내 모습을 부단히 머릿속에 그려보곤 했었다. 나는 샤워를 하면서, 차를 운전하면서, 강의실로 걸어가면서, 물론 강의 시간 내내 이 비전에 사로잡히곤 했다. 나중에 높이뛰기 코치로 일할 때는 통상적인 연습의 일환으로 학생들에게 비전을 가지라고 지도했다. 지금은 부단히 글 쓰는 일을 하며 백일몽에 빠지곤 한다. 그리고 더 중요한 이야기로, 나는 사람들이 반격에 나서는 광경을 마음속에 그려본다. 나는 사람들이 댐을 허무는 광경을 머릿속에 그려본다. 나는 그들이 석유시설이나 전기시설을 허무는 광경을 그려본다. 나는 야생연어가 해마다 더 많이 돌아오는 비전을 가져본다. 나는 노래하는 철새들이 돌아오는 광경을 마음속에 그려본다. 나는 철비둘기가 돌아오는 모습도 그려본다. 그러니 사람들이 세계평화를 위해 노력한다면, 나는 세계평화의 비전을 갖는 데도 문제가 없으리라고 생각한다. 다만 앞에서 밝혔듯이 문명은 자원의 도입을 필요로 하며, 그러자면 스스로를 유지하기 위해 힘을 행사해야 한다. 이는 세계평화를 꿈꾸는 사람들이 정말 세계평화의 실현에 관심이 있다면 산업이 붕괴하는 비전도 가져야 함을 의미한다. 그리고 이를 실현시키는 비전을 가져야 한다.

그러나 나는 낡은 사브 자동차 범퍼에 "세계평화의 비전을"(Visualize World Peace)이라는 스티커를 붙이고 다니는 사람들의 대다수가 문명 허물기에 나설 생각을 가졌다고는 여기지 않는다. 그런 일은 너절하기 때문이다. 나는 간디의 이 말을 늘 생각한다. "우리는 우리나라의 자유를 원하지만 남을 희생시키거나 착취해서 이루는 자유는 원치 않는다." 또 나는 이런 말도 자주 듣는다. "너는 지구를 위한 이 투쟁에서 이겨야 한다고 말하지만, 누군가가 이긴다면 누군가는 져야 한다는 말이고 그건 케케묵은 저 지배자의 사고방식을 영속시키는 것 아닌가?" 나는 늘 이런 말은 지적으로 부정직하고 사려 깊지 못하다는 생각이 들었다.

한 남자가 한 여자를 강간하려고 한다. 그 여자는 도망친다. 그 여자의 성폭행으로부터의 자유는 그를 희생시킴으로써 이루어졌다. 그 남자는 여자를 겁탈할 수 없었다. 이것은 그 여자가 그 남자를 이용했다는 이야기가 되는가? 물론 아니다. 그럼 다시 생각해 보자. 그 남자는 그 여자를 겁탈하려고 한다. 그 여자는 도망칠 수 없다. 그녀는 비폭력적으로 그를 제지하고자 한다. 그러나 안 된다. 여자는 총을 꺼내 그 남자의 머리를 쏜다. 분명히 그 여자는 그 남자의 목숨을 대가로 해서 성폭행으로부터 자유로워질 수 있었다.

여자가 남자를 이용한 것인가? 물론 아니다. 그래서 이 책 제1권에서 내가 했던 이야기로 되돌아가게 된다. 즉 방어권은 언제나 공격권보다 우선이다. 나의 자유에 대한 권리는 언제나 나를 이용하려는 너의 권리보다 위이며, 네가 나를 이용하고자 한다면 나는 너를 제지할 권리가, 어떤 대가를 치르게 해서라도 너를 제지할 권리가 있다.

이런 말들은 모두 우리의 생각을 흐릿하게 만든다. 착취로부터의 자유는 언제나 억압자의 착취능력을 대가로 해서 이루어진다. 연어(그리고 강물)의 생존을 위한 자유는 댐에서 이익을 취하는 사람들이 대가를 치름으로써 이루어진다. 미국삼나무숲의 생존을 위한 자유는 찰스 후르비츠의 은행돈을 희생시켜 이루어진다. 세계가 지구 온난화에서 살아남으려면 석유연소에 기초한 생활을 하는 사람들이 대가를 치러야 한다. 이와 달리 생각하는 것은 사고의 요술이다.

◎ ◎ ◎

모든 선택에는 나름의 대가가 따른다. 공기조절을 하고 싶다면 그 대가를 치러야 한다. 자동차를 원한다면 그 대가를 치러야 한다. 산업문명을 원한다면 그 대가를 치러야 한다.

자유를 원한다면 그것을 위해 싸워야 하며 착취자들은 대가를 치러야 한다. 살 만한 지구를 원한다면 이를 위해 싸워야 하며 지구를 죽이는 자들은 그 대가를 지불해야 한다.

◎ ◎ ◎

"평화는 평화로운 사람들에게는 좀처럼 거부되는 일이 없다"는 실러의 말 역시 요술적인 사고방식에 가까운 것이며, 그것을 읊송해대는 사람들은 참으로 부끄러운 줄 알아야 한다. 아라와크족, 세마이족(중앙 말레이시아의 토착민-옮긴이), 음부티족(콩고의 이투리 삼림지대에 사는 대표적인 피그미족-옮긴이), 호피족(미국 애리조나주 북동부지역에 사는 푸에블로파 인디언부족-옮긴이)은 어떤가? 그들은 평화를 거부당해 왔다. 겁탈당한 평화로운 여자는 어떤가? 학대당하는 평화로운 어린이들은 어떤가? 연어는 어떤가? 강은? 미국삼나무들은? 들소는? 프레이리 도그(북미 대초원의 설치류의 일종—옮긴이)는? 철비둘기는? 나는 존 스토셀처럼 가증스런 사람의 말을 도용하는 건 딱 질색이지만, "제발 그만"(Give me a break)하기 바란다.

◎ ◎ ◎

가끔 이 책은 나를 겁먹게 만든다. 나는 사람들에게 문명 허물기를 촉구하고 있다. 그것이 유혈 없이 될 일은 아니다. 대다수 문명인들은 이를 환영하지 않을 것이다. 그렇지만 달리 현실적인 대안이 보이지 않는다. 나는 세상이 파괴되는 것을 가만 보고 있을 수 없다. 그런데 개혁의 희망은 보이지 않는다. 심리적·사회적 개혁의 현실적 가능성의 부재를 논하건, 아니면 문명(그것은 자원의 도입을 필요로 한다)의 구조적 지속 불가능성을 논하건 간에 이것은 맞는 말이다. 그런데 정말 잠시 이 점을 생각해 보라. 이 문화는 기후를 바꾸고 있는데 권력자들은 이에 제동을 걸기 위해 아무런 일도 하지 않고 있다. 사실 그들은 해마다 더 많은 석유를 연소시키고 있다. 지구의 기후가 달라지는데도 아무런 조치도 강구하지 않는다면 무슨 수로도 그들의 관행이 달라지게 할 수는 없다. 아무런 방법이 없다. 진정, 서한, 투표, 아마천으로 만든 해키색(hackysack, 헝겊주머니를 제기처럼 차는 놀이기구. 공정거래를 표방하는 미국의 운동단체 '글로벌 익스체인지'의 판매상품—옮긴이)의 구매 등 그 어떤 것으로도 안 된다. 비전을 제시하는 것으로도 안 된다. 그들에게 사랑을 보내는 것으로도 안 된다. 무엇으로도 안 된다. 그들은 달라지지 않는다. 무슨 수를 써서라도 저지하지 않으면 안 된다. 지구의 생명이 걸려 있는 문제다. 그들을 저지해야 한다.

그것이 나를 겁먹게 한다.

이런 모든 이야기를 엮어서 출판사에 편지를 보냈더니 "이 문화보다 더 무서운 건 없군요. 나에게 한번 겁을 줘보시지요"라는 회신이 왔다.

다시 일을 해야지.

◎ ◎ ◎

비폭력주의자들의 다음번 주장은, 목적은 결코 수단을 정당화하지 않는다는 것이다. '결코' 앞에 '거의'를 삽입한다면 여러 하찮은 목적들의 경우 이는 맞는 말이겠지만—예컨대 내 경우 나의 예금잔고를 늘리기 위해 토지 기반을 파괴하려 들지는 않을 것이다—자기방어의 경우라면 터무니없는 소리다. 이 구절을 음송하는 사람들은 겁탈당하지 않으려는 목적이 결코 가해자 살해라는 수단을 정당화하지 못한다고 말하는 것인가? 그들은 철갑상어를 살린다는 목적이 연어의 멸종을 바라는 사람들의 승인을 기다리지 않고 댐을 철거한다는 수단을 정당화하지 못한다고 말하는 것인가? 아이들을 살충제로 인한 암이나 정신질환으로부터 해방시키려는 목적이 필요한 어떤 수단도 정당화하지 못한다고 말하는 것인가? 그렇다면 그들의 감성은 추잡한 것이다. 우리는 이론적·정신적·철학적 게임을 하고 있는 게 아니다. 문제는 생존이다. 우리는 독극물에 중독되는 아이들 이야기를 하고 있다. 우리는 죽어가는 지구 이야기를 하고 있다. 나는 내가 사랑하는 것들을 지키기 위해 필요하다면 무슨 일이라도 하겠다.

목표가 결코 수단을 정당화하지 못한다고 말하는 사람들은 단정한 사고를 하지 못하는 사람이거나 위선자이거나 한마디로 잘못된 사람들이다. 목적이 수단을 정당화하지 못한다면 이 사람들은 과연 자동차를 탈 수 있을까? 그들은 자신의 행동을 통해 다른 장소 이동하려는 그들의 목적이 자동차 운전이라는 수단을 정당화한다는 것을 보여주고 있는데, 자동차 운전은 온갖 사악이 수반되는, 석유사용을 의미하는 것이다. 금속, 나무, 피륙 등의 제품을 사용하는 경우에도 같은 이야기를 할 수 있다. 먹는 행위에 대해서도 같은 이야기가 가능할 것이다. 결국 따지고 보면 음식을 먹어서 생명을 부지한다는 목적은 분명히 먹잇감의 생명을 빼앗는다는 수단을 정당화하는 것이다. 설사 딸기밖에 먹지 않는 경우일지라도 새와 박테리아 등이 그 딸기를

 먹을 기회를 박탈하는 것이다.

내가 이야기를 엉뚱한 데로 몰아가고 있다고 말할 사람도 있겠지만, 목적이 결코 수단을 정당화할 수 없다고 주장한 사람은 내가 아니다. '결코'라는 말만 뺀다면 우리는 도그마의 영역에서 벗어나 어떤 목적이 어떤 수단을 정당화하겠는가를 놓고 분별 있는 토론을 시작할 수 있을 것이다. 그러나 그래 봐야 곧 다시 궁지에 빠지리라는 생각이 드는데, 그 이유는 내가 비폭력주의자들과의 '대화'에서 경험한 바로는, 그들이 하는 말의 밑바닥에는 자신의 행동에 책임지지 않으려는 태도와 함께 인간은 지구의 다른 것들과 다르며 우월하다는 상투적인 오만이 깔려 있기 때문이다. 내게 연어떼를 몽땅 살리기 위해서라도 사람은 단 한 명도 해치지 않겠다고 말한 비폭력주의자가 있었다. 그는 목적이 결코 수단을 정당화하지 않는다고 명백히 말했지만—그리고 의식적으로 그렇게 믿고 있을 공산이 크다—그가 진정 의미하는 바는 땅을 살려보려고 노력하는 사람이건 사회적 변화를 실현해 보고자 하는 사람이건 남을 해쳐서는 안 된다는 것이다.

기술문명을 타파하겠다면서 그 도구로 첨단기술을 사용한다고 해서 나는 가끔 위선자 소리를 듣는다. 내가 어떤 면에서는 위선자이지만, 그런 이유 때문에 위선자 소리를 들을 수는 없다. 나는 목적이 결코 수단을 정당화할 수 없다고 주장한 적이 없기 때문이다. 나는 연어들을 살리기 위해서라면 필요한 어떤 일이라도 하겠다고 되풀이 공언해 왔다. 나에게 필요한 모든 것 중에는 글 쓰는 일, 강연하는 일, 컴퓨터를 사용하는 일, 하천 살리기, 연어에게 노래 불러주기 등 온갖 적절한 일들이 포함된다.

수사적인 차원을 떠나서, 목적이 수단을 정당화하지 않는다는 말이 사실에 의해 뒷받침되지 않는 것은 도덕을 위장한 가치표명이기 때문이다. 목적이 수단을 정당화하지 않는다고 말하는 사람은 단지 결과보다 절차를 더 존중한다고 말하고 있을 뿐이다. 이렇게 볼 때 그 말을 절대적인 것으로 내세우는 것은 어리석은 일이다. 수단을 정당화해 주는 목적이 있는가 하면 그렇지 않은 목적들도 있다. 마찬가지로, 같은 수단이 어떤 사람들에 의해서는 어떠어떠한 목적에는 정당화되지만 다른 사람들의 경우 다른 목적에는 정당화되지 않는다(예컨대 나라면 내가 사랑하는 이들을 죽이려고 하는 사람을 죽일 것이지만 고속도로에서 내 길을 막으려고 한 사람을 죽이지는 않을 것이다). 지각 있는 사람으로서 그 같은 구별을 한다는 것은 나로서는 기쁨이고 책임이고 명예이다. 나는 스스로 그 같은 구별을 할 능력이 없다고 여기면서 슬로건에 의존하여 행동하는 사람들을 측은하게 여긴다.

◎ ◎ ◎

"가장 불리한 평화일지라도 가장 정당한 전쟁보다는 낫다"는 에라스무스의 말은 내게는 정신 나간 비겁한 소리로 들리곤 했다(에라스무스의 저작 전부를 두고 하는 말은 결코 아니다). 지금은 그저 동의하지 않는다고 말할 뿐이다.

간디도 이런 입장을 달리 표현하여 "비폭력과 나의 인연은 워낙 절대적인 것이어서 그런 입장에서 일탈하느니 차라리 자살하겠다"고 말했다. 내 경우도 어떤 행동을 하느니 차라리 목숨을 끊어야 할 일들이 있고 보면 그 같은 입장을 이해할 수 있으리라는 생각이 든다. 그러나 이 말은 미쳤다고 해야 할 정도로 융통성이 없다. 강간이나 살인을 막을 기회가 있지만 다만 물리적으로 가해자를 제지하는 것만이 그 유일한 방법이라면, 비폭력이라는 거룩한 서약을 깨뜨리느니 차라리 스스로 목숨을 끊는 (그리하여 그 사람이 겁탈/살해되게 하는) 길을 택하겠다는 말인가? 지구가 죽는 것을 막을 기회가 있는데 죽이는 행위를 하는 자를 물리적으로 제지하는 것만이 그 방법이라면, 비폭력이라는 거룩한 서약을 저버리느니 차라리 스스로 목숨을 끊음으로써 지구가 죽어가게 내버려두겠다는 말인가?

유감스럽게도 간디는 그렇게 말하는 것으로 보인다. 간디가 비겁함을 폭력보다 나쁜 것으로 인식했던 것은 사실이다(나는 간디가 생각이 흐릿하고 천진난만하며, 후술하듯이 여자를 혐오하는 사람이었다고 해서 나무라기는 하지만, 결코 비겁한 사람이라고 욕하지는 않는다. 그는 돌같이 차갑고 용감한 사람이었다). 그가 한 말에는 이런 것들이 있다. "폭력과 비겁함을 놓고 선택을 해야 한다면 나는 폭력을 권하겠다." "네 마음속에 칼이 있는데 비폭력을 내세우는 것은 위선이고 정직하지 못한 일일 뿐 아니라 비겁한 짓이다." 더욱 정곡을 찌른 말로—간디가 한 말이 모두 이 정도로 위대한 것이었다면 그는 분명코 나의 영웅이었을 것이다—이런 것이 있다. "폭력은 합법적이지 않지만 자기방어나 무방비상태의 사람을 방어하는 경우에는 비겁한 굴종보다 훨씬 나은 용감한 행위다. 비겁한 굴종은 남자에게나 여자에게나 어울리지 않는 짓이다. 사람은 누구나 스스로 이를 결정해야 한다. 그 결정은 다른 사람이 할 수 없고 할 권리도 없다." 그리고 이보다 더 내 마음에 드는 이런 말도 있다. "되풀이 말하지만, 자기 자신이나 가장 가까운 이와 가장 귀한 사람을, 또는 명예를 죽음 앞에서 비폭력적으로 지킬 수 없는 사람은 폭력적으로 억압자에게 맞서도 좋고 마땅히 그렇게 해야 한다. 그 어느 것도 하지 못하는 사람은 짐스러운 존재다. 그는 가장 노릇을 할 수 없는 사람이다. 그는 자신을 숨기거나 평생을 무력한 존재로 살아가면서 약자를 괴롭히는 불량배의 명령에 굴종하는 버러지처럼 살아가는 것으로 만족해야 한다."

그런데 그게 아니다. 뒤이어 나오는 것은 상투적인 비폭력주의 종교다. 바로 다음에 이어지는 것은 이런 말이다. "죽일 수 있는 힘은 자기방어에 필수적이지 않다. 사람은 죽을 수 있는 힘을 가져야 한다. 사람이 완전히 죽을 태세가 되면 폭력을 행사하려는 의욕마저 없어진다. 사실 죽이려는 욕구가 죽고 싶은 욕구와 반비례한다는 것을 자명한 명제로 제시해도 좋을 것 같다. 그리고 역사를 보면 용기와 자비로움을 드러내며 죽음으로써 포악한 적대자의 마음을 바꾸게 한 사람들의 사례를 많이 보게 된다."

약간의 해석을 해보자. 〔문장 1〕 "죽이는 힘은 자기방어에 필수적이지 않다. 사람은 죽을 수 있는 힘을 가져야 한다." 〔문제〕 이 말은 그럴싸하게 들리기는 하지만 말이 되지 않는다. 첫 절은 신념을 표명한 것인데(나는 이게 놀랍게 들리지 않으니 웬일일까?) 논리와 사실의 뒷받침이 없어 타당성을 인정할 수 없는데도 사실을 천명한 것으로 제시되고 있다. 두번째 절의 경우도 마찬가지며, 어쩌면 더하다고 해야 할 것이다. 자기방어의 목적의 하나가 실제로 자신을 방어하는 것이라면 (위해와, 심지어 죽음으로부터 자신을 지키는 것이라면) 자기방어는 죽을 수 있는 힘을 요한다는 말은 우리 모두가 비폭력주의자들로부터 너무도 많이 들어온 바로 그 오웰적 부조리로 통하는 것이기 때문이다. **자기방어는 자기파멸을 허용할 힘을 요한다**라든가 **자유는 예속**, **전쟁은 평화**라는 말 그리고 **무지는 힘**이라는 등의 소리와 잘 어울린다는 말이다. 그의 문장이 시사하는 바는 샤워장으로 걸어 들어갔거나 아인자츠그룹펜(einsatzgruppen, 나치친위대 소속 학살 전담부대-옮긴이) 대원이 자기 목덜미를 사격할 수 있도록 엎드렸던 유태인은 실은 자신의 방어를 위한 행동을 했다는 것이다. 터무니없는 소리다. 다음은 〔문장 2〕 "사람이 완전히 죽을 태세가 되면 폭력을 행사하려는 의욕마저 없어진다." 이것 역시 논리와 사실의 뒷받침이 없어 타당성을 인정할 수 없는데도 사실인 양 제시되고 있다. 나는 완전히 죽을 태세가 되어 값진 희생을 치르면서 목숨을 넘겨준 군인들과 어머니들의 이야기를 수도 없이 많이 읽었다. 〔문장 3〕 "사실 죽이려는 욕구와 죽고 싶은 욕구가 반비례한다는 것을 자명한 명제로 제시해도 될 것 같다." 이것은 실제로 그의 싸구려 말장난에 불과하다. 글 쓰는 사람이면 누구든지, 뭔가를 자명한 것이라고 해놓으면 사람들이 그것을 꼬치꼬치 캐고 들 염려가 적고 설사 그렇게 캐고 들어 제 생각과는 다르다는 생각이 들더라도 좀 바보스런 느낌이 들기 일쑤라는 걸 잘 안다. **그렇게 자명한 걸 모르다니 얼마나 어리석은가?** 죽이고 싶은 욕구와 죽고 싶은 욕구의 관계를 한결 세련되고 정확하게 검토한 사람은 이 책 앞부분에서 소개한 루이스 로드리게스였다. 죽이고자 하는 욕구는 종종 죽고 싶은 욕구에서 솟아난다는 것이다. 지배적 문화—이를 사망주의(thanatocracy)라 부르기도 한다—가 자신과 남을 죽이려는 집단적 욕구를 드러낸다는 것은 확실히 맞는 말이다. 그러나 이 문장의 경우 한결 깊고 섬뜩한 뭔가가 있다. 한번 다시 읽어보자. "사실 죽이고 싶은 욕구와 죽고 싶은 욕구가 반비례한다는 것을 자명한 명제로 제시해도 될 것 같다." 이 말이 맞다고 치자. 이건 복음이다. 독자들도 일찍이 이만큼 진실한 글은 읽은 적이 없을 것이다. 자, 이제 우리 스스로에게 간디는 과연 죽이려는 의욕을 가진 사람이었던가를 물어보자. 답은 아주 분명하다. 절대로 없었다. 그 스스로 여러 번 그렇게 말한 적도 있다. 그렇다면 간디가 욕구했던 바는 무엇이었단 말인가? 그의 말대로라면 그에게는 상응하는 절대적 욕구가 있었으니 그것은 죽고 싶은 마음이었다. 그에게는 사망에 대한 절대적 욕구가 있다. 불현듯 나는 그가 무엇 때문에 비폭력과의 인연을 끊느니 차라리 스스로 목숨을 끊으려는 것인지 알 것 같다. 불현듯 나는 육체에 대한 그의 증오를 알 것 같다(이에 대해서는 곧 후술한다). 불현듯 나는 무엇 때문에 간디가—그리고 그 연장선상에서 그의 가르침을 따르는 수많은 비폭력주의자들이—현실세계의 실제적 물리적 변화에 그렇듯 무관심한지 알 것 같다. 죽음에 대한 소망으로서의 비폭력주의이다. 이렇게 말한다고 해서 나를 탓하지 말기 바란다. 간디 자신의 글을 엄격하게 문자 그대로 해석한 것일 뿐이다. 간디는 죽이지 않으려는 그의 절대적 욕구를 되풀이해서 천명했으며, 여기서도 분명히 "죽이려는 욕구는 죽고 싶은 욕구와 반비례한다"고 밝히고 있다.

그러나 이것조차도 그의 글에서 나를 가장 곤혹스럽게 하는 구절이 아니다. 내가 전율을 느끼면서 깜짝 놀란 것은 〔문장 4〕이다. "그리고 역사를 보면 용기와 자비심을 드러내며 죽음으로써 포악한 적대자의 마음을 바꾸게 한 사람들의 사례를 많이 보게 된다." 간디의 말에 이를 뒷받침해 줄 일말의 증거나마 있었다면 나치는 얼른 행동을 중지했을 것이고, 가정폭력은 멈춰졌을 것이며,[202] 문명인들은 토착민을 죽이지 않았을 것이며, 공업형 농장은 존재하지 않고, 생체해부 실험실은 해체되었을 것이다. 더욱이 간디는 이런 말로 학대자들의 계속되는 횡포를 묘하게 피해자들의 탓으로 돌림으로써 학대자를 편드는 동맹자들의 긴 대열에 가담하고 있다. **참말이지, 내가 제대로 과감하고 자비롭게 죽을 수 있었다면 나는 살인자를 개심시켜 다시는 살인하지 않도록 만들 수 있었을 것을. 모두 내 탓이로소**이다. 터무니없는 소리다. 많은 살인자들은—그리고 거의 모든 착취자들은—피해자가 저항하지 않기를 무척 바란다. 간디의 입장을 뒷받침하지 않는 증거가 압도적이다.

그리고 그의 정치적 입장은 그를 더더욱 우스꽝스런 부조리로 몰고 간다. 제2차 세계대전 때 일본이 미얀마(당시는 버마)를 침략하자, 간디는 일본이 인도를 침략할 경우 일본이 원하는 만큼 얼마든지 가져가게 할 것을 권했다. 그는 인도인들이 일본에게 저항하는 가장 효율적인 방법은 "저들이 환영받지 못한다고 느끼게 하는 것"이라고 말했다.[203] 내가 꾸며낸 말이 아니다. 파격적인 말만 골라서 옮기는 것도 아니다. 간디는 영국인들에게는 나치에게 항복하라고 촉구했고, 체코인과 유태인들에게는 집단자살을 하라고 권했다. 나치의 유태인 대학살의 진상이 충분히 알려진 1946년에 간디는 그의 전기를 쓴 루이스 피셔에게 "유태인들은 학살자들에게 스스로를 내맡겼어야 했다. 그들은 벼랑에서 바다에 뛰어들었어야 했다"고 말했다.[204]

비열하고 정신 나간 소리다. 비폭력주의자들은 이제 당장 물러나야 한다.

간디의 광기는 계속된다. 간디는 이렇게 말했다. "인류는 비폭력을 통해서만 폭력을 극복해야 한다. 증오는 사랑으로만 극복할 수 있다."[205] 이쯤 되면 우리는 간디가 선전술의 달인들처럼 우리에게 무슨 명제를 슬쩍 찔러 넣고 가려는지 눈치 챌 수 있어야 한다. 폭력은 인류가 '극복해야 할' 대상이다. 이를 이룩할 유일한 방법은 비폭력이라는 것이다.

이런 명제들은 신념을 천명한 것이다. 이는 현실세계에서는 전혀 뒷받침되지 않아 지탱할 수 없는 것이며 극도로 해로운 것이다. 예를 들어보자. 한 남자가 여자의 집으로 난입한다. 그가 칼을 꺼낸다. 그는 여자를 겁탈하고 죽이려는 것이다. 여자에게는 총이 있다. 그런데 혹시 그녀가 그 남자에게 비폭력의 아름다움을 훌륭한 본보기로 보여준다면, 혹시 그녀가 용기와 자비심을 보여주면서 죽는다면—아니 그녀가 살인자에게 스스로를 바치거나 벼랑으로부터 바다에 뛰어내린다면—남자의 마음이 달라져 자신의 잘못을 뉘우치면서 회개하여 다시는 성폭행을 저지르지 않게 될까? 아마 그런 일은 없을 것이다. 만일 그녀의 추측이 빗나가면 그녀는 죽는다. 그리고 성폭행

범인의 다음번 희생자도 마찬가지일 것이다.

간디의 말은 학대와 정신병리학의 역학구조에 대한 이해가 거의 전적으로 결여되었음을 드러내고 있다. 그의 말은 학대받는 사람에게 할 수 있는 가장 고약한 소리이자, 가해자의 입장에서는 더없이 듣고 싶어할 소리다. 앞에서 언급했듯이, 학대자들의 가장 든든한 동맹자는 피해자에게 "설사 그가 나쁜 짓을 했더라도 그에게 자비심을 보여야 한다. 그도 사람이라는 걸 잊지 마라"고 말하는 사람이다.[206] 런디 밴크로프트는 이렇게 말했다. "여자에게 학대로부터 해방될 그녀의 권리에 앞서 남자에게 자비를 베풀 필요가 있다고 말하는 것은 학대자의 시각에 부합하는 것이다. 나는 피학대여성의 친지들이 여자에게 그 남자가 **속마음은 정말 좋은 사람**이라고—다시 말해 그녀에게 필요한 것보다 남자에게 필요한 것에 초점을 맞춰야 한다고—설득하는 것이 자기들의 책임이라고 생각하는 그릇된 경향이 있음을 자주 발견했다."[207] 내가 강조하고 싶은 것은 밴크로프트의 말대로라면 간디의 관점이 '학대자의 관점과 부합한다'는 것이다.

나는 비폭력주의자들로부터 자주 이런 말을 듣고 있다. "네가 경영자를 볼 때 실은 너 자신을 보고 있는 것이다. 그는 너의 일부요 너는 그의 일부다. 그의 마음을 움직이려면 마음속으로 그를 인정하고 마음속에 연민의 정을 지니고 그에게 다가가야 한다." 이렇게 말하는 비폭력주의자들 가운데는 "개벌(皆伐)현장을 바라볼 때 네가 보는 것은 너 자신이다. 너는 그 일부이고 그것은 너의 일부다. 그것을 도와줄 생각이라면 마음속으로 그 개벌상태를 인식하고 마음속에 연민의 정을 지니고 그것에 다가가야 한다"고 말한 사람은 단 한 명도 없었다. 참치나 강물이나 산허리의 경우에도 마찬가지다. 비폭력주의자들이 나한테 살인자를 볼 때 나 자신을 보듯 하라고 하면서도 피해자를 볼 때 나 자신을 보듯 하라고 말하지 않는다는 것은 주목할 일이다. 그들은 내게 피해자 아닌 살인자와 일체감을 가지라고 말한다. 이건 우연한 일이 아니며, 그런 말을 통해 그들이 누구와 일체감을 갖고 싶어하고, 누구와 일체감을 갖기 싫어하는지 (누구를 두려워하는지) 알 수 있다.

정신질환자들에 관한 한, 간디는 '남의 감정에 대해 냉담한 무관심'이라는 이들의 첫번째 특징을 간과하고 있다. 더구나 그는 마음을 움직일 수 없는 사람이 있다는 것을 이해하지 못한다. 그는 히틀러에게 달라지라고 촉구하는 편지를 썼는데, 히틀러가 그의 말을 듣지 않자 분명히 놀랐던 것 같다.

그의 진술은 또한 잔혹행위에서 권리주장이 어떤 역할을 하는지를 간과하고 있다. 나는 찰스 후르비츠를 얼마든지 사랑할 수 있고 비폭력적으로 그에게 편지를 쓰고 비폭력적으로 숲에 가서 앉아 있을 수도 있지만, 그가 은행돈을 불리기 위해 숲을 파괴할 권리가 있다고 생각하는 한, 그리고 국가가 온 권력으로 그를 밀어주는 한, 이 사회구조 안에서는 어떤 비폭력적 노력으로도 그를 조금도 달라지게 할 수 없다. 그리고 더 중요한 것은 그런 것들이 숲에 도움이 되지도 않는다는 것이다. 마찬가지로 남자가 여자를 지배할 권리가 있다고 생각하는 한, 그를 사랑해 봐야 달라지게 할 수 없고 그것이 여자에게 도움이 되지도 않는다.

간디의 말에서 또 문제가 되는 것은 그가 한편으로는 사랑과 비폭력을, 다른 한편으로는 증오와 폭력을 제멋대로 결부시키고 있다는 점이다.

다만 마지막 문장은 몇 가지 중요한 수정을 가할 경우 진실성을 지닐 수 있는 면이 있다. "증오는 사랑으로만 극복할 수 있다"는 말 대신 우리는 "누군가가 나를 증오할 경우 내가 할 수 있는 가장 적절하고 가장 강력한 최선의 반응은 자기애(自己愛)에서 나온다"고 말할 수 있다. 나는 이 표현이 훨씬 마음에 든다. 그것이 훨씬 더 정확하고, 지적으로 진솔하며, 유용성이 있고, 융통성이 있어서, 다양한 여러 상황에 적용될 수 있을 것이다. 그런데 바로 여기에 핵심 문제가 있다. 이 문화는 우리들 모두에게 스스로를 미워하라고 (그리고 우리를 증오하는 억압자들과도 일체가 되어 그 증오를 사랑이라고 부르라고) 가르치고 있는 것이다.

◎ ◎ ◎

여기서 비폭력주의자들이 자주 들먹이는 간디의 다음번 말이 나온다. "나는 실의에 빠졌을 때면 역사를 일관하여 진리와 사랑의 추구가 언제나 승리해 왔다는 것을 생각한다. 폭군과 살인자들이 나와서 한동안은 걷잡을 수 없이 설치지만 결국 그들은 꺾이고 만다—항상 이것을 명심하라."[208)]

어떤 사람의 작품이나 행적을 다른 사람들 모두가 존경하는 것으로 보이니, 나도 존경해야겠다고 생각하는 일이 일어나게 되는 걸 아는가? 그리고 적어도 이들 가운데 일부는 그들에 관해 새로운 것을 알게 될 때마다 존경심이 서서히 사라져 버리는 걸 아는가? 그리고 종종 사람들이 모두 그 사람이 위대하다고 하는데도 나는 납득이 안 가니 혹시 내가 미쳤거나 나쁜 사람이거나 뭔가를 잘 모르는 게 아닌가 싶어지는 일이 있다는 걸 아는가? 그리고 그 사람을 존경해 보려고 애쓰지만 새로운 사실이 계속 드러나면서 마침내 존경할 수 없게 되는 일이 있다는 걸 아는가? 간디에 대한 나의 입장이 바로 그런 것이었다. 여기서 언급한 그에 대한 몇몇 비평을 접하면서 나의 존경심은 많이 사라졌다. 그가 서방의술에 반대하여 아내의 목숨이 위험에 처했는데도 피하주사 바늘을 통해 약이 주입된다는 이유로 페니실린 투여를 원치 않았다는 사실을 알게 되면서 내 존경심은 더욱 줄어들었다. 그러면서도 그 자신의 경우에는 키니네를 복용하기도 하고, 충수절제 수술을 받기도 했다. 그는 아들 하릴랄이 결혼상대로 정한 여자를 퇴박하면서 그 아들(나중에 알코올 중독에 빠졌다)과의 연을 끊을 정도로 자식들에 대해 독단적이었다는 사실을 알게 되면서 내 존경은 더욱 줄어들었다. 그는 다른 아들 마닐랄이 하릴랄에게 돈을 꿔줬다는 사실을 알고는 그 아들하고도 연을 끊었다. 마닐랄이 유부녀와 정을 통하자 공공연히 나서서 그 여자의 삭발을 요구했다. 간디의 육체에 대한 혐오(그러나 순결에 대한 그의 집착, 인간적 감정의 혐오, 죽음의 소망 등에 비추어 이는 놀랄 것도 없는 일이었다)와 결혼생활의 마지막 38년 동안 아내와의 섹스를 거절했다는 사실(실제로 그는 사람은 일생 동안 섹스는 서너 번으로 그쳐야 한다는 생각이었다)을 알고는 내 존경심은 또 줄어들었다. 그가 몽정을 하고는 얼마나 심란해했던가를 알게 되고는 다시 내 존경심은 타격을 받았다. 그에 대한 존경심이 더더욱 깎이게 된 것은 그가 금욕에 대한 결심을 테스트하기 위해 젊은 미녀를 밤새 알몸으로 그의 곁에 누워 있게 했다는 걸 알게 되고서였다. 분명히 그의 아내—그는 그녀가 '양순한 소'와도 같다고 했다—는 충분한 테스트 감이 될 만큼 탐스럽지 않았던 모양이다.[209] 이런 모든 것들은 간디를 공경하는 마음이 죽어버리게만 했다(착한 사람들이 정말 엉뚱한 충고를 하듯이 비열한 인간이면서도 좋은 말을 하는 수도 있다는 것을 인정하기는 하지만). 그러나 마지막으로 그에 대한 존경심을 걷어들이게 한 것은 이 말이었다. "나는 실의에 빠졌을 때면 역사를 일관하여 진리와 사랑의 추구가 언제나 승리해 왔다는 것을 생각한다. 폭군과 살인자들이 나와서 한동안은 걷잡을 수 없이 설치지만 결국 그들은 꺾이고 만다—항상 이것을 명심하라." 이 말은 그가 자기 아내와 아들들을 대할 때만큼이나 거만한 말이다. 이는 그가 테스트 감으로 이용했던 젊은 여자들을 대했을 때만큼이나 동떨어진 소리다. 유태인들, 체코인들, 영국인들에 대한 충고만큼이나 거짓된 것이다. 지난 6천 년 동안 지구는 온통 잔인한 파괴력을 가진 괴물에게 시달려왔다. 수없이 많은 문화가 말살되었다. 생명의 종들은 시시각각 사라지고 있다. 나는 그가 말하는 지구가 어떤 것이고, 그가 말하는 역사가 어떤 것인지 알 수 없다. 우리의 지구와 역사는 아니다. 비폭력주의자들이 부단히 들먹이는 구호인 이 말은 그릇된 것이다. 그건 거만한 소리다. 그것은 문자 그대로 본질적인 광기를 드러내는 말, 다시 말해 현실세계와는 동떨어진 말이다.[210]

게다가 설사 그것이 정확한 말일지라도—만물은 종국적으로 끝장난다는 우주적 의미에서가 아닌 한, 전혀 정확성이 없다—그것은 무의미한 말이다. 그래서 마침내 폭군이 쓰러지면 어떻게 되지? 그동안에 당한 화는 어떻게 하고? 이는 마치 강간범은 결국 죽게 마련이니 지금 그를 제지할 필요가 없다고 말하는 것과도 같다.

책임

행동은 생각에서 나오는 것이 아니라 책임을 지려는 마음가짐에서 나온다.

디트리히 본회퍼, 레지스탕스 활동으로 나치에 의해 피살

책임진다는 것은 무엇을 의미하는가? 어떻게 책임을 질 것인가?

'책임'이란 말의 의미를 살펴보는 게 도움이 될 것이다. 사전을 보면 '책임 있는'(responsible)이란 단어의 정의로 "자신의 행동 또는 의무를 보증할 수 있는; 스스로 옳고 그른 것을 선택을 할 수 있는"이라는 설명이 나온다.[211]

여기서 "스스로 옳고 그른 것을 선택"한다는 설명을 주목하기 바란다. 간디는 우리를 위해 선택해 주지 않는다. 경찰관도 우리를 위해 선택해 주지 않는다. 로비스트나 법을 만드는 정치인들도 우리를 위해 선택해 주지 않는다. 문명 허물기에 관한 글을 쓰는 사람도 우리를 위해 선택해 주지 않는다. 나를 위해서는 내가 선택한다. 당신을 위해서는 당신이 선택한다. 그것은 장엄하고도 즐거우며 종종 겁나기도 한 일이다. 그렇지만 그게 인생이다.

어원을 살펴보면 responsible은 "아무에게 무언가에 대해 대답하다"라는 뜻으로 프랑스어 responsable, 라틴어 responsus 즉 respondere(대답하다)의 과거분사에서 기원한 것이다. 여기서 라틴어 respondere는 re(back)+spondere(서약하다)의 합성어로서 "대답하다, 도로 약속하다"의 뜻이다. 현재의 철자와 발음은 1600년경부터 내려온 것이다.[212]

책임을 진다는 것은 상응하는 약속을 하는 것이다. 문제는 누구에게 약속하는가, 그리고 무엇에 상응해서 약속하는가이다. 이 질문은 우리가 이 책에서 살펴온 모든 것의 핵심이다. 어떻게 보면 이것이 모든 것을 묶어주는 실이다. 한 잔의 물을 둘러싼 도덕논쟁에서부터, 문명인의 종교와 땅에 기초한 종교의 차이, 자신이 짐승이라는 걸 망각하고 문명이 종말을 고할 때 스스로 목숨을 끊기 위해 총을 구입한 우체국직원과의 대화, 누구 또는 무엇과 가장 긴밀한 일체감을 느끼는가 하는 문제, 학대적 사회의 역학구조에서는 모든 것이 학대자에게 유리하게 되어 있다는 인식, 약탈자가 자기 육신을 유지하는 대가로 먹잇감에게 하는 약속에 이르기까지 모든 것을 묶어주는 실이다.

몇 가지 질문을 해보자.

누가 나를 먹여 살리는가?

내 생명의 원천은 무엇인가?

내 생명은 누구에게 신세지고 있는가?

우리가 먹는 음식이 식품점(그리고 물은 수도)으로부터, 경제체제로부터, 우리가 문명이라 일컫는 사회제도로부터 오는 것이라면, 이런 것들에게 생명으로 보답할 것을 약속할 것이다. 만약 이 사회제도를 생명의 원천으로 경험한다면, 우리는 이 사회제도에 대해서 책임을 져야 한다. 우리는 죽을 때까지 이를 지킬 것이다.

우리가 먹는 음식과 물이 토지기반으로부터, 보다 광범하게 말해서 살아 있는 지구로부터 오는 것이라면, 우리는 이 먹을거리에 대한 대가로 토지기반에게 약속을 하고 그 약속을 지킬 것이다. 우리는 근본적인 약탈자-먹잇감관계를 존중하여 이에 참여하게 된다. 나는 나에게 먹을 것과 물을 주는 공동체에 대해 책임을 진다. 나는 이 공동체를 죽는 날까지 지킬 것이다.

우리가 문화적으로 몸담고 있는 사회제도가 모든 생명이 의지하는 토지기반을 파괴한다면, 우리가 누구에게 책임을 지는가—누구에게 약속을 하고 그 약속을 지키는가—하는 문제로 세상은 크게 달라진다.

◎ ◎ ◎

몇 가지 질문이 더 있다. 누가 나에게 책임지라고 요구할 것인가? 나는 누가 그 같은 책임을 추궁해 주기 바라는가?

나는 단어 하나하나를 쓸 때마다—특히 겁나는 이야기를 쓸 때—이 문제를 생각한다. 그리고 내가 날마다 얻은 답은 이런 것이다. 나는 연어를 위해, 나무들을 위해, 발 밑의 흙을 위해서 글을 쓴다. 나는 벌들을 위해, 개구리들을 위해, 도롱뇽들을 위해서 글을 쓴다. 나는 박쥐와 올빼미들을 위해, 상어와 회색곰들을 위해서 글을 쓴다. 내가 알고 있는 진실을 말하기를 꺼려하는 나 자신과 마주칠 때—그 진실이 너무 무섭고 위협적이라고 여겨질 때—나는 그들에게 바로 내 생명을 신세지고 있다는 생각을 한다. 나는 그들을 실망시키지 않을 것이며, 그럴 수도 없을 것이다.

그리고 나는 스스로를 후세사람들, 우리 대가 남겨놓고 갈 잔해를 물려받을 사람들에게 응답하며 책임져야 할 존재라고 생각한다. 거짓말을 하고 싶을 때, 끔찍한 일을 외면하고 싶고 우리가 이룩하거나 파괴해야 할 엄청난 일들을 과소평가하고 싶을 때, 피상적이고 애매한 대답을 하고 싶은 생각이 들 때면, 백년 후에 사람들 앞에 서게 될 내 모습, 내가 한 일과 하지 않은 일에 대해 그들에게 답변하는 내 모습을 그려본다. 나는 그들도 실망시키지 않을 것이며, 실망시킬 수도 없을 것이다.

가끔 나는 나 자신에게 거짓말을 한다. 아마 당신에게도 거짓말을 할 수 있다. 그러나 그들에게는—내가 책임져야 할 모든 것들에게는—결코 거짓말을 할 수 없다. 그들에게, 그리고 그들을 위해 나의 가장 깊고 명철한 진실을 전할 것이다.

비폭력주의(2)

인간자유의 발전역사는 당당한 주장으로 얻어낸 양보가 모두 열렬한 투쟁에서 태어난 것임을 보여준다. 그 투쟁은 흥분을 자아내고 선동적이고 흥미진진하면서도 우선은 다른 모든 소란을 잠재우는 과정이었다. 투쟁이 없으면 발전도 없다. 자유를 표방하면서도 선동을 경시하는 사람은, 땅을 갈지 않고 수확을 바라거나 천둥과 번개 없는 비를 바라는 사람과도 같다. 그들은 어마어마한 물의 무서운 표효 없는 바다를 원하는 사람들이다.

이 투쟁은 정신적인 것일 수도 있고, 육체적인 것일 수도 있으며, 정신적·육체적인 것일 수도 있지만, 아무튼 투쟁이어야만 한다. 요구가 없으면 권력은 아무런 양보도 하지 않는다. 그런 예가 없었고 앞으로도 결코 없을 것이다. 사람들이 무엇에 말없이 굴복하는지를 알아내면, 그들에게 강요되는 불의와 부정을 저지할 정확한 방법을 알아낼 수 있다. 폭군들의 한계를 정하는 것은 억압받는 사람들의 참을성이다. 이런 생각에 비추어볼 때 흑인들이 극악무도한 횡포에 굴복하여 정신적·신체적으로 아무런 저항도 하지 않는다면, 북쪽에서는 사냥감이 되고 남쪽에서는 붙잡혀 매질을 당할 것이다. 사람은 이 세상에서 치른 대가를 모두 못 받을 수도 있지만 얻은 것에 대해서는 틀림없이 대가를 치러야 한다. 우리에게 가해지는 억압과 횡포로부터 풀려나려면 대가를 치러야 한다. 우리는 노동, 고통, 희생 그리고 필요하다면 우리와 남들의 목숨으로써 이를 해내야 한다.

프레더릭 더글러스[213)]

나는 수많은 비폭력주의자들로부터 폭력은 폭력을 낳을 뿐이라는 소리를 들어왔다. 명백히 이것은 사실이 아니다. 폭력은 여러 가지를 낳을 수 있다. 주인이 노예를 매질할 때처럼, 폭력은 굴종을 낳을 수 있다. (어떤 노예들은 궁극적으로는 반항하게 되는데 그렇게 되면 더 큰 폭력을 낳게 된다. 그러나 어떤 노예들은 죽을 때까지 굴종한다. 그리고 또 어떤 노예들은 굴종을 덕목으로 삼는 종교나 영성(靈性)을 만들어내기도 한다. 어떤 사람들은 글을 쓰며 또 어떤 사람들은 가장 불리한 평화일지라도 가장 정당한 전쟁보다는 낫다는 소리를 되풀이한다. 어떤 사람들은 억압자들을 사랑해야 할 필요성을 이야기한다. 그리고 양순한 사람들이 지구에 남겨져 있는 것을 물려받게 될 것이라고 말하는 사람들도 있다.) 남의 것을 훔치는 도둑이나 자본가[214]의 경우처럼, 폭력은 물질적 부를 낳을 수도 있다. 남을 공격했다가 반격을 당하는 경우처럼, 폭력은 폭력을 낳을 수 있다. 끝까지 싸우거나 가해자를 죽이는 경우처럼, 폭력은 폭력을 끝장낼 수도 있다(성폭행범을 죽이는 여자가 폭력을 더 조장한다고 말하는 것은 실로 터무니없는 모욕이다).

다시 간디로 돌아가 보자. "우리는 우리가 보고자 열망하는 그 변화이어야 한다." 더없이 무의미한 이 말은 독단적 비폭력주의자들의 마술적 사고와 나르시시즘의 발로다. 나는 원하는 만큼 나 자신을 바꿀 수 있지만, 댐이 그대로 있으면 연어들은 여전히 죽어간다. 지구 온난화가 가속화되면 새들은 계속 굶어죽게 된다. 공장형 트롤어선이 어로를 계속하면 바다는 계속 신음하게 된다. 공장형 농장에 의한 환경오염이 지속되면 죽음의 지대는 계속 늘어날 것이다. 생체해부 실험실을 그대로 두면 동물들의 고문은 계속될 것이다.

나는 정서적으로 건강해지려고, 내 어린 시절과 학교에서 받은 교육을 이 문화로부터 구제하려고 열심히 노력해 왔다. 나는 정말 착한 인간이다. 그렇지만 연어들에게 도움이 되려고 그런 정서적 노력을 하는 것은 아니다. 나는 나 자신과 내 주변사람들의 삶을 향상시키기 위해 노력을 하고 있는 것이다. 나의 정서적 건강은 연어를 죽이는 댐을 해체하는 쪽으로 나를 이끈다는 사실말고는 연어에게 아무 도움이 되지 않는다. 이를 인식하는 데는 아무 어려움이 없다.

다음. 착취자들에게 폭력을 행사하면 나도 그들과 같은 사람이 된다고 한다. 다시 말하지만, 이 상투적인 말은 현실세계와는 무관한 얼빠진 소리다. 이것은 모든 폭력은 똑같다는 그릇된 생각에서 나온 말이다.[215] 성폭행범을 죽임으로써 여자가 범인과 같은 사람이 되었다고 말하는 것은 역겹다. 테쿰세가 반격에 나섬으로써 그들의 땅을 앗아간 자들과 같은 사람이 되었다는 말도 역겹다. 아우슈비츠/비르케나우, 트레블링카, 소비보르에서 자신들을 몰살하려는 자들에 맞선 유태인들은 나치와 다를 바 없는 사람이라는 말도 역겹다. 동물원에서 사람을 죽인 호랑이가 그를 잡아온 사람들과 똑같아졌다고 말하는 것도 역겹다.

이와 연관된 생각은 폭력행위를 하면 내 영혼이 망가진다는 것이다. 2년 전에 나는 독단적 비폭력주의자와 연단에 나란히 앉게 된 적이 있다. 그가 "다른 사람을 해치면 나 자신의 중심이 돌이킬 수 없는 상처를 받게 됩니다"라고 말했다.

테쿰세는 그 말에 찬성하지 않을 거라고 나는 생각했다. "그걸 어떻게 압니까?" 하고 내가 물었다.

그가 고개를 흔들며 말했다. "무슨 질문인지 모르겠는데요."

"폭력이 내 중심에 돌이킬 수 없는 상처를 준다는 걸 어떻게 아느냐 말입니다."

그는 마치 내가 중력이 있다는 걸 어떻게 아느냐고 묻기라도 했다는 듯이 나를 바라보았다.

"사람을 죽여본 적이 있습니까?" 하고 내가 물었다.

"물론 없지요."

"그러니까 직접 경험을 통해서 알게 된 건 아니군요. 당신 친구들 중에 누군가를 죽인 사람이 있습니까?"

"물론 없습니다." 그의 얼굴에 혐오감이 역력했다.

"누군가를 죽인 사람하고 이야기라도 해본 적이 있습니까?"

"없어요."

"그러니까 당신의 말은 직접 경험하거나 알 만한 사람과의 대화에 의해 뒷받침되지 않는 하나의 신조를 표명한 거로군요."

"자명한 거니까요." 그가 말했다.

수사적 간교를 잘 부리는구나, 생각하면서 나는 이렇게 말했다. "내게는 사람을 죽이고 감옥에 가 있는 친구들이 있고, 아는 사람들 중에도 같은 행위를 한 사람이 여럿 있습니다. 나는 수많은 비폭력주의자들로부터 이런 주장을 들은 바 있기에 이들에게 살인을 해보니 사람이 달라지더냐고 물었습니다."

그는 나를 바라보지 않았다. 물론 그 사람들의 대답이 뭐였는지 묻지도 않았다.

어쨌거나 나는 이야기를 했다. "그들의 대답은 그들의 처지만큼이나 다양했습니다. 당신 말처럼 참담한 상태에 있는 사람도 몇 명 있었어요. 그러나 대다수는 근본적으로 달라진 게 없다고 했습니다. 그들은 이전과 똑같은 상태였어요. 한 사람은 누군가의 목숨을 빼앗는 일이 그처럼 쉽다는 사실이 놀라웠다면서, 자기도 그렇게 쉽게 살해될 수 있겠구나 하는 생각이 들더라고 했습니다. 사람을 죽이는 행위가 자기를 크게 놀라게 했다고도 말했어요. 또 한 사람은 그런 행위를 하면서 자기에게 엄청난 힘이 있구나 하는 생각이 들어 정말 기분이 좋았다고 했습니다. 그런가 하면 처음에는 힘들었는데, 금방 그 다음부터는 죽이기가 쉬워지더라는 사람도 있었어요."

그 비폭력주의자는 토할 듯한 표정이었다.

나는 생각했다. 이 사람아, 이게 바로 현실이야. 현실은 그 어떤 도그마보다도 훨씬 복잡한 거야. 그게 추상적 원리가 가진 한 가지 문제라네. 즉 원리란 언제나 실상보다 작고 단순해서 삶을 추상적 원리에 맞추는 유일한 방법은 삶의 상당한 부분을 떼어내 버리는 거야. 내가 말을 이었다. "몇몇 사람은 누구를 죽였는가에 따라 대답이 달라진다고 했습니다. 그들은 어떤 살인은 후회를 하지만 또 어떤 살인은, 설사 감옥에서 내보내준대도 잘못을 인정할 수 없다고 말했습니다. 한 예로, 어떤 수감자는 성폭행범이 자랑삼아 자기 이야기를 하는 걸 듣고 그에게 체스게임을 하자고 자기 감방으로 불러 목 졸라 죽였답니다. 그 순간 살인이 옳은 일이라는 생각이 들었다고 말한 그는 출감할 때까지 남은 15년 동안 계속 그렇게 생각할 거라고 말했어요. 그리고 또 한 사람은 자기 평생 가장 자랑스럽게 여기는 건 세 사람을 죽인 일이라고 했어요."

그 비폭력주의자가 고개를 저었다. "정말 역겹네요."

내가 대답했다. "내 이야기를 들어보세요. 그는 멕시코인 대가족 출신의 떠돌이 농장노동자였습니다. 나이는 열다섯 살이고요. 어느 날 그는 밭으로 가지 않고 읍으로 나갔습니다. 그날 남자 셋이 자기 아버지를 살해했어요. 곧 가족회의가 열렸는데, 그는 어른들의 이야기를 가로막으면서 가족의 전통을 어겼습니다. 자기가 제일 젊고 유일하게 부양할 식구도 없는 몸이니 아버지의 원수를 갚겠다고 고집했습니다. 그로부터 몇 년 동안 그는 열심히 일해서 나중에 어머니를 부양해 줄 사업을 일으켰지요. 그리고 때가 되자 아버지를 죽인 세 사내들을 죽인 겁니다. 이튿날 그는 경찰서로 가서 자수했어요. 지금 종신형을 살고 있습지요."

"그 사람은 일처리를 법에 맡겼어야지요."

"나는 그를 나무랄 수 없어요. 그들은 인간이었으니까요." 나는 잠시 뜸을 들이고 나서 이야기를 계속했다. "그리고 인간이기 때문에 사람을 죽인 또 다른 사람들도 알고 있어요. 학대자를 살해한 여자들도 알고 있어요. 그들은 후회하지 않았습니다. 한 사람도 후회하지 않아요. 전혀요."

"그런 말을 한다고, 흔들릴 내가 아닙니다. 그 사람들도 일처리를 법에 맡겼어야지요."

"법률이라, 법률 좋아하시네. 또 하나 이야기하지요. 어떤 여자가 어머니의 남자친구를 살해했는데, 그 남자는 여러 해 동안 어머니를 매질하다가 끝내는 죽였답니다. 그런데 정말, 정말 놀라운 일은 검찰이 그를 살인자로 기소하지 않은 것입니다. 이건 여자들이 무시당하기 때문이라고 생각합니다.

그래서 그 여자는 검사 사무실에 가서 농성을 벌였어요. 사흘 동안 거듭거듭 '이 사건을 살인사건으로 다뤄라'고 요구했지요. 그러자 검사는 그 여자를 침입죄로 구속했습니다. 제도를 통해 뜻을 이루지 못한 그녀는 총을 구입하여 그 남자를 추적한 끝에 쏴죽였어요. 그녀가 농성데모를 했기 때문에 변호사들은 일시적 정신이상이라는 주장을 펼 수 있었지요. 그녀는 2년형을 살았는데 복역해 있는 동안 단 하루도 후회하지 않았습니다."[216]

당신과 당신이 사랑하는 사람들을 착취하는 자들에게 대들면 당신 영혼만 망가질 뿐이라고 말하는 비폭력주의자들은 본말을 전도하고 있다. 맞대응해서 싸워야 할 때 그렇게 하지 않는 것은, 싸우지 말아야 할 때 싸우는 것과 마찬가지로 해악이고 그릇된 것이다. 사실 경우에 따라 더 해로운 일일 수도 있다. 문명인들의 도둑질로부터 자신의 땅뿐만 아니라 자신의 존엄을 지키기 위해 싸우고 죽이고 죽는—그리고 싸웠고 죽였고 죽은—이야기를 한 인디언들도 이 점을 알고 있었다. 사파타도 알고 있었다. 나치에 맞서 싸운 유태인들도 그랬다. 아우슈비츠/비르케나우에서 도살자들에 맞서 일어섰던 사람들, 나치 친위대원 70명을 죽이고 화장장 한 곳을 파괴하고 다른 한 군데에 큰 피해를 입힌 사람들 가운데 집단수용소에서 살아남은 브루노 베텔하임[217]이라는 사람이 있었는데 그는 이렇게 쓰고 있다. "그들은 모든 인간이 마땅히 해야 할 바를 했을 뿐이다. 목숨을 부지할 수 없는 바에야 그 목숨을 바쳐서 있는 힘껏 적의 힘을 빼거나 그들을 방해하고, 도살행위를 어렵게 하거나 어쩌면 불가능하게 만들기도 하고, 원활한 진행에 차질이 생기게… 한 것이다. …그들이 할 수 있는 일이라면 다른 사람들도 할 수 있었다. 그런데 왜 그렇게 하지 못했을까? 어째서 적을 어려운 곤경에 빠트리지 않고 그저 목숨을 내던졌을까? 어째서 자신의 목숨을 가족과 친지들, 나아가 함께 수용된 동료들을 위해 바치지 않고 바로 나치 친위대에게 그대로 내주었을까?"[218] 그리고 베텔하임은 특히 안네 프랑크 가족들에 대해서도 썼다. "넉넉히 지낼 수 있었던 프랑크 가족이 마음만 먹었다면 총 한두 자루는 장만할 수 있었으리라는 데 의문의 여지가 없다. 그들은 찾아오는 나치 친위대원들 한두 명쯤 총으로 처치할 수 있었을 것이다. 나치 친위대는 인원이 넉넉지 못했다. 유태인이 잡혀갈 때마다 나치 친위대원을 한 명씩 처치했다면 경찰국가의 기능은 눈에 띄게 차질이 빚어졌을 것이다."[219] 베텔하임은—그리고 이 점에서는 여러 사람이 그와 견해를 같이한다—그와 같은 행동이 유태인 몰살과정을 지체시킬 공산이 매우 높았다고 분명하게 말했다. 워드 처칠도 이에 공명한다. "1943년 소비보르와 트레블링카에서 일어난 유사한 반란이 몇 달 후 아우슈비츠/비르케나우에서 일어난 반란보다 더 효율적이었다는 사실에 주목해야 한다. 소비보르는 완전히 문을 닫아야 했는데, 그것은 베텔하임의 주장에 힘을 실어주는 사실이다."[220]

베텔하임은 TV에 매달려 세상의 종말을 기다리는 우리에게 했을 법한 말투로 이렇게 말한다. "유태인 박해가 서서히 강도를 더해 간 것은 폭력적 반격이 없었기 때문이다. 유태인들이 보복적 투쟁을 전연 하지 않고, 갈수록 가혹해지는 차별대우를 받아들였던 것이, 나치로 하여금 유태인을 제 발로 가스실로 걸어 들어가도록 밀어붙일 수 있겠다는 생각을 갖게 만들었을지도 모를 일이다. 사태가 예사롭지 않다고 생각했던 유태인들은 대부분 제2차 대전에서 살아남았다. 소비에트 체제를 불신하는 사람들이 많았지만, 이 사람들은 독일인들이 밀려오자 모든 것을 남겨두고 러시아로 도주했다. 그대로 머물면서 평소와 다름없이 지내던 사람들은 자멸의 길을 가다가 죽었다. 그러므로 가장 깊은 의미에서, 가스실로 걸어 들어간 행위는 사태를 평상적으로 보는 사고방식이 가져온 궁극적인 결과였을 뿐이다."[221]

또 베텔하임은 똑같이 적용될 수 있는 말로 이렇게 쓰고 있다. "반란을 일으키면 어차피 잃게 될 그들의 목숨이나 남들의 목숨도 구할 수 있었을 것이다.[222] 수백만을 헤아리는 유태인들을 나치가 만들어놓은 강제거주지로 이끌고 간 것은 무력증이었다. 수십만 명의 유태인들을 집에 가만히 앉아서 사형집행자가 오기를 기다리게 만든 것도 무력증이었다."[223]

워드 처칠은 베텔하임이 말하는 이 무력증을 다음과 같이 요약한다. "〔베텔하임은〕 대량살육에 직면하여 유태인들이 보인 무저항의 뿌리는 규칙을 따르며 '평상시처럼' 지내고자 하는 뿌리 깊은 욕구 그리고 현실을 인정하지 않거나 이에 대처하지 않으려는 욕구에 있는 것으로 간주하고 있다. 유태인들이 '이성적이고 책임 있는' 태도를 유지하고, 나치가 뉘른베르크 법 등 악명 높은 법령들을 통해 금지한 '정상적' 일상활동을 계속함으로써 겸손하게 저항하되 '아무도 멀리하지 않는다'는 불합리한 신념으로 나타난 이 같은 태도는 유태인들의 비폭력주의가 나치에게 얼마쯤 인도적인 유태인 정책을 도의적으로 강요하게 되리라는 의미를 함축하고 있었다."[224)]

베텔하임은 "우리 모두가 이 '평상적' 사고방식에 동의하고 싶어하며, 그것이 자멸의 길을 재촉한다는 사실을 망각하고 있다"면서 우리에게는 "가스실을 잊고 심지어 대학살의 와중에도 평상시처럼 살아가는 태도를 미화하려는 소망이 있다"고 말한다.[225)]

그러나 기억할 것은, 바르샤바의 강제거주 지역에서 일어난 폭동에 가담한 유태인들과 심지어 자살행위라고 생각하면서도 가담했던 사람들이 싸우지 않은 사람들보다 생존율이 높았다는 사실이다. 반드시 기억해야 할 일이다.

"되받아 싸우면 우리도 그들처럼 될 위험이 있다"고 말할 것이 아니라 "싸우지 않으면 우리는 그저 노예처럼 행동할 뿐 아니라 정말 노예가 될 위험이 있다. 싸우지 않으면 우리의 영혼과 체면을 망칠 위험이 있다. 싸우지 않으면 세계를 멸망시키는 자들을 더 빨리 움직이게 할 위험이 있다"고 말해야 한다.

인간이 된다는 의미

우리 모두가 책임을 나누어 져야 한다. …이 무분별한 살육을 저지하기 위해 행동하지 않는다면, 쓰러져 간 사람들의 처자식을 결코 똑바로 쳐다볼 수 없을 것이다.

클라우스 폰 슈타우펜베르크 백작, 레지스탕스에 가담 후 나치에 의해 피살[226)]

나는 앞에서 문제를 과소평가했다는 생각이 든다. 세상이 죽임을 당하고 있다. 반격에 나서지 않으면, 우리의 영혼과 체면을 망칠 위험이 있고 세계를 멸망시키는 자들이 더 빨리 움직일 위험이 있다는 말은 맞지 않다. 모든 핑곗거리가 바닥난 지 오랜 이 시점에서는, 우리가 반격에 나서지 않으면 우리의 영혼과 체면을 망치며, 설상가상으로 세계를 멸망시키는 자들을 더 빨리 움직이게 만든다.[227] 위험에 그치는 것이 아니다.

◎ ◎ ◎

내가 좌담회를 한다. 좌담이 끝난 후 우리 네 사람—나와 세 여자—은 요기를 하러 간다. 우리는 어두운 피자가게—밤늦은 시간인데도 문을 연 몇 안 되는 가게 중 하나—에 가서 앉는다. 나는 중서부지방의 피자가격이 캘리포니아보다 엄청 싼 데 놀란다.

음식을 기다리는 동안 우리는 물을 마시며 이야기를 나눈다. 대화가 뜸해지고, 긴 침묵이 이어진다. 한 여자가 생각에 잠겨 있어 모두가 그녀의 생각을 방해하고 싶지 않기 때문이다. 마침내 그녀가 입을 연다. "대학 다닐 때 붉은털원숭이를 생체 해부하는 교수를 알고 지냈어요. 그는 유태인이었는데, 그의 가족은 1930년대에 나치독일에서 미국으로 탈주해 왔어요. 1960년대 내내 그는 열렬한 민권 지지자였고 갖가지 인도주의 사업에 참여했답니다. 그 사람은 대학에서도 크게 성공해서 존경받는 연구원이 되었어요. 그런 그가 연구과정에서 원숭이들에게 끔찍한 짓을 한 거예요. 그가 나에게 이렇게 말했던 걸 기억합니다. '나와는 무서운 원수지간인 어떤 사람이 나를 원숭이들의 멘겔레 박사(아우슈비츠 수용소에서 잔인한 생체실험을 했던 의사-옮긴이)라고 욕한 적이 있소. 어떻게 내게 그처럼 지독한 소리를 할 수 있지요?' 그 말보다도 더 강하게 내 기억에 남은 것은 도저히 믿을 수 없다는 그의 표정이었어요. 그는 자기 '원수'가 무슨 말을 하는지 짐작이 가지 않았던 거예요."

또 한 여자가 응수한다. "당신은 그 말을 믿어요?"

그 여자가 즉각 대답한다. "아니오, 전혀 안 믿어요. 그는 그 사람이 무슨 말을 했는지 정확히 알고 있었어요. 그런데 자기 기분을 달래려고 나에게 거짓말을 한 거지요."

두번째 여자가 다시 묻는다. "그럼 당신은 왜 그 사람이 무슨 소린지 짐작이 가지 않았다고 했죠?"

얼른 대답이 나온다. "나도 원숭이들에게 그런 짓을 한 그를 죽이지 못한 기분을 달래기 위해 거짓말한 거지요."

아무도 입을 열지 않는다.

그 여자가 계속 이야기한다. "그 일을 생각하면 할수록, 나는 그가 믿을 수 없었던 것은, '원수'가 한 말이 사실이 아니어서가 아니라 그 사람이 그렇게 큰소리로 자기를 멘겔레에 빗댈 배짱을 가졌다는 사실이었다는 생각이 들어요."

세번째 여자가 말한다. "그가 믿을 수 없었던 건 누군가가 침묵을 깼다는 사실이었군요."

두번째 여자. "우리 모두 좋은 걸 배우고 있지요?"

다시 첫번째 여자. "그 연구원은 늘 자기가 '해야 할' 일에, 그 끔찍한 수술과 뒤따르는 엄청난 결과에 역정을 냈어요. 예컨대 그는 동료들과 함께 뇌수술을 하곤 했는데, 외과의사가 아닌데도 그럴 자격이 있다고 생각한 거죠. 그러니 가끔 수술기구가 여기저기서 빗나가서 때로는 원숭이들이 뇌의 일부가 파괴되어 사지를 쓸 수 없게 되곤 했다고 실토하더군요."

두번째 여자. "누가 그자의 뇌를 썰어서 그가 좋아하는지 한번 봤으면 좋겠네."

첫번째 여자. "그건 잔혹한 이야기였어요. 나는 그가 그런 이야기를 내게 하는 게 싫었고, 그 사람도 그걸 알면서도 아무튼 이야기한 거예요. 그로서도 어쩔 수 없었던 것 같아요. 그는 날이면 날마다 자기가 하는 일과 함께 유태인들이 겪었던 일과 온갖 잔학상들을 이리저리 엮어가면서 줄곧 이야기하곤 했어요. 놀라운 이야기들이었지요. 그는 총명한 사람이었으므로, 그 두 가지 사이의 명명백백한 관계를 틀림없이 잘 알고 있었던 겁니다. 설사 그 자신이 자기 입으로 부단히 털어놓은 이야기일지언정, 그를 아는 누군가가, 자신의 유태인 과거를 알고 있는 그 원수가 자기가 그동안 여러 해에 걸쳐 해온 갖가지 '좋은' 일은 접어두고 남들이 침묵을 지켜주기를 바라는 사실을 들먹이며 자기를 욕할 정도의 배짱을 가졌다는 게 그로서는 믿을 수 없었을 것으로 봐요. 나는 늘 자기가 저지른 일을 전혀 시인할 수 없는 학대자들과는 달리, 그는 알고 있었다고 생각했어요."

두번째 여자. "나는 그 사람이 남들의 찬성을 얻기 위해 그런 이야기를 되풀이했던 거라고 생각해요. 그런 이야기를 할 적마다 아무도 그를 제지하거나 그에게 말을 해주는 것조차 하지 않았기 때문에 그는 암암리에 계속하라는 허락을 받은 셈이지요."

모두가 고개를 끄떡인다. 잠시 아무도 입을 열지 않는다. 내가 물을 한 모금 마시고 나서 말한다. "만약 이게 소설이고 그가 고문한 원숭이들이 어느 작가의 상상의 산물이라면, 자신이 저지른 죄에 대한 그의 영혼 깊은 곳에서의 인식은 어쨌거나 충분한 벌이었을 것으로 생각하지만…."

두번째 여자. "아니에요. 충분하다고는 할 수 없어요."

우리는 모두 다른 사람이 무슨 생각을 하고 있는지 안다.

첫번째 여자가 이야기를 계속한다. "한 가지 또 기억나는 게 있어요. 하루는 그가 움츠리고 학과건물을 지나가면서 '작업상대'였던 암컷 원숭이 한 마리가 자기한테 못되게 군다고 중얼거리는 거였어요. 그것도 그로서는 이해할 수 없는 일이었어요."

그녀의 이야기가 중단되었지만, 이번에는 아무도 입을 열지 않는다.

그 여자가 계속 말한다. "그는 내가 충격받았다는 걸 알고 있었어요. 하루는 그가 피 묻은 실험복 상의를 흔들면서 복도를 쿵쿵 걸어오다가 나를 보더니 이렇게 말했어요. '앞으론 붉은털원숭이에 손대지 않게 됐으니 좋아하시겠군. 그 프로그램 끝났어요.' 그러고는 성큼성큼 자기 방으로 가더니 문을 쾅하고 닫는 거예요."

우리는 뭐라고 해야 하나?

그녀가 "죽은 원숭이들도 그 프로그램이 끝나서 좋아했을 게 틀림없어요" 라고 말한다.

나는 시선을 돌린다.

그 여자가 말한다. "그런데 그 대학 생리학·해부학부에서는 새 건물이 들어서기 전에는 하루에 두 번씩—오전 10시와 오후 3시—실험용 동물을 소각하는 냄새가 났었는데, 그중에는 붉은털원숭이도 있었어요."

이윽고 두번째 여자가 말한다. "그 사람이 다른 프로그램을 시작하기 전에 막아야 해요. 계속하게 내버려둘 수는 없어요."

세번째 여자가 얼른 말을 잇는다. "(그와 함께) 그 학부의 다른 모든 연구원들, 그런 짓을 계속하면서 출세를 위해서는 못할 짓이 없는 대학원과정의 연구원들, 그리고 이 나라와 다른 모든 나라의 그런 학과와 그런 짓을 하는 모든 연구회사들도 마찬가지예요. 그런데 그들은 오히려 포상과 돈을 받는가 하면 자기 이름을 붙인 연구결과들을 내놓는단 말이에요."

두번째 여자. "당장은 그렇죠."

"뭐라고요? 아, 그렇군요. 알겠어요" 하고 세번째 여자가 말한다.

첫번째 여자가 조용히 말한다. "최근에 들은 바로는 그 사람 암에 걸렸다네요. 그런데 그 사람은 진통제를 쓰고 있을 테죠? 원숭이들에게는 그런 배려를 해주지 않았으면서 말예요."

◎ ◎ ◎

복원력(resilience)을 생각할 때면 나는 우리 집 근처에 있는 개울을 떠올린다. 그 개울에서는 연어의 치어들이 벌목으로 인한 모래 침전물 때문에 길이 막혀 바닥 위를 돌아다닌다. 나는 집 밖에 있는 못을 생각하는데, 거기서는 다리가 붉은 북방개구리—역시 사라지고 있다—의 검은 알들이 젤리 형태로 물 밑 가지에 매달려 있다. 그리고 나는 오존층 파괴로 인한 자외선을 이겨내고 살충제를 이겨내고, 약탈자들이 있는데도 살아남아 못가로 튀어나와 숲으로 들어가는 올챙이들을 생각한다.

나는 향기로운 포트 오포드 삼목—다른 것들처럼 사라져 가고 있다—을 떠올리는데, 이 나무는 외래 병(그리고 외래 문화, 외래 목재회사, 외래 동력 사슬톱)과 싸우고 있다. 그리고 나는 전에는 꼭대기가 30미터 폭으로 자랐으나 역시 외래 병으로 쓰러진 미국밤나무들을 생각한다. 어린 나무는 자라서 죽고, 그러면 뿌리에서 싹이 돋아난다. 밤나무 등 그 모든 것들의 그 힘은 어디서 오는 것일까? 기회만 주어지면 이것들을 되살아나게 하는 그 복원력의 근원은 무엇인가?

복원력을 생각할 때면 떠오르는 것은, 어른이 되면 아버지처럼 자식들을 때리지는 않을 거라고 맹세하는 한 어린이의 눈과 앙다문 턱에 서려 있던 비장한 각오다. 나는 아버지에게 붙잡혀 죽을 뻔했다가 도망쳤던 어린 시절을 눈물을 글썽이면서 회상하는 여인을 생각하게 되며, 그녀가 어린 시절의 그 악몽에서 헤어나 성공적으로 창조적인 삶을 일구어낸 것을 생각하게 된다. 어렸을 적에 아버지에게 매 맞고 성폭행을 당했던 다른 여인이 자기는 결코 아들들을 때리거나 그들에게 소리를 지른 적이 없다고 당당하게 말하던 것을 생각하게 된다.

복원력을 생각할 때 궁금해지는 것은, 어디서 그런 힘이 나올까 하는 점이다. 어떻게 그토록 유린당한 사람들이(모두가 내가 직접 아는 사람들이다) 커서는 온순함과 인정이 돋보이는 삶을 살아가게 되는지 궁금하다.

나 자신이 처음으로 복원력을 경험한 것은 일찍이 아버지가 우리에게 가한 신체적·성적 폭행을 통해서였다.

내가 그런 폭력을 이겨낸 방법의 하나는 아무 일도 일어나지 않은 척, 아무것도 잘못된 것이 없는 척하는 것이었다. 나는 내 무의식과 타협했다. 매 맞는 것을 면했기 때문에, 학대를 의식적으로 인정하지 않으면 내게 학대가 직접 닥치지 않는다고 나 스스로 믿은 것이다. 아버지가 내 침실에 처음으로 왔을 때도 그 타협은 폐기되지 않았다. 그걸 폐기할 수 없었던 것이, 타협 없이는 살아남을 수 없기 때문이었다. 걷잡을 수 없이 고통스러운 상황에서 내가 사태를 장악하고 있다는 망상을 유지하기 위해서는, 다시 말해서 살아남기 위해서는 내 침실에서 아무 일이 없었어야만 했다. 그의 몸이 내 뒤에 와 닿으면, 이런 이미지는 그가 내 방으로 슬며시 들어왔다 나가는 것만큼이나 쉽고도 빨리 내 마음으로 들어왔다가는 나갔다.[228)]

물론 그 끔찍한 일을 당한 충격을 이겨내기란 한마디로 불가능한 일이다. 그 고통은 견뎌내기엔 너무도 강렬했고 그 압박은 너무나 나를 추하게 만들었다. 견디기 힘든 너무나 끔찍한 그 관계를 차단하기 위해 나는 연거푸 심리적·정서적 벽을 쌓아올렸지만, 다음번 폭력의 파도가 들이닥치면 그 벽은 산산조각 나서 어린 나 자신의 일부를 안전하게 지키고 폭력으로부터 차단하여 테러로 얼룩지지 않게 하려고 필사적으로 다시 벽을 쌓아올렸다.

◎ ◎ ◎

어린 시절 나는 밤중에 침실 창문을 타고 밖으로 나가 별 아래 누워 있곤 했다. 작은 점들이 점점 커져서 나에게로 달려오거나 내가 그들에게로 다가가면, 나는 곧 그들의 소리를 듣곤 했다. 별들은 이건 전혀 내 탓이 아니고 절대로 옳은 일이 아니며 이런 일은 일어나면 안 된다고 말해 주었다. 별들은 나를 사랑한다고 말했다. 별들이 이런 이야기를 해주지 않았더라면 나는 죽었을 것이다.

◎ ◎ ◎

나의 어린 시절은 극적이긴 했지만 이례적인 것은 아니었다. 미국질병관리센터에 따르면, 이 나라에서만 해마다 50만 명의 어린이가 부모나 보호자들에 의해 피살되거나 중상을 입고 있다.[229)] 다른 조사에서는 여자아이 3명 중 1명, 남자아이 6명 중 1명이 18세 전에 성폭행을 당하는 것으로 밝혀지고 있다.[230)]

◎ ◎ ◎

종종 나는 오후시간이면 우리 집 뒤에 있는 관개수 도랑에서 혼자 보내곤 했다. 왕새우와 줄무늬뱀을 잡기도 하고 둑에 올라가 엎드려 개밋둑에서 바삐 움직이는 개미들을 바라보기도 했다. 나는 들종다리와 울새 노래, 도랑에 흐르는 물노래, 나뭇가지와 갈대를 지나가면서 내는 물의 한숨소리와 속삭임과 친숙해졌다.

때로는 친구들과 함께, 또 때로는 동기들과 함께 갔다. 그렇지만 아버지가 그곳에 간 적은 없었으며, 내가 데리고 간 적도 없었다.

◎ ◎ ◎

자기가 받은 학대를 남에게 물려주는 사람들이 있지만—나는 그런 사람들을 많이 알고 있다—그렇지 않은 사람들도 있다. 이겨내기가 불가능할 것 같음에도 불구하고, 자기를 이 학대의 사슬로 끌어들인 자들이 들씌운 망토를 받지도 입지도 물려주지도 않는 어린이와 어른들이 있다. 사실 그런 일은 늘 일어나고 있다. 나는 이겨낼 수 없는 것을 이겨내고 지금은 기쁨이 넘치는 삶을 살고 있는 사람들을 많이 알고 있다. 그들 대부분은 삶에서 사랑을 찾고 이를 실현하기 위해 워낙 힘겨운 투쟁을 했기 때문에, 깊이 골수에까지 파고드는 무서운 테러의 고통을 강요당해 보지 않은 사람들보다 그 감회는 훨씬 깊이가 있다. 그런 호된 시련에서 단련된 사람들이 어렵사리 정서적인 연결을—다른 사람, 비인간, 자연계, 음악, 예술, 글 쓰는 일, 심지어 호흡 하나하나와—찾게 되면 그들은 그 정열을 더 절실하게 느끼며, 천성적으로 그런 유대를 누리고 있는 사람들로서는 짐작도 할 수 없는 힘을 가지고 그 관계를 음미할 수 있게 된다.

우리 문화에 만연해 있는 학대를 감안할 때, 문제는 무엇이 어떤 사람들은 학대를 겪고 나서도 마음을 열게 만들고 또 어떤 사람들은 마음을 닫도록 만드는가 하는 것이다. 다시 말해서 무엇이 복원력을 일으키거나 제공하는가 하는 것이다.

◎ ◎ ◎

나는 내가 사는 동네의 숲을 자주 걷는다. 걷는다는 말이 적절한 표현이 아닌 것은, 숲이 매우 무성하여 가지들과 늘어진 덤불을 헤치면서 오솔길을 기어다녀야 하기 때문이다. 숲은 나에게 보답해 준다. 지난주에는 접시만한 붉은다리개구리를 봤고, 이번 주에는 일찍이 본 적이 없는 많은 양의 곰똥을 발견했는데 검푸른 그 똥은 곰이 딸기를 먹었다는 것과 또 곰이 숲에서 정말 대변을 볼까 하는 오랜 질문에 대해 긍정적인 답을 알려주었다. 한번은 곰의 잠자리를 발견했는데, 검은 털들이 쓰러진 나무에 깔려 바깥쪽으로 납작해진 풀들과 뒤엉켜 있었다. 그때 나는 길에서 멀리 떨어진 데로 와서 어디가 어딘지 종잡을 수 없어 헤매고 있었다. 곰이 여기서 잠을 자는구나, 하고 생각했다. 그곳이 곰의 피난처였다.

◎ ◎ ◎

만물은 자기가 있을 곳, 주위의 것들로부터 생명을 부지하는 데 필요한 것과 힘을 확보할 수 있는 곳—밤나무뿌리 같은 것—을 필요로 한다. 테러와 착취는 성장을 낳지 않으며, 일반적으로 그런 것에 노출된 것들에게는 평화롭게 재생할 수 있는 안식처가 필요하다.

나는 어려서 이런 것들을 모두 알았다. 누구든지 그럴 것이다. 별과 나의 관계도 그런 것이었다. 관개용 도랑의 식물들과 나의 관계도 그런 것이었다. 내 몸 안에 안전하게 남아 있는 곳, 아버지가 건드릴 수 없었던 곳과 나의 관계 역시 그렇다. 이상하게 여겨질는지 모르지만, 나는 이것이 그처럼 유린당한 다른 많은 사람들의 경우에도 맞는 말일 거라고 생각한다.

제아무리 끔찍하더라도 자신의 과거를 되돌아보면서 공포가 스며들 수 없었던 비교적 안전한 구석을 찾아내는 것은 가능한 일이다. 우리가 허용하기만 하면, 그런 곳들은 우리가 두려움을 아는 것만큼이나 안전과 평화를 알 수도 있다는 것을 가르쳐 준다—내가 도랑과 별들에게서 배웠던 것처럼. 우리는 경계를 푸는 것이 어떤 느낌인지를 알게 되며, 강자가 약자를 착취하지 않고 개가 개를 먹지 않는 그런 세상을 경험하게 된다. 그것은 우리들로 하여금 숨을 쉬게 할 뿐만 아니라, 개방적인 것과 닫힌 것이 어떻게 느낌이 다른지 그리고 관계란 즐겁고 유익한 것일 수 있음을 가르쳐준다. 그렇다면 복원력의 관건은 그런 안식처를 찾거나 기억해 내서 그곳을 키워나가는 것이다. 나는 평화가 있다는 것을 알았기 때문에, 그리고 평화와 학대의 차이를 체험했기 때문에 처음에는 도랑 속의 생물들에게, 별들에게, 그 다음은 위협적이지 않은 다른 사람들에게 그리고 또 다른 사람들에게 다가가면서 서서히 개방 쪽으로 이동할 수 있었다.

나에게 하나의 지표를 제공한 것 이상으로 중요했으리라 생각되는 그런 장소들은, 내가 당한 고통이 결코 당연하지도 불가피한 것도 아니었으며 다른 길도 있다는 인식을 나에게 심어주었다. 이 같은 인식이 복원력에, 그리고 실제로 삶을 계속해 나가는 데 필수적인 까닭은 삶이 온통 학대와 착취로만 엮어진다면 계속 살아갈 필요가 없을 것이기 때문이다.

◎ ◎ ◎

우리는 산업자본주의의 최전성기에 살고 있다. 세계 거의 모든 나라에서 맥도날드 햄버거와 콜라를 살 수 있다. 우리의 생활방식이 인간이 살아가는 양식을 일시적으로 틀어쥐고 있음을 더욱 여실히 보여주는 사실은 무엇보다도 세계가 여러 국가들로 쪼개져 있다는 점이다. 그리고 이보다도 더 괄목할 만한 사실은 우리가 이를 놀랍게 여기지 않는다는 점이다. 이 모든 것이 의미하는 바는 문명의 손이 닿지 않은 안전한 곳은 안팎으로 거의 없다는 것이다. 북쪽에서는 북극곰의 지방질이 다이옥신에 오염되고 있고 그들의 운명은 지구 온난화에 의해 봉쇄되고 있다. 이제 한두 세대만 지나면 야생 동식물은 사라져 버릴 공산이 크다. 남극에서는 가장 둔감한 과학자들마저도 울음을 터뜨릴 만큼 빠른 속도로 만년설이 녹아내리고 있다. 하루에 344톤의 고기를 '처리'할 수 있는 트롤어선은 1마일도 넘는 그물을 늘어뜨려 바다 밑을 훑으면서 모든 생물—물고기, 새 들을 비롯한 다른 것들—을 파괴하며 그 가운데 상당 부분—부획물(副獲物)이라나—을 죽은 채 바다에 내버린다. 트라이던트 잠수함들도 바다를 초계하고 있는데, 그들은 24개의 미사일을 동시에 발사할 수 있고 미사일마다 각각 17개의 다른 목표를 겨냥한 핵탄두를 장착하고 있으며 그 탄두 하나하나의 위력은 나가사키에 투하된 폭탄의 10배나 된다. 이 탄두들은 7천 마일을 날 수 있으니, 그런 잠수함 하나만으로도—그런데 미국에는 22척이나 있다—아메리카 대륙 전역의 408개 도시를 실질적으로 없앨 수 있다는 이야기다. 산호초는 곧 죽게 될 것이다. 세계적으로 빙하가 녹아내린다. 에베레스트산에 쓰레기가 쌓이고 있다. 북아메리카 천연림의 97%가 벌채되었다. 문명의 탐욕스러운 '생활'양식이 문화를 잇따라 소멸시키면서 인간의 언어들이 마치 꿈과 같이 빨리 사라지고 있다. 안전한 곳은 어디 있는가?

미래가 머물고 있는 곳, 그곳은 우리의 가슴과 머리와 육신만큼이나 작으면서도 트롤어선의 그물이 닿을 수 없는 가장 깊은 바다만큼이나 광대한 곳, 곧 안식처이자 자유의 고장이다. 자유가 없다면, 우리가 편안하게 보듬어주는 관계—개울과, 못과, 한 뼘 땅과, 별과, 인간과, 예술과, 애완동물과, 음악과, 우리 자신과의 관계—를 키워나갈 수 있는, 테러와 착취로부터 자유로운 곳이 없다면 복원력은 있을 수 없다. 복원력은 남과 그리고 자신과의 관계이므로 관계가 활기를 띠는 곳에서 자연스럽게 자란다. 연어는 침전물이 없는 차가운 개울에서 자라나 다른 개울을 찾아가서 서식한다. 그리고 우리가 어떻게 해서든 테러에 때묻지 않게 할 수 있는 우리 안의 부분들도 복원력의 샘이 되어 인간이라는 것이 무엇을 의미하는가를 기억해 내도록 우리를 도울 수 있을 것이다.

◎ ◎ ◎

권력자들이 바다 한복판으로 나가려면 선박을 운항할 기름과 선박을 건조할 금속이 있어야 한다. 산림을 벌채하려 해도 동력톱을 움직일 휘발유와 톱을 만들 금속이 있어야 한다. 석유가 없으면 선박은 바다 한가운데로 나갈 수 없고, 그렇게 되면 바다는 되살아나기 시작할 수 있다. 석유가 없으면 동력톱은 멎어버리고, 그러면 숲은 다만 그 고장사람들의 이용에만 응하면 될 것이다. 권력자들에게 석유가 없다면 그들은 우리가 댐을 철거해도 재건할 수 없다. 문명 허물기의 중요한 부분은 석유경제를 파괴하는 일이다.

물론 장기적으로는 땅이 기꺼이 우리에게 내주는 것들이 있는 데서 살아가는 방법을 기억해 내야겠지만, 우리는 이 문제를 진지하게 생각하기에 앞서 지구 전체에 대한 이 같은 위협을 제거해야만 한다. 그렇게 하지 않는다면, 도축용 칼이 우리를 내리치려는 판국에 이를 무시하고 다음 여름철을 어떻게 지낼지 궁리하는 것과도 같은 꼴이 될 것이다.

문명 허물기의 첫 단계는 사전들이 우리에게 거짓말을 했다는 것을, 문명은 "사회적·문화적 발전의 높은 단계"[231]이거나 "인간사회의 발전된 또는 선진적 상태"[232]가 아니라는 것을 우리 자신의 마음과 머리로 깨닫는 일이다. 나는 이 문화에서는 있을 수 없는 어떤 가상적 대중운동을 납득시키고자 이야기하고 있는 것이 아니다. 앞에서 말한 바와 같이, 아버지가 딸을 성폭행하고 애인들이 사랑한다면서 상대방을 때리는 상황에서 연어에게 희망은 없다. 이것을 내가 진정으로 깨닫고 당신이 진정으로 깨달아야 한다고 이야기하고 있는 것이다.

문명 허물기의 다음 단계는, 생각이 같은 소수의 사람들을 찾아내는 것이다. 모든 것이 가해자를 보호하도록 짜여 있는 이 학대적 사회구조를 상대로 투쟁하기란 동지들끼리 옥신각신하는 일 없이도 너무나 힘겨운 일이다. "그렇다. 난 연어가 이 강에서 사라지는 걸 용납할 수 없다. 나도 연어를 살리는 데 필요한 대응을 하겠다"라고 용기와 결심을 내보이면서 진심으로 말하는 동지들을 얻는 것은 구원자를 만나는 것과도 같다. 작은 집단—서로 알며 목숨을 걸고 믿을 수 있을 만큼의 작은 집단—의 사람들이 이런 인식에 도달하여 행동을 시작해야 한다.

다음으로, 문명 허물기는 우리가 전쟁의 와중에 있다는 것, 이 전쟁은 오래 전에 인간을 포함한 자연계에 대해 선포되었다는 것, 그리고 우리가 반격에 나서야 함을 인식할 것을 요구한다. 이 말은 은유적인 이야기가 아니다.

다음으로, 문명을 허물려면 싸움의 현장에서 승리하는 경우가 거의 없다는 현실을 인식해야 한다. 경제생산은 정부를 전쟁에서 이기도록 해준다. 그리고 경제적 생산수단을 파괴하면 정부는 전쟁에서 지게 된다. 제2차대전 때 독일의 철도에 가해진 공격이 "독일의 궁극적 경제붕괴의 단일 원인으로는 가장 중요한 것"이었다는 미국의 군사분석을 상기하라.[233] 이는 스탈린그라드를 비롯한 다른 곳에서 나치와 싸운 군인들의 희생을 깎아내리는 이야기가 아니라, 군대는 먹어야 싸울 수 있다는 자명한 이치를 일깨우기 위해 하는 말이다. 여기에는 소비자들이 포함된다.

문명을 허물기는 행동을 의미한다. 그것은 우리의 토지기반을 스스로 지키기로 작정함을 의미하며, 우리의 경제 및 수송의 기반시설을 제거하기로 작정함을 의미하며, 몇 번이고 되풀이해서 그것을 공격하기로 작정함을 의미한다. 이것은 후술하듯이 보기보다 쉬운 일일 수 있다.

일단 경제 및 수송의 기반시설이 파괴되면, 우리 자신의 토지기반에서 지속성 있는 삶을 영위할 방법을 둘러싼 싸움은 국지적인 싸움, 일 대 일의 싸움, 즉 인간적인 싸움이 되며, 다시 말해 담론이건 폭력이건 아니면 다른 수단으로도 뚜렷하게 이길 수 있는 싸움이 된다.

◎ ◎ ◎

문명을 허물기는 부자들에게서 가난한 사람들을 수탈할 능력을 빼앗음을 의미하며, 또한 힘있는 자들로부터 지구를 파괴할 능력을 빼앗음을 의미한다.

◎ ◎ ◎

문명 허물기의 의미를 짧은 글로 요약하려다 보니 좀 어리석을 짓을 하고 있다는 생각이 들기도 한다. 이 책 전체가 그에 관한 이야기다. 사실 나의 모든 책들이 총체적으로 그 이야기다.

◎ ◎ ◎

앞서 이야기했지만 되풀이한다. 나는 정신적 순수성에는 관심이 없다. 나는 야생 연어와 고목들의 숲과 야생 물고기가 가득한 바다가 있는 세상에서, 다이옥신에 오염되지 않은 모유가 나오는 어머니들이 있는 세상에서 살고 싶으며, 그런 세상의 실현을 위해 무슨 일이라도 할 작정이다.

비폭력주의(3)

우리가 하는 모든 일의 일차적 목적은 이 사회를 갈수록 건잡을 수 없게 만드는 것이어야 한다. 그게 핵심이다. 사회가 건잡을 수 없게 될수록 국가는 '내부적' 질서유지 노력에 더 많은 자원을 들여야 한다. 이 목적이 실현될수록 자신을 외부적으로 투사할 국가의 능력은 지리적으로나 시간적으로 줄어들게 된다. 궁극적으로 정체상태에 이르면, 끝없는 성장이라는 개념에 안주하는 이 체제에서는 그것이 일종의 '인류멸망의 시나리오'(doomsday scenario)로 이어지게 된다. 이때부터는 사태가 다른 방향으로—말하자면 '산산조각 나는' 방향으로— 움직이기 시작하여 대안 사회형태들이 뿌리 내려 번영하기 시작할 변화의 여건이 조성될 것이기 때문이다.

워드 처칠[234)]

비폭력주의자들이 내세우는 다음번 논거는, 폭력을 행사하면 매체들이 우리의 메시지를 왜곡 전달하기 때문에 폭력을 사용하면 안 된다는 것이다.

나는 이런 말을 하는 사람들은 실제로 신문을 읽거나 뉴스를 시청하는 일이 없으리라고 생각한다. 이런 말에 담겨 있는 언외의 근거 없는 전제는, 자본주의 매체는 진실을 닮은 것을 보도하는 것을 목적으로 한다는 것이기 때문이다. 그건 사실이 아니다. 글쎄, 어쩌면 내 표현을 고쳐야 할지도 모르겠다. 자본주의 매체의 목적은 진실을 닮은 그 어떤 것—진실의 중독성 모방(toxic mimic)—을 보도하는 데 있다. 진실 자체는? 결국 우리로 하여금 추측을 거듭하게 만들 뿐이다. 대중매체는 어쨌거나 우리의 메시지를 왜곡한다. 대중매체가 무엇 때문에 있겠는가?

두 가지 예를 들어보자. 일전에 이라크 점령 미군의 통역이 살해되었다. 이런 일은 자주 일어난다. 그런데 이 사건의 경우는 『샌프란시스코 크로니클』지가 그 여자의 생활과 죽음에 관한 기사를 1면에 실었다. 그 기사는 이렇게 시작된다. "르와이다의 죽음은 모든 사람들에게 큰 충격을 주었다. 한 가지 이유는 그녀가 그들과 오랫동안 알고 지내온 사람이기 때문이었다. 가장 큰 이유는 그녀가 무고한 사람인데도 단지 미국을 위해 일했다는 이유 때문에 무참히 살해되었다는 사실이었다." 그런데 우리는 기사 뒷부분에 가서 그녀가 점령군의 통역 이상의 존재였음을 알게 된다. 한번은 미군을 밀쳐서 총탄을 피할 수 있게 해준 일이 있었다. 그녀는 미군의 '동료'였다고 한 군인은 말했다. '우리들 중 한 사람'이었다고 다른 군인은 말했다. 군인들은 그녀와 시시덕거리면서 결혼하자고도 했는데, 그러면 그녀는 아주 미국식으로 "너 돈 얼마나 있는데?"라고 응수했다는 것이다. 점령군은 이제 다른 여자를 통역으로 고용했고, 22세의 그녀를 나디아라고 부른다. 그녀는 "난 겁나지 않아요. 이게 내가 할 일이고 그래서 이 일을 해야 한다고 생각해요"라고 말한다. 그 기사는 그녀가 점령군으로부터 받는 돈을 고맙게 여기고 있지만, 돈보다도 중요한 사실은 "모든 사람에게 가장 중요한 것은 도덕이어야 한다"는 것이라고 했다. 미국 기업언론의 기자는 그녀의 입을 빌려 그 기사의 우의(寓意)를 전달했다. "나는 기독교인들을 대단히 존경합니다. 그들은 신을 공경하는데, 나는 신을 사랑합니다. 이슬람신자들 중에는 서로 해치는 사람들이 너무나 많아요."[235)]

이게 무슨 일인가? 나는 그저 조롱당한 기분이다. 물론 그게 자본주의 매체가 하는 일이다. 이 기자는 세 가지 주요한 경로로 우리를 공격한다. 첫째는, 수많은 여자들이 미군에 의해 살해되고 있는데도 유독 이 여자에 관해 글을 쓰기로 한 것이다. 그런 여자들 모두에게 똑같은 주의를 기울이려면 그 신문의 지면이 모자랐을 것이다. 둘째로, 그 기자는 그 여자가 '무고한' 사람이었다는 말로 기사를 시작한 다음에 부역자로서의 그녀의 행동을 소개하고 있다. 이라크 군대가 미국을 침략했다고 생각해 보자.[236)] 이라크가 이 나라를 점령하고 있다고 생각해 보자. 애리조나주 피닉스에 사는 한 여자가 이 점령군들한테 가서 일하면서 그들과 시시덕대고 그들의 동료가 된다고 생각해 보자. 그 여자는 부역자들이라면 어느 시대에나 당하게 마련인, 이 여자가 받은 바로 그런 처지를 당하게 될 것이다. 그리고 점령군은 그 여자를 무고한 영웅이라 부를 것이다. 세번째 공격경로는 마지막 문장에 담겨 있다. 이 여자는 부역자라서 살해된 게 아니라, 회교도들이 서로 해치는 못된 습관을 갖고 있기 때문에 죽었다는 것이다.

내가 하고자 하는 말은? 글 쓰는 사람은 모두가 선전원이다. 앞의 기사를 단지 비폭력주의자의 입장을 대변한 글이라고 보거나, 이라크사람들이 무기를 내던지기만 하면 매체들이 그들에 관해 공정보도를 해주리라고 생각하는 일이 없도록 하기 위해, 그 다음 일요일자 『크로니클』지에 실린 사설을 소개한다. "최대의 해충: 생명공학 농업의 반대자들"이라는 제목의 이 사설은 생명공학에 반대하는 자들은 '반사회적 아젠다'를 추구하고 있다면서 "이들에게 따져야 한다"고 주장했다. 이 글의 첫 문장을 보자. "캘리포니아는 다리가 여섯 달린 테러리스트의 공격을 받고 있는데 이는 캘리포니아주 최대 농장해충의 하나인 매미충, 곧 투명한 날개를 가진 저격수들이다."

좋다. 그럼 이번엔 무슨 일이 일어났는가? 물론 또다시 조롱을 당한 것이지만, 그러나 우리는 과연 무엇을 기대했던 것일까? 비폭력주의자들은 나더러 말을 조심하라면서, 그렇지 않으면 환경운동가들이 테러리스트로 낙인찍힌다고 했다. 나는 그들에게 말하고 싶다. 곤충이 테러리스트로 낙인찍히는 마당에, 우리가 무슨 말을 하고 무슨 짓을 하건 크게 문제될 게 없지 않겠느냐고 말이다.

헨리 애덤스는 "언론은 재계의 고용첩자로서 이해관계가 걸린 문제에서 오직 거짓말하는 것만을 목적으로 설치된 것"이라고 말했다. 그들은 우리가 무엇을 하건, 우리에 관해서는 거짓말을 할 것이므로 우리로서는 숫제 하고 싶은 일을 하는 게 좋을 것이다.

◎ ◎ ◎

또 다른 날 밤, 이야기를 나누는 자리. 또 다른 비폭력주의자가 진디등에처럼 나를 귀찮게 물어뜯는다. 그는 "폭력행위를 할 때마다 운동이 10년 후퇴해요"라고 말했다.

"그걸 어떻게 알지요?" 내가 물었다.

그는 마치 내가 중력이 아니라 공기의 존재를 증명하라고 요구하기라도 했다는 듯이 나를 노려보았다. 그가 고개를 저었다.

"무슨 증거가 있는데요?"

그가 여전히 고개를 저었다. "그런 건 없지만…."

"그건 일종의 신앙이에요. 당신이 증거를 제시할 수 없는 것은 환경론자나 동물권리 옹호자들이 아직 인간에게 폭력행위를 저지른 일이 없고, 그러니 그 사람들이 운동을 후퇴시켰을 리가 없기 때문이지요."[237)]

"SUV차량을 방화했어요."

"그건 폭력이 아닙니다."

"그렇더라도 운동을 후퇴시켜요."

"어떻게요?"

"여론이 나빠지지 않습니까."

"좋아요." 내가 말했다. "어디 한번 물어봅시다. 운동가들이 점잖게 처신하여 권력자들이 정한 규칙을 지키기만 하면, 가상적인 어떤 대중이 기꺼이 그들의 말에 귀를 기울이고 어쩌면 찬성까지도 하고 또 어쩌면 돈까지도 낼 거란 말이군요."

"돈 이야기는 뺍시다."

내가 이야기를 계속했다. "하지만 누군가가 권력자들이 정해 놓은 규칙을 어기면 관망자인 대다수 대중은 선량한 운동가들을 정신병자로 치부해 버린다는 거지요? 그래서 잃어버린 성가를 회복하기 위해 다시 10년 동안을 점잖게 굴어야 한다는 거겠죠?"

"당신의 표현이 마음에 들지 않지만 아무튼 좋습니다."

나는 계속했다. "우리가 발언할 기회를 가지려면 점잖은 토론의 규칙을 따라야 한다는 거지요? 그런데 어째서 그 규칙은 우리에게만 적용됩니까? 어째서 우리가 반대하는 사람들과 기업과 기관들은 폭력을 행사하거나 점잖은 토론의 규칙을 어겨도 10년 후퇴하는 일이 없는 겁니까? 게다가 애당초 착취의 혜택을 누리는 자들이 받아들일 수 있는 방식으로만 행동해 가지고는 우리는 착취를 막을 수 없습니다."

그날 밤엔 다른 문제들도 많았으므로 그 정도로 그쳤지만, 시간이 있었다면 나는 더 이야기했을 것이다. 나는 모든 삶이 상황에 따라 좌우되며, 폭력 행위는 어떤 운동을 몇 년 후퇴하게 할 수도 있고 전진시킬 수도 있다는 이야기를 아마도 천번째로 했을 것이다. 알맞은(폭력적이거나 비폭력적인) 전술을 가지고 적시에 행동하지 못했을 때, 운동은 후퇴하는 수도 있고 전진하는 수도 있다. 요령은 언제 어떻게 행동할 것인가를 아는 데 있다. 그것이 첫째 요령이다. 진짜 요령은 두려움을 뿌리치고 이미 알고 있는 바에 따라 행동하는 것이다.

나는 폭력이 노골적인 식민주의를 몰아내는 데 기여했던 라틴아메리카·아시아·아프리카의 저항운동에 관해 이야기를 했을 것이다. 나는 토착민들의 저항에 관해 이야기했을 것이다. 노예제도 폐지론자들이 행사한 폭력에 대해 이야기했을 것이고, 해리엇 터브먼(Harriet Tubman, 1820~1913, 미국의 흑인해방 운동가, 여성. 남북전쟁 직전에 남부의 흑인들을 북부로 탈출시켜 '흑인들의 모세'로 불린다-옮긴이)이 마취제와 총을 가지고 다녔다는 이야기를 했을 것이다. 마취제는 그녀가 태우고 가는 사람들이 놀라지 않도록 그들을 마취시키기 위한 것이었고, 총은 그들이 비명을 멈추지 않을 경우 발사하기 위한 것이었다. 그런 해리엇 터브먼이 '운동'을 10년 후퇴시켰단 말인가?

그리고 나는 어떤 행동이 '운동'을 후퇴시킬 수 있다는 생각은, 우선 그 '운동'이 마치 뭔가를 이룩하고 있음을 시사하는 것이라는 이야기도 했을 것이다. 그런 생각은 아무리 좋게 봐야 의심쩍은 것이다.

다음으로, 나는 전에 죽음의 수용소 재소자들이 탈주를 시도할지 여부를 놓고 벌인 토론을 다룬 글에서 전투적인 행동은 자신의 저항을 위협할 뿐이라는 이런 식의 정서가 있다는 말을 들은 적이 있다고 이야기했을 것이다. 전류가 흐르는 날카로운 철조망 울타리 안에 갇힌 채 되도록 편하게 지내자는 사람들이 있는 반면에, 돌파하자는 사람들도 있다. 물론 돌파하고자 하는 사람들은 고작 비누조각이나 얻고 국에 감자 하나를 덤으로 얻는 정도로 목표를 낮추는 사람들의 '사정을 후퇴'시킬 것이다.

정신적 외상의 전문가인 주디스 허먼(Judith Herman)은 갇혀 있는 사람들 사이에서 흔히 보게 되는 '솔선성과 기획성의 위축'을 설명하면서 이렇게 말한다.

> 완전히 '파탄'되지 않은 포로들은 그들의 환경에 적극적으로 작용할 능력을 포기하지 않는다. 오히려 생존을 위한 사소한 일상적 일에 비상한 창의력과 결심을 가지고 임하는 경우가 많다. 그러나 가해자가 정해 놓은 한계 안에서 그 솔선성의 범위는 갈수록 좁아진다. 그 포로는 이제는 어떻게 탈주할 것인가를 생각하지 않고, 어떻게 연명할 것이며 어떻게 포로 생활을 편히 할 것인가를 궁리한다. 집단수용소 재소자들은 신발이나 스푼이나 담요를 얻을 궁리를 한다. 정치범들은 약간의 채소를 재배할 것을

모의한다. 매춘부는 뚜쟁이 몰래 돈을 슬쩍할 궁리를 한다. 매 맞는 아내는 아이들에게 공격이 임박하면 숨으라고 가르친다.[238)]

그리고 환경운동가들은 (일시적으로나마) 황무지를 일부 살려보려고 기를 쓰고 있다.

물론 나는 황무지를 좀 살려보려고 애쓰는 환경운동가들을 존경하지 않을 수 없다. 아이들을 숨기려고 하고, 돈을 좀 슬쩍하려고 하며, 채소를 재배하거나 스푼을 슬쩍하기도 하는 다른 학대받는 사람들도 마찬가지다. 선택의 여지가 있다면, 나는 덜 편한 것보다는 조금이라도 편한 포로생활을 택하겠다. 하지만 애당초 포로가 될 생각이 조금도 없다.

폭력행위가 운동을 10년 후퇴시킨다고? 좋다. 그렇다면 몇천 년만 더 가면 되겠군.[239)] 환경운동이 있다는 사실 자체가, 이 문화가 아주 잘못됐다는 것을 인정하는 것이다. 건전한 문화라면 학대당한 여성의 집이나, 마약·알코올 중독자 수용소나, 내가 언급한 잔혹행위 피난처 같은 것들이 필요할 리 없다. 그리고 궁극적으로 나는 어떤 운동이건, 운동의 건전성 따위는 전혀 개의치 않는다. 나는 토지기반의 건강을 걱정한다.

허먼의 글을 보면서, 문득 나는 일부 독단적 비폭력주의자들이 보여주는 처절한 격렬성을 이해하게 되었다. 물론 나는 다른 의견들을 이해하며 존중한다. 그리고 나도 비폭력적 저항을 지지하고 이에 참여하고 있으며, 그런데도 비폭력주의자들과 이야기를 할 때면 폭력사용에 관한 분별 있는 토론조차도 철저히 거부당하는 경우가 많았다는 것도 거듭거듭 이야기한 바 있다.

그러나 이제 나는 이해한다. 그리고 우리의 저항이 그처럼 비효율적인 일차적 이유도 알겠다. 그것은 우리가 완전히 '파탄'나지 않은 이 문화의 포로로서 우리의 "창의력의 범위가 가해자가 정해 놓은 한계 안에서 갈수록 좁아졌기" 때문이다. 주디스 허먼은 범위가 좁아지는 이 과정을 우리에게 정말로 와닿는 말로 설명하고 있다.

세상과의 적극적 접촉능력의 위축은 단 한번 정신적 충격을 겪은 사람들에게서도 흔히 보게 된다. 그것이 가장 두드러진 양상을 보이는 것은 만성적으로 충격을 받는 사람들인데, 이들은 수동적이거나 무력한 사람인 경우가 많다. 어떤 이론가들은 학대당한 여자 등 만성적인 충격을 겪는 사람들에게 '학습된 무력감'(learned helplessness)이란 개념을 그릇 적용해 왔다. 그 개념은 피해자를 단순히 좌절했거나 무감각한 사람으로 규정하는 경향이 있는데, 실은 그들은 한층 더 복잡한 내면적 갈등을 겪는 것이 보통이다. 대개의 경우 피해자는 단념한 것이 아니다. 그녀는 하나하나의 행동이 감시당하며 거의 모든 행동이 제지당한다는 것 그리고 실패하면 호된 대가를 치르게 된다는 것을 학습했을 뿐이다. 가해자가 완전한 복종을 요구해서 뜻을 이루게 되면 여자는 자신의 자발성 행사를 불복종으로 인식하게 되는 것이다.[240]

이제 '피해자'라는 말을 '활동가'로 바꿔놓고 다시 읽어보자. "대개의 경우 활동가들은 단념하지 않았다. 그는 그의 행동 하나하나가 감시당하며 거의 모든 행동이 제지당한다는 것 그리고 실패하면 호된 대가를 치르게 된다는 것을 학습했을 뿐이다"는 대목을 각별히 검토해 보자. 이 두 문장 안에 거의 모든 환경운동의 심리가 담겨 있다.

그리고 비폭력주의자들의 또 한 가지 항의, 즉 우리가 폭력을 행사하면 국가로부터 호되게 당하게 된다는 말에 비추어 허먼의 다음 대목을 생각해 보자.

오랜 포로생활〔그리고 수천 년의 문명은 확실히 오래된 것으로 간주할 수 있다〕은 시행착오에 대해 얼마간 내성이 있는 비교적 안전한 창의성 영역에 대한 일상적인 감각을 저해하거나 파괴한다. 만성적 충격을 겪어온 사람들〔그리고 문명인과 노예〕의 경우 어떤 행동이라도 잠재적으로 끔찍한 결과를 가져올 수 있다. 착오의 여지가 없는 것이다. 로젠코프는 처벌에 대한 부단한 예상을 이렇게 표현하고 있다. "나는 항상 움츠리고 있다. 나는 누구라도 뒤에 사람이 있으면 그 사람이 지나가도록 걸음을 멈춘다. 나는 타격을 예상하는 상태에서 헤어나지 못한다."[241]

그런데 타격은 오고 있고, 문명이 사라질 때까지 그치지 않고 다가올 것이다. 그것은 만족할 줄 모르고 달랠 수 없으며, 궁극적으로 절대적인 복종을 요구한다. 에콰도르 사라야쿠 마을의 토착 키추아부족은 마을에서 석유 시추를 하겠다며 6만 달러를 주겠다는 한 석유회사의 제의를 거절했다. 부족의 대변인은 이렇게 말했다. "우리는 사라야쿠 부락뿐만이 아니라 아마존 공동체 전체를 위해 싸우고 있다. 석유개발은 에콰도르에 재앙이며, 환경적·사회적·문화적 위기를 촉발하여 결국엔 우리 토착민들의 맥을 끊게 될 것이다. 우리는 오염되지 않은, 자연과 조화를 이룬 우리의 생활방식을 살려나가자는 것이다." 이에 대한 에콰도르 에너지장관 에두아르도 로페스의 반응을 어느 기자는 이렇게 전했다. "석유개발을 위해 남부 아마존을 완전 개방하겠다. 이 정책에 반대하는 단체들이 못마땅하다." 그리고 그는 "힘을 사용하기 전에" 사라야쿠와 합의를 봤으면 좋겠다고 말했다고 한다.[242]

이런 것이 매번 명백히 드러나는 패턴이다. 우리가 너희 공동체와 토지기반을 파괴하게 해주면 돈을 내겠다. 돈을 받지 않으면 너희를 함께 해치울 것이다.

◎ ◎ ◎

문명이 세계를 죽이는 이유, 화제 24. 비단 석유회사들만의 이야기가 아니다. 문화가 온통 그 지경이다. 오늘날짜 『샌프란시스코 크로니클』의 표제기사 제목은 "에콰도르 무법상태, 원주민과 나무들 위협: 허약한 정부 때문에 벌목업체 기승"이다. 독자들도 내용을 짐작할 것이다. 감을 못 잡겠다는 독자를 위해 한 문장만 소개한다. "에콰도르의 열대우림은 오래 전부터 아마존의 천연자원 개발에 혈안인 연방정부가 후원하는 고무채취업자, 석유회사와 목재회사 들을 유인해 왔다."[243] 정부는 기업을 밀어줄 땐 힘이 있지만, 기업을 제지할 때는 힘이 없다. 기업이 세상을 파괴하는 것을 막으려면 우리가 나서야 한다.

◎ ◎ ◎

이야기를 하나 소개한다.

유감스럽게도 사실인 이 이야기를 편지로 알려준 사람은 파격적 산림보호 운동가인 레미디라는 사람이다.

캘리포니아 훔볼트 카운티: '매톨(Mattole) 산림 지키기' 소속 운동가 5명이, 퍼시픽 목재회사의 경비책임자에게 소환장이 송달된 후 수요일 이른 아침에 체포되었다. 전직 보안관보인 칼 앤더슨은 10년 동안 숲에서 환경운동가들과 맞서 목재회사의 대응을 주도해 온 사람인데, 그가 9월 7일 시작되는 샌프란시스코의 악명 높은 '페퍼가스 분무' 사건 재판에 출두하라는 소환장을 받았다. 이 사건은 1997년으로 거슬러 올라가 비폭력 산림보호 운동가들이 눈에 페퍼가스를 뿌리는 고문을 당하면서 시작되었다[고문을 가한 자들은 성폭행범 검거율이 거의 0%인 보안관들이었다. 보안관들은 퍼시픽 목재에 큰 신세를 진 어느 국회의원의 사무실에 갇혀 있는 운동가들의 안구에 직접 페퍼를 발라주는 자기들의 모습을 비디오로 녹화했다]. 이 사건의 원고인 페퍼가스 피해자들은 앤더슨의 증언을 듣기 위해 그를 부른 것이다.

소환장 발부와 추후의 폭행은 모두 퍼시픽 목재 소유지로 들어가는 어귀에 있는 주립공원에서 있었던 일이다. 운동가들은 과거에 합법적인 소환장이 퍼시픽 목재를 대표하는 사람들에 의해 무시당한 데서 힘겹게 얻은 교훈을 살려, 소환장 송달을 비디오로 찍어 증거를 남겼다. 퍼시픽 목재가 관련된 다른 계류사건의 경우, 법적 문서를 제출하려는 시도로 말미암아 운동가들이 위협당하며 불법적으로 구금되기도 했다.

소환장이 송달된 직후, 운동가들은 퍼시픽 목재로부터 벌목지의 목재 운반작업을 하청받은 콜롬비아 헬리콥터회사의 트럭과 마주치게 되었다. 트럭 운전기사가 난폭운전을 하며 자기들을 밀고 지나갔다는 것이 운동가들의 말이었다. 다음으로 붉은색 픽업트럭이 나타나더니, 운전기사가 뛰어 내려와 카메라를 멘 한 여자를 공격했다. 그는 여자를 땅바닥에 내동댕이치고는 카메라를 빼앗으려고 카메라끈으로 그 여자의 목을 조르기 시작했다. 여자는 몸으로 감싸면서 그 카메라를 지키려고 했지만, 그 남자는 나이프를 꺼내 결국 카메라끈을 잘랐다. 그러나 그 과정에서 여자도 칼에 찔렸다.

얼마 후 보안관들이 당도했지만, 운동가들의 이야기는 들으려고도 하지 않고 앤더슨의 이야기는 메모를 해가며 들었다. 운동가들은 자기들이 폭행당했다고 보안관에게 신고하려고 했으나, 그 말이 나오자 앤더슨은 보안관 칼라 볼턴을 보고 "어쩔 거야, 날 체포할 거야?"라며 농을 했다는 것이다. 앤더슨이 보안관들에게 명령을 하고 그들의 차가 들어오도록 문을 열어주고 그들 차의 전화와 장비를 직접 사용하는 것을 여러 번 목격한 운동가들로서는, 앤더슨의 그와 같은 농담조의 질문에 대한 대답이 무엇이겠는지 짐작하기 어렵지 않았다.[244] 5명의 운동가는 체포되고 비디오테이프와 엉망이 된 카메라는 소환장 관련자료와 함께 압수되었다.

금요일 오전 현재, 이들 운동가들은 여전히 감옥에서 심문을 기다리고 있다.[245]

이것은 이 문화에서 폭력이 행사되는 상투적인 방식의 하나이다.

이제 『비폭력 대 자본주의』(*Nonviolence versus Capitalism*)의 저자인 브라이언 마틴의 말을 통해 이 문제를 검토해 보자.

1970년대 초반에 한 무리의 조사자들이 미국남성 1천여 명을 대상으로 폭력에 대한 태도를 조사했다. 조사에서 밝혀진 매우 시사적인 사실은, 남자들의 절반 이상이 징병카드를 태우는 것은 폭력이라고 생각하고 있으며 또 절반 이상은 경찰이 약탈자에게 발포하는 것은 폭력이 아니라고 생각하고 있다는 것이다. 조사자들이 내린 결론은 "미국남성들은 비정통적인 입장을 취하는 사람들을 달갑지 않게 생각할 때 비정통적 행동을 '폭력'으로 규정하는 경향이 있다"는 것이다. 다시 말해서 미국남성들 중에는 뭔가를 나쁘다고 생각하면 '폭력적'이라는 말을 사용하고 뭔가를 좋다고 생각하면 '비폭력적'이라는 말을 사용하는 사람들이 많다.[246)]

이는 이 책의 〔전제 4〕에 조금이라도 유념했던 사람이라면 놀라울 것 없는 일이다. 이 문화에 주의를 기울여온 사람이라면 아무도 놀랍게 여기지 않을 것이다.

그럼 다시 편지 이야기로 돌아가자. 레미디의 글을 한 친구에게 보냈더니 그로부터 회신이 왔다.

있잖아요, "체제가 기능을 하게 하자"고 늘 주장하는 사람들은 실제로는 아무것도 하지 않는 사람들입니다. 여자를 겁탈하거나 구타하거나 괴롭히거나 미행하거나 고문한 남자들의 명단을 작성한다면, 불과 몇 분 안에 족히 수백 명에 이르는 사람들의 이름을 댈 수 있겠다는 생각이 들었어요. 그런데 그런 사람들 가운데 감옥에 간 사람은 한 명도 생각나지 않아요. 젠장, 재판을 받은 사람이 있다는 소리조차도 들어보지 못했습니다.

내 친구 마리는 여성해방론 강의를 들은 적이 있는데, 교수는 "살날이 30일밖에 남지 않았다면 어떻게 하겠는가?"라는 그 유치한 신세대적 질문을 하는 것이었어요. 그러자 물론 저마다 "나는 바다로 가겠어요"라거나 "바깥에 앉아 꽃향기를 맡겠어요"라는 등의 대답을 했지요. 그런데 유독 마리는 "난 여자를 성폭행한 남자들—내가 직접 아는 남자들—의 명단을 작성한 다음, 총을 입수해서 내가 잡힐 때까지 되도록 많은 남자들을 죽일 거예요"라고 대답했어요. 모두들 기겁을 했지요. 그러자 그녀는 "그럼 그들을 제지할 다른 방법이 있어요?"라는 것이었어요.

나는 여기에 엄청난 심리적 장벽이 있다고 생각합니다. 사람들은 정말로 세상이 공평하다고, 설사 부당한 일이 일어날지라도 결국은 법의 지배에 의해 바로잡히게 될 만큼 공정하다고 믿고 싶어합니다. '체제에 어느 정도의 변화가 필요할 수도 있겠지만 본질적으로 건전하다'고 생각하는 겁니다. 그렇지 않다면 견딜 수 없기 때문일 테죠. 그러다가 자기가 할 행동과 책임 문제에 부딪혀 이에 따라 행동하다 보면 문자 그대로 법익을 박탈당한 사람이 되는 겁니다. 그러니 계속해서 재활용 토너 카트리지나 구입하고 아이들을 도서관의 다문화이야기 시간에 데리고 가면서, 막연히 모든 게 잘될 거라고 믿는 편이 낫다는 거지요.

이 사람들에게는 언제나 그것을 뒷받침할 그럴싸한 일화가 있습니다. 한번은 주말행사에 나갔더니, 어린이를 괴롭힌 치한으로 알고 있는 남자가 와 있었어요. 그리고 그 자리에는 어린이들도 있었습니다. 여자와 남자들이 따로 모이는 시간이 있었기에, 나는 여자들에게 내가 아는 사실과 어떻게 그 사실을 알게 되었는지 이야기해 주고 그 남자가 그 자리를 떠나게 했으면 좋겠는데 나를 도와줄 사람이 없겠느냐고 물었습니다. 그런데 아무도 나서지 않았어요. "저 사람은 치유돼야 해요" "저 사람에게는 공동체가 필요해요" "우리는 바로 그런 일을 하려고 모인 거예요!"라는 식이었어요. 그들 중에는 분명히 혼란스러우면서도 신시대의 신조를 거역하기가 두려워 나를 쳐다보지 못하고 시선을 아래로 내려뜨리는 사람들도 있었습니다. 결국 토론은 두 가지로 압축되었습니다. 한 가지는, 내가 너무나 격분해 있어 나 자신도 치유를 요하는 사람인데도 내가 그 점을 인정하지 않으니 내 이야기에는 귀를 기울일 필요가 없다는 거였습니다. 그리고 둘째는, 세상만사가 크게 좋아지고 있다는 겁니다. 증거요? 누군가가 봤더니 우익의 범퍼스티커를 붙인 픽업트럭에서 사람이 나오더니 길가에 어질러진 쓰레기를 줍더라는 겁니다. 그래서 어쨌다는 거죠? 많은 사람들이 쓰레기를 싫어합니다. KKK는 미주리주의 어느 고속도로를 청소구간으로 정해 놓고 있습니다. 그게 성폭행이 남성 가부장제의 기본적인 사회화와 무슨 상관이란 말입니까?

그리고 물론 그 이야기가 끝나자 여자 두 명이 내게 다가와, 자신들의 아이에게 그 남자가 접근하는 일이 없어야겠으므로 그가 누구인지 꼭 알아야겠다는 것이었어요. 그들은 그 남자의 거동을 보고 벌써부터 성적으로 문제가 있는 인물로 점찍어 놓고 있었답니다. "이야기해 줘서 고마워요, 도움이 돼드리지 못해 미안합니다. 당신은 참 용감하시군요…." 젠장, 난 그렇게 용감한 사람이 아니에요. 내가 용감했다면 그 남자는 크게 다쳤을 겁니다. 나는 비폭력적 조치를 요구하는 데 그쳤습니다—그 남자를 그 자리에서 쫓아내고, 그로 하여금 이 자리에 그의 정체를 알아차린 사람들이 있으며 어쩌면 그를 감시하고 있을지도 모른다는 생각이 들게 하자는 거였죠. 아이들을 보호해야죠. 아이들을 보호하지 않는다면 우리가 하려는 건 뭐냐 말입니다. 정말 아무것도 없다는 게 대답일까요?[247)]

정말이지, 아이들을 보호할 생각이 없다면 우리가 하려는 건 과연 무엇일까?

◎ ◎ ◎

내가 어느 친구에게 "모든 폭력행위는 운동을 10년 후퇴시킨다"는 말의 의미가 무엇이라고 생각하느냐고 물었다.

그가 대답했다. "내가 보기엔 두려움에 쫓기는 사람들의 핑곗거리로군. 확실히 나도 가끔 써먹는 핑계지. 공공집회에서 조금이라도 강경하거나 전투적인 발언을 하기 전에, 나는 누가 내 말을 알아들을지가 궁금하다네. 그리고 내가 권력자들의 세계관을 위협할 수도 있는 어떤 말을 했을 때, 어떤 결과가 올 것인지 궁금해지지. 점퍼케이블이 내 사타구니에 연결되는 게(전기고문의 한 방법-옮긴이) 가장 큰 두려움의 하나라네. 또 다른 걱정은 블랙 팬더(Black Panther Party, 미국 흑인해방운동의 급진적 정치결사-옮긴이)의 일부 회원들이 70년대부터 햇빛을 보지 못하고 있다는 사실일세. 권력자들이 이렇게 하는 데는 이유가 있어. 그게 먹혀드니까. 그리고 이런 형태의 보복에 대한 두려움이 우리의 마음이나 머리를 지배하게 되면, 비폭력주의가 타당한 대안으로 고개를 들게 되지. 비폭력주의자였던 나 자신의 경험을 통해 아는 일이지만, 비폭력주의가 그렇게 많은 사람들을 괴롭히지는 못한다네. 나 자신의 두려움과 그 두려움에 대한 내 반응으로 판단하건대, 폭력이 운동을 후퇴시킨다고 말하는 것은 권력자를 좀 화나게 하고 나서 그 결과에 굴복하는 것이라고 할 수도 있을 걸세."

그가 잠시 뜸을 들였다가 이야기를 계속했다.

"나는 정체성이 폭력행위에 대한 저항과 상관이 많다고 생각해. 아주 어려서부터 우리 모두에게 대단히 분명한 건 '주인의 집을 부수는 데 주인의 연장'을 사용하는 것은 주인에 의해 철저하게 금지되고 있다는 거잖아. 노상 몽둥이로 매를 맞던 아이가 그 몽둥이를 들고 반항했다고 생각해 보게. 특히 그 아이가 아직 어려서 제대로 싸우지 못한다면 어떤 일이 일어날지, 어디 상상을 해보게. 그래서는 안 되지. 큰 틀에서 볼 때 단지 권력자들이 금하고 있기 때문에, 따라서 두려워해야 할 일이기 때문에, 이런 유의 행동이나 이런 유의 행동을 하려 드는 사람들에 대해 일체감을 가지는 사람들이 많지 않을 걸로 생각하네.

그리고 나는 고환에 전기고문을 당하는 건 딱 질색이지만, 그 두려움이 일차적으로 신체적인 것이라고는 생각하지 않으며 그보다 더 심각한 그 뭔가에서 오는 거라고 생각해. 우리는 사회적 존재이므로 우리의 가장 큰 두려움은 배척당하는 거야. 유감스럽게도 많은 사람들이 원하는 것은 위계체계의 상층부 사람들로부터 인정받고 호감을 사는 것이지. 나는 간혹 고등학교 시절의 사교그룹을 회상한다네. 한 친구와 함께 나다니다가 좀더 인기 있는 친구가 합류하게 됐다면 내 친구의 마음은 재빨리 그쪽으로 쏠리곤 했거든. 내 친구는 좀더 인기 있는 사람한테서 인정받기를 원한 거야. 간혹 내 친구는 나하고 친한 것을 원하지 않게 되는 거지. 우리가 다들 봐온 바가 아닌가.

이런 식의 역학관계는 비단 고등학교에서만 작용하는 것이 아니라, 사회 전반에서 일상적으로 일어나고 있는 현상이라네."

그는 잠시 멈추고 나서 결론을 내렸다. "내가 보는 바로는 운동이 후퇴한다는 소리는 두려움에서 나오는 걸세. 결코 비폭력적 저항이 성공한다는 관점에서 나오는 것일 수 없지. 그렇지 않다면 이 문화가 저지르는 횡포를 저지할 방법을 우리가 토론하고 있을 이유가 없을 게 아닌가."[248)]

◎ ◎ ◎

토지기반은 일차적일 뿐 아니라 전부다. 그것은 모든 생명의 원천이다. 현실은 우리의 토지기반이 죽임을 당하고 있다는 것이다. 우리는 우리가 원하는 만큼 정신적으로 훌륭해질 수 있는데, 그런 건 문제가 아니다. 우리는 우리가 원하는 만큼 사랑으로 가득할 수 있는데, 그런 것도 문제될 게 없다. 우리는 원하는 만큼 에너지 효율적일 수 있고 재활용을 할 수도 있는데, 그런 것도 상관없는 일이다. 우리는 댐을 폭파할 수도 폭파하지 못할 수도 있는데, 그것도 상관없는 일이다. 이런 것들의 그 어느 것도 우리의 토지기반을 죽이는 일을 막는 데 기여하지 않는다면, 모두 상관없는 것이다. 정말 이렇게 간단하다. 토지기반의 건전성이야말로 후대가 우리를 평가하는 척도가 될 것이다. 우리의 행동 하나하나가 이를 척도로 해서 평가되어야 한다.

◎ ◎ ◎

앞에서 비폭력주의자들의 또 다른 상투적인 주장을 언급했는데, 우리가 폭력행위(아니, 반反폭력)를 해서는 안 되는 이유는 그런 행위를 하면 국가가 압도적 폭력으로 우리와 함께 우리 주변의 애꿎은 다른 사람들에게도 보복을 가하기 때문이라는 것이다. 나에게는 전혀 타당성이 없어 보이는 다른 폭력 배척론을 모두 들은 바 있는 나는 이 주장을 접하면 언제나 시원스럽게 정직하구나, 하는 생각이 든다. 거짓된 높은 차원의 도덕기준을 표방하는 호소가 없고, 도덕적 의무로 내세우는 논리의 억지가 없으며, 표리부동한 말이

 없다. 아주 구태의연한 두려움만 있을 뿐이다.

처음부터 국가는 폭력을 기반으로 해서 세워졌고 그것에 의해 지탱되어 왔다. 스탠리 다이아몬드의 『원시인 탐구』(*In Search of the Primitive*)에 나오는 그 유명한 서두를 되새겨보자. "문명은 해외정복과 국내적 억압에서 나오는 것이다."[249] 아니면 이 말을 지금의 상황에 맞춰 마이애미에서의 '평화적' 시위를 다룬 다음 기사를 보자. "〔경찰서장〕 티모니가 마이애미에서 운영하는 것을 경찰력(police force)이라고 불러서는 안 될 것이다. 그것은 준(準)군사집단이다. 카키복 차림에 검은 갑옷과 방독면을 갖춘 수천 명의 군인들이 곤봉으로 방패를 치면서 '물러서… 물러서… 물러서'를 외치며 거리를 행진한다. 장갑차와 헬리콥터도 나왔다. 그들은 비무장 시위군중을 향해 무차별로 발포했다. 수십 명이 피부가 찢기는 고무탄에 맞았다. 수천 명이 화학약품이 혼합된 가스세례를 받았다. 몇 번인가 경찰은 군중을 향해 충격 수류탄을 발사했다. 경찰은 테이저 전기총으로 사람들에게 충격을 줬다. 데모대는 후퇴하면서 등에 총을 맞았다. 한 젊은이의 죄는 경찰병력 앞에서 손가락으로 평화를 상징하는 손짓을 한 것이었다. 그들은 그에게 여러 번 발포했는데 한번은 직사거리에서 그의 배를 쏘았다."[250]

경찰의 구호야 '보호하며 봉사하는' 것일 수도 있겠지만, 그들이 누구를 보호하며 누구를 위해 봉사하는지는 우리 모두가 다 안다. 경찰이 권력자들의 이익을 보호하기 위해 준군사조직을 운영하고 있는 것은 비단 마이애미만이 아니다. 크리스천 퍼렌티는 여러 해 전 나에게 이런 말을 했다. "우리가 항상 기억해야 할 것은 경찰이 나무에 올라간 고양이를 끌어내리며 공공안전을 향상시키는 일에서부터, 파업자들을 잡아들이고 과격한 사람들을 특별히 분류하는 일에 이르기까지 온갖 것을 하지만, 사회통제 기능이야말로 언제나 핵심이 되어왔어요. 그래서는 안 되는데 말이에요"

내가 대답했다. "2년 전에 도둑을 맞았을 때 내가 가장 먼저 한 일은 경찰에 신고하는 거였지요."[251]

퍼렌티는 말했다. "거의 모두가 그렇게들 하지요. 그렇지만 경찰업무의 대부분이 공안기능을 내세운 일상적인 사소한 것들이지만, 가장 중요한 사회적 기능은 정치적 위기에 처했을 때 반란자들을 저지하고 예방하는 것이라는 게 엄연한 사실입니다."

바로 오늘 한 친구가 이런 이메일을 보내왔다. "운동이 폭력적이건 비폭력적이건 반란이 심각한 지경에 이르면 그 순간 억압자들이 나서게 됩니다. 까놓고 얘기하지요. 미국의 백인 중산층은 이 문제에 관한 한, 머리를 모래 속에 처박고 있습니다. 권력자들은 폭력행사가 허용되므로 자기들의 권력을 지키기 위해 폭력을 행사할 것입니다. 비폭력적인 데모를 하는 사람들이 총격을 당합니다. 체포된 사람들은 감옥에서 위협과 고문을 당합니다. 거리로 나오는 사람들 중에서 저항운동 구축을 진지하게 생각하는 사람은 바로 목숨과 사지가 위험에 처하게 됩니다. 저항자들의 비폭력은 어떤 경우에도 억압자들의 폭력행사를 배제하지 못합니다. 사실은 정반대입니다. 반대가 심각할수록 권력자들의 반응은 그만큼 더 준엄해집니다. 우리가 폭력을 택하건 비폭력을 택하건 권력에 도전하는 것은 저항이므로 권력은 자체방어에 나섭니다. 온갖 투쟁에서 평화적 시위자들이 숱하게 살해되었습니다. 자주 인용되는 오더 로드의 또 다른 말을 빌리자면 '비폭력주의는 그대들을 지켜주지 않는다'는 것이지요."[252] 국가란 어차피 폭력을 바탕으로 하므로 우리가 바랄 수 있는 것은 기껏해야 그 폭력이 우리를 겨냥하지 말았으면 하는 것이다.

나는 대부분의 경우 비폭력주의는 평정된(pacified) 결과에서 비롯되는 것이라고 생각한다.[253] 나는 마을을 공격하여 주민들에게 겁을 주어 굴복시키는 것을 뜻하는 군대용어 '평정'(pacifying) 그리고 가짜 젖꼭지를 물려서 인공적 만족감을 줌으로써 아이가 보채지 않게 만드는 고무젖꼭지(pacifier)를 생각하면서 이런 이야기를 하는 것이다.

우리는 한번쯤 문명의 중심에 있는 우리들 대다수가 고분고분하게 구는 대가로 (존엄성, 인간성, 동물성, 도덕성 따위를 저버린 대가로) 엄청난 물질적 보답을 받고 있다는 사실을 솔직히 시인해야 한다. 우리들의 자동차,

스테레오, 옷이 가득 찬 옷장, 컴퓨터, 칸쿤이나 아카풀코에서의 휴양 등 그 모두가 우리가 입 속에 넣고 게걸스럽게 빨아대는 커다란 고무젖꼭지와도 같은 것이다. 하지만 고무젖꼭지를 아무리 빨아도 필요한 양분을 결코 얻지 못한다. 그래서 우리가 왜 이처럼 (정신적으로) 배가 고픈지 이상하게 생각하고 있는 것이다.

모두가 당근과 채찍이다. 아니, 당근과 채찍의 형태를 취한 플라스틱 젖꼭지이다. 그 플라스틱 젖꼭지를 이빨로 꽉 물고 있는 한, 아무것도 아닌 것을 마냥 빨아대고 있는 한, 이로써 온 세상을 먹어치우면서도 토지기반이 본래 우리에게 주기로 되어 있는 (그 대신 받기로 되어 있는) 영양분을 전혀 얻지 못하게 됨으로써 권력자들은 자주 몽둥이를 들 필요가 없어지는 것이다. 그러나 그 젖꼭지를 내뱉으면 그들은 몽둥이를 내보인다. 우리가 주먹을 치켜들면 그들은 몽둥이를 치켜들 것이다. 그들을 힘껏 때리면 그들은 우리가 세상에 태어난 것을 후회하도록 만들 것이다.

대단히 효과적인 방법이다. 우리로 하여금 온 세상이 피살되는 것을 방관만 하도록 만들 정도로 효과적이다.

내가 감옥 갈 걱정을 할 필요가 없었더라면 댐들이 남아나지 않았을 것이다.

그러나 나의 순종이 싸구려 플라스틱 소비재들, 피라미드 상층부의 (일시적) 용인, 나를 고문하거나 죽이지 않겠다는 그들의 은전—CIA교본을 생각하라—등의 대가로 값싸게 얻어냈다고 시인하고 싶은 것인지는 잘 모르겠다.[254] 나는 두려움이—아주 실질적인 두려움일지라도—내가 사랑한다고 그토록 떠들어대는 것들을 제대로 지켜주지 못하는 일차적 이유라고 시인하고 싶지는 않다. 나에 관한 그런 얘기는 생각하기도 싫다.

다른 사람들도 자기에 관한 이야기가 마음에 들지 않을 때가 있을 것이다. 그래서 비폭력주의를 주장하는 온갖 과장된, 궁극적으로는 무의미한 도덕론이 나오는 것이다. 그리하여 많은 독단적 비폭력주의자들이 폭력이 언급되는 것을 허용하지 않거나 막무가내로 배척하려고 "폭력 좋아하고 자빠졌네!" 하며 그토록 핏대를 올리는 것이다. 헬렌 우드슨에 대한 한 비폭력주의자의 광기 서린 역정이 좋은 예가 된다. 그녀가 저지른 '범죄'는 초심자용 권총을 들고 은행으로 들어가 아무도 해치지 않겠다고 말하고는 창구직원들에게 현금을 요구하고, 2만 5천 달러를 소각하면서 돈의 사악함을 고발하는 성명을 발표한 것이었다. 그럼 어느 비폭력주의자가 온라인에 올린 글을 보자. "1. 나는 사람들이 이에 대해 어떻게 느꼈을까 궁금하다. 나는 그 뉴스에 접했을 때 대단히 충격을 받았다. 첫째, 그것은 태워버리기에는 너무 큰 금액이다![255] 둘째로, 나는 달러 자체가 반드시 모든 악의 근원이라고는 생각하지 않는다. 그리고 끝으로, 나는 설사 장난감 권총일지라도 총을 들이대고 사람들을 제압한 건 난폭한 행위라고 믿는다. 나은 방법이 있었어야 했다. 그런데 헬렌 우드슨의 경우, 체포되는 게 일차적 소원이었다면(어차피 그걸 바랐던 것으로 보인다) 확실히 그녀의 수원(愁怨)은 이루어졌다.[256] 그렇지만 무엇 때문에 무고한 은행원들과 고객들을 끌어들이는가?[257] 2. 나는 그 보도가 아주 당혹스러웠는데 이〔비폭력주의〕 회의중에 그 사건이 일어났다는 게 알다가도 모를 일이다. 그녀의 행동은 은행에 있던 사람들에게는 끔찍했을 것이다. 이런 게 비폭력이라면 나는 배에서 내리겠다."

이런 반응이 내가 비폭력주의자들을 별로 존경하지 않는 여러 이유들 가운데 하나이다. 만약 이런 사람들에게 세계를 구하라고 맡긴다면 남아날 게 없을 것이다.

그들이 법석 떠는 가장 중요한 이유는 R. D. 레잉에서 보는 갑남과 을녀의 상투적 토론과 관계있으리라 생각된다. 질이 마냥 일깨워줘도 질로서는 권력자들의 타도를 거부하는 그의 태도가 다른 사람들이 폭력을 당하는 것을 목격한 데서 오는 두려움에서 기인한다는 것을 잊는 데 도움이 되지 않는다. 그는 그녀로 하여금 잊게도 해야 하고 게다가 그녀로 하여금 도덕적 열등감을 느끼게 해야 한다.

이것은 내가 남기고 싶은 유산이 아니다. 나는 100년 이후의 사람들과 눈을 맞대게 되기를 원하지 않는다. 그리고 지금 연어들과 눈을 마주치기를 원치 않으며, 이 아름다운 세상의 다른 야생물들이 망가져 가며 공장형 농장이

나 실험실의 산업화된 지옥에 갇힌 동물들에게 "나는 너무 두려워서 해야 할 일을 하지 못했다"고 말해야 하는 처지가 되기를 원치 않는다.

신이여—땅이여, 우주여, 시혼(詩魂)이여, 영혼이여 그리고 다른 그 누구이건—나에게 힘을, 그리고 많은 용기를 주소서.

◎ ◎ ◎

나는 이 주장이 폭력에 대한 반론이라기보다 체포되지 말자는 주장이라는 생각이 든다. 그러니까 정말 약게 굴자는 주장이다.

그런데 믿거나 말거나, 승산은 우리 쪽에 있다. 조사결과마다 거의 모든 범죄가 처벌을 면하고 있음을 보여주고 있다. 제시카 미트퍼드(Jesica Mitford)는 그녀의 저서 『미국의 감옥사업』(*The American Prison Business*)에서 이렇게 쓰고 있다.

> 폭력의 원인 및 방지에 관한 대통령위원회는 최근 한 해〔이는 40년 전 것이지만 통계수치들은 지금도 대체로 유효하다〕에 미국에서 자행된 범행 가운데 범행자가 감옥에 갇힌 경우는 1%에 불과하다고 지적한다. 워싱턴DC 검찰총장보 고문인 칼 로는 이 과정을 이렇게 설명한다. "100대 범죄(중죄) 가운데 경찰에 신고되는 것은 50건이다. 신고된 50건 가운데서 검거되는 범행자는 12명이다. 검거된 12명 가운데 6명은 어떤 죄목으로건 유죄가 인정되지 않는다. 유죄가 확정된 6명 가운데 감옥에 가는 사람은 1.5명이다."[258)]

나는 1.5명이라는 수치는 다소 상향조정되어야 할 거라고 본다. 법집행관과 법정이 선택적으로 시행하는 법률은 거의 언제나 위계질서의 상층부를 향한 폭력이나 사보타주에 적용되는 것이기 때문이다(훔볼트 카운티 보안관실이 숲속의 농성자들을 끌어내기 위해 얼마나 극성이고 환경퇴화와 성폭행을 얼마나 눈감아 주었는지 보라).

이 같은 사실이 시사하는 가장 주목할 만한 사실은, 권력자들이 필시 우리 스스로의 자체단속에 의존하고 있다는 것이다. 그들이 제아무리 노력한다 해도, 우리 모두의 마음과 머릿속에 들어와 우리가 그들을 위해 일하도록 납득시키지 않는 한, 일시에 모든 곳에 가 있을 수는 없다. 이것이 많은 비폭력주의자들이 위계질서의 상층부 사람들의 강력한 동맹자가 되는 한 가지 방법이다. 그들은 반격하는 것은 무서울 뿐만 아니라 부도덕한 일이라고 말한다. 이런 입장은 누구를 돕는 것인가?

조지 드래펀과 내가 함께 쓴 『기계의 영입: 과학, 감시 및 통제 문화』(*Welcome to the Machine: Science, Surveillance, and the Culture of Control*)의 끝부분에서 우리는 이렇게 말했다. "남아프리카 인종분리 정권의 고위 보안책임자는 후일 한 인터뷰에서 자기가 반란집단인 아프리카민족회의(African National Congress)를 가장 두렵게 여겼던 점이 무엇이었는지 이야기했다. 이 단체의 사보타주나 폭력행위는 그다지 두렵지 않았으며, 그보다 두려운 것은 이 단체가 억압받는 과반수 아프리카인들을 '법과 질서'를 무시하는 방향으로 설득한다는 점이었다. 그는 세계에서 가장 강력하고 가장 고도의 훈련을 받은 '보안대'도 그 위협을 제거하지 못했을 것이라고 말했다."[259)]

우리는 계속해서 이렇게 썼다. "권력자가 내리는 명령은 권력자의 명령일 뿐 고유의 도덕적·윤리적인 무게가 실린 것이 아니라는 걸 깨닫게 되면, 곧 우리는 태어날 때의 자유로운 인간이 되어 '예스'라고도 '노'라고도 할 수 있게 된다."[260)]

이것이야말로 위계체계의 상층부 사람들이 세상에서 무엇보다도 두려워하는 것이다.

◎ ◎ ◎

법과 도덕성 사이에 직접적인 관계는 없다. 어떤 법은 도덕적이지만 어떤 법은 부도덕하다.

앞에서 제기했던 질문으로 돌아가 보자. 나는 누구에게서 책임지라는 요구를 받게 될까? 누구로부터 책임지라는 요구를 받기 원하는가?

책임지라고 요구받는 것과 처벌받는 것은 차이가 있다. 운동권 사람들 중에는 이 차이를 잊어버리는 사람이 너무나 많다. '보습운동'(Plows-hares, 1980년대에 미국에서 발족한 반전운동단체-옮긴이)의 회원들이 미사일을 쾅 두드리고 체포되기를 기다릴 때—내가 이 책 앞부분에서 인용한 인터뷰에서 필립 베리건이 말했듯이 "그리고 서서 체포되기를 기다릴 때"[261]—그들은 '체포를 기다릴' 도의적 이유가 없다는 걸 잊고 있다. 사실 그런 행동은 정부가 처벌 능력을 초월한 합법성을 지니고 있다는 그릇되고 위험한 믿음을 조장하는 결과가 된다. 정부가 점령정부가 아니라는 그릇되고 위험한 믿음을 조장하게 된다. 우리가 토지기반이 아니라 정부에 대해 책임져야 한다는 그릇되고 위험한 믿음을 조장하는 것이다.

◎ ◎ ◎

다음으로 비폭력주의자들이 자주 내세우는 주장은, 폭력행사에 있어서는 국가가 우리보다 큰 능력을 가졌기 때문에 우리가 그 전술을 사용해서는 이길 수 없으며, 따라서 폭력에 호소하면 안 된다는 것이다. 그러나 국가가 우리보다 잘 활용할 수 있는 전술이라서 우리가 사용할 수 없다면, 우리는 당장에 운동을 모두 접어버려야 할 것이다. 국가는 담론을 선전하는 능력에서 우리보다 우위에 있다. 이런 논리대로라면 우리는 담론을 통해서는 결코 이길 수 없으므로 그 방법은 사용하면 안 된다는 이야기가 된다. 국가는 자금동원 능력이 우리보다 우월하여 더 많은 돈을 사용할 수 있으니, 우리는 모금운동을 해서도 안 된다는 이야기가 된다. 모든 가능한 전술에 대해 우리는 같은 말을 할 수 있다.

그런데 이런 주장은 어쨌거나 맞지 않는 소리다. 미국은 베트남사람들보다 수십 배나 많은 살상력을 가지고도 그들에게 쫓겨났다. 나는 종종 호치민의 유명한 말을 생각하곤 한다. "우리가 너희 한 사람을 죽이면 너희는 우리

열 사람을 죽일 것이다. 그러나 끝내는 너희들이 지쳐버릴 것이다." 그 싸움에서는 베트남사람들이 이겼을지 몰라도 그후에 맥도날드와 나이키가 '평화'를 쟁취하지 않았느냐고 주장할 수도 있겠지만, 우리는 인도의 식민통치 종식에 대해서도 같은 말을 할 수 있을 것이다. 즉 간디가 평화적 혁명에서 이긴 것일 수도 있지만—영국이 이미 2차대전에서 만신창이가 되지 않았거나 무장혁명군이 독립을 위해 싸우지 않았더라면 불가능했을 것이다—몬샌토와 코카콜라는 그후에 '평화'를 얻어냈다고 말이다.

앞에서 나는 권력자들이 언제나 우리보다 돈을 더 많이 쓸 수 있다고 해서 우리가 좋은 목적을 위해 돈을 쓰려 하면 안 되는 것은 아니다라고 썼지만, 이 말은 여기에도 적용된다. 나는 그 말을 이 대목에 맞게 이렇게 바꿔놓겠다. "그러나 우리가 잊어서는 안 되는 것은, 우리가 경제적으로나 수사(修辭)적으로 혹은 물리적·폭력적으로 지구를 파괴하는 자들과 정면충돌을 시도한다면 우리는 반드시 격심하고도 조직적인, 피할 길 없는 기능적 열세에 처하게 된다는 사실이다. 내가 항공권을 사지 않는다고 크게 달라지는 건 없다. 내가 책을 한 권 써낸다고 크게 달라지는 건 아니다. 내가 다리 하나를 폭파한다고 크게 달라지는 것도 아니다. 그렇지만 모두 다 잃은 것은 아니다. 다시금 물어야 할 것은, 지렛대가 어디 있는가? 어떻게 우리 힘을 증폭시킬 것인가? 하는 것이다."

예수의 제자들보다 소수의 사람들

장차 사람들은 경제제국, 군사제국이었던 아메리카 제국을 되돌아보면서 이렇게 말할 것이다. "그들은 온 제국을 허약한 기초 위에 건설하고 있다는 걸 깨닫지 못했군. 그들은 그 기초를 벽돌과 모르타르에서 비트와 바이트로 바꾸고 나서 전혀 보강을 하지 않았다. 따라서 언젠가는 적이 나타나서 제국을 몽땅 뒤집어 엎어버릴 수 있었다." 그게 걱정이다.

리처드 클라크, 핵심기반시설 대통령자문위원장[262)]

고백할 게 있다. 꽤 오래 전에 나는 내 평생 가장 긍정적인 대화를 나눈 적이 있었다. 그 대화를 통해 나는 문명 허물기 과정에 박차를 가할 수 있겠다는 생각을 갖게 되었다.

내가 이야기를 나눈 사람은 몇몇 해커들이었다. 언제 어디서 어떤 정황에서 만났는지 밝히지 않아도 너그럽게 봐주기 바란다. 그들의 이름이나 성별도, 그들의 생김새도 이야기하지 않겠다. 그들이 남자라고 생각하기 바란다. 그중 한 명은 당신의 고등학교 시절 짝을 닮은 사람이라고 생각하고[263] 또 한 명은 책으로 둘러쌓은 도서관 저편 구석에서 본 적이 있는 누군가를 닮은, 이상하게 낯익어 보이는 사람이라고 생각해도 좋다.

어쨌거나 나는 지금 어느 카페에서 그들과 테이블을 마주하고 앉아서 물을 마시고 있다. 우리가 지금 노스캐롤라이나주의 애슈빌에 있고, 무더운 여름날 밤의 아주 늦은 시간이라고 생각해도 좋다.

"가벼운 마음으로 시작합시다." 내가 입을 연다. "컴퓨터 시스템을 해킹해서 대기업에 심각한 경제적 타격을 주는 게 가능할까요?"

"아직 그런 일이 일어나지 않는다고 생각하시는가 보군요." 그들 중 한 명이 말하는데, 그의 이름은 브라이언이라고 해두자.

다른 한 명이 고개를 끄떡인다. 그의 이름은 딘이라고 해두자.

브라이언이 이야기를 계속한다. "기업들로서는 그런 일이 줄곧 일어나고 있다는 게 알려지지 않는 게 좋겠지요."

"어째서죠?" 내가 묻는다.

"그들이, 시스템이 해킹당하기가 얼마나 쉬운지 일반사람들이 알게 되기를 원한다고 생각하세요? 더구나 그런 일은 갈수록 더 쉬워지고 있습니다. 지난 몇 년 사이에 크게 유행한 무선기술을 생각해 보세요. 저기 서모스탯(온도조절장치)을 좀 보세요."

그가 실내 저편을 가리킨다. 내가 그쪽으로 시선을 돌리다가 다시 그를 바라보자, 그는 이야기를 계속한다.

"저것들은 컴퓨터 기능을 갖추고 있어서 대기를 통해 메인 시스템과 신호를 주고받아요. 일전에 난 서모스탯을 통해 한 대기업의 메인 컴퓨터로 들어갔습니다."

내 입이 딱 벌어진다.

그가 고개를 뒤로 젖히고 큰소리로 웃고 나서 이야기를 계속한다. "나는 아무 짓도 하지 않았어요. 그저 해킹할 수 있는지 알아보려고 했을 뿐이에요."

"하지만 해를 끼칠 수 있었겠지요?"

"그럼요."

"어떻게요?"

"고약한 기업체 하나를 대보세요." 그가 말한다.

"아니, 고약하지 않은 데를 어디 하나 대봐요." 딘이 끼여든다.

"프리포트 맥모란(Freeport McMoRan)이 아주 고약한 덴데."

두 사람은 고개를 흔든다.

"미국에서 환경오염을 가장 많이 일으키는 회사지. 전세계를 오염시키고 있어요. 서부 파푸아에서는 원주민들에게 기관총을 발포하고, 사람들을 화물수송용 궤짝에 가둔다니까."

딘이 나를 유심히 바라보더니 묻는다. "그 회사는 어떻게 돈을 버는데요?"

"주로 광업이지. 인도네시아에서는 금이고, 멕시코만에서는 유황이고. 다른 광물들도 있어요."

"좋아요. 식은 죽 먹기예요." 딘이 말한다.

"어떻게 하는데?" 하고 내가 묻는다. "회사의 은행계좌를 엉망으로 만들어 신용카드 계좌를 결딴내 버리는 건가?"

브라이언이 코를 찡그린다.

딘이 말한다. "운송이지요. 모든 운송이 요즘은 컴퓨터화돼 있습니다."

브라이언이 끼여든다. "작년에 미국경제가 거의 멈춰버릴 뻔했던 것 알고 있어요?"

"뭐라고요?" 내가 놀라서 묻는다.

"서해안 부두노동자들의 파업 말입니다." 딘이 말한다. "대기업들이 원자재와 부품을 확보할 수 없었습니다. 하루나 이틀 지나면 원자재가 바닥날 상황이었어요. 그런데 무슨 일이 일어났는지 아세요?"

그 질문은 건성으로 한 것임이 분명하다.

그가 다른 질문을 한다. "GM사의 조립라인이 다운되면 그 손해가 얼마나 되는지 아세요?"

"모르겠는데."

"1분에 수백만 달러요."

"부두노동자들이…."

"그보다도 해커들이죠." 딘이 말한다. "프리포트 맥모란이 싱가포르를 통해 수송을 한다고 합시다. 싱가포르는 세계에서 가장 자동화된 항구입니다. 온두라스, 벨리즈, 터키로 가야 할 짐짝들이 잇따라 그 항로를 뉴올리언스로 바꾼다면 어떤 일이 벌어지겠어요?"

브라이언이 덧붙여 말한다. "이런 회사에서 일하는 사람들은 상식보다 컴퓨터에 더 의존하고 있어요. 그럴 수밖에 없죠. 회사가 워낙 크고 사람과 자원의 이동이 워낙 복잡하다 보니, 그것을 일일이 파악할 수가 없는 겁니다. 지난달 나는 어느 큰 회사의 보안 시스템에 들어가서 컴퓨터가 나에게 ID를 발급하게 했어요. 내가 그 회사 본사로 가서 새 카드를 제시했더니 안으로 들어가게 해주더군요. 보안관계자들에게 다가가서, 난 해커인데 방금 당신네 보안망을 뚫었다고 알렸어요. 그 사람들은 내 말을 믿으려 하지 않았지요. 컴퓨터가 오케이 했으니, 장난 그만 치라는 거예요."

"자신의 귀보다도 컴퓨터를 믿은 거로군요."

"그들을 납득시키려고 애썼지만 무슨 말을 해도 곧이듣지 않더라구요."

"해커들은 큰 회사 한두 군데를 혼란시키는 그 이상의 것도 할 수 있어요?"

브라이언이 미소를 짓는다. "아직 아무도 그런 일을 하지 않고 있다고 생각하시는군요."

내가 묻는다. "아니, 그럼 모두 다운시켜서 문명을 결딴낼 수 있다는 말인가요?"

브라이언이 고개를 끄떡이자 딘도 고개를 끄떡인다. 딘이 말한다. "지금까지 20년 동안 나는 경제 시스템이 어떻게 작용하는지 연구했어요. 경제이론 이야기가 아니고요. 물론 경제이론을 알기는 하지만요. 그보다도 경제의 요체 말입니다. 화물운송이나 원자재 수송 같은 것 말입니다. 그런데 내가 놀랍게 생각하는 건 시스템이 아직도 거덜나지 않았다는 거예요. 그건 믿기 어려울 정도로 허약하거든요."

딘이 이야기하는 중에 브라이언이 허리벨트에 달린 전화기집에서 휴대용 무선전화기를 꺼낸다. 무선전화기에는 LED스크린이 있다. 갑자기 전화기에서 끽끽 소리가 나더니 라이트가 초록색으로 변한다.

브라이언이 말한다. "놀랍죠. 애슈빌에 있는 어떤 사람이 정보를 받고 있네요." 그는 벨트에서 휴대용 계산기를 꺼내서 버튼 몇 개를 누른다. 그리고는 나에게 스크린을 보여준다. 나는 페이지의 정보를 읽는다. 그가 자랑스럽게 미소 지으면서 말한다. "내가 몇 가지 사소한 수정을 했습니다…."

"왜 이런 걸 하지요?" 하고 내가 묻는다.

"난 뭔가를 궁리해 낼 때면 들떠요. 뭔가 새로운 것을 알아냈을 때의 그 쾌감이 마음에 들거든요."

나도 그 쾌감을 안다. 예컨대 나는 포르노와 과학의 관계를 갑자기 깨달았을 때 바로 그런 쾌감을 느끼게 된다.[264)]

"컴퓨터를 좋아한다면서 문명 허물기에 나서겠어요?" 하고 내가 묻는다.

"그럼요." 딘이 대답한다.

"기꺼이요." 브라이언이 맞장구친다.

"어째서요?"

"서점에서 컴퓨터 책이 어디 꽂혀 있는지 아세요? 비즈니스 부문입니다." 브라이언이 말한다.

"그래서?"

"컴퓨터가 우리를 해방시켜 준다고 했어요. 그런데 말장난이었어요. 항상 말장난이죠. 하지만 컴퓨터는 우리를 더욱 예속시키고, 가난한 사람들을 더욱 예속시키고, 지구를 더욱 예속시키는 데 사용되어 왔단 말이에요."

나는 실내의 침묵을 의식한다. 물을 한 모금 마신다.

브라이언이 계속해서 이야기한다. "내가 납땜인두를 가졌다고 합시다. 쇳조각들을 땜질해서 붙이는 걸 좋아합니다. 인두로 지져서 목조가구에 아름다운 디자인을 그려넣는 걸 좋아합니다. 그런데 누군가가 그 납땜인두를 사람을 고문하는 데 사용한다면 어떻게 되겠어요? 나라면 그 인두의 플러그를 뽑겠습니다."

작은 소리가 카페의 정적을 깨뜨린다. 실내 저편에서 종업원이 혼자서 의자를 탁자 위에 올려놓고 있다.

브라이언이 말한다. "나는 사리를 따져보기를 좋아합니다. 그런데 기계가 있거나 없어서, 사리를 따지지 못하는 건 아닙니다. 내가 이 계산기를 부순다고 해서 옴(전기저항의 단위–옮긴이) 법칙이 효력을 잃는 건 아닙니다. 옴의 법칙은 여전히 있지요. 콘크리트 천지인데도, 온갖 기계들이 있는데도, 자연은 여전히 존재합니다. 그리고 정전이 되었을 때 밖에 나가보셨어요? 멀리 하늘에 여전히 빛이 있습니다. 그리고 사방이 조용해져 마침내 귀가 열리게 됩니다."

내가 다시 묻는다. "그래서 그걸 허물어버리는 데 힘을 보태겠다는 건가요?"

여자 종업원은 더 가까이에 와서 의자를 테이블로 올려놓고 있다.

두 사람은 웃으면서 대답한다. "물론이죠."

"이에 대해 많이 생각해 봤어요?"

다시금 두 사람은 웃으면서 대답한다. "물론입니다."

나는 알고 싶다. "만일 헌신할 각오가 되어 있다면, 문명을 허무는 데 몇 사람이나 필요할 것 같아요?"

브라이언이 대답한다. "예수와 그 제자들보다도 훨씬 적은 수의 사람들로 족합니다."

종업원은 우리가 앉아 있는 의자만 빼고 모두 치워놓았다.

"가시지요." 딘이 말한다.

나는 고개를 끄떡이며 "늦었군" 하고 한마디한다.

비폭력주의(4)

서구는 아이디어나 가치나 종교(다른 문명의 사람들은 별로 개종하지 않았다)의 우월성에 의해서가 아니라 조직화된 폭력 사용에서의 우월성 때문에 세계를 지배한 것이다. 서구인들은 종종 이 사실을 망각하지만 비서구인들은 결코 이 사실을 잊지 않는다.

새뮤얼 헌팅턴[265)]

내가 비폭력주의자들로부터 자주 들어온 마지막 주장은, 폭력으로는 아무것도 이루지 못한다는 것이다. 이 주장은 그들의 다른 어떤 주장보다도 독단적 비폭력주의자들이 얼마나 철저하고 필사적으로 그리고 오만하게 물리적·정서적·정신적 현실과 동떨어진 주장을 하고 있는지를 여실히 보여준다.

폭력으로 아무것도 이루어지는 게 없다면 문명인들이 북미와 남미와 아프리카를 정복하고 그전에 유럽을 정복하고 그보다 앞서 중동을 정복한 사실은 어떻게 믿겠는가? 토착민들은 "높은 단계의 사회·문화적 발전"과 만나게 되었다는 것을 인정했기 때문에, 자신들의 땅을 내줬고 또 내주고 있는 것이 아니다. 그 땅은 빼앗겼고, 거기 사는 사람들은 도살되었고, 테러와 매질 때문에 굴복한 것이다. 노예무역으로 죽어간 수천만의 아프리카 사람들은 그들의 예속이 광범한 폭력의 결과가 아니었다는 말을 들으면 깜짝 놀랄 것이다. 유럽에서 마녀라고 화형당한 수백만의 여자들도 마찬가지다. 이 경제체제에 봉사하기 위해 도살된 수십억 마리의 철비둘기들도 마찬가지다. 미국이나 다른 지역에서 강제노동수용소에 갇혀 있는 수백만의 사람들도, 자신들이 사실은 강제로 잡혀 있는 게 아니고 원하기만 하면 언제든지 걸어나갈 수 있다는 것을 알게 된다면 어안이벙벙해질 것이다.

이런 말을 하는 비폭력주의자들은 전세계 사람들이 가난해지는 게 좋아서, 토지와 생명을 빼앗기는 게 좋아서, 자기들의 자원을 돈 많은 사람들에게 내주는 것이라고 정말 믿는 것일까? 여자가 성적 폭행에 굴복하는 것은 폭력이나 폭력의 위협 때문이 아니라, 그 끔찍한 일이 좋아서 굴복한다고 믿는 것일까?

권력자들이 자주 폭력을 사용하는 한 가지 이유는 그것이 먹혀들기 때문이다. 폭력은 무섭게 잘 먹혀든다.

그런데 폭력은 굴종뿐 아니라 해방의 경우에도 먹혀든다. 폭력으로는 아무것도 이루지 못한다고 말하는 것은, 폭력을 당한 사람들의 고통을 폄훼할 뿐만이 아니라 횡포나 착취를 투쟁으로 극복한 사람들의 승리를 헐뜯는 처사다. 실제로 토착민 등의 무장 독립투쟁이 장·단기적으로 성공을 거둔 적도 많이 있었다.

독단적 비폭력주의자들이 이런 망상을 그대로 유지하려면, 폭력이 지닌 유해하면서도 유용한 효력을 외면해야 한다.[266)] 몇 년 전에 한 출판사로부터 이름이 알려진 어떤 비폭력주의 운동가가 쓴 책 한 권 분량의 원고를 봐달라는 청탁을 받았었다. 그 원고는 엉망이었고, 출판사측은 내게 그 원고의 편집을 도와달라는 것이었다. 그때만 해도 나는 젊은 편이어서 주장이 그다지 강하지 않았다. 그러므로 내가 적어넣은 몇 가지 평들은 대수롭지 않은 것이었는데, 한 대목에 이르러 나는 욕설을 퍼부으며 펜을 내던지고 자리에서 일어나 밖으로 나가 한참 동안 걸었다. 그 운동가의 주장은 미국의 베트남전쟁 반대운동이 비폭력적 저항의 승리였으며, 그것은 비폭력운동에 헌신하는 사람들이 늘어나면 세계 모든 곳에서 해방을 성취할 수 있음을 보여주었다는 것이었다. 그는 켄트주립대학에서 죽은 네 명을 비폭력운동의 순교자들이라고 부르면서 "부당한 명분을 위해 싸우다가 목숨을 잃은 불행한 우리 군인들"에 대해서도 언급했다. 그러나 침략자들에 맞서 더 잘 싸우고 더 많은 희생자를 내면서 더 오래 견뎌낸 수백만을 헤아리는 베트남사람들에 대해서는 일언반구도 없었다. 내 이야기의 취지는 미국이나 다른 곳에서의 비폭력시위의 중요성을 폄훼하거나 무시하려는 게 아니라, 비폭력 반전운동이 미국의 침략을 저지하지 못했고 기여했을 뿐임을 노골적으로 무시했다는 것을 지적하려는 것이다. 일차적 역할을 했고 일차적 고난을 당한 것은 베트남사람들이었다.

이상하게도 그 출판사는 원고편집을 나에게 맡기지 않았다.

솔직한 이야기가, 난 전쟁을 국내로 가져올 각오가 되어 있는 사람들을 수백 명이나 만나봤다. 사파타 혁명주의자들을 지원하려고 내려갔더니 "진정 돕고 싶다면 돌아가서 같은 일을 하시오"라는 말을 들었다는 사람들과 이야기를 나누기도 했다. 나는 농사짓는 가족, 죄수, 갱단원, 환경보호주의자, 동물권리 옹호운동가, 해커, 예속과 사랑하는 것들의 파괴를 겪을 만큼 겪어본 군 출신, 급기야 반격에 나설 태세가 되어 있는 사람 들과 이야기를 나누어왔다. 나는 오랫동안 묻어뒀거나 숨겨온 전례용 곤봉을 꺼낼 준비가 되었다고 말하는 인디언들과 이야기를 해봤다. 나는 세상이 죽임을 당하고 있다는 걸 알고 있어서 이 파괴에 제동을 걸기 위해 싸움에 나서서 필요하다면 죽이고 죽는 것을 감수하겠다는 10대, 20대, 30대, 40대, 50대, 60대, 70대, 80대의 학생과 남녀노소들과 이야기를 해봤는데, 이들도 나처럼 세상이 파괴되는 걸 방관하지 않겠다는 사람들이다.

내가 강연을 한다. 나중에 누군가가 묻는다. "최고경영자들이 자기 행동에 책임지게 하려면 어떻게 해야 합니까?"

내가 미처 대답하기 전에 뒤쪽에서 누군가가 말한다. "골통에 대고 한 방 쏘면 놀라운 효과가 나타나요."

나는 아무 말도 하지 않는다. 그러나 근엄하게 고개를 끄떡이는 사람들이 많은 것을 보고 놀란다. 적어도 절반이 넘는다.

그 사람이 다시 큰소리로 말한다. "다른 책임은 어떤 게 있습니까?"

마침내 내가 말한다. "법적인 책임은 없어요. 언제 최고경영자가 살인을 했다고 감옥에 가는 걸 봤습니까? 언제 전쟁에서 이긴 쪽의 전범이 감옥에 가는 걸 봤습니까? 헨리 키신저가 그랬던가요? 여러분이 생각나는 정치인 이름을 대보세요. 또 도의적 책임도 없습니다. 잘난 체하는 그자들 중에는 자기가 천당에 갈 거라고 생각하는 사람들이 많아요. 그들은 모두 자신이 한 덕행을 내세우는데, 스스로들 그렇게 믿지 않나 싶습니다. 그리고 사회적 책임도 없습니다. 이 사람들은 히틀러처럼 찬양받고 있습니다. 뭐가 남죠?"

아까 그 사람이 다시 소리친다. "육체요. 그들도 죽음을 면할 수는 없죠. 그들도 어김없이 죽습니다."

장소가 큰 홀이어서 뒤쪽은 컴컴하다. 그래서 그가 누구인지 볼 수 없지만 그건 상관없다. 많은 사람들이 이런 생각을 내게 피력해 왔지만, 그건 사석에서였다. 나 스스로도 그런 생각을 많이 했지만 입 밖에 내지 않았던 일이다.

또 누군가가 소리친다. "그렇지만 그들은 교체될 겁니다…."

그러자 세번째 사람이 말한다. "그 사람들을 제거해야 해요. 그 다음 사람, 그리고 그 다음 사람도요. 그래야만 알아차릴 겁니다."

나는 그것이야말로 테쿰세가 했을 법한 말이라는 생각을 한다.

두번째 사람이 다시 끼여든다. "폭력으로는 저지하지 못해요."

뒤쪽에서 누군가가 웃음을 터뜨리며 말한다. "테드 번디(미국의 악명 높은 연쇄살인범-옮긴이)."

"뭐라고요?"

"국가의 폭력이 그의 재범을 저지했다고요."

"그 사람을 꼭 죽일 필요는 없었는데."

"그는 억지로 감옥에 갇혀 있었어요."

앞자리에서 어떤 여자가 말한다. "그리고 여성에 대한 남성의 폭력도 커다란 저지요인이에요. 내가 왜 밤에 혼자 나다니지 않겠어요? 나는 폭력 때문에 저지되어 온 거예요. 그러니 폭력에 저지력이 없다는 말은 하지 마세요."

다른 사람이 끼여든다. "우리 모두가 당장에 궐기해서 이 무서운 제도를 타도하지 않는 이유가 뭐겠어요? 우리는 죽거나 감옥으로 가는 게 두려운 거예요. 폭력은 저지력으로서 큰 역할을 합니다. 다만 우리가 그걸 사용하지 않을 뿐이지요."

내가 말한다. "권력자들이 세상을 죽이는 것을 비폭력적으로 제지할 수 있는 방법을 누군가가 내게 제시한다면 재빨리 그 방법을 쓰겠지만, 그런 방법이 보이지 않네요. 안 보여요."

◎ ◎ ◎

워드 처칠이 이 점을 잘 표현하고 있다.

"권력과 현재의 상황을 무산시키기 위해 조직할 수 있는 청원운동이란 없다. 취할 수 있는 법적 조치가 없다. 정복자의 법정에 가서 정복자에게 그의 정복은 불법적인 것이니 무효를 선언해 달라고 한다는 건 있을 수 없는 일이다. 투표를 통해 대안을 찾는 것, 철야기도회를 여는 것, 철야기도모임에서 알맞은 향기를 풍기는 초를 태우는 것, 올바른 포크송을 부르는 것, 올바른 유행을 선언하는 것, 다른 음식물을 택하는 것, 좋은 자전거 길을 건설하는 것 등등도 모두가 불가능한 일이다. 깊은 한숨이 나온다. 정말로 깊은 한숨이 나온다.

그게 고통 없는 과정은 아닐 테지만, 비교적 고통을 느끼지 않는다면 그건 그 사람이 국가 통제구조에서 특권을 누리는 지위에 있다는 증거다. 당하는 쪽에 있는 사람이면, 이라크에서건 팔레스타인에서건 아이티에서건 미국 내 인디언 보호구역이건 떠돌이 신세건 도시 빈민가에서건 간에 특히 피부색 때문에 차별을 당하는 사람들, 일반적으로 가난한 사람들은 한편으로는 말없는 복종에 따른 고통의 부재와 또 한편으로는 기존질서 유지에 따르는 고통의 차이를 분간한다. 궁극적으로 개혁의 대안을 찾지 못하고 있다. 대안은 혁명이라는 공상적인 말이 아니라 퇴화(devolution), 즉 내부로부터의 제국와해밖에 없다."[267)]

◎ ◎ ◎

나는 지난 두 달 동안 말도 안 되는 비폭력주의자들의 주장을 뒤집는 일에 매달렸던 걸 생각하면 정말 화가 난다. 또 너무도 당연한 결론을 제시하기 위해 지난 3년 동안 이 책을 쓰는 일에 매달렸던 게 화가 난다. 뉴스특보: 문명이 지구를 죽이고 있다. 뉴스특보: 이 문명은 폭력에 기초하고 있다. 뉴스특보: 이 체제는 정신병에 걸려 있다. 뉴스특보: 이 문화 전체는 우리가 서로간에, 특히 토지기반으로부터 단절될 것을 요구하고 있다. 뉴스특보: 이 문화 전체는 우리에게 무책임성을 가르치고 있으며, 우리가 눈곱만큼이라도 책임의식을 갖게 되면 살아남을 수 없다.

나는 한 친구로부터 막 이메일을 받았다.

결정을 내리고 책임지기를 두려워하는 사람들이 너무나 많아요. 결정을 내리지 말고 책임을 지지 않도록 아이들은 교육받고, 어른들은 권유받고 있습니다. 보다 정확히 말해서 그들은 오직 거짓선택에만 매달리도록 훈련되고 있습니다. 문화가 저지르고 우리가 용인하고 있는 끔찍한 일들을 생각할 때마다, 어려운 선택에 직면하여 우리가 보이는 전형적인 반응을 생각할 때마다, 나는 이 문화의 모든 것이 그 선택에 대한 신축성, 진정한 선택 그리고 개인적 책임보다도 경직되고 통제된 무책임한 '반응'으로 우리를 유도한다는 것이 분명해 보입니다. 매번요.

비폭력주의는 그 한 예에 불과합니다. 비폭력주의는 물론 부정과 망상에서는 이 문화의 일부 국면보다 덜 다면적이지만(다시 말해서 어리석음에서는 더 분명하다) 모두 동전의 한 면일 뿐이지요. 한편으로는 관계와 책임의 통제 및 부정이고, 다른 한편으로는 특정 상황에서 선택을 하고 책임을 지는 것입니다. 비폭력주의자는 상당히 가능성 있는 영역을 행동은커녕 토론조차 못하는 금지대상으로 규정해 버림으로써 선택과 책임을 배제하고 있어요. 그들은 "그릇된 선택을 하지 않는 내가 얼마나 순수한지 보라"고 말할 수 있겠지만, 현실적으로는 아무런 선택에도 직면하지 않고 있는 것입니다. 그런데 물론 실제로는 선택을 합니다. 착취나 학대 앞에서 행동하지 않는 쪽—혹은 비효율적인 행동—을 선택한다는 것은 누구든지 알 수 있는 불순한 행동입니다. 그러나 이런 비효율적인 행동이 효율적이라는 망상을 낳을 수 있습니다.

비폭력주의는 사랑의 중독성 모방(toxic mimic)이 아닐까요? 실제로는 남을 사랑하는 것과 아무 상관이 없기 때문입니다. 중독성 모방이 유독한 한 가지 이유는, 책임을 무시하고 관계를 무시하며 현재를 무시하는 한편 신축성과 선택을 통제로 대체해 버리기 때문이라고 할 수 있지 않을까요? 중독성 모방은 물론 광기의 산물이자 그 원인입니다. 책임과 관계와 참여의 결여 그리고 신축성과 선택의 통제로 대체는 광기의 원인이자, 그 산물이라고 말할 수 있지 않을까요?

많이 가지고 먼저 가라

전쟁의 기술은 아주 간단하다. 적이 어디 있는지를 알아내고, 되도록 빨리 적을 덮쳐서, 되도록 세게 치고, 계속 이동하는 것이다.

율리시즈 그랜트[268)]

우리는 이길 것이다. 문명은 갈수록 부서지기 쉽고 불안정해지고 있다. 갈수록 문명과 지구 가운데 하나를 선택해야 한다는 것이 더 분명해지고 있으며, 지구를 선택하는 사람들이 갈수록 많아지고 있다. 갈수록 지구 자체와 그 야생물들이 반격에 나서, 우리에게 합세하라고 힘차게 손짓해 부르고 있다.

◎ ◎ ◎

어떻게 이기는가? 누군가가 남부연합군의 네이던 베드포드 포리스트 장군에게 수많은 전투에서 승리한 비결이 무어냐고 물었다. 그의 대답은 군사전략의 본질을 요약한 것이었다. "많이 가지고 먼저 가라."[269)]

이 말을 쪼개보자. **먼저 가라.**

어디서 싸울 것인지 선택한다. 전투할 곳을 선택하는 사람이나 군대는 승산이 더 크다. 실제로 군사전략의 대부분은 적으로 하여금 내가 가장 강한 곳에서 나를 공격해 오게 하고 내가 약한 곳에서는 공격해 오지 않게 하는 한편, 내가 공격하고자 하는 적의 약한 데를 찾아내는 노력으로 구성된다. 이는 싸움터의 경우에도, 적대적 논쟁[270)]의 경우에도 맞는 말이며, 모든 대립국면의 경우에도 맞는 말이다.

남북전쟁 때의 프레데릭스버그 전투는 좋은 예가 된다. 남부연합군의 로버트 리 장군은 북부버지니아의 군대를 강물 뒤 언덕에 있는 돌담 배후에 진을 치게 했다. 북부연방군의 암브로즈 번사이드 장군은 휘하의 포토맥 군대에게 강을 건너 언덕으로 올라가면서 연속적인 전면공격을 감행하게 했다. 그의 군대는 도살을 당했다. 며칠 후 이 소식을 들은 남부연합군의 조지프 존슨 장군은 신경질적으로 한마디했다. "꽤나 운 좋은 사람들도 있군. 내가 그런 데 진을 치고 있다면, 누가 공격해 오겠냐 말이야."[271)] 그래서 다시 한 번 말하는데, 그런 식의 공격을 당하는 게 우리가 바라는 바이다. 내가 가장 약한 데가 아니라, 가장 강한 곳을 적이 공격해 오기를 바라는 것이다.

논쟁에서도 마찬가지다. 우리는 "당신은 아내의 구타를 언제 중지했습니까?"라는 저 악명 높은 검사의 말을 알고 있다. 싸움터가 (아내를 때렸는지)

여부(whether)에서 언제(when) (때리기를 중지했느냐)로 바뀌었다. 몇 년 전 나는 이런 사례를 소개한 적이 있었다. 어느 자본주의 언론사의 대표가 워싱턴주 천연자원부의 책임자가 되려는 두 자본가의 '토론'에서 사회를 보고 있었다. 그의 첫 질문은 "환경규제가 제 기능을 할 거라고 생각하십니까, 아니면 지나치게 나가고 있는 건가요?"였다. 주목해야 할 것은 싸움터를 어떤 식으로 설정했는가 하는 점과 그 설정에서 무엇이 포함되고 무엇이 배제되었는가 하는 점이다. 앞에서 본, 미군통역으로 일하다가 사살된 이라크 여자의 기사 경우도 이와 비슷한 것이다. 그 여자를 '무고하다'고 보는 하나의 토론장이 설정되는데, 그녀가 '부역자'가 되면 전혀 다른 토론의 장이 설정되는 것이다. 비폭력주의에 관한 토론의 경우도 마찬가지다. 비폭력주의자들이 그렇듯 자주 '도덕적 고지'를 점령하려고 애쓰는 한 가지 이유도 여기에 있는데, 내가 알기로는 이것은 군사용어다. 그들에게 그 같은 도덕적 고지를 허용하는 것은, 군인들에게 높은 데서 사격하도록 허용하는 것이나 같다. 그들의 도덕적 고지라는 것이 평원이 되고 계곡이 되고 늪이 되어 토론의 국면이 전환하면,[272] 싸움은 전혀 다른 지형에서 전개된다. 토론의 장을 설정 또는 재설정하는 경우를 보여주는 예는 얼마든지 있다. 오늘밤 나는 자본주의 매체가 미국군인들을 '미국의 최고'(America's best)라고 부르는 말을 들었다(자본주의 매체를 '주류매체'라 부르거나 미국군인들을 '용병' 또는 '침략군' invader이라고 부를 경우, 그 지형은 얼마나 달라 보이겠는가?). 그렇게 하면 뒤따르는 것들이 어떤 식으로 설정되겠는가? 오늘밤 자본주의 매체는 생물 다양성에 관해서는 일언반구 언급이 없었다. 그러면 추가토론은 어떤 식으로 설정되겠는가? 살펴보자. 이야기를 엮어나가는 방식에 주목하자. 때로는 우연하게, 때로는 기교를 부리며, 때로는 무리하게, 그리고 할말과 하지 말아야 할 말, 써야 할 용어와 써서는 안 될 용어를 가려가면서 거의 내내 아주 무의식적으로 엮어나가는 것이다. 그리고 이야기가 나를 위해 엮어지는 모양새를 눈여겨보자.

우리가 서로 거짓말을 하고, 특히 우리 자신에게 거짓말을 하는 중심적인 이유가 여기에 있다. 빌 클린턴과 목재업계가 산림훼손 문제에 대한 토론의 틀을 '일자리냐 올빼미냐'로 설정해 버리면, 벌목업자들은 토론을 시작하기도 전에 이긴 것이다. 만약 그들이 딱정벌레 때문에 나무들이 죽어버리기 전에 벌목해야 한다고 사람들이 믿도록 이야기의 틀을 설정한다면, 그들은 이미 이긴 것이다. 만약 학대자들이 그들의 학대행위를 어떻게 중지할 것인가 하는 문제는 배제한 채 다른 이야기만 토론하게 만든다면, 그들은 이미 이긴 것이다. 조지 부시와 목재산업이 산림남벌에 대한 토론의 틀을 산불방지를 위해 벌목해야 한다고 사람들이 믿도록 설정한다면, 그들은 이미 이긴 것이다.

권력자들이 지구가 죽어가는 문제에 관한 '토론'을 '지속 가능한 개발'에 관한 문제로 바꾼다면, 그들은 이미 싸움에 이긴 것이다(그들은 공업화를 '개발'이라고 부르면서 이미 토론의 틀을 장악했다). 우리는 지구를 살리기 위한 방법이 아니라, 문명구제를 위한 기술 문제를 놓고 싸우게 된 것이다. 설상가상으로 권력자들은 상투적으로 과연 지구가 훼손되고 있는가 하는 점이 거론되도록 이야기의 틀을 마련한다. 그래서 우리는 사랑하는 이들이 암으로 죽어가는데도, 그런 짓을 방치하고 있다. 이야기의 초점은, 이 미치광이들이 우리가 사랑하는 이들을 죽이지 못하게 하는 데 두어야 한다.

전제를 문제삼아야 한다는 것을 내가 그토록 강조하는 이유가 바로 여기에 있다. 누군가의 전제(나 자신의 것을 포함하여)를 따지지 않고 그냥 넘어간다면, 그 전제를 선택한 사람에게 싸움터의 선택을 양보하는 결과가 된다. 그건 마치 번사이드가 자기 군대를 리 장군의 진지로 거듭해서 투입하는 것과도 같은 것이다. 그렇게 하면 도살당하게 마련이다. 적어도 번사이드의 경우 그 돌담을 보고도 그랬지만, 우리의 토론에서는 전제가 부분적으로나 전체적으로 은폐되어 버리는 경우가 너무나 많다.[273)]

이 분석은 비단 큰 군대나 토론뿐 아니라, 모든 대립국면에 적용된다. 당연히 문명이 지구를 죽이는 데도 적용된다. 지금 우리에게 권장되는—허용되고 있는—싸움터는 어떤 것인가? 우리는 투표를 하라고 권유받고 있다.[274)] 그렇지만 우리 모두는 세계산업노동조합(IWW) 조합원(Wobbly)들이 오래 전에 뭐라고 말했는지 잘 알고 있다. 투표로 크게 달라지게 됐다면, 그 투표는 불법적인 것이 되고 만다는 것이다. 그리고 어차피 우리가 투표로 누구를 선택하고, 무엇을 선택하고는 엄격히 제한되어 있다. 공화당이 이기건 민주당이 이기건 우리는 패자다. 우리는 법원을 이용하도록 권장—허용—되고 있다. 물론 법원에서 가끔 이기는 수도 있지만, 우리는 법원이 누구에 의해 누구를 위해 설치된 것인지를 결코 잊어서는 안 된다. 그들의 권한이 궁극적으로는 폭력을 행사할 수 있는 국가의 능력에서 나온다는 것을 결코 잊어서는 안 된다. 우리에게는 한 문단 내에서 사회변화와 폭력을 언급하지 않는 경우에 한해 글을 쓰도록 권장—허용—되고 있다. 우리는 재활용을 하고 환경 친화적 쇼핑(우리가 쇼핑을 하기를 한다면!)을 하도록 권장되기도 한다.

흥미 있는 것은, 우리가 싸움터를 선택하도록 권장—허용—되지 않고 있다는 사실이다. 누가 우리를 위해 싸움터를 선택해 주는가? 어떤 곳이 왜 금지구역인가? 누가 그것을 금지구역으로 정했는가? 우리가 싸움터를 양보했는가?

우리는 무엇을 원하는가? 이를 어떻게 성취할 것인가? 다시 연어 이야기로 돌아가 보자. 이미 말한 바와 같이, 연어가 살아남기 위해서는 댐, 공장형 벌목, 공장형 어로, 공장형 농업이 사라져야 하고, 바다가 살아남아야 하며, 지구 온난화가 멈추어야 한다. 그중 한 가지를 골라보자. 가령 연어로 해보자. 댐을 제거하기 위해서 무엇을 해야 하는가? 우리는 어떤 싸움터를 선택할 것인가?

잠시 스스로를 생각하도록 해보자. 나는 비열하거나 생색내거나 빈정거리는 사람이 아니다. 스스로를 생각하기란 가장 하기 어려운 일의 하나인데, 특히 무책임이 몸에 배게 하는 문화에서 자라온 사람들의 경우 더욱 어렵다. 내가 나 자신의 생각을 하고 있는지, TV프로그램 제작자들의 생각을 하고 있는지, 중학교 선생과 목사들의 생각을 하고 있는지 또는 문명 허물기를 논하는 책을 쓰는 사람이 생각하는 바를 생각하고 있는지가 헷갈리기 쉽다.[275)]

그렇지만 시도해 보라, 정말로 시도해 보라. 내가 나 자신의 생각을 따라가고, 나 자신의 윤리를 따르고, 가장 사랑하는 사람들을 지키고, 내 토지기반(토지기반을 사랑하지 않는다면, 다른 것을 선택해도 좋다[276)])을 지키기로 결정한다면, 어떤 싸움을 선택할 것인가? 무엇을 할까? 어떻게 행동할까? 나는 누구인가?

나는 이야기하는 자리에서 청중의 반응을 알아보기 위해, 두어 차례 이렇게 질문한 적이 있다. "당신이 미워하는 사람을 그려보세요. 그저 귀찮게 구는 사람이 아니라, 정말로 당신이 증오하는 사람을 생각해 보세요. 성적으로나 육체적으로 당신을 학대했거나 당신이 아끼는 사람을 마약으로 이끈 사람들처럼, 당신과 직접 관계가 있는 사람일 수도 있습니다. 아니면, 정치인이나 경영총수처럼 사회적인 경우일 수도 있습니다. 히틀러나 콜럼부스처럼 역사적 인물일 수도 있습니다. 어느 경우건 상관없습니다. 당신이 미워하는 사람이 없다면 좋습니다. 그렇더라도 당신은 여전히 참여할 수 있습니다. 자, 아무 뒤탈이 없을 게 확실하다면, 그리고 그런 기회가 주어진다면 그 사람을 죽이겠습니까?" 물론 나는 꼭 답을 원한 것은 아니고, 어떤 답이 나왔을 때 그것을 심판할 생각도 없었다. 다만 사람들이 무엇을 생각하고 느끼는지 궁금했던 것이다. 이런 질문을 던지면 청중의 절반 가량은 고개를 끄떡인다. 질문을 못마땅하게 여기거나 얼굴을 찌푸리는 사람도 많다. 물론 누군가에게 총을 주고 기회도 주고 나서 이런 질문을 하면, 그 사람이 방아쇠를 당길 확률은 한결 낮아질 것이다. 이론은 언제나 실천보다 쉬운 법이다.

이 질문을 하고 나서 나는 다음과 같이 말한다. "여러분의 대답이 어떤 것이건 상관이 없습니다. 다만 여러분이 '노'라고 대답한다면 우리가 제대로 토론했다는 것을 지적하려는 겁니다. 만약 대답이 '예스'라면 우리는 전혀 엉뚱한 토론을 하고 있는 겁니다."

이제 당신이 어떤 싸움터를 선택하건, 나는 개의치 않는다는 게 분명해질 것이다. 나는 당신을 모른다. 당신의 강점이 무엇인지, 약점이 무엇인지도 모른다. 당신이 사랑하는 것, 당신이 미워하는 것도 모른다. 당신이 어디서 무엇을 놓고 어떻게 싸우려는지도 모른다. 당신을 알지도 못하면서 무엇을 하거나 하지 말아야 한다고, 감히 이야기할 수도 없고 하고 싶지도 않다.[277)]

내가 하고자 하는 말은, 적이 싸움터를 선택하는 것이다. 싸움터를 현명하게 선택해야 한다.

◎ ◎ ◎

"많이 데리고 먼저 가라."

다음은 먼저다.

일반적으로 방어는 공격보다 쉽다. 방어의 경우, 차폐된 곳에 웅크리고 앉아 적이 오기를 기다릴 수 있다. 공격하는 측은 적이 잘 알고 있는 지형에서 자신들을 노출시켜야 한다. 방어하는 측은 움직일 수 없는 무기와 움직이는 무기를 동시에 사용할 수 있지만, 공격하는 측에서는 움직일 수 있는 무기만 사용하게 된다. 먼저 가는 쪽이 가장 좋은 방어진지를 차지할 수 있다. 그리고는 그 진지를 굳힐 수 있다. 적이 나를 진지로부터 내몰거나 전투를 포기하거나 양자택일하도록 강요할 수 있다. 그리고 아무것도 하지 않고 가만있을 수도 있다. 적측은 그 상황을 받아들일 의향이 아닌 한, 그렇게 할 수 없다. 다시 말해서 먼저 도착하면 적에게 내 입장을 받아들이거나 아니면 뭔가를 하도록 강요할 수 있게 된다. 이것은 강력한 우위를 의미하는 것이다. 다시 한번 말하지만 이것은 모든 대립국면에 적용되는 말이다.

프레데릭스버그의 경우를 보자. 리는 먼저 싸움터에 도착하여 좋은 위치를 차지하고 진지를 굳힐 수 있었다. 번사이드가 먼저 거기에 도착했더라면, 그의 부대는 산기슭에서 죽지 않고 천천히 언덕 위로 올라갔을 것이다. 그러나 남부연합군은 먼저 도착했기 때문에 거기서 버티면서 돌담 뒤에서 침착하게 사격을 할 수 있었던 반면에, 연방군은 차폐물이 없는 곳을 지나가야 하는 처지가 되었다.

담론의 경우도 마찬가지다. 법정 드라마를 자주 보는 우리는 재판의 한 가지 기본 틀에 친숙해져 있다. 그 룰은 법정에서는 이미 답을 모르는 문제에 대해서는 결코 질문하면 안 된다는 것이다. 현지에 먼저 도착하여 그곳을 차지하고 그곳에 익숙해져서 방어해야만 하는 것이다.

일단 어떤 싸움터를 차지했으면—그리고 이는 모든 대립국면에 해당하는 말이다—그곳을 포기하거나 밀려나게 될 때까지 거기서 버틸 수 있다. 내가 두 달 동안 비폭력주의 토론에 몰두하고 문명 허물기와 관련된 토론에 몇 년 동안 몰두해 온 일차적 이유가 여기에 있다. 비폭력주의가 이 문화의 여러 분야에서 도덕적 고지를 차지할 수 있었던 것은, 전에 그곳을 차지하고 있었던 사람들—스스로 방어를 했던 사람들과 그들이 사랑했던 사람들—의 토지기반과 문화와 육신과 영혼이 문명인들의 무자비한 물리적·수사적·정신적 공격으로 파괴된 후 그곳이 비어 있었기 때문이다. 비폭력주의가 과연 도덕적 고지를 차지할 자격이 있느냐의 여부를 떠나서, 한 가지 엄연한 사실은 문명인들이 전세계에 걸쳐 물리적 땅의 대부분을 차지하고 있는 것과 같은 이유로 비폭력주의는 이 문화의 넓은 영역에서 자리를 차지하고 있다는 점이다. 도덕적 고지로서의 비폭력주의는 기정값이 되었는데, 우리는 이를 수용하도록 가르침을 받아 별 생각 없이 수용하고 있다. 그것이 지탱할 수 없게 되거나 지탱할 수 없는 것으로 밝혀질 때까지, 그 기정값은 지속될 것이다. 그것이 내 분석의 한 가지 목적이었다. 그 고지에 매달려 있는 비폭력주의의 힘을 뒤흔들어 보자는 것이다. 큰 차원에서의 분석의 경우도 마찬가지다. 우리가 기정값으로 받아들이는 견해는 증명을 해야 할 필요도 없고, 방어할 필요도 없으며, 공격받지 않는 한 타당성을 가져야 할 필요조차도 없다. 문명은 높은 사회적·문화적 발전의 단계다. 공업화는 개발과 동등한 것이다. 첨단기술은 인류에게 좋은 것이다. 문명은 토지기반과는 다른 것이며, 그 어떤 토지기반보다도 더 중요한 것이다. 권력은 관계보다 중요하다. 세상은 조직화된 계급제도이며, 돈 많고 피부 희고 문명화된 남성인간들이 그 상층부를 이룬다. 이 인위적 계급제도의 상층부 사람들의 경우, 하층사람들을 착취하는 것이 (궁극적으로는 힘을 기본으로 해서) 정당하고 도덕적이며 옳은 일이 되어 있다. 비인간들은 말을 하지 않는다. 내가 시도해 온 일의 일부는 이와 같은 가정을 그 생각의 바탕으로부터 떼어놓는 것이다. 만약 이 문화의 기정값 견해—우리가 수용하도록 가르침을 받고 있고 그것이 지탱될 수 없는 것으로 입증되지 않는 한 우리가 수용하는 견해—가 비인간들도 말을 하며 그들이 뭔가 우리에게 하고 싶은 말이 있다는 것이라면, 그것은 이런 말들이 될 것이다. 세상은 위계적으로 조직된 것이 아니라, 복잡하게 서로 얽혀 있다는 것, 토지기반을 지나치게 혹사하는 것은 자신을 지탱해 주는 다양한 구조를 파괴하는 일이라는 것, 관계는 재물을 취득하고 권력을 휘두르는 것보다 중요하고도 재미있는 일이며, 존재(being)가 사물(thing)보다 중요하다는 것,[278] 문화는 토지기반에서 나오며 토지기반의 일부여야 한다는 것, 첨단기술은 토지기반으로부터 유리된 형태의 지식에서 나와서 그것으로 이어진다는 것, 공업화는 토착문화와 토지기반을 파괴하며 지나친 자원개발이 일차적 목적이어서 살아 있는 것이 죽은 것으로 바뀌게 된다는 것, 문명은 해외정복과 국내탄압에서 온 것이며 형성과정 및 표현에서 정신병적 사회질서여서 지구마저도 죽이게 되며 이미 그런 현상이 나타나고 있다는 것, 자신의 생명이나 토지기반을 방어하는 데 폭력을 사용하는 것은 수치도 불명예도 죄도 아니라는 것을 이야기할 것이다.

나는 말하고, 듣고, 글을 쓰면서 늘 **먼저 간다**는 말을 의식하려고 노력한다. 나는 온갖 타당한—심지어 가능한—반론을 궁리해 가며 현장에 먼저 가려고 노력한다. 독자들이 미처 생각하기 전에 그런 반론을 궁리해 내려는 것이다. 예를 들어 어떤 독자들이 연어 살리기에 관한 내 이야기를 일축해 버릴 수도 있는 것은, 내가 연어와 이야기한다고 말하기 때문이다. 문제될 게 없다. 나는 다만 그 같은 반론을 예상하고, 연어가 말한다는 것을 믿고 안 믿고는 상관없는 일임을 분명히 지적함으로써, 내가 공격받을 분야에서 미리 진을 쳐야 하는 것이다. 어떤 독자들은 그렇다면 양식연어를 먹으면 될 게 아니냐고 말할지도 모른다. 문제될 게 없다. 나는 이런 반론도 미리 예상하고 내가 공격을 받을 곳에서 진을 치면 되는데, 연어양식장은 문명의 충격을 이겨내지 못한다는 것을 지적함으로써 그렇게 할 수 있다. 논쟁마다 그렇게 진행시켜 나가면 되는 것이다.

먼저 가라. 나는 높이뛰기 코치로 있을 때, 육상대회가 있을 적마다 선수들을 누구보다도 먼저 경기장에 가 있게 했다. 그들은 먼저 가서 입구 가까이에 운동가방을 내려놓아야 했다. 여행을 가서 묵어야 하는 경우에는 도착하자마자 그날 밤에 미리 선수들을 경기장으로 데리고 갔다. 두어 번은 높이뛰기 경기장을 둘러보기 위해 담을 넘어야 했다.[279] 심지어 원정경기의 경우에도 나는 선수들이 먼저 경기장을 차지하기를 바랐다.

나는 이제 우리가 이와 비슷한 일을 해야 한다고 생각한다. 우리는 우리가 살고 있는 땅을 차지해야 한다. 우리는 불쑥 들어가서 그것이 우리 것인 양 다루고 그것을 지켜야 한다. 우리가 먼저 가 있기 때문에, 우리의 토지기반을 파괴하려는 사람은 우리를 헤집고 들어와야만 한다. 우리는 한 차원 높은 주장을 할 수 있으며, 그런 입장을 지켜야 한다.

지금 우리가 자기가 살고 있는 땅을 지키지 않는 것은 놀라운 일이 아니다. 우리는 그곳에 살고 있지 않기 때문이다. 우리는 TV프로그램과 영화와 책 속에서 살고 있고, 저명인사들과 더불어 살고 있고, 천당에서 살고 있고, 우리와 동떨어진 사람들이 만들어낸 법규와 추상개념에 따라 살고 있으며, 바로 이 순간, 바로 이 땅, 이 상황에서 내 몸이 아닌 다른 온갖 이런저런 곳에서 살고 있는 것이다. 우리는 어디서 살고 있는지조차 모른다. 무언가를 할 수 있으려면, 우리는 먼저 여기에 와 있어야 한다.

내가 살고 있는 땅의 임자들에 관해 모두 다 알아내고 그 정당한 소유주들과 연합하는 것이 대단히 중요한 일이지만, 여기에는 좀더 깊은 문제가 있다. 그것은 누구의 땅인가? 그렇다, 그곳은 톨로와 부족의 땅이거나 아파치나 세네카나 촉토나 세미놀레 부족의 땅이다. 그러나 그전에는 누구의 땅이었는가? 그 땅은 연어와 미국삼나무와 도롱뇽과 개구리와 딱따구리와 바다쇠오리와 얼룩올빼미 들의 것이었다. 거미와 벌과 월귤나무 들의 것이었다. 그들이 바로 이 땅이다. 그들이 이 땅의 성격을 규정지었다. 온갖 물리적 진실에 비추어볼 때 이 땅을 지금처럼 만들어놓은 건 그들이다. 그들과 연합하

라. 그들이 먼저 여기 있었다. 그들은 우리가 살고 있는 이 땅을 우리보다 훨씬 잘 알고 있다. 따지고 보면 그들은 지금 여기 살고 있는 셈이다. 그런데 문명이 무너지면 우리는 많은 것을 배워야 한다. 우리에게 배우려는 의향이 있고 그들이 아직 살아 있기만 하다면 그들은 우리에게 가르칠 것이 많을 것이다.

그런데 지금의 상황으로 봐서는 그들이 아직 살아 있을 것 같지 않다. 우리가 살고 있는 이 땅이 토착민들의 것이라는 걸 우리가 아무리 철저하게 이해한다 할지라도, 우리가 살고 있는 이 땅이 여기서 오래오래 살아온 비인간들의 것임을 우리가 제아무리 철저하게 이해한다 할지라도, 문명과 문명인은 그런 건 아랑곳하지 않고 지구를 거의 전부 유린했으며 나머지 부분마저 유린할 계획을 가지고 있다는 것이 엄연한 사실이다. 문명과 문명인들이 땅을 거의 다 차지하고 있다. 그들이 이곳을 선점하고 있다. 우리가 이 땅을 되찾으려면 그들이 포기하도록 강요해야 한다. 나는 은유적으로 이 말을 하고 있는 것이 아니다.

내가 환경보호 활동을 하면서 한 가지 늘 역겹게 생각한 것은, 우리가 하는 일의 거의 모두가 이런저런 지역의 파괴를 막기 위한 방어적 행동이라는 사실이다. 물론 필요한 일이기는 하지만, 그것만으로는 부족하다. 우리는 문명인들에게 반격을 가해 땅을 되찾아 되살려야 한다. 천연림에 새 길이 뚫리는 것을 막는 순전히 방어적인 행동말고도 권력자들의 승인 여부와 상관없이 이미 나 있는 길들을 없애야 한다. 댐을 철거해야 한다. 경작지를 숲과 늪과 초원으로 되돌려놓아야 한다.

반가운 소식은 이런 모든 것들이 아주 쉬운 일이라는 사실이다. 문명인들을 그들이 훔친 땅으로부터 물러나게만 하면, 나머지는 자연이 알아서 해준다. 댐을 허물면 강이 스스로 돌본다. 주차장을 없애면 머지않아 낙원이 되살아난다.

반갑지 않은 소식은 우리가 점령당한 곳에서 살고 있으며 권력자들은 점령상태를 유지하기 위해 끝까지 악착스럽게 버틸 것이라는 점이다. 이는 또 다른 의미에서 현장을 선점하는 것이 문명 허물기에서 얼마나 긴요한가를 보여주는 것이다. 우리의 토지기반을 혹사하고 죽이는 사람들이 순순히 자기들이 보유하고 있다고 생각하는 개발 및 파괴의 권리를 포기하려 들지는 않을 것이므로, 그들의 이른바 그 권리가 위협당하게 되면 위험이 뒤따르게 된다. 그들이 우리를 따라잡는 일이 없게 해야 한다. 그러자면 어떻게 해야 할까? 먼저 싸움터에 가 있는 것이다. 내가 무엇을 하고 있는가를 알아야 하고, 어디로 가고 있는가를 알아야 한다. 내가 야구장에서 만난 그 해병대 출신처럼 잠결에도 내가 할 일을 해낼 수 있을 정도로 연습을 해야 한다. 지형을 알아야 한다. 도주로를 확보해야 한다. 불의의 사태에 대비해야 한다. 그 이상의 것에 대한 계획도 세워야 한다. 먼저 가 있어야 한다. 내가 글을 쓸 때 하는 것처럼, 나의 행동에 대한 반응으로 나올 수 있는 온갖 것에 대비해야 한다. 국가는 반응할 것이다. 하나하나의 반응에 대해 먼저 손을 써서 공격의 진로를 막아야 한다. 예컨대 국가는 정보를 활용한다. 그러므로 내가 한 일, 하고자 하는 일을 아무에게도 이야기해서는 안 된다. 공교롭게도 보안관보의 딸인 새로 사귄 여자친구나, 어머니가 교회를 다니는 사람과 친구지간인 사람, 또는 댐 제거의 필요성을 인정하면서도 환경운동가들 중에는 너무 과격한 사람이 많아 그들이 누군가를 해치기 전에 경찰에 넘겨야 한다고 믿는 사촌을 둔 사람과 친하게 지내는 여자를 새 친구로 사귀는 오랜 친구에게도 아무 소리를 하지 말아야 한다. 아무에게도 말하면 안 된다.[280] 이메일은 추적될 수 있다. 특히 추적이 가능한 이메일은 보내지 말아야 한다. 법의학 실험실에서는 신발자국도 추적할 수 있다. 신발에 커버를 씌우고 나중에 신발과 커버를 버려야 한다. 소각해야 한다. 모든 증거를 태워버리고 재도 없애야 한다. 온갖 반응을 예상해야 한다. 무엇을 하건 먼저 현장에 가야 한다.

◎ ◎ ◎

"많이 가지고 먼저 가라."

다음은 많이 가지고이다.

싸움에서 이기려면 현장에서의 우위가 거의 절대적이다. 누가 전세계 최대의 군대를 가지고 있느냐는 문제가 되지 않는다. 중요한 건 누가 현장에 가장 많은 군대를 가지고 있는가이다. 미국은 135개국에 140만도 더 되는 군대를 보유하고 있고 국내에는 약 100만 명의 경찰을 가지고 있다. 그렇지만 한 휴대전화 중계탑 옆에 우리 네 사람이 서 있고 그들은 한 명도 없다면, 우리는 현장에서 우위를 확보한 것이다. 우리는 먼저 많은 것을 가지고 갔으니 이 특정 전투에서는 이길 공산이 크다. 우리 네 사람이 가서 현장에서의 우위를 확보하지 못했다면 그 시점에서는 싸워서는 안 된다.

포리스트(Nathan Bedford Forrest, 미국 남북전쟁 당시의 남부연합군 장군-옮긴이)가 군사전략의 대부분을 여섯 단어로 압축했다면, 야구의 영예의 전당에 이름이 오른 위 윌리 킬러는 별 생각 없이 내뱉은 불과 다섯 단어로 게릴라 전략의 진수를 압축시킨 사람이다. 배팅에서 거둔 성공의 비결이 뭐냐고 누군가가 물었더니, 그는 "그들(수비수)이 없는 데로 치는 거죠"라고 대답했다.

권력자들이 우리들 한 사람 한 사람에게 감시용 마이크로칩을 장치하지 않는 한, 그들은 모든 곳에 다 가 있을 수 없다. 이는 우리가 그들과 일체감을 갖지 않는다면, 우리가 마음과 머리로부터 그들을 몰아내기만 한다면, 우리가 자신의 신체와 자신이 살고 있는 땅과 하나가 되기만 한다면, 그들이 없는 데서 그들을 가격할 수 있다는 것을 의미한다.

그들의 보안은 제구실을 못하는 경우가 많다. 우리는 너무 오랫동안 너무 깊숙이 평정되어 있어서 대부분의 경우 반발을 못하는데, 이 때문에 대체로 그들은 장악한 땅을 방어할 필요가 없는지라 오히려 쉽게 공격당할 확률이 한결 높다.

몇 년 전에 밝혀진 바로는, 그랜드 쿨리 댐은 경비가 매우 소홀하여 그 고장 10대들이 댐 안을 스케이트보드 놀이터로 이용했다는 것이다. 그리 놀랄 것 없는 일이다. 200만을 헤아리는 댐이 있는데다가 사람들은 그런 대로 완전히 평정되다시피 한 상태이니 경비 따위에 신경을 쓸 이유가 어디 있겠느냐 말이다.

그들이 없는 곳에서 공격하는 것만이 이길 수 있는 유일한 방법은 아니다. 우리 운동은 대체로 규모가 큰 군대에게 유리하게 마련인 진지전을 벌일 정도의 규모가 못 된다는 게 내 생각이다.[281] 다시 미국의 남북전쟁을 살펴보면, 북부연방군의 그랜트 장군은 적측보다 가용병력을 훨씬 많이 보유하고 있었으므로[282] 연속적으로 공세를 취할 수 있었다. 그러나 그랜트는 어느 싸움터에든 먼저 가진 않았지만, 자기 병력이 확실히 더 많다는 걸 알고 있었다. 그리고 그의 병력우위가 지속되리라고 확신했다. 그리고 그것이면 족했다.

예측 가능한 장래에 우리는 결코 병력의 우위를 누리지 못할 것이라는 인식이 있다. 이는 문명을 해체하려고 애쓴 사람들이 하나같이 당면했던 문제다. 인디언들이 줄곧 불평한 것이 바로 이 점이었다. 유화적 태도 때문에 백인들로부터 크게 존경받았던 사우크 케오쿠크는 반격하는 건 자살행위나 같다면서 다음과 같이 말했다. "사실 우리들 중에 가까운 가족이나 친지가 무수한 장포(long gun, 백인 선발대-인용자)에 희생되지 않은 사람은 거의 없다. 그들의 오두막은 숲속의 나무만큼이나 많고, 그들의 군인은 초원에 풀이 솟아나듯 늘어나고 있다. 그들은 죽음을 멀리까지 보내는, 말하는 천둥〔대포〕을 가지고 있고, 긴 총과 짧은 총에 탄약과 보급품을 많이 가지고 있으며, 군인들이 탈 힘센 군마도 가지고 있다. 우리가 수적으로 워낙 뒤지고 있으므로 싸움에서는 결국 우리가 지게 마련이다."[283] 케오쿠크의 호전적 라이벌인 마카타이메시에키아키아크도 싸움에서 지고 나서 문명인들에 대해 이와 비슷한 말을 했다. "형제들아, 그대들의 집은 나뭇잎만큼이나 많고, 그대들의 젊은 전사는 커다란 호숫가의 모래와도 같다."[284] 역시 반격을 반대했던 산테 수우족 추장 타오야테두타의 말을 되새겨보자. "보라!— 백인들이 메뚜기떼처럼 몰려와 온 하늘을 눈보라처럼 뒤덮고 있다. 여러분은 그들을 한 명, 두 명— 열 명, 아니 저 숲의 나뭇잎들만큼 많이 죽일 수 있을 것이다. 그러나 열 명을 죽이면 열 곱하기 열 명이 와서 여러분을 죽일 것이다. 하루 종일 손가락으로 세어보라. 총을 가진 백인들이 여러분의 손가락셈보다 더 빨리 달려올 것이다. 그렇다. 그들은 자기들끼리도 싸운다. 그러나 여러분이 그들을 치면 그들 모두가 메뚜기떼처럼 달려들어 여러분과 부녀자들을 하루 만에 먹어치울 것이다."[285] 역시 백인들(특히 미국인)과 친했던 와이안도트(the Wyandot Between The Logs)는 은유적인 표현을 접고 노골적으로 말했다. "나는 미국인 아버지로부터 너희들에게 이걸 알려주라는 지시를 받았다. 만약 너희가 받은 충고를 거역한다면 그는 군대를 대거 이끌고 이리로 올 것이며, 그가 이곳을 지나갈 때 그에게 맞서는 인디언이 있으면 그는 짓밟아버리겠단다. 너희는 그와 맞설 수 없다…. 이걸 알아두라. 혹 이번에 미군을 물리친다 해도 그들에게 이긴 것이 아니다. 다른 군대가 올 것이고, 그들을 다시 물리치더라도 도저히 감당할 수 없는 또 다른 군대가 올 것이다. 홍수처럼 몰려와서 너희를 압도하고 땅 표면으로부터 너희를 쓸어버릴 것이다."[286] 주목해야 할 중요한 점은 싸움을 하지 말라고 경고했던 인디언들도 그들의 땅을 잃었다는 사실이다.

이들 인디언의 이와 같은 말들은 모두가 어떤 면에서는 토마스 제퍼슨의 말을 주객을 전도시켜 재구성한 것이다. "전쟁에서 적이 아군 몇 명을 죽이면, 우리는 적을 모조리 섬멸할 것이다."[287] 문명의 불가항력적인 파괴력 앞에서 절망적 생각을 경험하지 않은 환경보호주의자나 다른 유형의 운동가들은 내가 아는 한 한 사람도 없다. "수적으로 매우 많아지고 있는 장총을 가진 자들〔목재회사, 에너지회사〕 때문에 죽음〔싹쓸이 벌목, 댐 건설, 근절〕을 당한 가까운 이들과 사랑하는 이들〔산림, 강, 여러 종들〕을 애도하지 않는 사람은 별로 없다. 그들의 오두막〔벌목꾼 숙소, 벌목장비〕은 숲속의 나무만큼이나 많고 그들의 군인〔경찰〕은 초원에 풀이 솟아나듯 늘어나고 있다. … 우리는 수적으로 그들에게 워낙 뒤지고 있으니 싸움에서 결국 패하게 마련이다." 그리고 "봐라!— 백인들〔경영총수, 개벌꾼들, 개발업자들, 경찰〕이 메뚜기떼처럼 몰려와 온 하늘을 눈보라처럼 뒤덮고 있다. 너희가 하나— 둘— 열을 죽일 수도 있다. 그러나 하나— 둘— 열을 죽이면 열의 열 곱절이 너희를 죽이려 몰려올 것이다. 온종일 너희 손가락으로 셈을 해봐라, 손에 총〔휴대형 미니컴퓨터, 전동 쇠사슬톱, 지도〕을 든 백인들〔경영총수, 개벌업자, 개발업자, 경찰〕이 너희의 손가락셈보다도 빨리 들이닥칠 것이다." 그리고 한번 더 보자. "내 말 잘 들어라. 혹 너희가 이번에 미군〔목재회사, 개발업자, 경찰대 또는 평범한 구식 미군〕을 물리쳤다고 해서 끝나는 게 아니다. 또다시 몰려올 것이고 혹 그들을 물리친다 해도 너희가 감당할 수 없는 또 다른 떼가 몰려올 것이다. 홍수의 물결처럼 몰려와서 너희를 압도하고 땅 표면으로부터 쓸어버릴 것이다."

문명은 처음부터 거의 전적으로 정복과 전쟁에 골몰해 왔다. 때로는 문명인들이 전쟁에 사용되는 기계들의 연료를 위해 자원을 과도하게 채취하는 것인지, 아니면 자원접수(그리고 그 자원은 전쟁기계의 연료를 위해 과다하게 채취된다)를 위해 전쟁기계들이 필요한 것인지 분간하기 어렵다—어느 쪽이건 신경을 쓸 일이 아닐 것도 같다). 지배적 문화가 그토록 파괴적인 것은 구성원의 대다수가 복합외상 후 스트레스 병을 앓고 있는 미치광이들이기 때문인지, 아니면 사회적 보상의 물질적 체계—부와 권력의 획득을 지나치게 중시하고 관계는 과소평가한다—가 필연적으로 증오와 횡포로 이끌어가기 때문인지, 그것도 아니고 도시의 물질적 자원 수요가 광범위한 폭력과 파괴를 피할 수 없게 하기 때문인지를 묻는 것과도 비슷하다고 할 수 있다. 답은 예스다.

조지 드래펀과 나의 공저 『기계의 영입』에서 물었듯이 "우리의 기계문화는 왜 실제 생활문화와의 경쟁에서 이겨 압도하는가?" 우리는 이 질문에 이렇게 대답했다. "기계는 살아 있는 것들보다 더 능률적이기 때문이다. 어째서 기계는 살아 있는 것들보다 능률적인가? 기계는 되돌려주지 않기 때문이다. 살아 있는 모든 것들은 그들이 취하는 만큼 주위에 되돌려줘야만 한다. 그렇게 하지 않으면 주위환경을 파괴하게 된다. 원래 기계는 되돌려주지 않으며, 스스로 기계가 되어버린 인간들과 문화도 되돌려주지 않는다. 그들은 쓰기만 한다. 그래서 바닥을 낸다. 이것이 그들에게 결과를 결정짓는 능력에 있어서 단기적으로 힘의 우위를 누리게 해준다. 그들은 경쟁에서 앞선다. 그들은 압도한다. 그들은 파괴한다."[288]

총력전에서는 그렇다. 그러나 싸움에는 다른 방법도 있다.

그들이 없는 데로 공격을 가하는 것이다.

◎ ◎ ◎

방금 나는 자기 땅을 빼앗은 백인들과 싸웠던 세미놀족 인디언 오스세올라의 이야기를 읽었다. 총력전에서 전쟁기계를 무찌르기 어렵다는 것을 알게 된 오스세올라는 이렇게 대처했다. "〔그는〕 백인들의 대부대와 맞붙을 생각이 없었다. 그래서 그는 여자들과 아이들을 습지 깊숙이 들어간 안전한 곳으로 보내고 전사들을 소조로 편성하여 잡히지 않는 벌떼처럼 백인들 주위를 맴돌면서 그들을 죽일 수 있는 데서는 죽이다가도 〔적이〕 수적으로 우세하다는 증거가 보이면 얼른 습지의 안전한 곳으로 퇴각하라고 지시했다."[289]

참 좋은 생각인 것 같다.

적이 없는 데로 공격을 가하는 것이다.

◎ ◎ ◎

할레루야! 윤전기 멈춰! 내가 쓴 건 모두 틀렸어! 이젠 일이 잘 풀릴 거야! 우리는 반격에 나서지 않아도 돼! 미국 대통령이 기적적인 계시를 받아 생태학적 인식을 갖게 되었다. 조지 부시가 공화당 대통령후보로 2차 지명을 받고 그것을 수락하면서 한 연설에서 했던 다음과 같은 말을 따져보자. "그래서 우리는 세계 곳곳에서 기업과 지구를 파괴하는 자들과 싸워왔습니다—그건 프라이드나 권력을 위해서가 아니라, 우리 국민들의 생명이 걸린 문제이기 때문입니다. 우리의 전략은 명백합니다. 우리는 토지기반의 보호를 위한 기금을 세 배나 증액했고 50만 명의 1차 출동요원들을 훈련했는데, 이는 우리가 토지기반을 보호하기로 작심하고 있기 때문입니다. 우리는 군대를 개편하고 있고 정보서비스를 강화하고 있습니다. 우리는 공세를 유지하면서 해외에서 기업과 지구의 파괴자들을 공격하여 국내에서 그들과 대결해야 할 필요가 없도록 해놓았습니다. 그리고 우리는 토착민들의 자유 증진을 위해 노력하고 있는데, 자유가 희망의 미래를 갖다 주고 우리 모두가 원하는 평화를 갖다 줄 것이기 때문입니다."[290)]

이거 놀라운 일 아닌가? 난 정말 기쁘다.

난 참… 미혹되었다.

좋다, 그건 인정한다. 그가 정말 그렇게 말한 건 아니다. 그러나 비슷했다. 단지 몇 마디만 바꿔넣으면 된다. 그는 '기업'이 아니라 '테러리스트'라고 했는데, 그가 의미한 건 미군군복이나 더 무시무시한 신사복 차림의 사람들이 아니라 가난한 갈색피부의 사람들인 것으로 짐작된다. 그리고 그는 실제로 '지구파괴자들'이라는 말은 하지 않았다. 그리고 '토지기반' 보호도 언급하지 않았고, '국토안보'를 말했다. 사실 그는 토지기반 보호에 대해서는 전혀 언급하지 않았다. 그리고 토착민도 언급하지 않았다. 그렇지만 그렇게 말했더라면 얼마나 좋았을까?

◎ ◎ ◎

좋다 좋아, 우리는 아무래도 반격을 해야 할까 봐. 권력자들이 우리를 위해 그런 일을 하지는 않을 것이다. 그리고 그들은 옳은 일은 하지 않을 것이다.

상징적 행동과 비상징적 행동

적의 패배란 무엇을 의미하는가? 한마디로 죽이거나 다치게 하거나 혹은 다른 어떤 수단에 의해서건 적의 병력을—완전히 혹은 싸움을 중지해야 할 만큼—파괴하는 것을 의미한다. …적의 완전한 혹은 부분적 파괴는 모든 교전의 유일한 목적으로 간주되어야 한다. …적을 직접 섬멸하는 것이 언제나 우선적인 고려사항이어야 한다.

칼 폰 클라우제비츠[291)]

이 책 1권에서 나는 1999년 시애틀에서의 WTO 반대시위 때 표적이 된 기업들의 창문을 부순 무정부주의 단체 '블랙 블록'(Black Bloc)을 언급하면서, 그들의 전술에 다소 이의가 있음을 암시했었다. 결국 따지고 보면 그것은 기본적으로 그들이 윌리 킬러가 우연히 밝혀준 게릴라전의 격언을 어겼다는 이야기였다. 스타벅스의 창문을 부수거나 그 밖의 다른 방법으로 경제에 타격을 주려는 것이 목적이었다면, 무엇 때문에 폭동진압 장비를 갖춘 경찰이 불과 몇 블록 떨어진 곳에 대거 진을 치고 있는 가운데 대규모 항의 시위가 벌어지고 때를 골라서 그런 행동을 할 게 뭐냐는 것이었다. 새벽 4시에 가서 부수고 도망치는 게 더 현명한 일이 아니었을까? 그렇게 했다면 훨씬 더 큰 파괴효과를 낼 수 있었을 것이다.

그렇지만 물론 나의 분석은 피상적인 것이다. 블랙 블록의 일차적 목적은—나는 거기 참여했던 것도 아니고 참여한 사람과 이야기를 해본 것도 아니므로 이건 내 추측이다—단지 창문을 부수는 것은 결코 아니었다. 목적은 권력자들과 그들에게 봉사하는 경찰이 용인하는 수단을 통해 괄목할 만한 사회적 변화를 이룩할 수 있다는 환상을 깨자는 것이었다. 블랙 블록의 일차적 목적은 메시지를 주는 것이었다. 스타벅스와 그들이 가입한 보험회사에 경제적 타격을 주는 것은 이차적인 목적이었다. 그러므로 블랙 블록의 행동은 일차적으로는 상징적인 것이었다.

나는 상징적 행동에 아무런 이의가 없고—결국 난 작가인데, 책을 쓴다는 건 무엇보다도 메시지를 전하려는 시도이므로 더없이 순수한 상징적 행위다—블랙 블록이 아직 문명 허물기에 성공하지 못했다는 점을 빼고는 이 단체에 대해 아무것도 나무랄 것이 없다. 물론 나는 나 자신을 포함한 우리들 가운데 다른 사람들에 대해서도 같은 문제를 안고 있다.

그러나 난 이 기회에 사회변화를 추구하는 사람들 사이에서 거의 전적으로 간과하고 있는 한 가지 차이점을 짚어보고 싶은데, 그건 상징적 행동과 비상징적 행동의 차이다. 상징적 행동은 일차적으로 메시지 전달을 의도한 행위다. 비상징적 행동은 그 자체로 어떤 구체적 변화를 일으킬 것을 일차적

 으로 의도하는 행동이다.

이 두 가지의 차이점을 분간하지 못하는 사람들이 많다. 예컨대 어떤 사람들은 내게 댐을 폭파하면 안 된다면서, 그 같은 극적인 행동은 전달하고자 하는 메시지를 묻혀버리게 하기 때문이라고 말한다. 내 대답은 언제나 메시지 전달이 목적이라면 책을 쓰겠다는 것이다. 내가 댐을 철거한다면, 그건 강을 해방시켜 주기 위해서다. 상징은 기껏해야 이차적인 것이다.

운동에 나선 사람들만이 상징적 행동과 비상징적 행동을 뚜렷이 구분해서 생각하지 않는 게 아니다. 대체로 많은 사람들이 이 점에 대해 명확하게 생각하고 있지 못하다. 우리가 생각 자체를 못하도록 체계적으로 훈련받아 온 당연한 결과이다.

테러리스트라는 말이 예사롭게 사용되고 있다는 사실은 대다수 사람들의 사고가 흐릿하다는 것을 보여주는 좋은 사례이다.

테러리즘을 논해 보자. 테러의 법적인 정의는 무시하자. 그건 권력자들이 자신을 보호하고 당면한 적을 악마 취급하기 위해 고안해 낸 용어이기 때문이다. 저항하지 않는 (그리고 종종 투항한) 비무장 민간인들을 살해하는 미군이나 경찰의 행위는 이 정의 아래서는 테러행위로 규정되지 않으며, 반면에 (특히 미국) 정부나 기업의 이권에 항거하는 사람이 저항하지 않는 비무장 민간인을 죽이면 그 행위는 테러로 규정된다.[292] 권력자들(그리고 그들에게 봉사하는 사람들)에게 테러행위를 정의하도록 허용하는 게 얼마나 어리석은가를 더 분명히 알고 싶으면, 신문기사가 포도나 무의 즙을 빨아먹는 벌레를 테러리스트로 규정하고 있음을 상기하기 바란다. 내가 정신 나간 경우를 예로 든 것이 아님을 밝히기 위해 소개하자면, 오리건주 의회는 상업을 방해하는 모든 행위를 테러로 규정하는 법안을 여러 차례 심의해 왔다.

테러행위는 남의 (혹은 제3자의) 행위에 변화를 일으킬 목적으로 그에게 두려움이나 극도의 공포감을 불어넣으려는 동기에서 나온 모든 행위로 규정하는 것이 훨씬 더 합리적일 것이다. 그렇다면 테러행위가 의도하는 바는 메시지 전달이다. 일차적으로 상징적 행위인 것이다.

만일 이라크 민간인들이 미국을 놀라게 해서 철군시킬 생각으로 미군(혹은 민간인)을 죽인다면, 그건 테러행위가 될 것이다. 만약 그 민간인들이 침략군의 수를 하나 줄이기 위해 미군이나 미국 민간인을 죽인다면, 그건 테러행위가 아니다. 두 경우 모두 사람이 죽는다는 점을 주목하자. 그리고 어떤 특정한 살해의 경우건 정도의 차이는 있지만 침략자에게 겁을 주어 그를 제거하려는 시도인 만큼, 동기가 뒤섞일 수 있다는 점도 주목하자.

마찬가지로 만일 미국군대가 반격해 오기 때문에 (아니면 길을 막고 있거나 다른 구체적인 이유 때문에) 민간인(또는 군인)을 죽인다면 그건 테러행위가 아니다. 그건 상징적 행위가 아니다. 살해목적이 저항할 소지가 있는 사람들에게 겁을 줘서 고분고분해지게 만들려는 것이라면 그건 테러행위이다. 그건 상징적 행위이다—**충격과 공포**(shock and awe, 부시정권이 이라크전쟁의 성격을 규정하면서 사용한 용어-옮긴이)라는 용어를 떠올리게 된다.

마찬가지로, 특정 생체해부자가 동물들을 고문하는 것을 막기 위해 누군가가 그를 죽인다면, 그건 테러행위가 아니다. 그건 상징적 행위가 아니기 때문이다. 만일 다른 사람들이 생체해부에 종사하는 걸 저지할 목적으로 특정한 생체해부자를 살해한다면 그건 테러행위다. 그건 상징적 행위이기 때문이다.

나는 이 문제를 끝까지 따지고 싶은 생각은 없지만,[293)] 상징적 행위와 비상징적 행위의 이런 차이점을 분명히 해두고 싶은 이유는 솔직히 이건 우리가 자주 이야기하는 것이 아니기 때문이다. 우리는 이 두 가지를 혼동하거나 하나로 묶어버리기 일쑤다. 그래서 두 가지 예를 더 들어보겠다. 국가가 어떤 범법자를 감금한다면, 그 감금의 일차적 목적은 그 사람을 사회로부터 제거하는 것—그가 전체 사회에 대해 더 이상 흉악한 행위를 자행하지 못하도록 하는 것—이므로 그건 상징적 행위 혹은 테러행위가 아니다. 그렇지 않고 국가가 다른 사람들에게 겁을 줘서 유사한 행동을 못하도록 할 생각으로 그를 감금한다면—SUV 3대에 불을 지른 제프리 류어즈에게 22년여의 금고형을 선고한 것은 확실히 그런 조건을 갖춘 것이다—그건 테러행위이며 상

 징적 행위다.

마찬가지로, 만일 누군가가 살인이나 도둑질이나 환경파괴를 자행한 한 경영총수를 그가 자행한 행위에 대한 응보로, 아니면 앞으로 사회 전체에 대해 흉악한 행위를 못하도록 방지하기 위해—대부분의 경영총수는 기업 고유의 '본성' 때문에 그런 행위를 자행한다—그를 사회로부터 제거할 목적으로 살해한다면, 그건 테러행위가 아니다. 그건 상징적인 행위가 아니다. 그렇지 않고 살인, 도둑질, 환경파괴를 자행하지 못하도록 다른 경영총수들에게 경고할 목적으로 누군가가 경영총수 한 사람을 죽인다면, 그건 테러행위가 되며, 상징적인 행위가 된다.

물론 나는 상징주의와 테러리즘을 하나로 엮으려는 건 아니다. 다만 이것을 예로 들 뿐이다. 다른 상징적 행위로는 저술작업, 그림 그리기, 계란 던지기, 항의시위 등을 들 수 있다. 어떤 구체적인 결과를 의도하는 것이 아니라, 일차적으로 메시지 전달을 목적으로 하는 모든 행위가 여기에 포함된다. 우편물을 가지러 가는 것은 비상징적 행위다. 우체통으로 걸어가면서 나는 이웃이나 다른 누군가에게 뭔가를 표명할 것을 의도하지 않는다. 다만 우편물을 가져오기 위해 걸어가는 것이다.

이런 이야기를 하면서 줄곧 내가 의도하는 바는 그저 명확히 해두자는 것이라는 점을 유의하기 바란다. 나는 상징적 행위가 비상징적 행위보다 좋다거나 나쁘다고 주장하지 않는다. 명백히 어느 한쪽이 다른 쪽보다 더 적절한 때가 있고, 또 다른 쪽이 더 적절한 경우도 있다. 테러행위의 경우도 마찬가지다. 가령 히틀러와 같은 폭군을 사회에서 제거하고 동시에 다른 폭군들에 대한 저지효과를 내기 위해 그를 죽인다 해도 윤리적 문제는 없다.

흔히 그러하듯, 문제가 생기는 건 상징적 행위와 비상징적 행위처럼 혼동하거나 하나로 취급해서는 안 될 것들을 혼동하거나 하나로 묶는 경우이다. 이런 그릇된 인식은 어느 쪽으로도 나타날 수 있다. 종종 메시지를 보내는 사람이 잊거나 간과하는 사실은, 그 메시지 전달에는 전달수단에 불과한 사람들에게 큰 희생이 따른다는 것이다. 미국은 '충격과 공포'를 보여주기 위해 마을에 폭탄을 투하하면서 호전적 주민들에게 메시지를 보내고 있을지 모르지만, 그 메시지는 나름대로 삶과 목적을 가지고 있던 사람들이 갈기갈기 찢어지면서 흘린 피로 씌어지고 있는 것이다. 해리 트루먼과 미국군부가 히로시마와 나가사키에 원자탄을 투하했을 때, 소련에게는 강력한 메시지가 전달되었지만 그 메시지는 방사능에 노출되어 죽어가는 사람들의 까맣게 탄 살점 위에 씌어져 있었다. 그 메시지는 메시지의 일차적 수신자와는 아무 상관없는 사람들의 희생을 요구했던 것이다.

이렇게 말한다고 해서 희생이 따르는 메시지는 보내지 말아야 한다는 이야기는 아니다. 이 책만 해도 펄프가 된 나무들 위에 기록되어 석유를 사용해서 독자들에게 전달되며 그 과정에는 갖가지 희생이 따르지만, 나는 이 책의 메시지가 궁극적으로는 산림공동체의 생존을 약간이나마 돕게 되기를 바라고 있는 것이다. 단지 권력자들과 그들을 섬기는 사람들(나는 다시금 제프리 루어즈에게 선고를 내린 판사를 생각한다)이 사회적 위계체계의 하위층 사람들이 부득불 희생을 치르게 될, 대가가 따르는 메시지를 경솔하게 보내고 있음을 지적하려는 것이다.

이는 이 책의 〔전제 4〕와 〔전제 5〕의 또 다른 변형이다. 이 문화에서는 위계체계의 상층부 사람들이 하층부 사람들의 몸뚱이를 이용하여 메시지를 보내는 게 용인되며, 흔히 바람직한 일로 인정된다. 그래서 위계체계의 상층부 사람들의 메시지는 그들의 재물처럼 하층민들의 생명보다 가치 있다고 간주된다.

이 같은 상황은 전체적으로 대단히 복잡하고 혼란스러워질 수 있다. 바로 지난주에 러시아 남부의 북오세티아 베슬란시에서는 체첸 과격파가 학교 한 곳을 점령했다. 그들은 1천여 명의 어린이와 어른들을 53시간 동안 인질로 잡고 있다가 결국 그중 약 320명을 죽였다. 그들은 왜 이런 짓을 했는가? 인질로 잡혔던 한 사람은 납치범으로부터 이런 말을 들었다고 했다. "러시아 군인들이 체첸에서 우리 아이들을 죽이고 있기 때문에, 우리는 너희 아이들을 죽이기 위해 왔다." 이 학교 점령의 주동자로 알려진 체첸의 지도자 샤밀 바사예프는 이렇게 부연했다. "그 학교에서 얼마나 많은 어린이들이 인질로 잡혔건, 얼마나 많이 죽었건 간에… 그건 러시아 침략군에 의해 살해된 체첸 어린이 4만 2천 명과는 비교도 안 된다." 그는 다음과 같이 계속했다. "침략군에 의해 무참히 살해된 25만 명도 넘는 체첸의 평화적인 민간인들 모두가 하늘에 대고 울부짖으면서 보복을 요구하고 있다. 그리고 베슬란의 이들 '테러리스트'가 누구이건 간에 그들의 행동은 〔러시아 지도자〕 푸틴의 카프카스 정책의 결과이며, 아직도 어린이들을 계속 살해하고 카프카스를 피바다로 만들고 러시아화라는 치명적인 병균으로 세계에 독을 퍼뜨리고 있는 데 대한 응보다." 이 글을 올린 웹사이트는 그의 말 뒤에 다음과 같은 성경구절을 인용했다. "너희의 헤아리는 그 헤아림으로 너희가 헤아림을 받을 것이니라." 바사예프의 말은 일리가 있다. 대대적으로 보도된 이 잔학행위도 러시아군이 일상적으로 체첸에서 자행하고 있는 잔학행위와 비교하면 대수롭지 않은 것인데도, 러시아군의 만행은 세계여론의 관심 밖에 있기 때문이다. 학살에 관한 뉴스에서 일부 범인이 여자라는 사실이 지적되었다. 그런데 그다지 자주 지적되지 않고 있는 것은 러시아군인들이 체첸여자들을 집단으로 겁탈하고 있다는 사실이다. 여자 폭탄 테러리스트의 출현에 대해 연구해온 영국 노팅엄 트렌트대학의 선임강사 서원 모어 박사는 이렇게 말했다. "계약직 군인들에 의한 전시의 성폭행은 널리 자행되어 온 일이다. 이 문제는 아주 미묘해서 사실을 파악하기가 어렵다. 그러나 러시아의 계약직 군인들이 약탈과 성폭행을 일삼고 있으니—나는 이것이 용인된 관행인 것으로 믿는다—이로 말미암아 나중에 일이 벌어지게 마련이다." 그런데 그건 단지 성폭행이 아니다. 사람을 죽이는 것이다. 모어는 확인된 여자 자살폭탄 테러범의 약 60%가 남편을 잃은 사람들이라는 점을 지적하면서 "남편과 가족이 살해되었기 때문에 자기 정체성의 대부분을 상실한 여자는 테러리스트로 자원하기가 쉽다"고 말했다.[294]

자기 아이들이 살해된 데 대한 보복으로 그런 학살을 자행하게 되었다는 바사예프와 다른 가담자들의 말은 그대로 믿어도 좋을 것이다. 너희가 우리

아이들을 죽이고 우리가 너희 아이들을 죽였으니 공평하지 않은가? 그러나 나는 체첸이 메시지를 보내려고 했던 것도 사실이며, 그 내용은 우리 아이들을 죽이지 마라는 것이었다고 생각한다. 다음 질문은 누구에게 메시지를 보내려 했는가 하는 것이다. 그 메시지를 베슬란 주민들에게 전할 생각이었다면, 그들은 엉뚱한 사람들에게 메시지를 보낸 셈이다. 나는 러시아가 미국보다 민주적이지는 않다고 말해도 무방하리라 생각한다. 따라서 베슬란 주민들이 설사 그 메시지를 명확하게 받았을지라도, 러시아정부가 이 때문에 체첸에서 군대를 철수하게 되지는 않을 것이다. 베슬란 사람들도 캘리포니아주 크레슨트 시티 사람들이 미국정책에 작용할 수 없는 것만큼이나, 러시아정책에 작용하지 못한다는 건 거의 의심할 여지가 없다.

나는 바사예프를 비롯한 다른 사람들이 이 점을 잘 알고 있다고 생각한다. 그래서 나는 그들의 메시지의 대상은 비단 베슬란 주민들뿐 아니라 러시아정부를 움직이는 푸틴을 비롯한 사람들, 체첸으로부터의 철군을 실제로 결정할 수 있는 사람들일 것이라는 생각이 든다. 그러나 이런 논리에는 큰 문제가 있다. 이는 푸틴을 비롯한 러시아의 지도층이 베슬란 주민들을 조금이나마 의식하리라고 가정하고 있는데, 그것은 심히 의심쩍은 생각이다. 미국의 경우를 생각해 보자. 조지 부시와 딕 체니가 당신의 생명이나 당신 가족들의 생명에 신경을 쓴다고 생각하는가? 말치레를 접어놓고 볼 때, 그들이 정말 미국국민의 생명을 걱정한다고 생각하는가? 그들이 기업이나 생산이나 개인적 금전취득이나 개인적·정치적 권력 증진 이상으로 인류를 걱정한다고 생각하는가? 만일 그렇다면 어떻게 감히 살충제 사용을 권장할 수 있단 말인가? 어떻게 환경이 온통 독극물로 오염되도록 부추겨, 결과적으로 해마다 수십만 미국인들을 죽게 할 수 있단 말인가? 만약 부시·체니 일당이 인간의 생명을 걱정한다면 우리를 도와 문명의 종말을 대비해야 할 것이다. 그런데 그들은 그렇게 하지 않고 있다. 그들은 인류 전체에 대한 배려가 없다. 그들은 미국국민들에게 신경을 쓰지 않는다. 이런저런 작은 도시들은 그들의 관심 밖이다. 만일 체첸사람들이 캘리포니아주의 크레슨트를 온통 쑥

 대밭으로 만든다면, 분명히 미국정부는 그것을 구실삼아 국내에서의 탄압을 강화하고 또 다른 석유생산국을 정복하려 들 것이지만, 나는 조지 부시와 딕 체니가 그 때문에 괴로워하는 일은 없다고 장담할 수 있다.

이는 응보의 경우에도 맞는 말이다. 보복의 요체는 네가 나에게 고통을 주면 나도 너에게 고통을 주어 그게 어떤 것인가를 알게 하자는 데 있을 것이다. 그러나 그 아이들이 죽었다고 해서 푸틴이 아픔을 느끼리라는 생각은 들지 않는다. 그가 이 사태로 인해 악몽과도 같은 홍보 차원의 과제에 대처하느라 다소 뜨끔함을 느꼈으리라는 것은 의심할 바 없다. 그렇지만 아픔을? 그런 건 없다.

푸틴이 "전쟁에서 적이 아군 몇 명을 죽이면, 우리는 적을 모조리 섬멸할 것"이라는 제퍼슨의 말을 따르리라는 건 거의 의심할 여지가 없다.[295] 그러나 이제 나는 제퍼슨의 말이 거짓말이었음을 깨닫게 된다. 그의 본심은 다음과 같은 것이었다. "전쟁에서 그들은 어차피 우리가 별로 신경 쓰지 않는 사람들을 더러 죽일 터이지만, 우리의 휘하군대는 그들을 모조리 섬멸할 것이다."

나는 러시아 남부의 작은 도시에서 어린이 몇백 명을 죽이는 것이 권력자들에게 메시지를 보내는, 도의적으로 용납될 수 있는 방법이라고 말하는 건 아니다. 그렇다고 어떤 집단이 나의 아들딸들을, 남편과 아내와 자매와 형제들과 어머니와 아버지들을, 사랑하는 사람과 친구들을 조직적으로 살해하고 있다면, 그 큰 집단에게 달려들고 싶어지리라는 것을 이해할 수 없다고 말하려는 것도 아니다. 나는 그들이 사용할 수 있는 훨씬 효과적인 수단이 있다고 말하려는 것이다. 푸틴 등 러시아 권력자들에게 메시지를 보낼 생각이었더라면 좀더 가까운 데를 때리는 게 좋았다는 것이다.

베슬란에서 어린이들을 죽일 것이 아니라 푸틴의 아이들이나, 체첸에서 약탈과 성폭행과 살육을 일삼는 러시아군 지휘관들의 아이들을 죽였다면 그 효과는 어떤 식으로 나타날까? 어린이들을 겨냥하지 않고 범인들을 직접 해치웠다면 어땠을까? 그렇게 했다면 푸틴은 따끔함을 느꼈을까? 그게 설득력 있는 보복이 아니겠는가? 그렇게 하면 푸틴이 알아차릴 메시지를 보내게 되지 않을까? 그렇게 함으로써 푸틴이 그 자신과 가까운 사람들의 생명이 위험에 처했음을 알게 된다면, 그 살육적인 점령작전에 그토록 신속하게 군대를 더 투입했을까? 이것을 달리 표현해 보자. 조지 부시와 딕 체니가 스스로 사지가 찢겨죽을 심각한 위험에 처하거나 자기 아이들이 먼저 죽게 될 수도 있다고 생각했다면 이라크로 쳐들어가는—아니 남의 아들딸들에게 이라크 침공을 명령하는—일에 그토록 열을 올릴 수 있었을까?

천만에.

◎ ◎ ◎

자, 바사예프는 적이 없는 데서 그들을 공격함으로써—그렇게 좋은 일은 아니지만—일을 멋지게 해냈다고 응수할 수도 있을 것이다. 그러나 나는 그가 그들을—이 경우 그의 적을—아예 때리지도 못했다고 말하고 싶다. 그는 푸틴과 그의 측근들이 너무 잘 보호되고 있어서 칠 수 없었다고 주장할 수 있을 것이다. 사실 어려운 일일 것이다. 그러나 적절한 창의력을 발휘한다면, 길을 찾아낼 수 있었을 것이다. 그리고 바사예프는 분명 러시아의 권력 중심에서 멀리 떨어진 소도시에서 거의 무작위로 어린 학생들을 표적으로 삼기보다는 권력으로 좀더 다가가는 길을 찾아낼 수도 있었을 것이다. 그러나 이에 대해 바사예프는 북오세티아가 그 지역에서 가장 규모가 큰 러시아 군사시설이 위치한 곳으로서, 카프카스 장악을 위한 러시아의 노력에서 핵심적인 역할을 하고 있다고 주장할 수 있었을 것이고(옳은 말이다), 더 나아가 북오세티아 사람들이 카스피해와 흑해 사이의 군소지역들 중에서 남달리 친러시아적이라고 주장할 수도 있었을 것이다. 달리 추구할 방법이 있었느냐고 따질 법도 한 일이다.

그렇게 묻는다면 나는 그 학교에서 벌어진 일이 나치에 저항하는 유격대가 독일학교를 폭파하는 것과 유사한 일이라고 응수할 것이다. 그게 무슨 소용이 있는가? 히틀러를 겨냥할 수 없다면, 왜 군수품공장이나 정유공장이나 열차조차장을 공격하지는 못한단 말인가? 이런 것이야말로 적이 없는 데서 그들을 치는 것이다. 그런 곳들을 공격하고 강타하여 경제가 마비될 때까지 공격을 거듭해야 하는 것이다.

위 윌리 킬러의 말에 한마디 덧붙여야 할 때가 된 것 같다. 게릴라전에서 이기려면 적이 없는 곳에서 적을 공격할 뿐만 아니라, 그들이 가장 아파하는 곳을 공격해야 한다. 매번 되도록 세게, 되도록 자주 쳐야 한다.

◎ ◎ ◎

환경운동가 등 사회변화를 추구하는 운동가들은 종종 정반대되는 잘못을 저지른다. 우리는 상징적 승리가 구체적 결과로 전환된다고 생각한다. 우리는 대규모 항의시위를 벌이고, 대형 허수아비와 표어들을 만들고, 두툼한 책을 쓰고, 교량에 현수막을 내걸고, 언론에 보도되고, 기세를 돋우는 노래를 부르고, 소망의 기도문을 영창하고, 신성한 향을 태우고, 크림파이를 정치인과 경영총수들에게 내던지는 등 수없이 많은 상징적 행위에 참여한다. 그러나 연어는 여전히 죽어가고, 식물 플랑크톤은 여전히 급격히 줄어들고, 바다는 여전히 공허해지고 있으며, 공장은 여전히 독극물을 배출하고, 이 나라에는 여전히 200만도 넘는 댐이 있고, 석유소비는 여전히 증가하고, 빙하는 여전히 녹아내리고, 돼지와 닭과 소들은 여전히 공장형 농장에서 미쳐가고, 과학자들은 여전히 지식과 힘을 위해서라면 동물들을 고문하는 일을 서슴지 않고 있으며, 토착민들은 여전히 그들의 땅으로부터 쫓겨나고 멸종사태는 계속 이어지고 있다.

특히 환경운동가들의 경우 패배에 어찌나 익숙해졌는지 우리가 얻을 수 있는 상징적 승리, 권력자들이 우리에게 허용하는 상징적 승리를 찬양하며 종종 이를 삶의 목적으로 삼는 꼴이 되어버렸다. 우리는 벌목장으로 가는 길을 막아 그곳의 벌목을 한 시간, 반나절, 하루 또는 한 주 동안 중단시키지만 결국은 쫓겨나며, 그렇게 되면 수천 년을 그곳에 서 있던 나무들도 사라지게 된다. 그러나 때로는 우리의 노력이 크게 보도되기도 한다.

나는 상징적 승리를 문제삼지는 않는다. 메시지를 보내는 일이 중요한 것일 수 있으며, 동참을 이끌어내고 문제를 공론화하는 데 없어서는 안 되는 일이기도 하다. 때로는 메시지가 현실적인 효과를 나타내기도 한다. 나는 종종 친구가 들려준, 폭력에 대응해서 벌이는 상징적 행동에 관한 이야기를 생각해 보곤 한다. 그녀는 다음과 같은 글을 보내왔었다.

> 내 친구 에리카는 이곳 유기농식품 전문매장인 '홀푸드마켓'(그게 악의 소굴이라는 걸 나는 알아요)에서 일했어요. 이곳에는 작기는 하지만 사람들 눈에 띄는 티베트인 공동체가 있는데, 그들 중에는 이 식품점에서 일하는 사람들이 많았습니다. 몇 년 전에 이민 온 한 티베트인이 돈을 저축해서 아내를 불러들였습니다. 그렇게 해서 도착한 아내는 얼마 후 남편에게 매를 맞았어요. 우선 주목할 것은, 여자가 짐을 꾸려가지고 나가서 남편에게로 돌아가지 않았다는 사실입니다. 둘째로 주목해야 할 것은, 그 공동체의 모든 사람들이 그녀를 감싸주려고 했으므로 그녀가 안전하게 지낼 수 있는 곳은 많았다는 사실입니다. 그리고 셋째로 주목해야 할 것은 그 공동체 사람들이 모두 그 남자를 멀리했다는 사실인데, 이 이야기에서 가장 내 마음에 드는 게 이 대목입니다. 아무도 그와는 이야기를 하려 들지 않은 거예요. 사람들은 그를 만나면 시선을 마주치지 않으려고 얼굴을 돌렸고, 심지어 손으로 눈을 가리기도 했습니다. 혹 그가 말을 걸어도 사람들은 그를 무시하거나 그대로 지나가 버렸습니다. 에리카가 그 식품업체에서 일하기 시작할 무렵, 공동체 사람들의 그에 대한 냉대는 이미 2년이나 계속되고 있었어요! 그러니 그게 가능하다는 거예요. 여자에 대한 폭행이 폭행자를 제거할 필요조차 없을 정도로 심각한 결과를 초래하는 그런 세상에서 산다는 게 가능하다는 거죠.[296)]

이건 중요한 사례연구감이지만 나는 이 사례를 여기에 소개하기를 망설였다. 우리 가운데는 이런 사례를 지나치게 관대하게 일반화하려 드는 사람들이—나는 특히 비폭력주의자들을 생각하지만 우리 모두에게도 적용된다—너무나 많기 때문이다. 사람들의 냉대가 티베트인에게 그 같은 효과를 나타냈으니, 우리도 조지 부시나 찰스 후르비츠 같은 사람들에 대해 똑같은 태도로 임하면 될 것이라고 생각하려는 사람이 너무나 많다. 우리가 시선을 돌리기만 한다면, 대대적인 혹사와 착취를 일삼는 사람들에게 극도로 못마땅해하는 우리의 감정을 전달하기만 하면, 그들이 지구파괴를 중지하게 될 것이라고 말이다. 그러나 눈을 마주치지 않는 것으로써 어떤 효과를 기대할 수 있는 것은, 서로 마주보며 지내는 작은 공동체의 경우다. 상대방이 우리 생각에 신경을 쓰는 경우에만 효과를 기대할 수 있는 것이다. 후르비츠는 자기가 파괴하는 산림에 신경을 쓰지 않는 것과 마찬가지로, 내가 뭐라고 생각하건 아랑곳하지 않을 것이다. 그러니 그들이 우리가 생각하는 바에 신경 쓰지 않을 수 없게 하는 데서 열쇠를 찾아야 한다.

상징적 행동이 현실적인 변화를 가져오려면 적어도 두 가지 조건이 충족되어야 한다. 첫째로, 메시지를 받는 측이 설득 가능한 사람이어야 한다. 우리는 숲 파괴행위를 중지해 줄 것을 탄원하는 엽서를 부시와 후르비츠에게 얼마든지 보낼 수 있지만, 그래 봐야 아무런 효과도 나타나지 않을 것이다. 한 예를 들어보자. 빌 클린턴의 환경보호 기록이 한심하기는 하지만, 그래도 그는 얼마 남지 않은 도로 없는 연방소유 토지에 길을 뚫으려는 움직임에 긴급중지명령을 내리는 조치를 취했다.[297] 그는 3년간의 공론화 기간이 끝난 후에 이런 조치를 취했었는데, 그 기간중에 연방정부가 접수한 250만 건이 넘는 의견의 약 95%가 긴급중지명령 발동에 찬성하는 의견이었다. 그런데 부시는 이 긴급중지명령을 지지하는 공론이 충분히 조성되지 않았다면서 이 조치를 무효화했다.[298] 그러자 대다수 환경단체들은 회원들에게 긴급중지명령을 되살릴 것을 정중하게 요청하는 편지를 부시에게 보내라고 요청했다.[299] 이런 방식으로는 부시나 후르비츠에게 메시지가 전달될 수 없다. 그들은 그루터기가 얼마만큼의 돈이 되겠는가 하는 것말고는 숲에 대해 전혀 관심이 없다. 엽서로 100만 건의 메시지를 보내고—아니면 팻말로 100만

건의 메시지를 보내거나 100만의 항의시위자가 거리로 나와 메시지를 보내거나—해도 그들을 옳은 일을 하게 만들지는 못할 것이다.

그리고 특별히 메시지가 설득력을 발휘하지 못하는 수신자는 직접적인 권력자들만이 아니다. 앞서 얘기했듯이 나는 문명인들의 대다수는 세계의 파괴를 막기 위해 궐기하는 일이 없을 것이라고 생각한다.

그렇지만 그렇게 하려는 사람들도 있다.

상징적 행위가 현실적 변화를 가져올 수 있는 두번째 전제조건은, 메시지를 받는 측이 변화를 실현시킬 수 있는 지위에 있어야 한다는 것이다. 다시 말해서 변화를 실현시킬 생각과 능력을 갖춘 사람이어야 한다는 것이다. 반드시 권력자라야만 하는 것은 아니다. 실은 권력자들은 대개의 경우 설득이 불가능한 사람이라는 점에서 앞의 첫번째 전제조건에 맞지 않는 사람들이며, 설사 설득이 가능하다고 해도 앞에서 이야기한 바와 같이 그가 그런 호소에 귀를 기울일 경우 정신병리학적 틀에 더 잘 적응하는 사람에게 밀려 권력을 잃게 될 것이다. 다만 메시지를 널리 알리는 것이 확실히 좋은 일이기는 하지만, 사람들을 끌어모으는 노력도 우선적으로 추진해야 한다는 것을 의미한다. 적절한 능력을 갖춘 뜻있는 사람이 참여의식이 좀 처지는, 엽서를 쓸 수 있는 100명보다 더 도움을 줄 수 있다.

상징적 행동은 중요한 사회변화를 이끌어내는 데 필요한 전제조건을 갖추지 못한 경우가 많다. 우리 행동의 대부분은 놀라울 정도로 비효율적이다. 그렇지 않다면 우리 목전에서 세상이 허물어져 가는 사태가 벌어지고 있지 않을 것이다. 그런데도 우리는 똑같이 상투적인 상징적 행동을 계속하면서, 이런저런 성명을 일대 승리라고 부르고 있다. 그렇다고 내 말을 곡해하지 말기 바란다. 상징적 승리는 사기진작에 크게 기여할 수 있으며, 사기진작은 긴요하다. 그러나 우리가 거두는 상징적 승리—세력확대 및 사기진작—그 자체가 구체적 변화를 가져오는 것으로 생각한다면, 그건 치명적이고도 솔직히 말해서 가련한 잘못을 저지르는 것이다. 그리고 결코 잊지 말아야 할 것은, 오직 땅에서 일어나는 문제만이 중요하다는 사실이다.

많은 고참운동가들은 상징적 승리—그나마도 때로는 아주 드문 일일 수 있다—만으로는 만족할 수 없을 때를 경험한다. 많은 운동가들이 기진맥진하고 의기소침하여 사기를 잃는 고비를 맞게 된다. 많은 사람들이 실의와 싸운다.

나는 이처럼 실의와 싸우는 건 잘못이라고 생각한다. 이 같은 실의야말로 우리가 사용하는 전술이 소기의 성과를 거두지 못하고 있으며, 우리가 추구해 온 목표가 당면한 위기에 대처하기에 미흡하다는 인식을 은연중에 나타내는 경우가 많다. 운동에 나선 사람들이 기진맥진해서 좌절하는 일이 많은 것은, 우리가 본질적으로 지속 불가능한 체제에서 지속성을 이룩해 보려고 애쓰기 때문이다. 우리는 결코 이길 수 없다. 기가 죽는 것이 당연하다.

그런데 그런 감정에 제대로 귀를 기울이지 않고, 우리는 두 주쯤 쉬고 나서는 똑같은 둥근 구멍에 그 똑같은 네모난 못을 박아넣는 일에 다시 매달리기 일쑤다. 그 결과는 더욱 기진맥진해지는 것이다. 좌절감이 더 쌓이고 더 의기소침해지게 된다. 그리고 연어들은 계속 죽어간다.

기진맥진하고 의기소침하고 사기가 떨어져 좌절감에 시달리는 감정에 귀를 기울인다면 어떻게 될까? 그런 감정은 우리에게 무슨 말을 해줄까? 그런 감정을 통해 우리가 하는 일이 효과가 없으니 뭔가 다른 것을 시도해야 한다는 말을 듣는 것이 가능한 일일까? 어쩌면 우리에게 은유법을 바꾸라고, 비늣조각이나 아끼는 일일랑 그만두고 온통 집단수용소와도 같은 상황에서 탈출하라고 말하고 있는 것인지 모른다.

나는 실속 없는 일에 시간을 낭비하는 게 딱 질색이다. 내가 나태해서가 아니다. 나는 나태와는 거리가 먼 사람이다. 나는 내가 이룩하고자 하는 바를 성취하기를 좋아하며, 운동에 열심히 뛰어들어 일하기를 좋아한다. 그렇지만 나는 내가 하는 일이 과연 무언가를 이룩하고 있는가에 극도로 민감하다. 그래서 쓸데없는 일을 하고 있을 때면 기진맥진하고 의기소침해지며 좌절감에 시달리게 된다. 나는 이런 감정을 자주 체험했기 때문에, 2주쯤 쉬었다가 돌아와서 쓸데없는 그 똑같은 일에 다시 매달리거나 더욱 분발할 필요가 없다는 걸 잘 알고 있다. 그렇다고 쓰러져서 자기연민의 눈물을 흘리라는 것은 아니다. 그런 것들은 아무짝에도 도움이 되지 않는다. 내가 말하고자 하는 것은, 일반적으로 현실세계에서 뭔가를 이룩하려면 접근방식을 바꿔야 한다는 것이다.

보람 있는 일과 구체적 성과는 기진맥진한 상태를 대번에 사라지게 해준다.

◎ ◎ ◎

여기서 다시 제기되는 문제는 우리가 진심으로 원하는 바가 무엇인가 하는 점이다. 우리는 기계가 돌아가는 속도를 좀 늦추기를 바라는 것인가? 자이언츠팀이 월드 시리즈에서 우승하기 바라는 것인가? 지구의 생명들을 희생시켜 가면서까지 자동차와 컴퓨터와 잔디밭과 식료품점들을 그대로 유지하기 바라는 것인가?

내가 아는 사람들은 거의 모두가 실제로 생명과 문명 중에서 선택해야 한다는 것을 인정하고 있으며, 만약 손가락으로 딱 소리를 내서 문명을 끝장낼 수 있다면 단숨에 그렇게 할 사람들이다. 나는 Y2K(서기 2000년으로 넘어오면서 컴퓨터 프로그램에 발생한 여러 가지 문제들-옮긴이)가 모든 걸 끝장내 주기를 바라며 기도한 사람들을 많이 알고 있다. 현재의 큰 희망은 석유위기가 절정에 달하는 것이다. 어떤 사람들은 바이러스가 우리 모두를 쓰러뜨려도 애통해하지 않을 것이다. 문명의 기괴한 파괴력에 제동을 걸기 위해서라면 무엇이건 좋다는 것이다.

그렇지만 이런 세 가지 희망의 공통점이 무언가를 살펴보자. 모두 우리가 작용할 수 있는 영역 밖이다. 문명이 사라지기 바라는 사람이 많고, 요술을 부릴 수만 있다면 그렇게 해서라도 문명이 사라지게 하려는 사람들도 많다. 그러나 물리적인 현실세계에서는 그 방법을 알지 못하며, 설사 얼마간 도움이 될 지식을 가졌더라도 실제로 실행할 책임을 지려고 하지 않는다. 이게 반갑잖은 소식이다.

반가운 소식은 기꺼이 책임지려 드는 사람들도 있다는 사실이다.

◎ ◎ ◎

다시 해킹 전문가 브라이언과 이야기를 나눈다. 이번에는 우리 둘뿐이다. 문 닫을 시간이 얼마 남지 않은 어느 중국식 뷔페식당에서이다.

난 뷔페를 좋아한다. 내가 문명 때문에 생기는 병인 크론병(Crohn's disease) 환자라는 점도 한 가지 이유이다. 나는 신진대사가 잘 안 되기 때문에 많이 먹어야 한다. 나는 뷔페식당에서 줄선 사람들 중에서는 대체로 제일 여윈 사람이지만, 그런데도 비대한 사람들보다 많이 먹는다. 내게는 언제나 질보다 양이 중요해서, 식사초대를 받았을 때는 보통 미리 요기를 해서 식탁에서 정상적인 사람들처럼 식사하도록 하고 있다. 나는 오직 뷔페에서만은 양껏 먹을 수 있는데, 중국식 뷔페가 최고다.

동시에 나는 뷔페를 혐오하기도 한다. 그곳은 문명인들이 세계를 어떤 식으로 보는지를 너무도 완벽하게 비춰주는 거울이다. 온 지구가 우리의 먹을거리로 펼쳐져 있다. 웃음 띤 종업원들이 잇따라 음식물을 날라다 준다.

이 뷔페식당에는 몸통에서 잘라낸 게다리, 냉동새우, 바다가재, 돼지고기, 쇠고기, 브로콜리, 닭고기, 국수, 밥 등이 쌓여 있다.

나는 먹을 때 내가 죽음을 소비하고 있다는 사실에 신경 쓰지 않는다. 생명은 생명을 먹고 자란다. 언젠가는 누군가가 내 생명을 소비하고 내 죽음을 소비할 것이다. 나는 근본적인 약탈자-먹잇감관계를 고의로 무시하는 문화에서—그렇게 하지 않는다면 문화이기를 멈출 것이다—살고 있다는 사실에 신경이 쓰인다.

브라이언이 단도직입적으로 말한다. "사람들이 해커를 두려워하는 건 왜죠? 실제로 사람들의 두려움은 우리와는 별 상관이 없고, 오히려 자신의 삶과 공동체 조직을 자기들이 잘 이해하지 못하는 장치에 맡겨놓았다는 깨달음에서 비롯되는 것인데, 그들은 이 같은 깨달음을 되도록 회피하고자 하는 거지요."

"어떤 장치 말이오?"

내가 이렇게 묻는 데 실망한 듯, 그가 "컴퓨터요"라고 대답하고 나서 이야기를 계속한다. "언론의 주장과는 달리, 본격적인 해커가 바이러스를 퍼뜨릴 때는 대체로 못된 짓을 하고 싶다거나 따분하다거나 하는 사소한 이유에서 하는 게 아닙니다. 기분 내키는 대로 하는 짓이 아니란 말이에요. 우리들 대다수는 컴퓨터와 정보의 정치적 이해관계를 잘 알고 있습니다. 우리는 우리의 행동이 갖는 무게도 잘 알아요. 그것이 세련된 해킹의 필수요건입니다. 세계적으로 큰 뉴스가 되는 매크로 베이스의 메일 바이러스가 마이크로소프트사와 특히 아웃룩(Outlook)에만 영향을 준다는 것을—다른 많은 무료 소프트웨어들은 무사하고—사람들이 알았으면 해커들이 귀찮게 군다고 화를 낼 것이 아니라, 한 기업체가 국제통신을 지배하고 있다는 사실을 직시해야 하는 것 아닐까요."

"그렇지만 대다수 사람들은 정치엔 관심이 없어요. 그저 이메일을 보내고 싶을 뿐이지요." 내가 말한다.

그가 고개를 뒤로 젖히면서 껄껄 웃는데, 나는 그 제스처가 마음에 든다. "그런데 대다수 사람들은 연어나 숲이나 식물 플랑크톤에는 관심이 없지요. 그저 진저리나는 일을 마치고 집에 돌아가서 TV를 시청할 뿐입니다. 사람들이 생활 속의 기술이 지닌 정치적 혹은 환경적 토대나 결과에 관심이 없다고 해서 그런 토대나 결과가 없다는 걸 의미하는 건 아닙니다."

"하지만 사람들의 인터넷 접근을 방해하는 건 도움 되는 일이 아니죠. 사람들을 화나게 할 뿐이지."

브라이언이 다시 웃음을 터뜨린다. "그럼 댐을 철거하는 건 사람들을 화나게 하는 게 아닌가요? 문명 허물기는 어떻고요? 참 웃기네요. 게다가 사람들은 이메일이 통하지 않으면, 서로 이야기를 나누게 될 수도 있지요. 그리고 컴퓨터가 완전히 작동을 멈추면, 밖에 나가 세상을 직접 체험하게 될 수도 있겠죠. 나는 개인적으로는 좀더 많은 사람들이 열악한 제품을 생산하고 못된 기업관행을 일삼으면서 간단한 편지 쓰기마저 번거롭게 만들고 있는 기업에게 화내는 게 보고 싶어요."

나는 게다리를 쪼갠다.

브라이언은 브로콜리를 입에 넣고 씹는다. 브로콜리를 삼키고 나서 그가 말한다. "자본주의 매체라고 부를 법한 주류매체들의 기사들을 봤더니, 우리가 사람들의 인터넷 접근방식을 지배하고자 한다면서 해커들의 관심은 지배나 권력에 있다고 하더군요. 그건 사실이 아닙니다. 해킹이란 대기업과 정부가 인터넷 접근에 대해 행사하고 있는 지배력을 깨자는 것, 적어도 제동이나마 걸자는 것입니다. 권력자들은 컴퓨터를 이용하여 우리를 지배하고 있어요. 한 예로 컴퓨터가 없다면 지금과 같은 감시가 가능하겠어요? 천만에요, 우리가 원하는 건 지배가 아닙니다. 우리는 권력자들을 골탕 먹이고 싶어요. 자유를 되살리자는 겁니다."

떼지어 몰려오는 기계들

대충 묘사하자면 따라가기는 아주 쉽다. 그런데 여러분은 아는가? 이에 따른 반대급부는 격변의 '혁명의 순간'이 끝나거나 더 나쁘게는 먼 훗날 (어차피 결함사회로 판명될) 베른슈타인적 유토피아가 이루어질 때까지 미루지 않아도 된다. 규칙과 법령 거부가 하나같이 확실한 해방의 경험을 나타낸다는 의미에서 반대급부는 당장에 시작되며, 계속 좋아지기만 한다. 요컨대 바로 시작부터 더 자유롭다는 느낌이 들 것이다.

워드 처칠[300)]

권력자들이 그렇게 빈번하게 이기는 것은, 문명의 사회질서가 단지 살아 있는 토지기반을 원료로 전환하고 그 원료를 토지기반의 추가정복에 사용할 무기로 전환하는 것을 중심으로 엮어졌기 때문만이 아니다. 그들이 그렇게 자주 이기는 것은, 문명의 사회질서가 단지 되돌려주지 않도록 조직되었기 때문만도 아니다. 문명의 가치구조 안에서는 자원의 취득, 축적 및 대량착취가 도덕성이나 공동체보다도 중요하기 때문만도 아니다. 더욱이 이 사회구조에서는 자원의 취득·축적·대량착취가 최고의 덕목으로 전환되었기 때문만도 아니다. 우리가 그렇게 자주 반격에 나서지 않기 때문만도 아니다.

아니다. 권력자들이 이기는 한 가지 이유는 그들이 그야말로 일편단심이기 때문이다. 지구를 파괴하는 것—이것을 완곡하게 표현하면 '천연자원 개발'과 '돈벌이'—이 그들에게는 세상에서 가장 중요한 일이다. 그들은 엄청난 정력을 가지고 정신병자처럼 밀어붙인다. 세상을 파괴하는 일—다시 한 번 말하지만 '천연자원 개발'이나 '돈벌이' 또는 '명백한 운명'이나 '민주주의를 위한 안전한 세상 만들기'나 '테러와의 싸움'이나 '자유시장의 확대' 등의 덕목을 내세운다—은 부업도 아니고 천직은 더더욱 아니다. 그것은 열망이라고 할 수 있는데, 사전의 정의를 보면 열망은 "강렬한, 추진력 있는 혹은 압도적인 느낌이나 신념"이다.[301] 그러나 그것은 열망 이상의 것이다. 그것은 그들의 집념이자 강박관념이자 숙명이다. 그들의 의식이자 나침반이다. 그것은 그들의 주인이고, 그들은 그 주인의 노예다. 그들의 신이자 왕이고, 그들의 박차이자 채찍이다. 그들의 의무이며, 그들의 욕구이자 그들의 요구다. 그건 그들에게 부과된 요구다. 그들의 최후통첩이자 그들에게 제시된 최후통첩이다. 그들의 책임이고, 그들이 받은 명령이다. 그들의 식품이자 물이다. 그들의 공기다. 그들의 생명이다. 그들이 살고 있는 이유다. 그들의 존재이유다. 그것은 그들의 본질이다. 그들의 실체다.

그것은, 그러나 그보다도 더 깊은 것이다.

◎ ◎ ◎

연방정부의 첩자나 그편 사람의 소행이 거의 확실한 화재로 집에 불이 나 아내와 어린아이들과 장모를 잃은 미국의 인디언운동가 존 트루델[302]은 이렇게 말했다. "우리는 결코 적을 과소평가해서는 안 된다. 우리의 적은 하루 24시간 내내 우리를 겨냥하고 있다. 그들은 물질주의적 신분을 유지하기 위해 자기들의 노력의 100%를 기울이고 있다. 우리를 기만하며 우리를 이간질하는 데 100%의 노력을 기울이고 있다. 우리는 생명을 걸고 끝까지 저항할 결의를 보여주는 생활방식을 추구해야 한다."[303]

◎ ◎ ◎

당신은 학대자를 많이 알고 있는가? 그렇다면 그가 얼마나 민첩하고 완전하게 그리고 겉보기에는 별로 힘들이지도 않고 자기가 조작할 줄을 쳐놓는지를, 얼마나 자주 상대방이 최악의 상태를 느낄 말을 골라서 하는지를, 그리고 얼마나 자주 상대방의 가장 취약한 데를 때리는지를 눈여겨보았는가? 무시무시한 일이다. 학대자들과 논쟁을 하다 보면, 때로는 열 수 앞을 내다보면서 모든 가능성에 대비하여 당신의 한 수 한 수를 예측하는 명수와 장기를 두는 기분이 든다. 게다가 속임수를 쓴다.

때로는 학대자들이 정보 덕분에 꾸미는 일을 아무 차질 없이 추진해 나가는 것으로 보일 수도 있지만, 그런 것이 아니다. 그리고 상대방을 속박할 방법을 밤새 꾸미고 있는 것으로 보일 수도 있지만, 그런 것도 아니다.

이런 것들보다도 훨씬 더 고약하다.

여기서 네 가지 이야기를 소개하고자 한다. 첫째, 여러 해 전에 나는 네바다에서 계류중인 야생동식물법을 놓고 어떤 사람과 논쟁을 벌였다. 그 사람은 네바다에는 미국의 다른 지역을 모두 합친 것보다도 넓은 황야가 있다고 주장했다. 나는 전에 이런 주장을 환경보호운동에 반대하는 사람으로부터 들은 적이 있었기에, 미국의 야생환경 보전지역을 모두 기록해 놓은 책을 도서관에서 열람한 바 있었다. 네바다주는 미국의 다른 지역을 합친 것보다 넓은 황야를 가지고 있지 않을 뿐 아니라, 네브래스카주 서쪽에 위치한 어느 주보다도 황야의 면적이 적다. 나는 그 사람에게 이 이야기를 했다. 그는 내 말을 믿을 수 없다고 했다. 나는 이를 입증할 책이 차 안에 있다고 했다. 그는 여전히 나를 못 믿겠다고 했다. 나는 차에 가서 그 책을 가지고 와서, 그 숫자들을 보여줬다. 그러자 그가 대뜸 말하기를 "내가 줄곧 주장해 온 대로네요. 이 나라엔 황야가 너무나 많아요"라고 하는 것이었다. 이 사람과의 이야기를 통해 내가 무엇보다도 놀란 것은 그의 속임수—자기 잘못이 입증되자 그는 그동안 줄곧 다른 주장을 한 듯이 꾸며댔다—가 아니라 대번에 진술을 바꾸었다는 점이었다. 잠시나마 생각하고 나서 바꾼 게 아니었다. 즉각적이었다. 그건 본질적으로 반사반응이었다.

둘째, 역시 네바다에 살고 있던 당시의 이야기다. 그 무렵 나는 처남과 함께 종종 쓰레기장에 가곤 했다. 우리는 그의 흰색 고물 픽업 뒤에 쓰레기를 싣고 사람들은 모두 앞자리에 꼭 끼여 앉았다. 운전은 앨이 했고, 그의 일곱 살짜리와 네 살짜리 두 딸은 나와 앨 사이에 앉거나 아니면 내 무릎에 앉기도 했다. 쓰레기 버리는 곳까지 몇 마일을 가서, 꽉찬 쓰레기봉지들이 차에서 떨어져 땅에 부딪히면서 터지는 것을 보는 게 큰 재미였다. 하루는 앨의 큰딸이 친구를 데리고 왔다. 운전석이 꽉차서 네 살짜리는 변속장치 옆에 앉고 일곱 살짜리는 내 왼쪽 다리에, 그 아이 친구는 내 오른쪽 다리에 앉았다. 나는 차가 출발하기 전부터 뭔가 아주 잘못되었구나 싶었다. 조카아이의 친구는 다리를 약간 벌리더니 아랫도리를 내 허벅지에 갖다 댔다. 그리고 손가락을 내 손가락에 깍지를 끼고 손가락 하나하나의 마디를 압박하는 것이었다. 나는 몹시 불편했고 혼란스러웠다. 몇 주 지나 그 아이가 오빠에게 성폭행을 당하고 있다는 이야기가 그 작은 도시에 퍼지면서 진상은 드러났다. 나는 돌연 그 아이의 부적절한 성적 행실을 조금 알게 되었다. 그 아이가 의식적으로 섹스 차원에서 자기표현을 하려고 했다고는 생각하지 않는다. 그 아이의 행위의 일차적인 원천은 두 가지다. 첫째로, 그 아이는 훈련받은 대로 행동했다. 둘째로, 그 아이는 자신이 경험한 정신적 충격을 이야기하려고 했던 것이다. 그 아이는 그 이야기를 입으로는 할 수 없었지만 몸으로는 할 수 있었다.

이는 우리들 가운데 많은 사람들이 겪는 정신적 충격에도 해당하는 이야기다.

세번째는, 여러 해 전 내가 반사회인(sociopath)을 자처하는 여자와 한동안 가깝게 지냈을 때의 이야기다. 나는 로렌의 총명함과 위트를 높이 평가했다. 그녀는 출중한 조각가였고 지칠 줄 모르는 운동가였다. 그녀의 운동은 내가 하는 것과 맞아떨어졌다. 그런데 내가 곧 깨닫게 된 것은, 그녀는 내가 밝힌 사사로운 정보를 간직하고 있다가 놀라울 정도로 창의적인 방법으로 나에게 역으로 이용한다는 사실이었다. 나는 그녀를 내 친구들에게 소개했다. 친구들을 소개해 준 지 몇 주가 지나면, 하나의 패턴이 나타나곤 했다. 그렇게 소개한 친구들이 하나같이 나와 대판 싸움을 벌이게 되었는데, 그 이유는 한결같이 로렌을 둘러싼 것이었다. 때로는 내가 로렌의 부적절한 행동을 변호하는 입장이 되는가 하면, 또 때로는 로렌이 내 친구들에게 했다는 나에 관한 이야기—흔히 거짓말—에 대해 변명하는 입장이 되곤 했다. 친구들과 나 사이의 사소한 일들이 묘하게 로렌과 얽히면서 터무니없이 부풀려지곤 하는 것이었다. 그녀는 내 남자친구들이 누구와 관계하고 있건 않건 상관없이 그들과 돌아가며 접촉했으며, 그런 일은 내가 그녀가 하는 짓이 옳지 않다고 지적한 후에도 계속되었다. 앞의 어린 여자아이 사건의 경우와 마찬가지로, 나는 아주 곤혹스러웠고 혼란스러웠지만 마침내 일의 가닥이 잡히면서 전모를 알게 되었다. 모든 말썽의 원인이 하나같이 그녀라는 걸 깨닫고 나는 로렌에게 따졌다. 그랬더니 어렸을 때 당했던 학대에 관해 털어놓으면서, 눈물을 흘리며 다시는 그러지 않겠다고 하는 것이었다. 그러나 그후에도 내 남자친구들과 만나면서 그런 짓은 계속되었다. 그녀는 자제를 하지 못했다. 그러나 내 친구들과 옥신각신하는 하는 일은 없어졌다. 우리가 그녀의 농간에 놀아나지 않게 면역이 되었기 때문이다. 나는 그녀의 행동에 별로 역정을 내지 않게 되었다. 나는 차라리 내 무릎에 앉았던 그 계집애에게 역정을 냈어야 할 것이다. 한 사람은 연령적으로 어른이었지만, 두 사람 모두 훈련받은 대로 행동했던 것이다. 그리고 두 사람 모두 그들이 겪었던 충격적인 일을 이야기하려고 했던 것인데, 그 이야기는 말로는 할 수 없고 행동으로만 할 수 있었던 것이다.

네번째 이야기. 심리학 박사학위를 가진 내 친구가 한동안 정신과병원에서 외래환자들을 다룬 적이 있었다. 다양한 환자들이 있었는데, 그 여의사는 일차적으로 기능이 저하된 정신이상자들을 다루고 있었다. 쉽게 말해서 그 환자들은 지능이 평균 이하인데다가 정신건강에 이상이 있는 사람들이었지만, 어느 정도 도와주면 스스로 살아가면서 사회에서 약간의 기능은 할 수 있는 사람들이었다. 그녀는 자기 환자 중에 미국의 43대 대통령이 있었는지는 밝히지 않았다.[304] 그녀는, 한층 곤혹스러운 일부 환자들의 경우 가장 충격적인 것은 그들이 주위사람들을 자발적으로 농락하는 능력을 지닌 점이었다는 말을 자주했다. 그들은 어떤 사람에게는 알랑대고 또 어떤 사람은 구워삶고 또 어떤 사람에게 유혹의 추파를 던지다가 그 다음 사람에게는 순진한 척하면서 사람들을 농락했다. 그 같은 행동은 숨쉬고 음식을 소화시키고 배변을 하고 고통에서 물러서는 등 거의 자동적으로 이루어지는 신체기능처럼 보인다는 것이었다. 그런 농락은 첩첩히 쌓이면서 작은 거짓말이 큰 거짓말을 덮어주고 큰 거짓말이 작은 거짓말들을 덮어주곤 해서, 약간의 진실만 끼여들어도 대번에 혼란스러워지는 것이다. 그 친구는 그 같은 농락에 말려 들어가지 않고 환자들을 보고 있노라면, 그들이 복잡한 농락의 그물을 유지해 나가기 위해 아무 생각 없이 빨리 움직이는 품이 마치 요술쟁이처럼 보인다고 말했다. 버스시간표를 보거나 자명종시계를 입력할 정도의 인식력도 없는 사람들이 이런 행동을 하고 있는 것이다.

그 친구와 나는 이런 것들이 함축하는 바가 무엇이겠는지를 놓고 자주 이야기를 나누었다. 그 환자들은 분명히 방안에 있는 모든 사람들의 약점을 의식적으로 인식하고, 공격계획을 의식적으로 만들어내고, 서너 사람을 서로 대립하게 만들 내용의 단순한 서술문을 의식적으로 엮어내고, 농간에 대한 각자의 반응을 의식적으로 예측하고, 반대답변을 의식적으로 구상하며, 이런 모든 것들의 경과를 의식적으로 파악할 정도의 지능을 갖지 못한 환자들이었다. 이런 모든 것을 의식적으로 수행하려면 상당한 인식능력과 정력이 필요하다.

그 친구와 나는 얼마 후 타고난 지능이나 정력과는 무관하게 어쨌건 독자적인 지능과 정력을 지닌 정신질환자들에 관한 이야기를 시작했다. 테드 번디가 이에 관해 이야기한 적이 있다. 그는 경찰로부터 그린 리버 살인범(Green River killer)의 프로필 작성을 도와달라는 요청을 받았다. 그에 따르면, 많은 연쇄살인자들은 모종의 명석함과 주의력을 가지고 있어서 "분석적인 방법이 아닌 직감적인 방법으로" 사람들과 상황을 순식간에 파악하는 능력이 있다는 것이다.

최근에 나는 또 다른 심리학박사 친구를 불러 이런 이야기들의 배경을 물었다. 그녀는 이렇게 말했다. "신경학 문헌들을 봐야겠지만, 기본적으로 이건 정신적 충격 속에서 살아가고 기능하도록 훈련된 두뇌를 가진 사람들의 이야기예요. 그런 충격을 이겨내기 위해서는 남들을 파악하고 그들에 대응하는 남다른 능력을 가져야만 해요. 애인들이 서로를 파악하며 반응하는 것과 같은 부드러운 방식이 아니라, 두려움이 바탕이 된 방식으로 그렇게 하는 거죠. 남을 정확하게 파악하지 못하면 매를 맞거나 성폭행을 당하거나 살해당합니다. 살아가는 여건이 그런 것이라면, 그 룰에 따라 살아야 해요. 부단히 공격위협을 받으며 살게 되면 공격해 오는 사람보다 날렵하고 교활하게 움직이는 요령을 익혀야 합니다. 도덕과는 무관한 얘기예요. 실속이 문제죠. 실제로 언제라도 공격해 올 사람들이 가득 찬 방안에 있을 때 그들의 행동은 정상적으로 보이고 사실 정상적이지만, 그들을 그렇지 않은 다른 장소에 옮겨놓으면 행동이 이상해 보이고 실제로 정말 이상해지는 거예요. 그들에게 이제 공격받을 위협이 없어졌다고 알려주더라도 그들의 두뇌는 이미 구조적으로 위협에 대비하도록 짜여 있는 것입니다. 그런 두뇌를 재훈련한다는 건 매우 어려운 일이에요."[305]

나는 로렌을 생각하면서 그녀의 행동패턴이 어린 시절 환경에 적응하는 과정에서 조성된 것이라는 데 생각이 미쳤다. 그녀의 아버지는 자주 어머니와 딸들을 매질했다. 그는 자주 그녀를 성폭행했다. 어머니도 자주 딸들을 때렸다. 오빠는 자주 그녀와 언니를 겁탈했다. 이웃사람도 그녀와 언니를 성적으로 범했다. 그리고 그녀는 다른 사람들로부터도 성폭행을 당했다. 그녀가 만나는 모든 남자에게 다가간 것은 놀라울 게 없는 일이었다. 남자들과 교제하려면 그래야 할 뿐 아니라 그들이 접근해 오면 먼저 줌으로써 제어력을 유지할 수도 있는 것이다. 남들을 서로 이간질시키는 데 총기를 발휘한 것 역시 놀라울 것 없는 일이다. 아버지가 화가 나면 그 화가 나보다 언니나 오빠를 향하게 해야지. 그런 맥락에서 그녀의 행동은 타당성이 있고 영특하기도 했다. 그 맥락에서 벗어나자, 나와 그녀의 다른 친구들은 멀어지게 되었다.

이게 문명이 지구를 죽이는 문제와 무슨 상관인가?

여러 가지로 상관이 있다.

또 한 가지 이야기를 소개한다. 산림보호 운동가인 나의 오랜 친구 존 오스본은 오래 전에 이런 말을 했다. "우리가 늘 패배하는 이유는, 저쪽에서는 자기들이 뭘 원하는지 알고 있는데 우리 쪽에서는 우리가 원하는 게 뭔지 잘 알지 못하기 때문이다. 그들은 마지막 한 그루 나무까지 차지하겠다는 것이다.[306] 우리는 우리가 원하는 게 산림개벌(皆伐)을 줄이는 것인지, 개벌되는 곳을 수적으로 줄이는 것인지, 개벌을 보다 잘하라는 것인지 등을 알지 못하고 있다. 그들은 숲을 없애기로 작정하고 나섰고, 그렇게 하는 데 대한 금전적 보답을 얻고 있다. 우리들은 대부분 그런 충동이 없다. 대개 직업을 갖고 있는 우리는 그런 일을 부업처럼 여기며, 분명히 금전적 보답이 있는 일도 아니다."

◎ ◎ ◎

친구의 친구가 민주당 소속 상원의원 출마자의 선거운동을 했다. 그는 내 친구에게 다음과 같이 말했다. "공화당과 싸운다는 건 무망한 일이야. 우리는 보통 하루에 겨우 두세 건 정도로 그들을 농간하는데, 그들은 우리가 첫

커피 한잔을 미처 다 마시기도 전에 대여섯 건씩이나 농간을 친단 말이야. 저들은 꼭 떼를 지어 몰려오는 기계들 같아."

◎ ◎ ◎

떼지어 있는 기계들 같다. 그렇지 않은가? 우리의 세계관에서 관계성(relationality)을 떼어버리면 그런 일이 일어난다.

◎ ◎ ◎

존 오스본은 옳으면서도 옳지 않았다. 사실 목재업계 사람들은 자기들이 원하는 게 무엇인지 알고 있다고 생각할 뿐이다. 그러나 그들은 자기들이 원하는 것을 정말 원하는 것은 아니다. 그들이 정말 돈을 원하는 것은 아니다. 그들은 실제로는 권력도 원하지 않는다. 로렌은 정말 모든 관계를 섹스로 이끌어가려고 했던 게 아니다. 그녀는 나와 내 친구들을 서로 이간질하려고 했던 게 아니다. 그녀의 경우 자기가 성적으로 자극한 남자들은 안중에 없었으며, 나나 내 친구들도 안중에 없었다. 우리의 존재는 벌목업자가 보는 나무들의 존재 이상의 것이 아니었다. 내 무릎에 앉았던 어린 계집애가 정말 쓰레기장까지 가는 길을 섹스화하려고 했던 것은 아니며, 내가 네바다에서 이야기를 나눈 그 환경보호운동 반대론자도 진정 야생보호구역에 관해 이야기하고 싶었던 건 아니다.

길거리에서 자기들의 거울이미지에 총질을 하는 어린 갱단을 두고 내가 루이스 로드리게스와 나누었던 이야기를 다시 생각해 보자. 그들은 정말 죽이고 싶거나 죽고 싶은 게 아니다. 그들은 달라지기를 원하며, 이 경우 그 변화는 정신적이며 은유적인 것이다. 그들은 어른이 되고 싶은 것이다.

이 아이들은 자신의 거울이미지를 발견하는 족족 죽일 수 있지만, 자기들이 찾는 것을 발견하지 못한다. 목재회사 최고경영자는 대륙마다 찾아가서 숲을 없애버릴 수 있지만, 그러면서도 자기가 찾고 있는 걸 발견하지 못한다. 반사회적인 내 친구—지난날의 친구—는 자기가 발견하는 모든 관계를 망가뜨릴 수 있고, 자기가 만나는 모든 남자들을 성적으로 유혹할 수 있지만, 그러면서도 자기가 찾고 있는 것을 발견하지 못한다. 우리가 그들에게 하고 싶은 말을 모두 다 해도 아무런 효과를 거두지 못하고 있는 것은, 우리가 말하고자 하는 바를 결코 제대로 이야기하지 못하고 있기 때문이다.[307) 오래 전에 내 친구 하나는 편지에서 이렇게 썼다. "요컨대 난 신진대사 되지 않은 어린 시절의 패턴이 항상 어른이 되어 시작되는 지성적 발달(intellectualization)을 능가한다고 굳게 믿네."

그렇다면 세상을 파괴하는 이 정력은 문자 그대로 만족할 줄을 모른다. 우리가 대처해야 하는 것은 바로 이런 유의 정력과 지능이다. 우리가 꺾어야만 하는 것도 바로 이런 유의 잔인함이다.

◎ ◎ ◎

그들이 정말 산림남벌을 원하지 않고, 그들이 정말 관계의 파괴를 원하지 않고, 정말 지구를 죽이기를 원치 않는다면, 과연 그들이 원하는 것은 무엇인가? 그들은 두려움을 떨치기를 바란다. 보통 두려움은 밖으로부터 오거나(예를 들어 누군가가 나에게 총을 겨누는 경우), 안으로부터 온다(예를 들어 누군가의 모습이 전에 나에게 발포했던 사람을 연상케 하는 경우). 전자에 속하는 두려움은 환경을 바꿈으로써 제거할 수 있다. 후자의 경우에는 당초 그런 두려움에 사로잡히게 된 원인을 추궁하여 그것을 이해해야 한다. 그러나 학대자와 정신질환자들은 모두 자기 행동을 남의 탓으로 돌리기 때문에, 자기가 느끼는 두려움이 밖이 아니라 안에서 온 것일 수 있다는 것을 인정하지 못한다. 이 때문에 그 두려움은 결코 떨칠 수 없으며, 두려움이 없애려는 그들의 욕구가 현실적으로는 지배욕으로 나타나게 된다. 그들은 자신에게 해가 미치지 않도록 주변의 모든 것을 지배하려 든다. 정신적 충격의 문화에서 자라난 그들은 그 같은 충격의 룰에 따라 살아가지 않으면 안 된다. 그러나 이런 식으로 모든 것을 지배하는 유일한 길은 모든 것을 죽이는 것이다.

우리가 보는 그대로다.

나는 그들이 진정 원하는 게 무엇인지에 관해 쓰기를 주저했는데, 이 단계에서는 그게 크게 문제되지 않는다고 생각했기 때문이다. 영구적 정신질환에 걸린 원숭이들을 다시 생각해 보자. 학대자들의 재범율을 떠올려보자. 토착민들을 자주 만나고서도 그들에게서 배우는 것 없이 그들을 죽여버린 문명인들을 상기하자. 그 정신병 상태가 영영 계속되는 것은, 그들이 느끼는 정신적 공백이 결코 채워질 수 없고 그들이 느끼는 그 두려움이 결코 해소되거나 포화상태에 이를 수 없기 때문이다. 이 시점에서 중요한 것은 그들이 우리가 소중히 여기는 것들을 모조리 죽이지 못하도록 제지하는 일이다.

◎ ◎ ◎

일전에 나는 칼을 들고 나가서 블랙베리 떨기를 베어 없애는 일을 하다가, 그런 식으로 일해 가지고는 도저히 그 나무들을 제거할 수 없다는 걸 깨닫게 되었다. 나는 기분이 내킬 때만 나가서 그 일을 하는데, 그나마 자주 하지도 못한다. 그리고 그 작업을 하면서도 다른 식물들의 영역을 침범하는 가장자리에서만 베어내는 것이다. 그 나무들을 모조리 제거하지 않기 때문에 블랙베리의 영역은 계속 확대된다. 게다가 뿌리는 건드리지 않기 때문에 나무를 잘라내도 곧 되살아난다. 덩굴 하나를 들어내면 그 자리에 덩굴 열 개가 생겨나는 것 같다. 게다가 나는 나무를 베어내는 데 대해 갈등을 느낀다. 나 자신은 살려고 애쓰면서 단지 살아 있으려고만 하는 그것들을 내가 무슨 권리로 죽인단 말인가? 나는 블랙베리를 제거하지 않으면 토착식물들이 죽는다는 것을 알면서도 그 일을 할 때마다 기분이 언짢아진다.

나는 여기 칼을 들고 서서, 인디언들이 땅을 빼앗아가는 백인들을 제지하지 못한 몇 가지 이유를 더 생각하게 된다. 첫째로, 대부분의 인디언들에게 전쟁은 자신들의 생활양식이 아니라 부업이었고 여가 때 재미삼아 하는 것이었다. 그들의 문화에서 전쟁은 우리 문화의 스포츠 같은 것으로, 흥겹고 무섭고 활기차지만 전혀 위험하지 않은 것이었다. 그리고 전쟁을 더하고 싶지 않으면 집으로 돌아갔다.[308] 한쪽은 정신병자처럼 전쟁에 나서는데 다른 쪽은 재미삼아 싸운다면, 결국 어느 쪽이 이기겠는가? 둘째로, 내가 블랙베리를 베어낼 때처럼 인디언들도 뿌리는 치지 않았다. 그들의 전쟁은 엄격하게 방어적이어서 그들의 토지기반으로 들어오는 경우에만 백인 정착민들과 군대를 죽였다. 예컨대 쇼니족은 자기들의 사냥터였던 지금의 오하이오주와 켄터키주에 들어오는 백인들을 죽였다. 그들은 변경지방의 요새들을 불살랐지만, 필라델피아를 장악하지는 않았다. 그들은 문명의 확장을 가능하게 하는 기반시설도 치지 않았다. 한쪽은 계속 침략하고 다른 쪽은 방어를 위해서만 싸운다면, 결국 어느 쪽이 이기겠는가? 셋째로, 인디언들은 섬멸전을 하지 않았다. 다시 묻지만, 한쪽은 몰살을 꾀하는 전쟁을 하고 다른 쪽은 그렇지 않다면 어느 쪽이 이기겠는가?

문명 허물기(2)

좋다, 조금 더 따져보자. 체제는 차질을 빚고 혼란스러워지고 안정을 상실하면 할수록, 스스로를 확대하고 연장하고 심지어 유지할 능력이 줄어든다. 이렇게 될수록 체제의 지배로부터 벗어나려는 제4세계 국가들의 투쟁이 성공할 확률은 높아진다. 그리고 우리 제4세계 사람들이 성공하는 경우가 많아질수록, 체제가 우리를 지배하는 과정에서 우리 자원을 이용할 수 있는 능력은 줄어든다.

워드 처칠[309)]

브라이언이 이렇게 말한다. "넓은 의미에서 해킹이란 개인적이고 자유로운 차원에서 주어진 세계를 탐험하고 그것과 타협하고 그것을 이해하고 그것과 친숙해지며, 상호 작용하는 과정입니다. 그러니까 해킹은 문명과는 양립할 수 없어요."

"어째서?" 내가 묻는다.

"우리 두 사람 모두 그 답을 알고 있는데요." 그가 대답한다.

"당신 입을 통해 들어보고 싶군."

"처음부터 문명은 울타리를 바탕으로 삼아왔어요. 공동의 이익을 위해 공동으로 보유하는 땅은 폐쇄되고 힘 있는 자들의 재산이 되어, 그런 지역의 개척이나 현지체험은 그들의 허락이 있어야만 가능하게 되었어요. 신성(神性)의 직접적 체험 역시 길이 막혀 힘 있는 자들의 승려나 그들이 쓴 책을 통해서만 가능했습니다. 성경이 생각나네요. 개인의 직접적인 경험을 통한 지식획득도 길이 막혔는데, 과학자들—힘 있는 사람들의 또 다른 고위 승려—의 말을 믿도록 되어 있기 때문이지요. 권력자들은 우리가 마실 물을 막고 있어요. 그들은 우리가 숨쉴 공기도 막아버리고 있는데, 탁한 공기가 우리의 목구멍을 막고 있다고나 해야 할까요. 그들은 우리의 시간을 막아버리고 있어요. 그들은 우리가 땅에 접근하지 못하도록 막아 임대료를 내고 식품에 돈을 지불하게 만드는 방법으로, 우리의 시간과 우리의 생명까지 앗아가고 있습니다. 공동의 이익을 위한 노동, 우리 자신을 위한 노동이 남을 위한 노동으로 바뀐 겁니다. 수천 년 동안 권력자들은 우리를 가두고 우리의 가능성들을 막아왔습니다. 해킹은 이렇게 닫혀 있는 문들을 다시 열자는 겁니다."

"어떻게요?"

"꾸밈없는 예를 한 가지 들어보지요. 문이 잠겼는데 안으로 들어가고 싶으면 열쇠를 사용하거나 아니면 문을 부숴야 합니다. 나 같으면 전자를 택하겠습니다. 해커는 완력보다 두뇌의 힘을 중시하는데, 그러면서도 일반인들이 인위적 제약을 힘으로 극복하는 경우와 같은 결과를 성취해요. 이 개념은 그와 같은 여러 장치들에도 적용됩니다."

"말이 되네요."

"해킹에는 컴퓨터와 기술 못지않게 아이디어가 중요해요. 우리는 닫힌 문들을 여는 데 우리의 기술을 사용합니다. 우리는 자신의 이익을 위해서만이 아니라 남들의 이익을 위해서도 이 문들을 여는 거예요."

◎ ◎ ◎

문명 허물기에 반대하는 또 다른 주요한 논거 두 가지가 있다. 첫째는 문명붕괴가 여성들에게 재난을 안겨줄 것이라는 것, 둘째는 문명붕괴가 자연계에 재난을 가져온다는 것이다. 이 두 가지는 모두 문명이 여성과 자연계에 재난을 가져왔다고 보는 사람들의 주장이다. 그들은 그저 문명이 붕괴하면 사태가 더 나빠질 것으로 보는 것이다.

첫 주장인즉, 지금의 사회조직이 헝클어지면—특히 격변의 양상을 보이면서 헝클어진다면—여성을 억압하는 문화에서는 늘 그렇듯이, 여성들이 정통으로 타격을 받는다는 것이다. 문명이 붕괴하면 〈매드 맥스〉나 〈보이 앤드 히즈 도그〉 같은 영화들이 예견한 것처럼 여자들이 이용당하는 세상이 된다는 것이다. 〈보이 앤드 히즈 도그〉의 대사 한 토막은 그런 미래의 가능성을 제시하면서 그 영화의 성차별 논리 또한 선명하게 드러낸다. 돈 존슨이 분장한 그 인물은 윤간당한 후 살해된 여자의 시신과 마주치자 "이럴 수가! 이 계집은 서너 번 더 써먹을 수 있었는데"라고 말한다. 유감스럽게도 이런 식의 세계관은 공상과학 소설적 미래의 등장을 기다릴 것도 없이 그전에 명명백백하게 드러날 것이라고 나는 생각한다. 이 같은 성차별적 사고방식이 이미 강력한 문화적 욕구로 나타나고 있다는 것은, 이 영화가 일부에서는 컬트 영화의 고전으로 간주되고 있다는 사실만이 아니라 관중들의 반응에서 더더욱 잘 드러나고 있다. 영화팬 사이트에 오른 전형적인 메일 하나를 보자. "어떻게 이 영화를 좋아하지 않을 수 있겠는가? 사내가 여자를 얻고, 여자를 잃고, 여자를 되찾고, 그리고 그 여자를 개에게 먹인다! 참! 나는 이 영화를

PBS에서 녹화했는데 잘한 일이라고 생각한다. …PBS에서 나체를 본 건 그게 처음이었다." 하나 더 보자. "내가 본 핵 악몽을 다룬 영화들 중에서 가장 좋은 (가장 메스꺼운) 것이다. 성적으로 흥분한 10대의 돈 존슨이 텔레파시 능력을 가진 개를 데리고 미국의 사막을 걸어다니면서 섹스행위를 도와주니 이보다 더 재미있는 영화가 어디 있겠는가? 핵 악몽을 겪은 뒤의 내 생활방식이 이 정도로 좋은 것이기를 바랄 뿐이다."[310)]

밤늦은 시각. 나는 어느 대학의 방송실 스튜디오에 있다. 나는 문명 허물기 이야기를 하는 방송을 하고 있다. 한 여자가 전화를 걸어, 이 사회가 무너지면 집단강간 사태가 벌어질 것이라고 걱정한다.

내가 대답한다. "집단강간 사태는 이미 일어나고 있는데요. 우리는 지금 대량강간 문화에서 살고 있어요. 아는 여자들 가운데 강간당하지 않은 사람이 몇이나 됩니까?"

"많지 않아요." 그 여자가 대답한다.

"하나도 없어요." 스튜디오의 다른 마이크 앞에 앉아 있는 여자가 말한다.

내가 이야기를 계속한다. "이런 성폭행의 거의 모두가 아버지, 오빠, 삼촌, 사촌, 이웃, 애인 등 여자와 가까운 사람들에 의해 자행되고 있는 거예요."

나는 스튜디오에 나온 그 여자의 표정을 통해, 그녀는 내가 무슨 말을 하고 있는지 알고 있다는 걸 짐작할 수 있다.

내가 말한다. "그렇다고 강간 발생률이 높아지지 않을 것이라는 얘기는 아닙니다. 지금 공동체 와해와 성폭행 증가의 관계에 대해 중요한 논점을 제기하셨는데, 크게 두 가지 이유가 있다고 추측합니다. 첫째로, 공동체가 와해되면 남자들은 구타와 성폭행을 통해 좌절감을 여자들에게 폭발시킬지도 모른다는 것이지요. 두 분도 그렇게 생각하는가요?"

두 여자 모두 "예"라고 대답한다.

"그리고 둘째 이유는 '법과 질서'가 깨지면 경찰이 여자들을 보호할 능력이 줄어들 거라는 것이겠지요."

전화를 걸어온 그 여자가 그렇다고 말한다.

"그렇지만 첫번째 이유는 남자들이 지금은 그런 짓을 하지 않는다고 전제하는 것이지만, 어쨌거나 현재의 남녀관계가 갖는 학대적—그리고 테러리스트적—성격을 드러내놓고 인정하는 겁니다. 그리고 두번째 이유는 지금은 경찰이 여성들을 보호하고 있다고 전제합니다. 그렇지만 경찰은 성폭행당한 여자들을 보호하지 않았고, 대개의 경우 피해여자들을 사후에 돌보는 일도 하지 않았고, 그 강간범으로부터 다른 여자들을 보호하기 위해 아무런 조치도 취하지 않았다고 단언할 수 있습니다."

"맞아요." 전화를 걸어온 여자가 말한다.

스튜디오에 나온 여자가 몸을 앞으로 기웃하더니 이렇게 말한다. "나는 여자를 겁탈하고 나서 체포된 남자를 딱 한 명 알고 있습니다. 재판은 그 여자에게 악몽이었어요. 가족들은 대부분이 그녀의 삼촌인 범인 편이었지요. 변호인측과 판사는 그런 일은 일어나지도 않았다는 듯이, 그녀가 스스로 일을 꾸몄다는 듯이 재판을 진행시켰습니다. 여자는 고소한 것 자체를 후회했습니다." 그녀는 잠시 뜸을 들이다가 이야기를 계속한다. "나중에 그녀는 차라리 그 남자를 쏴 죽였더라면, 하고 말했습니다. 그렇게 하면 사법기관이 얼싸 좋다고 다루는 범죄가 돼버리거든요."

나는 공감을 나타내고 이렇게 덧붙인다. "생각해 봐야 할 문제가 또 있어요. 공동체 파괴가 성폭행 발생률 증가로 이어진다면, 지금은 성폭행이 수출되고 있다고 볼 수 있어요. 문명과 글로벌 경제는 세계 곳곳에서 공동체를 파괴하고 있습니다. 그들이 하는 짓이 바로 그것입니다. 우리는 우리의 생활양식을 유지하려면 자원을 수입해야 합니다. 자원을 수입하려면 식민지의 공동체들을 파괴해야 합니다. 공동체가 파괴되어야 자원을 도둑질할 수 있게 되거나, 아니면 자원을 도둑질하는 과정에서 공동체가 파괴되는 것이지요. 어쨌거나 이런 착취적 생활양식은 횡포로 이어집니다. 나는 식민지의 여자들이 그들의 공동체가 파괴당하기 전에, 그들이 강간당하는 사태가 닥쳐오기 전에 문명이 몰락하기를 얼마나 희구하고 있는지 짐작할 수 있습니다."

나는 잠시 멈췄다가 이야기를 계속한다. "성폭행에 정말 관심이 있는 사람은 당장 이곳과 식민지에서 할 일이 많습니다. 그리고 설사 당신의 일차적인 관심이 문명이 붕괴할 때 대대적인 성폭행 사태가 벌어질 거라는 데 있더라도, 할 일은 여전히 많습니다. 여자들에게 호신술을 가르치세요. 총기 사용법을 가르치세요. 그리고 종국에는 공업이 생산하는 총탄이 바닥날 터이니, 활과 화살의 사용법을 가르치세요. 여러 가지 칼을 사용하는 법도 가르치세요. 그리고 폭행범을 손으로 죽이는 방법도 가르쳐주세요. 싸우는 방법뿐 아니라 맞서 싸우는 마음가짐 자체를 가르치는 게 더 중요합니다. 일단 맞서서 싸우기로 마음을 굳히면 다른 모든 것은 기술적인 문제입니다. 그리고 이보다도 중요한 건, 집단적 방어체제를 구성해야 한다는 거죠. 이런 집단 방어체제가 구성돼야 하는 이유는 우리가 작용하건 하지 않건 상관없이 문명은 붕괴할 것이기 때문이에요. 그리고 실제로 문명이 한동안—한참 동안—붕괴하지 않더라도 어차피 이런 집단방어가 중요해집니다. 성폭행을 비롯한 다른 형태의 착취로부터 서로를 보호해야 하니까요. 경찰이 그런 일을 해줄 리 만무하니까요."

두 여자가 공감을 표시한다.

내가 이야기를 계속한다. "그리고 문명 허물기에 대해 또 한 가지 이야기할 게 있습니다. 여자들을 걱정한다는 건 인류를 걱정한다는 이야기지요. 그리고 인류를 걱정한다면 토지기반을 걱정해야 해요. 토지기반을 파괴하는 건 인류를 죽이는 짓이니까요. 문명은 우리의 토지기반을 파괴하고 있습니다. 문명은 파괴해야 합니다."[311)]

◎ ◎ ◎

나는 게다리를 더 뜯는다. 나는 평소 게를 좋아하지 않지만 이건 어차피 쓰레기가 될 것들이다.

브라이언이 말한다. "해커들이 흔히 반항자로 묘사되는 게 유감이에요. 우리는 법 자체에 불복종하는 게 아닙니다. 다만 무시할 뿐이지요. 우리 활동은 우리에게 가해지는 인위적 제약에 묶이지 않고 이루어집니다."

나는 먹고 있던 게다리를 내려놓고 메모를 한다.

그가 웃으면서 이야기를 계속한다. "내 말을 받아쓰시니 우쭐해지네요. 보통사람들은 고발장을 준비할 때만 받아적지요."

나는 그 말도 받아적는다.

그가 깔깔 웃는다.

그를 엄하게 쳐다보면서 묻는다. "당신 누구지?"

그는 다시 웃으면서 고개를 뒤로 젖힌다. "난 그저 보통사람이에요. 내가 속해 있는 종을 좋아하고 다른 종들과 생명을 좋아하는 사람이지요. 명석하게 생각하려고 무척 애쓰는 사람입니다."

내가 대답한다. "그건 힘들어요. 명석한 노예를 좋아하는 사람은 없게 마련이지. 그런 노예는 자신을 예속시키는 시스템 전체에 대해 생각하게 될지도 모르기 때문이지."

"우리가 끼여든 이 게임은 정말 이상해요. 이 체제의 존속을 허용한다면 우린 아주 이상한 게임을 해야 하는 거예요. 우리는 아무 생각도 하지 않으면서, 스스로 명석하다고 생각해야 한다는 거지요. 우리의 삶이나 공동체에 거의 아무런 제어능력도 발휘하지 못하면서 마치 제어능력이 있는 듯이 생각하고, 사실은 저들이 우리를 소유하고 있는데도 우리가 저들을 소유하고 있는 척해야 한다는 거지요."

"바로 일전에 어떤 사람이 우리는 종이와 나무제품들이 필요하기 때문에 벌목을 해야 한다고 말하더군요."

브라이언이 말한다. "이 모든 장치들은 궁극적으로는 불필요한 것들이에요. 필요성은 인위적으로 조성된 겁니다. 인쇄회로기판(printed circuit board)이 도대체 누구에게 필요한 겁니까? 우리에게 필요한 건 공기와 물과 먹을거리지요. 소프트웨어(특히 마이크로소프트)는 우리에게 필요 없어요. 사람들에게 병 주고 약 주는 것이 이 문화의 특기예요."

"제대로 듣는 약도 아니죠…."

"그럼요, 안 듣습니다. 그래야만 계속 사러 올 것 아닙니까. 어쩌면 이 문화의 특기는 사람들을 중독시켜 놓고 마약을 팔아먹는 거라고 해야 할 것 같네요."

◎ ◎ ◎

네덜란드의 사회학자이자 마약중독 카운슬러인 케스 네테손은 이렇게 썼다.

> 현대 서방문명은 만족할 만한 실존적 이데올로기가 결여된 상황에 대처하지 않으면 안 된다. 여러 세기 동안 정신적 사고에서 물질적 사고로 전환하다가, 결국 지금의 기술적 소비사회가 되었다. 이 사회는 대량생산과 대량소비, 피상적이며 따라서 농락하기 쉬운 이데올로기 그리고 선진기술과 군사력에 의존하고 있다. 이 과정이 가져다 준 결과의 하나는 일반 개개인은 보통 사회생활에서 의미 있는 만족을 제대로 얻지 못한다는 것이다.[312)]

전에는 공동체와의 관계 그리고 특히 토지기반과의 관계에 의해 채워졌던 의미의 공백을 중독상태가 채우고 있는 것이다. 마약과 알코올 중독에 대한 상담을 하고 있는 레이 호스킨스는 그의 저서 『합리적 광기』(Rational Madness)에서 중독이란 "거짓 믿음, 미숙한 대응행위 그리고 기본적으로 자기중심에 기초한 목적을 추구하는 잘못된 경로로서 현실에 대처하기보다 증상을 치료하는 것"이라고 했다. (설사 치료가 되더라도) 증상만을 치료하는 이 패턴이 이 문화에서는 매우 폭넓게 퍼져 있어 거의 눈에 띄지도 않을 정도이다. 호스킨스는 이렇게 말한다. "이 증상치료 모델이 개인생활의 주요 부분을 이루게 되면 그 사람은 중독과정에 들어가 내면적·외적 문제들에 대처하는 데 정례적으로 중독성 행위를 사용하게 된다."[313)]

호스킨스는 이런 식으로도 말한다. "중독과정은 하나의 대처방식으로서, 자기 삶의 당장의 요구에 직접 대응하는 것이 아니라 욕구하는 감정을 이끌어내려고 습관적으로 편법적 행동으로 현실에 대응하는 것이다."[314]

그는 한 가지 어리석은 예를 소개한다. 사실 우리 대부분의 일상적 행동과 비교해 볼 때 더 어리석을 것도 없는 사례이다. "친구네 집에 가서 거실에 앉아 있는데 친구가 자기 집 식물들이 물이 부족해서 죽어간다고 투덜댄다고 하자. 그는 불평하면서 내내 큰 그릇에 담긴 초콜릿 입힌 건포도를 집어먹는다. 주방엔 싱크대가 있고 집 안 화초에 물을 주는 물주전자도 눈에 띈다. 그런데도 그 친구는 문제를 해결할 생각은 하지 않고 그저 앉아서 투덜대며 캔디를 먹고 있는 것이다."[315]

물론 이 예는 지구가 죽어가는 데 대한 우리의 반응을 완벽하게 묘사하고 있다. 우리는 초콜릿을 입힌, 살충제가 묻은 건포도를 먹으면서 지구가 죽어가는 데 대해 불평을 한다.

호스킨스의 이야기는 계속된다. "중독성 대처는 앞에 예시한 패턴을 따른다. 언제나 문제해결보다도 자기치료 감정에 초점을 맞춘다. 면밀히 살펴보면 언제나 앞의 사례의 행동처럼 얼빠진 것이다. 그런데도 어찌된 이유에선지 그런 행동이 만연해 있다."[316]

중독대상이 마약이건 TV건 소비 중심주의건 권력이건 문명이건 상관없이, 우리가 문제해결이 아니라 문제의 존재를 일시적으로 잊기 위한 수단 마련을 목적으로 자기치료라는 폐쇄서클에 들어갈 때 중독과정은 시작되는 것이다. 이 같은 중독성 행동은 중독되는 사람에게는 그 나름의 논리를 가지지만 다른 사람들은 이해할 수 없는 것이다. 이 무의미한 논리는 호스킨스에 따르면 비현실적 두려움, 미숙한 세계인식 그리고 결함이 있는데도 도전받지 않는 전제들이 그 바탕이 되고 있다. 나는 독자들이 비현실적 두려움, 문화가 우리들에게 미숙한 인식을 주입하는 방식 그리고 이 문화가 그 자체와 더불어 다른 것들까지 멸망으로 이끌어가는, 결함이 있으면서도 도전받지 않는 전제들을 스스로 분간할 수 있게 되기를 바란다. 더 나아가 호스킨스는 중독은 안전이 없는데도 안전하다는 느낌을 만들어내고, 감각이 마비된 사람에게 감각을 주고, 무력한 사람들에게 자기 자신이나 남들에 대한 통제력과 권력을 갖고 있다는 느낌을 준다고 말한다. 그리고 끝으로 호스킨스는 중독상태가 존재하는 한, 중독을 통해 가려져 있는 기본 문제는 결코 해결될 수 없다고 분명히 지적한다. 독자들은 이 말이 갖는 함축을 충분히 이해할 수 있을 것으로 믿는다.

◎ ◎ ◎

브라이언이 말한다. "검은 피(black blood)를 무시하면 안 돼요. 이 문화는 검은 피로 살아가고 있습니다. 이 핏줄을 끊어야 합니다."

"빠를수록 좋겠지요."

"석유와 전기 시스템을 되도록 많이 결딴내는 것이 문명 허물기의 중요한 시작이 될 것으로 봅니다. 방법은 많아요."

"이를테면?"

"난 언제나 함께 손을 잡고 노래 부르는 걸 좋아합니다. 우리는 촛불을 켤 수도 있지요. 그렇게 하면 문명이 무너질 게 분명해요."

"그래요, 하지만 우리가 동시에 정유소 쪽으로 핑크색 사랑의 거품을 날려보내는 경우에만 그렇게 될 테죠."

그가 콧잔등을 쓱쓱 문지르고는 말한다. "선생님은 정말 일을 제대로 해낼 팀을 꾸리려는군요. 한 가지 방법이 모든 상황에 다 통하는 건 아니고, 한 종류의 기술만 가지고도 해낼 수 없어요. 이 문화에는 혼자서 큰일을 해내는 초능력 영웅의 신화가 있지요. 그러나 폭격수나 작가나 남벌반대 시위자나 비폭력 촛불시위자가 외톨이로는 큰일을 해낼 수 없는 것처럼, 외톨이 해커는 문명을 허물 수 없습니다."

"그런 사람들 모두가 필요하지요."

그가 고개를 끄덕인다. "내 취미는 컴퓨터와 관련 전자기술입니다. 우리는 소프트웨어 이야기를 했는데 하드웨어 쪽도 있습니다. 한 예로, 'HERF 전자총'(High Energy Radio Frequency, 고출력 전파를 발생시켜 전자장비를 마비·파괴시키는 무기-옮긴이)이라는 걸 들어본 적이 있어요?"

"말은 들어봤어요."

"전자폭탄(e-bomb)에 대해서도 들어봤을 테죠?"

"물론이죠."

"그것들은 유사한 부류의 무기들입니다. 전자폭탄은 넓은 패턴의 강력한 순간파동을 보냅니다. HERF 전자총은 잘 만들고 잘 사용하기만 하면, 폭발물 없이 하드웨어를 결딴내는 고도로 정밀하고 자비로운 방법을 제공해 줍니다. 사용자는 무사한 채 컴퓨터를 결딴낼 수 있는 거예요."

"만드는 데 돈이 많이 드는가요?"

"난 보통 쓰레기를 뒤져서 구한 재료를 사용하기 때문에, 그런 부품들에 드는 돈은 10달러 정도예요. 그러니까 집에서 만드는 데 경제적으로 큰 애로는 없습니다. 부품이 모두 신품인 경우에도 200달러 이상 하는 모델은 써본 적이 없어요."

"조립은 쉬운가요?"

"그게 문제입니다. 잘 조립해서 잘 사용하기만 하면 50 내지 100피트 이내에서 자화성(磁化性) 전자제품을 찾아낼 수 있어요. 그렇지 않고, 제대로 조립하지 않거나 제대로 사용하지 않을 경우엔 감전사할 수 있고요."

"아주 고약하군요."

"방사선도 위험할 수 있습니다. 조심스럽게 목표를 겨냥하고 사용자에게서 떨어져야 합니다."

"그러니까 매우 위험한 거로군요."

"아니에요. 다만 잘못 조립하면 사람, 사용자를 조리하는 쿠커가 된다는 거지요. 잘 조립해서 잘 사용하기만 하면 아주 안전해요. 난 몇 개를 설계해서 조립해 봤는데 결과가 좋았습니다. 관심 있는 사람은 지식을 가진 사람한테서 이 특수 기술의 구축과 사용 방법을 배우기만 하면 돼요. 그러고 나서 어느 정도 조심만 하면 전혀 위험할 것 없습니다. 나는 컴퓨터를 망쳐놓는 일에 관심 있는 사람은 전자무기(e-weapon)를 탐구해야 한다고 생각해요. 그러나 주의해야 할 점은 경험 있는 사람의 지도를 받아야 한다는 겁니다."

"알겠어요."

"반면에 프로그램은 사람에게 영향을 주는 일이 없지요. 분명히 말하는데, 컴퓨터 바이러스나 컴퓨터 웜의 이용을 탐구하는 사람들에게는 그런 유의 문제가 없어요."

나는 또 한 입 먹는다. 중국식 뷔페는 정말 마음에 든다.

"그렇지만 사실 나는 정보에 훨씬 관심이 많아요. 그 방면에서 내가 가장 잘할 수 있는 것은 통신교란입니다. 사람과 사람 사이의 통신만이 아니라 사람에서 장치로, 장치에서 장치로 이어지는 통신 말입니다."

"그건 어떻게 하는 건데요?"

"오늘날 인간 대 인간의 통신은 음성이 배제된 상태에서 이루어집니다. 인간적인 것이 배제된 숫자와 문자의 메시지입니다. 그래서 메시지가 아주 쉽게 조작될 수 있지요. 이것은 본질적으로 기술사회가 자연사회보다 덜 안전하다는 걸 단적으로 보여주는 겁니다. 지금은 통신조작의 장애가 사회적인 것이라기보다 기술적인 겁니다. 그게 우리가 당면한 기본 문제예요.

인간과 기계, 기계와 기계의 통신을 교란하는 건 그보다 더 쉽지요. 갑자기 통신의 흐름 전체가 비인간적인 것이 되었습니다. 통신전달이 기계에 의해, 보이지 않는 제3자나 바이러스나 심지어 장치 자체에 의해 위조될 수 있게 된 거예요."

"그런데 이런 통신들을 교란시키려는 이유는 뭐죠? 송유관 같은 것을 교란시키려는 사람들도 있나요?"

"그건 내가 선호하는 방면이 아니에요. 궁극적으로는 이중 안전장치가 작동하게 되거든요. 마찬가지로, Y2K가 기대했던 만큼 큰일을 해내지 못한 것도 동력 배전망이 제대로 전산화돼 있지 않았기 때문이에요. 커다란 붉은 스위치를 상상하면 짐작이 갈 겁니다. 현재 주로 전산화가 잘되어 있는 분야는 요금계산 부문입니다."

"젠장."

"이런 물리적 안전장치를 사용하는 한, 컴퓨터는 제어가 아니라 통신기능으로 격하되지요. 컴퓨터가 명령을 내리고, 사람은 적절하다고 생각될 때 스위치를 누릅니다. 이 경우 해킹은 장난거리로는 좋지만 기계를 무력화하거나 해치지는 못해요."

"젠장."

"그렇습니다. 우리는 그것들을 회복이 불가능할 정도로 단단히 망가뜨리려는 거예요. 그러기 위해서는 그것들이 작동하는 초기 단계는 물론이고, 여러 가지 회복과정도 이해해야 합니다. 그러니까 쉽게 회복될 수 없는 장치나 과정을 겨냥해야 한다는 거죠. 한 예로, 발전의 경우를 보면, 시설에서 예비품이 없는 부분(예컨대 특수 제작이 필요한 거대한 고정자固定子)을 제거해 버리면 원상복구가 쉽지 않습니다. 갑자기 불편한 상태가 결함상태로 바뀌는 거죠.

여기까지는 컴퓨터 없이도 할 수 있습니다. 그런데 이 단계에 이르면 해커가 컴퓨터 시스템을 이용하여 도움을 줄 수 있지요. 컴퓨터는 정보를 운반하기 때문에 중요하다는 걸 기억하세요. 그래서 해커가 컴퓨터와 사람 또는 사람과 사람 간의 정보를 왜곡시킬 수 있는 겁니다."

"그러니까…."

"가령 발전소의 고정자와 같은 중요한 부품은 온도가 일정 수준 이하로 유지된 상태에서 작동하게 되어 있다고 합시다. 과열하면 망가집니다. 그것이 얼마나 뜨거운지를 기술자들이 어떻게 압니까? 손으로 만져보고 아는 게 아니에요. 수십 개의 온도계를 계속 살펴볼 수도 없지요. 그들은 컴퓨터를 통해 얻는 정보를 봅니다. 그런데 그들에게 그 부품을 뜨거운 상태로 가동시키라는 정보를 준다면, 예컨대 냉각기가 실제보다 높은 용량에서 작동하고 있다는 정보를 줘서, 부품이 망가지고 있는데도 문제의 그 부품이 제대로 작동한다고 믿도록 만든다면 어떻게 되겠어요?"

"그런 일을 당신이 할 수 있어요?"

"실제로 시험 삼아 해봤어요. 난 아무것도 망가뜨리지는 않았습니다. 내 관심은 오로지 그 가능성을 확인하려는 거였어요."

내가 음식을 더 가져오기 위해 자리에서 일어난다. 돌아와 보니 브라이언이 몹시 흥분해 있다. "방금 생각났는데, 리눅스 서버가 필요해요? 선생님한테 드리려고 차에 싣고 왔어요. 아주 재미있는 물건입니다. 채팅룸을 운영할 수 있고, 독자적인 웹사이트를 호스트할 수도 있고, 위성통신을 방해할 수도 있고…."

"전에 얘기할 때 열 명 남짓만 있으면 그런 걸 모두 마비시킬 수 있다고 했는데, 아직도 그렇게 생각해요?"

"문명 전체를 말인가요? 그건 낙관적인 생각이고, 실제로 그 모두가 일시에 붕괴할 거라고는 생각하지 않아요. 단계적으로 붕괴할 겁니다. 해커 열두 사람이면 북미 전역의 송전망을 마비시켜 몇 달 동안 암흑상태가 계속되게 할 수 있습니다. 정전 자체로 핵심 부품들이 다운될 테지요. 물론 권력자들은 즉각 재정비를 할 것이고 능력 면에서 우리보다 우위에 있으니까 결국 원상복구를 할 겁니다. 그러면 우리는 다시 공격을 해야죠."

"그러려면 뭐가 필요합니까?"

"담력이죠. 그리고 서양사람들에게는 생소한, 어느 정도의 친밀감을 느끼는 사람들로 긴밀하고도 화목한 작은 집단을 구성하여 생사를 함께할 각오를 다지면서 서로 무슨 일을 하는지 알고 있어야 합니다. 사람 수가 많아지면 또 다른 목적을 가진 세포조직들이 필요하겠지요. 그리고 물론 송전망을 마비시킬 사람은 나서지 말고 송전망 밖에 있어야 합니다."

"그야, 물론이지." 나도 그런 걸 생각한 적이 있었다는 듯이 말한다.

◎ ◎ ◎

내가 잘못 알고 있는 것이기를 바란다. 바다의 큰 물고기들의 90%가 사라졌다고 믿고 싶지 않고, 기후가 변하고 있지 않다고 믿고 싶다. 지금 내가 토착민들한테서 빼앗은 땅에서 살고 있는 게 아니라고, 토착민들이 지금도 자기 땅에서 쫓겨나고 있지 않다고 믿고 싶다. 남자가 여자를 성폭행하는 일은 없으며, 부모가 아이들을 때리는 일도 없다고 믿고 싶다. 난 야생연어가 아직도 우리 동네 개울에서 힘차게 돌아다닌다고 믿고 싶다.

아니 어쩌면 나는 현재의 이러저러한 사태가 전에도 늘 그랬다고 믿고 싶은지도 모른다. 연어가 개울로 올라온 적이 없었다고, 철비둘기가 광활한 밤나무숲 위를 날아다닌 적이 없었다고, 들소는 대평원을 뛰어다닌 적이 없었다고, 강물이 마시기에 안전한 적이 없었다고. 모유는 늘 발암물질에 오염되어 있었다고, 암이 늘 우리의 사랑하는 이들을 죽여왔다고, 남자가 늘 여자를 겁탈해 왔고 부모가 늘 아이들을 매질해 왔다고, 사회구조는 언제나 부정직하고 권위주의적이며 억압적이었다고 믿고 싶은 것인지도 모른다.

아니면, 어쩌면 나는 이 문화와 이를 구성하는 대다수 사람들이 미치광이가 아니라고 믿고 싶은지도 모른다. 25만 년 동안이나 위험성을 지니게 될, 1천조에 달하는 치사량의 플루토늄-239를 만들어내지는 않았다고. 이 문화를 다스리는 권력자가 인정이 있는 사람이며 적어도 심술궂은 사람은 아니라고—권력을 무한정 확보하는 사람에게 상을 내리는 사회구조에 떠밀려 미쳐 날뛰는 사람이 아니라고—그들이 나와 내가 사랑하는 이들을 위해 최선을 다해 줄 것이라고 믿고 싶은 것이다.

나는 이 나라에 200만 군데의 댐이 존재하지 않으며, 동물들이 생체실험실이나 공장형 농장에서 학대당하는 일이 없다고 믿고 싶다. 나는 우리가 지금과 같은 방식으로 살아가더라도 지구를 계속해서 파괴하는 일이 없을 것이라고 믿고 싶은 것이다.

나는 문화의 개혁이 가능하며, 몇 가지 사소한 변화와 그다지 사소하지 않은 변화 한두 가지만 이룩하면 사태가 정상을 유지하리라고 믿고 싶다.

나는 어쨌든 아무것도 문제될 게 없다고, 죽고 나면 천당 아니면 이전의 지구처럼 아름답고 오염되지 않은 곳으로 가게 될 것이라고 믿고 싶다. 나는 인생의 목적이 스스로를 이 세상으로부터 유리시키는 것이라고, 일찍이 내가 사랑했고 놀라운 것으로 여겼지만 이제 와서는 고통의 원천임을 깨닫게 된 이 세상으로부터 나 자신을 유리시키는 것이라고 믿고 싶다.

나는 내가 착해지기만 하면, 내가 남을 사랑하는 친절한 사람이 되기만

 하면, 잔학행위는 저절로 그칠 거라고 믿고 싶다. 나는 고통을 목도하는 일은 이제 끝났다고 믿고 싶다. 나는 글을 통해 댐을 철거하게 되리라고 믿고 싶다. 난 상징적 행동이 비상징적 행동을 대신한다고 믿고 싶다.

나는 이 문화가 조성한 문제들을 자연계가 해결해 줄 것으로, 허리케인과 지속적인 혹서로 송전망이 망가지고 지진으로 댐이 파괴될 것으로 믿고 싶다. 나는 나도 자연의 일부이며 내가 허리케인에게 그들의 역할을 해주기를 바라는 것처럼 자연도 나에게 내 역할을 할 것을 요구하고 있다고 믿고 싶다.

나는 해커들이 우리의 문제들을 해결해 줄 것이며, 우리가 노력하거나 책임지지 않더라도 그들이 송전망을 파괴해 줄 거라고 믿고 싶다. 나는 나에게는 제공할 아무런 기술도 없다고 믿고 싶고 우리의 기술들이 어떤 것이건 세상이 우리의 기술 전부를 필요로 하는 건 아니라고 믿고 싶다.

나는 내가 할 수 있는 일은 아무것도 없으며, 더 바람직하게는 할 일이 아무것도 없기를 바란다. 그렇게 되면 어쨌든 난 아무것도 하지 않아도 되고, 아무 책임도 지지 않아도 되고, 누구에게도 그리고 어떤 토지기반에 대해서도 책임질 일이 없을 것이다.

나는 내가 쓴 글이 모두 틀리기를 바란다. 정말 그렇게 되기 바란다.

◎ ◎ ◎

"그러니까 해커들이 세상을 구할까요?" 내가 브라이언에게 묻는다.

그는 또 웃는다. 그러나 이번에는 고개를 뒤로 젖히지는 않는다. "천만에요. 우리는 거의 모두가 문명을 해체하는 일보다는 그것으로부터 도피하는 데 더 열을 올리고 있어요. 지구를 되살리는 일은 합동작전으로 이루어져야 하며 우리 주변의 잡다한 것들을 잘 아는 사람들이 포함되어야 합니다. 전기통신, 프로그래밍과 로직, 하드웨어, 정보 시스템, 데이터베이스 구축, 폭죽 제조법, 증기 등에 관해서 말이에요. 발전체계, 여러 유형의 기계, 밸브 등에 정통한 특기자가 필요하고, 고압 전류를 다룰 수 있는 사람, 에너지 인프라를 연구한 사람 등 다양한 종류의 전문가가 있어야 해요. 사람마다 각기 특이한 기여를 할 수 있고, 그렇게 힘을 모으면 아주 많은 일을 할 수 있어요."

내가 말한다. "내가 늘 얘기하는 게 바로 그거요. 만약 외계인이 우리에게 이런 짓을 하거나 신을 믿지 않는 공산당들이 쳐들어온다면, 갑자기 많은 사람들이 자신들에게 미처 생각지도 못했던 기술이 있다는 걸 깨닫게 될 테지요. 그리고 많은 사람들이 그 기술을 사용하려 들 겁니다."

그가 말한다. "지금까지 우리는 큰 타격을 가할 방법을 이야기했는데 그런 것들이 대단히 중요하기는 하지만, 사람들이 각자 할 수 있는 곳에서 작은 타격을 가하는 것도 중요하다고 생각해요. 이 착취경제의 기능에 차질이 빚어지게 하고 해를 끼치는 일이면 무엇이든지 좋은 거지요."

"다시 한번 말하지만, 이 정부가 점령정부이고 이 경제가 점령경제이며 이 문화가 점령문화라는 걸 인식하게 되면, 어떤 일을 하게 될 것 같소?"

"분명히 사보타주가 훨씬 많아질 거고, 또 이 사보타주가 하부구조 위쪽으로 이동할 거라고 생각해요."

"지구해방전선(ELF)에 대한 내 비판이 그거요. 그들은 자기들의 노력에 제대로 힘을 싣지 못하는 것 같아요. SUV차량을 불태우는 것말고 생산과정을 위로 거슬러 올라간다면 어떻게 될까요? 타격을 가할 수 있는 가장 효과적인 데는 어딜까요?

"그런 질문을 하는 사람들이 더 늘어나야 합니다." 브라이언이 말한다.

"반가운 소식은 그런 사람들이 많아지고 있다는 거요."

◎ ◎ ◎

나는 지금 플로리다주 세인트 피터스버그에 와 있는데, 11월 하순인데도 날씨가 무척 덥다. 어떤 군인과 이야기를 나누고 있는데, 납세자들의 돈으로 군인들에게 이토록 쓸모 있는 지식을 가르치고 있다는 게 놀랍다. 그리고 난 이런 지식이 주인의 연장을 주인의 집, 아니 그의 경제시스템을 허무는 데 편리하게 쓸 수 있다는 좋은 본보기가 될 수 있겠다는 생각이 든다.

우리는 해변으로 간다. 모래는 눈부시게 희다. 사람들은 많지 않다. 우리가 이야기하는 데 사람들이 많지 않은 건 좋은 일이다.

그가 말한다. "군대에서 우리는 어느 나라로 이동했을 때 가장 중요하게 수행해야 할 일 하나는 원자재 반출을 차단하는 것이라고 배웠습니다. 원자재의 흐름에 차질이 생기면, 경제 전체에 차질이 생깁니다. 경제에 차질이 생겨서 그런 상태가 지속되면, 승리할 확률은 한결 높아집니다. 아주 간단한 이야기지요."

나는 나치독일의 철도를 폭격한 미국과 영국의 전투기들을 떠올리고, 또 같은 일을 한 러시아, 벨기에, 네덜란드, 프랑스, 체코를 비롯한 여러 나라의 유격대들을 떠올린다. 미국 남북전쟁 때 북부연방군이 봉쇄와 철도 및 수로의 차단을 통해 남부연합군의 목을 서서히 죄어들어 갔던 일을 떠올린다. 그리고 롬멜 장군이 제2차대전의 전환점이 되었던 북아프리카 엘 알라마인에서의 패전을 돌이켜보면서 털어놓았던 불평을 떠올린다. 그는 이렇게 말했다. "전투는 교전이 시작되기 전에 병참으로 결판난다. 아무리 용감한 사람도 총이 없으면 아무것도 할 수 없고, 총도 탄약이 없으면 아무 구실도 못하며, 총이나 탄약도 그것을 수송해 줄 충분한 연료를 갖춘 차량이 없다면 이동하면서 전개되는 전투에서는 별 소용이 없다."[317)]

그 군인이 말한다. "물자는 대부분 세 가지 방법을 통해서 수송됩니다. 철도, 트럭 그리고 선박입니다. 항공수송은 수송량이 대수롭지 않으므로 무시해도 좋아요. 이 세 가지 중에서 가장 쉽게 접근할 수 있는 게 철도와 트럭이지요. 미국철도는 크게 노출되어 있으며, 유럽의 철도라고 다르지 않을 겁니다. 수만 마일이나 되는 철로가 감시가 없어 쇠지레만으로도 떼어낼 수 있어요. 난 어렸을 때 장난삼아 철로의 쇠못을 빼내곤 했지요. 시간이 걸리는 것도 아니에요. 마찬가지로 수백만 마일의 도로를 일시적으로 차단하는 방법도 얼마든지 있습니다."

"그런 걸 군대에서 배웠어요?"

"그럼요. 군대의 그 많은 교과과정이 우리에게 뭘 가르쳤다고 생각하세요? 군대의 목적이 뭔데요?"

그가 이야기를 계속한다. "미국군대의 목적은, 미국이 자원을 훔쳐내려는 나라의 하부구조를 결딴내거나 다른 나라의 자원을 훔치기 위한 활동무대로 사용할 나라에 군대를 주둔시키는 것입니다. 그래서 그런 방법을 우리에게 가르친 거예요. 도로(특히 교차로), 철도, 항만 그리고 물자수송과 관계 있는 사실상 모든 시설이 처음부터 군사목표가 됩니다. 그래서 우린 이와 관련된 이야기들을 많이 했어요. 하지만 그보다도 시스템 전반을 보고, 생산 및 물자의 흐름을 살피면서 그것을 분석하는 법을 배웠지요. 특히 필수물자가 반드시 통과해야 하는, 목조르기 지점을 찾는 법을 배웠어요."

그 같은 지점을 가리키는 내 용어는 병목(bottleneck)이다.

"우리는 또 고립된 외딴 수송구간을 찾아서 드러내놓고 행동하지 않고도 물자의 흐름을 교란시킬 방법을 찾아내라고 교육받았습니다."

"그게 무슨 말이죠?"

"교량을 폭파할 수 없으면 교통사고를 일으키는 거지요. 장소를 제대로 골라서 알맞은 시각에 교통사고를 일으키면 아주 효과가 있어요."

"그런 것도 가르치더란 말이죠…."

"그럼요. 돈을 받아가면서 배웠지요."

"그리고 또 뭘 가르치던가요?"

"아마도 가장 중요한 것은 이런 유의 활동이 효과를 거두려면 그것이 지속성을 가지고 명령에 따라 이루어져야 한다는 겁니다. 자기 구역에 대해 알아야 하며, 그 지역이 경제적으로 기능하는 데 어떤 자원이 필요한지 파악해서 그런 자원의 흐름을 차단하는 데 힘을 쏟아야 합니다. 또 어떻게 하면 최대의 효과를 거둘 수 있는가를 알아야 합니다.

물론 우리는 보안에 관해서도 배웠습니다. 절대로 잡혀서는 안 된다. 절대로 잡혀서는 안 된다는 소리를 귀가 따갑도록 들었어요."

우리는 아직도 뜨거운 그늘진 모래 위에 앉아 바닷물을 바라본다. 바다도 눈부시도록 희다.

그가 이야기를 계속한다. "군대에서는 여러 가지 기술적인 것을 가르치지만 그 교육과 훈련에서 내가 주요하게 얻은 건 사고방식의 전환이었어요. 이제는 어떤 구조물이나 기반시설을 볼 때면 가장 힘이 몰려 있는 데가 어딜까 부지런히 생각합니다. 그렇게 사고방식이 바뀌고 사물을 보는 눈이 달라져 어느 정도 경험을 쌓으면, 일이 생각보다 쉽다는 걸 알게 되지요."

여전히 무덥다. 사람들이 어떻게 이런 데서 살아가는지 알 수가 없다.

"천연가스요." 그가 말한다.

"뭐라고요?"

"천연가스에 관해서도 배웠어요. 군대가 사람을 비인간적인 존재로 만들고 개성과 창의성을 죽인다는 얘기를 늘 듣게 되는데, 어떤 면에서는 맞는 말이지만 군대가 창의력을 발휘하도록 가르치는 면도 있습니다. 주위를 살펴서 흔히 구할 수 있는 것 중에서 어떤 것이 목적수행에 활용될 수 있겠는지 알아내라는 교육을 자주 받았어요. 우리의 실습에는 언제나 일상적 물건을 기발하게 활용하는 방법이 필수적으로 포함되었어요."

"예컨대 어떤 거지요?" 이론 면에서도 그건 매우 흥미 있는 이야기였다.

"휘발유와 비눗조각으로 뭘 만들 수 있는지 알면 놀랄 걸요."

"말해 줄래요?"

"네이팜요. 그리고 흑색 화약으로는 파이프 폭탄을 만들 수 있어요."

"파이프 폭탄 제조법도 가르쳐요?"

"거기는 군대예요. 보이스카우트 캠프가 아니란 말입니다."

"천연가스는 어디서 구하지요?"

"원자재 수송보다도 시스템에 더 기본적인 게 에너지 공급입니다. 그런데 송전시설만 크게 노출되어 있는 게 아닙니다. 천연가스 공급관도 마찬가지예요. 천연가스관을 안전하게 제거하기가 얼마나 쉬운지 얘기하지요. 자동차 배터리와 유리튜브와 플라스틱 장갑을 구입합니다. 우선 배터리의 산을 적절한 용기에 부어요. 그리고 곳곳에 노출되어 있는 가스관이나 그 중계시설로 가서 테이프 등으로 튜브를 가스관에 붙인 다음에 튜브에 산을 주입하고는 물러나서 산이 파이프를 부식하게 하는 겁니다. 현장에서 소요되는 시간은 2분쯤 될 거예요."

"그런 걸 군대에서 가르치더란 말이지요?"

"엉클 샘 덕분이지요."

◎ ◎ ◎

볼트를 풀어 송전탑을 쓰러뜨린 미네소타주 농부들을 기억하는가? 알고 보니 송전선을 쓰러뜨린 것은 농부들만이 아니다. 오늘 신문에 이런 기사가 났다. "정전원인은 사보타주: 위스콘신의 80피트 송전탑에서 볼트가 제거됨." 기사내용은 다음과 같다. "누군가가 고압 송전탑 기초에서 볼트를 제거하는 바람에 그 탑이 다른 송전탑을 덮쳐서 1만 7천 고객에게 전기공급이 중단되었다고 경찰이 밝혔다. 80피트 송전탑의 기초에 탑의 다리부분들을 연결하는 판의 볼트들이 사라져 버렸고, 이 때문에 토요일 저녁 밀워키 교외의 오크 크리크 근처에 있는 그 송전탑이 다른 탑을 덮쳤다고 경찰서장 토마스 바우어가 밝혔다. '그 구조물이 허약해져서 쓰러지게 할 목적으로 한 짓으로 보인다' 고 그는 말했다. 또 그는 그 사고로 토요일에 4시간 동안이나 밀워키의 제너럴 미첼 국제공항을 비롯하여 1만 7천 명의 고객들에 대한 전력공급이 중단되었다고 발표했다. 공항대변인 패트 로우는 영상 탐사장비가 다운되어 탑승자 및 화물 검색이 손으로 이루어지면서 항공기 운항이 지연되었다고 밝혔다. 보어 서장은 송전탑에서 떨어진 전선이 철도 위에 널리면서 앰트랙과 캐나디언 퍼시픽 철도 등의 객차 및 화물차 운행이 지연되었다고 말했다. 철도운행은 일요일 저녁 당국에서 전선들을 절단한 후에야 재개되었다."[318]

믿음 깨뜨리기

더없이 놀라운 것은… 쉽게 다수가 소수에 의해 통치되고, 은연중에 복종하여 자신의 감정과 열정을 지배자에게 내맡긴다는 것이다. 어떤 방법으로 이런 놀라운 일이 실현되는가를 살필 때 우리가 발견하게 되는 것은, 힘은 언제나 피통치자들에게 있기 때문에 통치자들을 지탱해 주는 것은 오직 여론뿐이라는 사실이다. 따라서 정부는 오직 여론 위에만 세워진다. 이 격언은 거의 모든 자유정부 및 인민정부와 함께 대다수 독재정부와 군사정부에도 해당된다.

데이비드 흄[319)]

"경제체제의 평가는 신뢰도에 달렸어요." 브라이언이 말한다. "체제 전체가 신뢰를 기초로 운영됩니다. 보험은 신뢰를 바탕으로 운영되고, 은행도 신뢰를 바탕으로 운영되지요. 사람들이 이를 믿지 못하게 되면 체제는 대번에 붕괴합니다."

◎ ◎ ◎

문명인들이 토착민들을 패배시킬 수 있었던 데는 또 다른 이유가 있다. 아마도 가장 중요한 이유일 것이다. 토착민들 가운데 다수가 자신들을 영원토록 지켜주었던 신과 영혼들, 비법과 작용들이 자신들을 저버렸다고 믿기 시작한 것이다. 그들의 믿음이 붕괴한 것은 이런 보호세력이 그들을 문명인들로부터 구해 주지 못했기 때문이다. 문명인들이 마을에 불을 질렀다. 토착민들이 맞서서 싸웠다. 그들의 마을은 다시 불타 올랐다. 그들은 또다시 대항해 싸웠다. 마을은 다시 불길에 휩싸였다. 맞서서 싸우는 사람이 줄어들었다. 마을은 다시금 불바다가 되었다. 맞서서 싸우는 사람은 더욱 줄어들었다. 그들의 마을은 또다시 불바다가 되었다. 그들은 항복했다. 이제 정복자들은 그들의 마을에 불을 지를 필요가 없었다. 다만 지배자가 누구인가를 상기시키기 위해 가끔 마을에 불을 지르는 일이 있을 뿐이었다. 정복자의 새 백성들은 자신들의 전통적 방식에 대한 믿음을 잃었다. 사기가 땅에 떨어졌다.

학대자들의 수법이 이런 것이다. 한번의 모욕, 한번의 위협, 한번의 구타로는 여자를 굴복시키거나 어린이의 의지를 꺾기에 부족하다. 기를 꺾는 과정은 되풀이되고 종종 여자가 자신감을 되찾기 시작하는 단계에서 남자는 다시 때린다. 타이밍이 중요하다. 너무 이르면 사기저하가 극에 달하지 않으며 너무 늦으면 여자가 자신감을 다시 굳히기 시작할 수 있다. 그러나 타이밍보다도 중요한 건 반복이다. 도망칠 수 없다는 것, 저항해 봐야 소용이 없다는 걸 여자에게 억지로 가르쳐야 한다. 여자를 평정해야 한다.

우리 모두가 크고 작은 사기저하를 경험해 왔다. 나도 올 여름에 사소한 사기저하를 한두 번 경험했다.

지난 5월에 나는 새 컴퓨터가 '필요'하다고 결정했다. 낡은 컴퓨터는 하루에 두어 번씩 작동을 멈추곤 했다. 정말 짜증나는 것은 컴퓨터를 껐다가 다시 켜면 에러를 찾느라 하드디스크를 약 15분간이나 스캔하는 것이었다. 15분씩이나! 그래서 나는 동네 컴퓨터매장에 가서 가격이 붙어 있는 새 컴퓨터들을 구경했다. 가격이 좀 부담스러웠기 때문에 나는 이베이(eBay)에 들어가 보고 그곳 물건들의 저렴한 가격에 마음이 끌렸다. 이렇게 컴퓨터를 구입함으로써 나는 산업경제만 지원했을 뿐 동네에서 장사하는 사람들을 지원하지는 못했다. 이에 대해 꾸중을 듣기 전에 밝혀두고 싶은 것은, 컴퓨터의 신이 벌써 나를 탓했다는 사실이다. 컴퓨터가 도착했을 때 난 들떠 있었다. 그런데 운송비가 70달러라니 이건 너무했다! 그리고 컴퓨터를 설치하기 시작했다. 그런데 윈도우즈를 미처 다 깔기도 전에 에러 메시지가 뜨는 것이었다.[320] 문제될 것 있나. 대개 사람들이 그러는 것처럼, 나는 에러 메시지를 무시하고 꾹 참았다. 그런데 컴퓨터와 함께 온 드라이버가 말을 듣지 않는 것이다. 문제될 게 없었다. 나는 낡은 컴퓨터를 사용하여 인터넷에서 드라이버를 찾아내 다운로드받았다. CD드라이브는 여전히 부분적으로만 기능했으나(사운드 시스템은 전혀 작동하지 않았다), 집요하게 이런 문제들을 무시해 버리면 문제가 저절로 풀릴 것으로 생각했다. 바이러스 차단 소프트웨어를 깔고 마이크로소프트 사이트에서 내 윈도우즈를 업데이트하려고 했다. 다운로드에는 몇 시간이 걸리는 것으로 되어 있었으나, 40분이 지나자 멈추면서 내 시스템에 문제가 있다고 하는 것이었다.[321] 다시 시도했다. 이번에는 바이러스 차단 프로그램이 컴퓨터가 바이러스에 감염되었다고 알리는 것이었다.[322] 난 컴퓨터를 청소(sweep)하면서 바이러스를 찾아 지웠다. 다시 다운로드를 시도했다. 이번에는 세 시간이 지나 멈추더니 컴퓨터가 꺼져버렸다. 다시 켰다. 그러나 다시 꺼졌다. (이 컴퓨터처럼 간단히 문명을 모두 지워버릴 수 있다면 얼마나 좋을까! 유의 사항: 그 방법을 궁리해 낼 것. 다음 목요일까지 계획을 세울 것. 다음 월요일 점심시간이 지난 어느 시점에 그것을 시행할 것.) 나는 컴퓨터를 다시 켰다. 저절로 꺼졌다. 나는 마이크로소프트에서 일하는 친구에게 전화를 걸었다. 그의 말은 바이러스 때문이라는 것이었다. 나는 브라이언의 정치적 견해를 무척 좋아하지만, 그를 저주했다. 이 바이러스가 그가 만든 게 아닌데도 말이다. 나는 통신을 일개 기계장치와 내가 제어할 수 없는 일개 기업에게 맡긴다는 게 얼마나 어리석은 일인지를 깨달으면서도, 새벽 2시에 그놈의 컴퓨터가 말을 듣지 않는다고 해커들에게 화를 낸 것이다. 나는 심호흡을 하고는 문제될 것 없다고 생각했다. 하드드라이브를 다시 포맷하여[323] 윈도즈를 다시 깔기 시작했다. 처음 들어갔을 때처럼 에러 메시지가 떴다. 그것을 무시해 버렸다. 나는 같은 과정을 밟아 똑같은 결과를 얻었는데, 이제 동쪽 하늘이 뿌옇다. 새들이 지저귀는 소리가 들렸다. 정떨어져서 그만 잠자리에 들었다. 이튿날에도 그 다음날에도 나는 같은 시도를 했다. 여섯번째인가 일곱번째부터는 욕도 나오지 않고 차라리 애원을 했다. 여덟번째에 마침내 나는 그 컴퓨터를 반품하기로 마음을 굳혔다. 내가 패배한 것이다. 나는 동네 매장에 가서 컴퓨터를 구입했다. 적어도 동네상인을 돕는 일은 한 것이다(지금 이 컴퓨터는 훌륭하게 작동하고 있다). 그러나 나는 컴퓨터 중독에서 벗어날 만큼 더 호되게 맞아서 기가 꺾여야 한다.

올 여름에 두번째로 사기가 꺾인 일은 좀 사사로운 것이었다. 어찌된 일인지 고약한 전립선염에 걸린 것이다. 내 음부에 생긴 문제에 관해 긴 이야기를 할 필요는 없지만, 나는 지난 몇 달 동안 파상적으로 통증을 겪었는데 통증은 이틀쯤 계속되다가 이틀쯤 진정되곤 했다. 처음에는 그러다가 좋아지겠거니 생각하면서 그 통증을 무시해 버리려고 했다(많이 들어본 이야기가 아닌가?). 그게 별 도움이 되지 않자 좋은 일들만 생각하려고 했다. 그것도 소용없는 짓이었다. 처음 몇 번은 통증이 진정되어 건강이 회복되는 것으로 확신했다. 그런데 통증이 재발하자 욕이 나왔다. 통증이 가시자 다시 희망을 가졌다. 그러나 이처럼 부단히 희망이 생겼다가 사라지는 과정은 나를 지치게 했으며, 적어도 통증 그 자체만큼이나 나를 지치게 하는 것 같았다. 기가 죽을 대로 죽은 나는 어쩌면 엘리자베스 커블러 로스가 말하는 슬픔의

5단계 가운데 앞의 세 단계—거부, 분노, 흥정—를 지나 네번째 단계인 우울증으로 들어가고 있는 것 같았다. 가까운 시일 안에 좋아지지 않는다면 마지막 수용단계로 이동하게 될는지도 모른다.

이게 문명 허물기에는 어떻게 적용되는가?

우리 모두가—심지어 문명에 극렬히 반대하는 사람들까지도—기계 우위의 신화에 너무 깊이 빠져들고 있다. 우리는 문명이 제구실을 하고 있다고 믿는다. 우리는 문명이 복원력이 있다고 믿는다. 시인하건 하지 않건, 우리는 기계 속의 신(deus ex machina)이 종국적으로는 우리를 구해 줄 것으로 믿고 있다.[324)] 과학과 기술이 부분적으로 작용해서 만들어낸 문제들로부터 과학이나 기술이 우리를 구해 줄 것으로 믿는 사람들의 입장에서는, 이것이야말로 맞는 말이다. 그러나 우리들 거의 모두는 그보다 훨씬 깊이 기계를 믿고 있다.

목이 마르면 어떻게 하는가? 나처럼 한다면, 싱크대로 가서 수도꼭지를 틀기만 하면 틀림없이 물이 나온다. 자동적이다. 그것은 일관된 경험을 통해 단기적으로 입증된 완전한 믿음이다. 마찬가지로 스위치를 틀기만 하면 유령노예들이 밤을 밝혀준다는 절대적인 확신이 있다. 식료품가게에 가면 먹을 것들이 있다는 걸 확신한다(다국적기업들로부터 구입할 수 있다). 그동안 거의 내내 인류는 기술이 아니라 토지기반에 이 같은 신뢰를 두고 살아왔다. 그들은 개울물을 마실 수 있다는 걸 잘 알고 있었다. 그들은 연어나 철비둘기나 들소나 곤들매기를 비롯하여, 자신들이 식품으로 의존해 온 먹잇감들이 찾아와 준다는 것을 당연한 걸로 알고 있었다. 그러나 이제는 그렇지 않다. 우리의 믿음이 밀려난 것이다. 우리의 새로운 믿음—깊고 지속적이고 흔들리지 않은 믿음—은 그 대상이 문명이다. 문명이 어떻게 해서든지 우리를 돌봐줄 것이며, 문명은 지속되리라는 것이다. 이 믿음은 우리들 거의 모두가 믿음으로 인식하지 못할 정도로 강하다. 사실 태반이 그런 것을 생각조차 하지 않는다. 나는 미국사람들 거의 모두가 문명이 예측 가능한 미래까지 우리를 돌봐주지 않을 가능성을 평생 단 한번도 생각해 본 적이 없을 거라고 본다. 문명과 그에 따르는 모든 것들은 다만 사태의 양상인 것이다. 스스로 중력에 대한 믿음을 갖고 있다고 생각하는 사람은 많지 않다. 문명에 대한 인식도 마찬가지다.

그리고 문명을 반대하는 사람들조차도, 일반적으로 문명이 적어도 단기적으로는 승리한다는 흔들리지 않는 믿음을 가지고 있다. 문명은 전에 문명에 맞서 싸우는 수많은 사람들을 물리쳤으니, 틀림없이 우리도 물리칠 것이다. 이 믿음 역시 매우 보편화되어 있어서, 신조로 여겨지기는커녕 오히려 당연한 것으로 간주되고 있다.

그러나 문명은 중력이 아니다. 불변의 자연력이 아니다. 문명은 하나의 사회조직일 뿐, 그 이상도 그 이하도 아니다. 그것은 전쟁과 자원착취의 극대화에 중심을 둔 하나의 사회조직이다. 문명은 이런 형태의 사회조직을 특징짓는 착취적 폭력에 의해 마음과 몸을 모두 빼앗긴 사람들, 개인·집단적으로 미쳐버린 사람들의 거대한 인간집단이다. 문명은 갈수록 고갈이 심해지는 지구의 더 넓은 지역에서 더 많은 자원을 빼앗기 위해 갈수록 정교해지는 기술과 갈수록 더 많은 힘을 사용하고 있는 도시들 그 자체다. 바로 그런 것이다. 그리고 이런 문명은 지속될 수 없다.

문명은 이기지 못할 것이다. 이는 해가 떠서 빛과 열을 내려주다가 밤이 오는 것만큼이나 확실한 일이다. 무슨 물건이건 다 써버리고 나면 다시 쓸 수 없는 것만큼이나 확실하다. 내가 동물이라는 것만큼이나 확실한 사실이다.

문명은 지속될 수 없다. 이는 내가 살아 있다는 것만큼이나 확실하다. 우리가 승리하리라는 것은 중력만큼이나 확실하다.

◎ ◎ ◎

지금까지 나는 이 책에서 사람들이 문명과의 일체감을 타파해야 한다고 역설하면서, 그들이 토지기반에 의존하는 인간동물임을 상기할 수 있도록 해주려고 했다. 나는 토지기반과의 일체성이 중요하다고 썼다. 이 같은 일체감의 재인식이 담론과 부드러운 안내와 야생자연과의 직접적인 상호작용을 통해 이루어진다면, 더없이 좋은 일일 것이다. 그러나 도시들이 자원을 빼앗아가는 일을 계속 방치하면 안 된다는 사실은 여전히 남는다. 댐이 연어를 계속해서 죽이고 강물을 죽이도록 허용하면 안 된다. 산림 남벌자들을 방치하면 안 된다. 성폭행범들이 그런 짓을 계속하도록 방치하면 안 된다.

사람이 어떤 행동을 중단하도록 하는 데는 적어도 네 가지 일반적인 방법이 있다고 생각한다. 첫째로, 그 사람을 죽이면 된다. 둘째로, 그런 일을 계속하기가 물리적으로 불가능해지게 만들면 된다. 예컨대 감금을 통해, 또는 그런 행위를 하는 데 사용되는 수단을 제거하는 방법으로 말이다. 후자의 경우를 예를 들어보면, 바다를 죽이는 사람들이 선박을 움직일 석유를 확보하지 못하면 그들의 행위는 계속되지 못할 것이다. 셋째로, 그 사람에게 그 같은 행위를 중지하도록 설득할 수 있다. 이는 행태가 달라진 데 대한 보상을 통해 이루어질 수 있다. 보다 나은 방법을 가르치는 것으로도 이루어질 수 있다. 강행할 수단과 의지력이 뒷받침된 위협을 통해 이루어질 수도 있다. 네번째는 그 사람의 기를 죽이는 것이다.

기억하겠지만, 권력자들에 대해 폭력을 사용하거나 사보타주를 하면 안 된다고 주장하는 비폭력주의자들이 내세우는 한 가지 논리는 권력자들과 그들에게 봉사하는 사람들이 준엄한 보복을 가할 것이라는 거다. 이게 맞는 말일지도 모르지만, 어디까지나 첫 행위만을 놓고 하는 말이다. 한번만 가격하는 것이 아니라 공격을 거듭한다면 결국 그들은 기가 꺾일 것이다. 그들이 우리 모두를 꺾기 위해 사용하는 수법이 바로 이것이다. 이 수법은 어느 방향으로나 먹혀든다.

전기가 나가면 나는 짜증이 난다. 그런 일이 자주 일어나면 몹시 짜증이 난다. 짜증이 심해지면 밖에 나가 시간을 보내기 시작할 수도 있다. 사정이 더 나빠지면 이젠 전기에 의존할 수 없겠다고 생각하기 시작할 것이다. 바로 그것이 좋은 출발점이 될 수 있다.

시간문제다

게릴라는 기선을 잡는다. 전쟁을 시작하는 것도 게릴라이고 언제 어디를 공격할지 결정하는 것도 게릴라다. 그의 적은 기다려야 하며 그렇게 기다리는 동안 사방에서 경계태세를 취해야만 한다.

로버트 테이버[325)]

문명인들과 싸울 때 인디언들은 오늘의 우리보다 여러 모로 유리한 점을 가지고 있었다. 그들은 자신의 영역에서 공공연히 움직일 수 있었고, 도청이나 첩보활동 따위는 말할 것도 없고 밀고자나 침투자를 걱정할 필요도 없이 연설을 통해 동지들을 모집할 수 있었다. 흔히 공동체가 총궐기해서 적에게 맞섰다. 문명인들의 손길이 미치지 않는 큰 땅덩어리가 있었으므로, 문명에 반대하는 사람들은 거기에 가서 쉬거나 살 수 있었다. 문명은 아직은 전차와 항공기와 자동소총, 군중 전체에게 전기충격을 줄 수 있는 테이저총 그리고 지구를 말살할 수 있는 폭탄을 보유한 단계에 이르지 않았다. 아직은 TV가 문명인들의 집으로 전파를 보내 하루 24시간 동안 그들의 두뇌에 직접 선전물을 방송해대는 단계도 아니었다. 하늘에는 새들이 가득하고 강에는 물고기들이 넘쳤으며 숲에는 동물들이 바글거렸다. 사람들은 쉽게 먹을 것을 구할 수 있어서, 그들이 반대하는 사회구조에 의지하도록 강요당하지 않았다. 이들 초기 반문명투사들이 누렸던 유리한 점은 한두 가지가 아니었다.

그렇지만 우리에게도 나름대로 이점이 없지 않다. 첫째로, 다양성은 복원력으로 이어지는데, 지금까지 이처럼 가차없이 모든 형태의 다양성을 말살한 문화는 없었다. 어떤 문화도 이처럼 전면적으로 단일 자원에 의존하지는 않았다. 이집트의 민족주의자 가말 압델 나세르는 석유가 '문명의 필수적 활력소'임을 똑바로 인식했다. 그는 석유가 없으면 산업문명의 모든 기계와 공구들은 "활기를 잃고 움직이지 않게 되며, 녹슨 쇳조각에 불과한 것"이라고 말했다.[326] 맞는 말이다. 매트 새비너는 『석유시대의 종언: 값싼 석유가 사라지는데 무엇을 기대해야 하는가』(*The Oil Age is Over: What to Expect as the World Runs out of Cheap Oil, 2005~2050*)에서 다음과 같이 지적한다. "미국에서는 1칼로리의 식품을 생산하는 데 약 10칼로리의 화석연료가 필요하다. 포장과 수송 과정까지 감안한다면 이 비율은 훨씬 높아질 것이다. 이 같은 불균형을 가능케 하는 것은 풍부하고 값싼 석유다. 거의 모든 살충제의 바탕이 석유이고, 모든 상용 비료의 바탕이 암모니아다. 암모니아는 천연가스에서 추출해 내는데, 천연가스도 석유와 유사한 감소추세를 보이는 화석연료이다. 석유는 트랙터 같은 영농기계와 냉장고 같은 식품저장 시스템과 트럭 같은 식량수송 시스템을 가능하게 했다." 그는 또 이렇게 말한다. "또 석유는 담수를 거의 전량 수송하는 데도 필요하다. 석유는 수도·댐·하수도·우물의 건설 및 유지에도 사용되며, 수도꼭지에서 나오는 물을 끌어올리는 데도 사용된다. 식품처럼 담수의 가격도 석유가격과 함께 상승한다. …석유는 또 지난 150년 동안의 의술발달에도 크게 기여했다. 석유는 약품 및 의료기기의 대량생산을 가능하게 했고 병원·구급차·도로 등과 같은 의료의 하부구조 개발을 가능하게 했다. …그리고 석유는 거의 모든 소비용품, 하수 처리, 쓰레기 처리, 도로 및 공원 유지, 경찰, 소방 서비스뿐 아니라 국방에도 필요하다. 그러므로 석유위기가 절정에 이르렀을 때의 후유증은 석유가격 상승에 그치지 않고 훨씬 큰 파장을 몰고 올 것이다. 쉽게 말해서 경제파탄, 전쟁, 기아사태의 만연, 세계인구의 대량사멸을 예상할 수 있을 것이다."[327)]

여기서 독자들에게 문명이 오래 계속될수록 인류의 사멸은 더 심각한 양상을 보일 것임을 상기시키고자 한다. 더 나아가 문명의 붕괴가 임박했다는 점을 상기시키고자 한다. 이 말이 의미하는 바는 문명의 붕괴를 전후해서 살아갈 사람들의 건강과 안전에 관심을 가진 사람이라면, 그놈의 TV를 끄고 자리에서 일어나 공동농원을 조성해 현지 식물들 중에서 어떤 것이 먹을 수 있는 것인지를 알아서 다른 사람들에게 가르치고, 문명붕괴 때 식수를 얻기 위해 무슨 일을 할 수 있는지를 궁리하는 일 등에 착수해야 한다는 것이다. 아직 자연계에 뭔가가 남아 있을 동안에, 아직 야생의 식물과 동물이 남아 있고 마실 수 있는 자연수가 남아 있을 동안에, 불가피한 붕괴의 충격을 완화시킬 수 있는 일을 해야 한다.

이처럼 이전 사람들에 비해 우리가 누리고 있는 한 가지 이점은, 문명이 이전보다 훨씬 더 한 가지 자원에만 의존하고 있다는 사실이다. 병목(bottleneck)은 취약성을 말해 준다. 여기서부터 무엇을 해야 할지를 궁리할 수 있다.

또 한 가지 유리한 점은 이 문화가 분명히 성장의 한계점에 도달했다는 사실이다. 처음부터 문명은 끊임없는 팽창을 필요로 했다. 이는 특히 문명의 가장 암적인 형태인 현대 자본주의에 잘 들어맞는 말이다. 역사적으로 지금까지 문명은 개척할 새로운 영역이 있었다. 그러나 이제 어느 능선으로 올라가 봐도 건너편에 벌목되지 않은 광대한 숲이 펼쳐져 있는 곳은 없다. 노예로 부릴 사람들이 몰려 있는 데도 없다. 지금 이 시점에서 방대한 천연자본—자본가들의 시각에서의 표현—에서 남은 것이라곤 부스러기뿐이다. 이는 우스꽝스러운 풍요의 시대가 끝났음을 의미하는 것이다.

사람들은 내게 큰 댐을 제거해 봐야 권력자들이 쉽게 재건할 터이니 아무 소용없는 짓이라고 말하곤 한다. 그러면 나는 세 가지 대답을 한다. 첫째는, 그렇더라도 댐을 복구하는 데 드는 만큼의 돈이 다른 파괴적인 목적에 쓰이지 못할 테니까 그래도 괜찮다는 대답이다. 이 게릴라전의 한 가지 중요한 목적은 어떤 방법으로든 적에게 피해를 입히는 것이다. 둘째로, 댐을 재건하면 그들이 인디언들 마을에 했던 것처럼 또다시 댐을 폭파하면 된다는 것이다. 우리가 그런 일을 되풀이하면 그들도 엘리자베스 커블러 로스의 5단계를 절감하게 될 것이다. 그들은 벌써 (그 첫 단계인) 부정의 단계에 들어선다. 그들은 화가 날 것이다. 그렇게 화가 난 상태에서 더 밀어붙이면, 그들은 흥정을 하려 들 것이다. 그러나 난 그들과의 흥정에는 흥미가 없다. 흥정할 시기는 이미 오래 전에 지났고, 게다가 그들에게 흥정이란 회피와 속임수와 도둑질을 넌지시 둘러대는 말에 불과하다. 레드 클라우드는 이렇게 말했다. "그들은 내가 기억하지 못할 정도로 많은 약속을 했다. 그러나 한 가지를 빼고는 지킨 약속이 없었다. 그 약속이란 우리의 땅을 차지하겠다는 것이었다."[328] 다음으로 우울증. 나는 그들이 우울증에 걸리건 말건 개의치 않는다. 세상과 인류에게 한 짓을 생각하면, 그들은 우울증에 빠지는 정도가 아니라 깊은 수치감을 느껴야 마땅하다. 그들은 그러지 않을 것이다. 그들이 결국 댐의 제거를 수용(로스의 5단계 중 마지막 단계-옮긴이)하리라는 것은 중력만큼이나 확실한 일이다. 나의 세번째 대답은 풍요의 시대는 지나갔다는 것이다. 어차피 큰 댐은 재건되지 못할 것이다. 돈도 없고 의지도 없을 것이다. 공업국들은 이제는 기반시설(도로, 수도관, 하수도, 댐, 교량 등)을 유지·보수할 돈이 없다.

우리가 가진 또 하나의 이점은 이 문화가 토양의 지력을 소모했다는 것이다. 이는 표토를 파괴한다는 물리적 의미와 함께—흙이 돼가는 꼴을 문화도 닮아간다—이 책 앞부분에서 인용한 오스발트 슈펭글러의 말처럼 문화가 정신적·정서적 토양을 소모했다는 의미에서 하는 말이다. 이 문화는 죽었는데도 아직 그걸 모르고 있다. 우리가 할 일은 그것을 분명히 하는 데 한몫 거드는 것이다. 에드워드 기번의 방대한 저서 『로마제국 쇠망사』에서 한 대목을 인용하자면, 왕조란 "끊임없는 용맹과 위대함과 불화와 퇴폐와 부패의 과정"이라고 했다.[329] 문명이 마지막 두 단계에 와 있다는 걸 분명히 알아야 한다. 다른 아무것도 우리를 확신시켜 주지 못하더라도 TV를 보면 확실히 알 수 있다. 똑같이 분명하게 알아야 할 것은 왕조는 이 마지막 두 단계에서 쉬운 표적이 된다는 사실이다.

이 모든 것은 카이로스(kairos)로 이어지는데, 카이로스는 새로운 극적인 변화가 이루어지는 순간을 표현하는 그리스말이다. 롤로 메이 등은 이것을 가리켜 '운명의 시간'(destined time)이라고 했다. 신학자 폴 틸리치는 카이로스를 "역사가 구체적 상황에서 돌파구를 수용할 수 있는 경지로 성숙한 순간"이라고 했다.[330] 그의 이 말은 예수의 재림을 두고 한 말이었지만, 여러 차원에 적용될 수 있는 정의다. 2주간의 휴가를 신청하거나, 어떤 관계를 맺거나 벗어나려고 하거나, 문명을 허물기로 결심하거나 할 때 적절한 시기를 궁리해 본 적이 있는 사람이면 매우 분명하게 파악할 수 있는 개념이다. 타이밍이 무엇보다도 중요하다. 그런데 그 시기가 이미 왔거나 임박하고 있다. 그걸 느낄 수 있는가? 그건 공기와 바람과 비와 개울과 강물에서 느낄 수 있다. 그건 땅속에서 우르르 울리고 있다.

우리는 이런 것들보다도 훨씬 큰 이점을 가지고 있다. 인디언 쇼니족이 필라델피아나 워싱턴DC를 침범하지 않고 문명의 중요한 하부구조를 공격하지 않았던 주요한 이유는, 백인들이 인디언 공동체 침투에 어려움을 겪었던 것처럼 인디언들도 백인 도시의 침투에 어려움을 겪었기 때문이었다. 테쿰세가 뉴욕시 진입을 시도했다면 금방 발각되어 살해되거나 포로가 되었을 것이다. 그러나 우리는 뉴욕으로 들어갈 때 전혀 숨을 필요가 없다. 우리는 이미 거기에 가 있다. 우리는 이미 그들 속에서 걸어다니고 있다. 우리는 브라이언처럼 우리의 종과 다른 종들과 생명을 사랑하는 보통사람들이다. 우리는 명석하게 생각하려고 무던히 애쓰고 있는 사람들이다. 우리는 기계문명을 부정하며 지구의 생명을 긍정하는 사람들이다. 우리는 권력자들이 명시적으로 만들어낸 추상적 도덕성, 우리가 사랑하는 땅과 우리가 의존하는 땅을 비롯한 물질적 현실과 동떨어진 도덕성에 이끌려 공허한 삶을 살아가는 데 진저리가 난 사람들이다.

우리는 운명에 스스로를 내맡기지 않는 사람들이다. 우리는 노예로 존속하기를 거부하는 사람들이다. 우리는 인간이란 어떤 존재인가를 기억하는 사람들이다. 우리는 우리 스스로의 삶을 되찾고, 우리 자신의 생명과 함께 토지를 비롯한 우리가 사랑하는 것들의 생명을 지켜나갈 각오가 된 사람들이다. 우리는 드디어 반격에 나설 각오와 의지를 다진 사람들이다. 우리는 "행동의 위험성과 행동하지 않는 데 따르는 명백한 손실을 놓고 결정을 내려야 한다"는 로버트 리의 말이 진리임을 뼈에 사무치게 깨닫고 있는 사람들이다. 우리는 공세에 나설 태세가 되어 있으며, 공세에 나선 사람들을 지지하는 사람들이다.

우리는 살아남은 사람들이다. 우리는 가정폭력에서 살아남았다. 우리는 인종차별과 여성차별을 이겨낸 사람들이다. 우리는 산업교육에서 살아남고, 산업경제에서 살아남은 사람들이다. 우리는 TV를 이겨냈다. 우리는 총체적 환경의 독극물 오염에서 살아남았다. 그리고 반격에 나설 태세가 되어 있다.

우리는 땅을 사랑하고, 서로를 사랑하고, 우리의 신체와 감정을 사랑하는 사람들이다. 우리는 사랑한다. 그리고 증오한다. 우리는 기쁨과 실망과 슬픔과 분노와 행복과 노여움을 느낀다. 그래서 반격에 나설 태세가 되어 있다.

우리는 억압받는 사람들이다. 우리는 죄수, 가족농, 동물해방 옹호자, 여자, 어린이, 아메리칸 인디언, 흑인, 멕시코사람, 가난한 백인, 아시아인, 제3세계 사람 들이며 토착민들이다. 우리는 동성연애자들이며, 성전환수술자들이다. 우리는 부모이고, 아이가 없는 사람들이다. 우리는 자기 직업을 혐오하는 사람들이고, 실업자이고, 취업을 원하지 않는 사람들이다. 그래서 우리는 반격에 나설 태세가 되어 있다.

우리는 오랫동안 사랑과 슬픔으로 연어, 미국삼나무, 강물, 들쥐, 얼룩올빼미 들의 소리에 귀기울여왔고, 이제 그들의 허락을 얻어 그들을 대변하는 사람들이다. 우리는 들소와 철갑상어와 해우와 상어 들을 대변한다. 우리는 흙과 바람과 눈과 만년설을 대변하는 사람들이다. 우리는 식물 플랑크톤을 대변하고, 곤충들을 대변한다. 우리는 우리의 집과 우리의 이웃들을 위해 이야기를 한다. 그래서 우리는 반격에 나설 태세가 되어 있다.

우리는 실천운동가들이다. 우리는 교사이며 학생이며 딸기밭 노동자 들이다. 우리는 시각예술인들이다. 우리는 중소기업을 운영하는 사람들이고 건설노동자, 유전공학자, 도서관 직원이다. 우리는 생물학무기 기술자, 해군특전대 출신, 폭파전문가 들이며 해커들이다. 우리는 월마트의 직원, 죄수, 미혼모, 펑크족 들이다. 우리는 어부이고 사냥꾼이며 사냥에 반대하는 사람들이다. 우리는 글 쓰는 사람이고 살인자 들이다. 우리는 전직 벌목꾼들이다. 우리는 사보타주 활동가이다. 우리는 간호사들이다. 우리는 농부들이다. 우리는 할머니할아버지들이다. 우리는 변호사이며 전과자 들이다. 그래서 우리는 반격에 나설 태세가 되어 있다.

우리는 로스앤젤레스에, 디트로이트에, 보스턴에, 뉴욕에 가 있다. 우리는 세인트루이스, 애슈빌, 세인트피터스버그, 시애틀에도 있다. 우리는 몬태나주의 작은 읍에, 멕시코의 남부, 캐나다, 한국, 중국, 인도, 오스트레일리아에도 있다. 우리는 콩고, 탄자니아, 마케도니아, 오스트리아, 덴마크, 핀란드에도 있다, 그래서 우리는 반격에 나설 태세가 되어 있다.

우리는 문명을 멈추지 않으면 지구의 모든 것이 죽는다는 걸 깨달은 사람들이다. 우리는 문명이 파괴충동에 이끌려간다는 것, 문명은 개혁의 여지가 없다는 것을 깨달은 사람들이다. 우리는 지구를 죽이는 자들과의 조약을 시도했던 사람들로부터 교훈을 얻은 사람들이며, 세상의 모든 것이 걸려 있는 상황에서 마침내 반격에 나서기로 작정한 사람들이다.

우리는 문명이 지구를 죽이는 일을 멈춰주리라는 희망을 버린 사람들이며, 그것을 제지하기 위해 무슨 일이라도 하려는 사람들이다. 우리는 연어가 살아남아 주리라는 희망을 버리고, 그들의 멸종을 막기 위해 무슨 일이라도 하려는 사람들이다. 우리는 들소, 프레이리 도그, 사막거북, 고래, 돌고래, 사자, 고릴라, 코뿔소를 위해서도 같은 말을 하는 사람들이다. 우리는 행동한다. 그래서 우리는 반격에 나설 태세가 되어 있다.

우리는 두려움이란 우리에게 뭔가 잃을 것이 남아 있다는 생각이라고 이해하면서, 세상이 온통 위험에 처한 상황에서 반격에 나설 태세가 되어 있는 사람들이다.

우리는 우리가 사랑하는 세상을 죽이려는 자들에게 경고하는 사람들이다. 그대들은 멈춰야 한다. 때는 지금이다. 그대들은 멈추게 될 것이다. 전에 들어보지 못했던 이 소리를 들어보라. 그대들은 멈추게 될 것이다. 우리는 반격에 나설 태세가 되어 있다.

그리고 우리는 이길 것이다.

◎ ◎ ◎

우리는 바르샤바의 강제수용소에서 폭동에 가담했던 유태인들의 생존율이 폭동에 가담하지 않았던 사람들보다 높았다는 사실을 결코 잊지 않을 사람들이다.

◎ ◎ ◎

우리는 살아 있는 것들 편에 있는 사람들이며, 우리는 승리할 것이다.

문명 허물기(3)

이제 우리는 전혀 다른 역설적 공생론을 경청하는 낡은 '세 개의 세계'(three worlds) 패러다임, 퇴행적일 뿐 혁명적이지 못한 패러다임을 철저히 초월하는, 이해관계의 합류에 대한 인식에 도달했다. 우리는 중국이 티베트에서 물러나기보다 아예 중국에서 물러나기를 바란다. 우리는 단지 미국이 동남아시아나 남아프리카나 중앙아메리카에서 물러나기만을 바라지 않고, 북아메리카와 지구에서 물러나 아주 그 존재가 사라지기를 바란다. 말하자면 우리는 미국이 우리의 삶과 다른 모든 사람들의 삶에서 물러나기를 바라는 것이다.

워드 처칠[331)]

나는 아직 그 군인 출신과 함께 있다. 우리는 아직도 플로리다의 해변에 있다. 여전히 무덥다. 나는 그에게 브라이언에게 물었던 것과 같은 질문을 한다. "몇 사람이나 필요할 것 같아요?"

그가 대답한다. "사람들이 합리적인 상식을 가졌을 거로 믿을 수 있다면, 사람들이 제대로 조사할 거라고 믿을 수 있다면, 그리고 그들의 결의를 믿을 수 있다면…."

"다시 말해서 우리가 믿을 수 있는 사람들이라면…."

"그래요, 그게 문제예요. 우리가 목숨을 맡길 사람들이니까요."

"그렇죠."

"단기적으로는 3인 내지 5인조 20개 팀이면 해낼 수 있을 걸로 봅니다. 3개 주(州)마다 3~5인조 1개 팀이 필요하겠어요. 직접 행동대말고도 많은 지원이 필요합니다. 식량과 보급품을 챙겨줄 사람들, 하룻밤 또는 일주일 동안 잠자리를 제공해 줄 사람들 등, 비밀 지하요원들이 있어야 해요. 권력자들이 우리를 모두 제지할 수는 없겠지만, 우리 중 일부는 지하로 들어가야 하는데 지하에서는 지원망이 잘 짜여 있지 않으면 견뎌내기 어려울 겁니다. 직접행동에 적합하지 않은 사람들이 기여할 수 있는 게 바로 이 부문입니다. 그런데 관건은 사전에 연락망을 짜놓거나 핵심그룹이 믿을 만한 방법으로 우리와 연락해 가면서 역할을 수행하도록 하는 거예요."

"그래야 하겠죠." 나는 다시 인디언들을 떠올린다. 적어도 한동안 안전하게 지낼 공동체가 있다는 게 그들의 이점이라는 생각이 든다. 그러나 우리가 누릴 수 있는 이점도 있다. 그것은 우리가 문명의 중심에 들어와 있다는 것이다.

"그런데 문제가 있어요." 그가 말한다. "우리가 이 끔찍한 경제운영에 단기적·중기적으로 차질을 빚게 하는 데 성공했다고 합시다. 우리가 성공할수록 취약한 현장들의 경비가 강화됩니다. 그러면 어떻게 하지요? 완전히 파괴해 버리기 위해 계속 밀어붙입니까, 아니면 큰 불황이 일어나게만 해놓고 행동을 중지하고 기다립니까?"

"공포영화를 본 적 있어요?"

"있지요. 왜요?"

"언제나 끝에 가면 어떤 일이 일어나지요?"

"모르겠네요."

"그전에 정신병자는 집에 있는 사람들을 모조리 죽이죠? 그러면 용감한 보모인 절친한 여자친구가 맞서 싸우죠? 그녀는 옷걸이로 남자를 찌르거나 그에게 총을 쏩니다. 정신병자가 땅에 쓰러집니다. 그러고 나면 여자가 뭘 하죠?"

"무슨 말을 하려는지 알겠어요. 여자는 소파에 앉아서 울먹이기 시작하지요."

"그래요. 그런데 갑자기 정신병자가 벌떡 일어나자, 여자는 다시 되풀이해서 싸워야 합니다."

"그러니까 해답은…."

"물론이죠."

"내 생각도 같아요. 한 가지 걱정되는 건, 우리가 소모전을 해서는 승산이 없다는 거예요."

"하지만 우리는 소모전을 해도 이길 수 있어요. 그게 요점입니다. 그들은 지구와 싸워서 이길 수 없지요. 우리는 이 끔찍한 시스템이 저절로 무너질 때까지 계속 피를 흘리게만 하면 되는 겁니다. 그날이 하루라도 빨리 올수록 멸종을 면하는 종들이 많아질 것이고, 살아남을 사람들이 의존할 토지기반이 많아지며, 살아 있는 강과 살아 있는 숲이 그만큼 더 많아질 겁니다. 지구와 사람들이 소생의 길로 접어드는 날이 그만큼 빨라질 겁니다."

◦ ◦ ◦

"또 다른 걱정거리가 있어요." 내가 옆의 모래밭에 앉은 그에게 말한다. "난 미국이 약해져서 다른 나라 정부가 침략한다거나 미국의 제국주의 역할을 물려받는 데는 관심이 없습니다. 일본, 한국, 중국, 프랑스, 영국 또는 러시아가 지금 미국이 하고 있는 식으로 착취한다면, 그건 아무에게도 도움이 될 수 없어요."

"진심으로 이게 국내적인 문제라고 생각하는 건가요?" 그가 묻는다. "제3세계 사람들은 미국만 미워하는 게 아니라, 모든 제국주의 세력을 다 미워해요. 자기들을 착취하는 모든 사람들을 증오합니다. 내가 말한 일들이 세계 도처에서 일어나야 합니다. 식민지들에서는 벌써 일어나고 있어요. 내가 무엇 때문에 해외로 파견되었다고 생각하세요? 자원을 훔쳐가는 걸 좋아하지 않는 사람들을 진압하기 위해서였어요. 우리는 이미 반격에 나선 사람들의 저항운동에서 배워야 합니다. 그들을 본받아야 해요."

◎ ◎ ◎

내가 브라이언과 플로리다의 그 제대군인에게 똑같이 던진 마지막 질문이 있었다. 이런 질문이었다. "만약 12명이나 50명이나 200명으로 정말 그런 일을 해낼 수 있다면, 왜 아직도 그런 일이 일어나지 않는가? 미군을 물리치는 데는 수백만의 베트남사람들이 필요했었다. 그리고 세계적으로 문명을 증오하는 사람은 분명히 200명이 넘는다. 그런데 어째서 20만 명이 아니라 200명이면 된다고 생각하는가?"

그날 밤 중국식 뷔페식당에서 브라이언이 한 말은 다음과 같다. "그 문제에 대해서 많이 생각해 봤어요. 베트남에 관한 한, 그들과 우리는 목적이 다른 것 같아요. 그 고장 사람들은 쏟아져 내리는 네이팜과 고엽제를 피해 가면서 침략군 소대들을 잇따라 물리치기 위해 최선을 다했지요. 그들은 또 땅을 차지하여 지키려고도 했습니다. 그 사람들이 정말 문명을, 미국문명을 부수려고 나섰던 것일까요? 그 목적을 위해 적극적으로 조직을 만들고 있는 미국사람들이 있는데도 왜 아직 그런 일이 일어나지 않았는지에 대해 내가 할 수 있는 최선의 설명은 ① 지리적인 고립상태 ② 이념적 분열 ③ 필요한 기술의 결여 ④ 미흡한 장비 ⑤ 초점 및 기강의 결여 ⑥ 여러 관계에 의한 제약 ⑦ 두려움 때문이라는 겁니다. 개별적인 예외가 많겠지만, 기간요원들 전체가 이 문제에 달려들지 않는 한, 두 차례 이상의 큰 변을 엮어내기는 어려울 게 틀림없어요. 몇몇 아주 작은 집단이 큰 변을 엮어냈던 경우를 상기시켜야 할 필요는 없겠고요. 문화에 일대 변화를 일으키고자 하는 집단에게 요구되는 것은 근본적인 기틀을 흔들어놓는 거예요. 눈에 보이는 모든 걸 파괴할 필요는 없습니다. 여러 줄의 도미노들 가운데 맨 앞의 것(발전소, 인터넷 접속점, 기업체, 댐 등등)만을 힘껏 흔들어놓으면 됩니다. 일단 그 반응이 결정적인 고비에 이르면, 은유를 바꿔보겠는데, 불길이 저절로 번지면서 걷잡을 수 없는 지경에 이르게 됩니다. 관건의 일부는 기계를 다시 가동시키려드는 사람들의 마음을 사로잡는 데 있습니다. 단전(斷電) 공작팀이 아직 구성된 적이 없다고 해서 그게 불가능하다고는 생각하지 마세요. 우리가 생각하는 것 이상으로 많은 사람들이 노력하고 있습니다."

플로리다의 군 출신도 브라이언만큼 도움을 주었다. 그는 이렇게 말했다.

"내가 추정한 50명은 확실히 어림잡은 규모예요. 인원이 많다고 해서 문제가 될 건 없고, 사실 사람이 많아지면 그만큼 일이 더 빨리 진행될 테지요. 그렇지만 난 50명이면 일을 해낼 수 있다고 생각하는 거예요.

내가 군대에서 배운 논리는 이런 겁니다. 첫째로, 구성원 모두가 서로를 알고 믿을 수 있는 작은 그룹이어야 합니다. 각자가 많은 기술을 요하지 않는 간단한 통신 시스템을 구축할 수 있어야 합니다. 각 그룹마다 총체적으로 쉽게 흩어지기도 하고 재편성될 수 있어야 합니다. 그러므로 인원이 많아지면 그룹의 규모를 키울 것이 아니라, 그룹의 수를 늘릴 것을 권하고 싶어요. 둘째로, 이 그룹들은 아주 헌신적이라면 열흘마다 한 건씩은 행동할 수 있어야 한다는 겁니다. 그러면 한 달에 세 건이지요. 그러면 전국적으로는 한 달에 60건이 되며, 세계적으로 저항운동 구성원들이 그와 대등한 건수의 행동을 실행할 겁니다. 매달 송유관 30군데, 주요 철도 20군데 그리고 동력선 10군데가 됩니다. 상당히 많은 수치지요. 군대에서 난 그런 일을 하도록 되어 있었습니다. 실제로 그런 일을 했고요. 달이면 달마다 말입니다. 그건 가능합니다. 이 한 가지만은 내 말을 믿으세요. 셋째로, 모든 목표물은 미리 정해야 하고 최소한 한 달 전에 답사해야 합니다. 넷째로, 그룹은 침투당하는 일이 없어야 하고 예측을 불허해야 합니다. 그룹이 커지면 침투당할 확률이 높아지고 또 예측이 가능해지므로 그만큼 더 조직화되어야 합니다.

사람들에게 그렇게 적은 인원으로 그렇게 많은 일을 할 수 있다고 믿게 하기는 언제나 어렵지요. 그렇지만 우리가 언제나 명심해야 할 것은, 우리가 그런 식으로 생각하면 누구에게 이롭겠는가 하는 겁니다. 우리는 그들의 주력과 대결한다는 생각을 가지도록 훈련을 받았습니다. 그렇지만 게릴라전의 성공사례 몇 가지를 보면 규모가 작고 기술적으로도 세련되지 않은 부대가 기발한 전술과 수단을 갖춘 행동을 살려 승기를 잡는 경우가 많아요.

우리가 늘 명심해야 하는 것은, 땅을 차지해서 지키는 데는 많은 수의 군대가 필요하다는 겁니다. 땅을 차지해서 지키는 일이 아니라면, 많은 인원은 전혀 필요 없어요. 치고 도망가고 치고 도망가는 일을 되풀이하면 되는 거예요. 이 세상의 어떤 전투부대도 헌신적인 빨치산의 그칠 줄 모르는 공격을 당해 낼 수는 없어요."

◎ ◎ ◎

나는 지금 홀로 앉아 있다. 나는 댐을 바라보고 있다. 크고 흉물스럽고 연어를 죽이고 있는 이 댐이 언제까지나 여기 있을 수는 없다.

나는 브라이언과의 대화를 다시 생각해 본다. 중국식 뷔페식당에서 그날 밤 늦은 시각에 나눈 이야기의 한 대목에서 그는 이렇게 말했다. "여러 모로 보아 나는 엔트로피(entropy)형 인간이에요. 나는 그저 내 천성을 좇고 있을 뿐입니다. 어떻게 하면 바르게 해낼까 하는 건 생각하지 않아요. 나는 다른 동물들처럼 자극에 따라 행동합니다."

침묵.

그가 이야기를 계속했다. "날마다 난 키 하나만 건드리면 촉발되는 재난들과 접촉하고 있어요. 혼자서 한두 개 도시의 동력을 차단할 수 있어요. 어떻게 하면 충격효과를 충분히 발휘할 수 있느냐가 문제입니다. 그러자면 일련의 기적이 따라야 해요."

나는 크게 웃으며 "그게 다예요?" 하고 물었다.

"별것 아니지요. 인생이란 일련의 기적입니다. 진화란 일련의 기적입니다. 그저 기다려야 할 건 일련의 아미노산이…."

"그래요."

"연쇄반응이 제대로 일어나야 합니다."

"그럼요."

"일단 운명이 내 편이다 싶으면 그 다음은 시간문제입니다."

나는 여전히 댐을 바라보고 있지만 이제 웃음이 떠오른다. 그렇다. 다만 시간문제인 것이다.

◎ ◎ ◎

바로 오늘 〈라디오 캐나다〉는 거대한 (그리고 대량 학살적이고 환경 파괴적인) 제임스 베이 프로젝트의 댐들이 경비가 허술하다고 보도했다. 기자들은 한 차례의 검문도 받지 않고 걸어다닐 수 있었고, 그들이 찾은 댐들의 주요 통제실로 아무런 제지 없이 들어갈 수 있었다. 기자들은 누구라도 프로젝트 전체에 쉽게 사보타주를 할 수 있게 되어 있다는 사실에 놀란 것이다. (대량 학살적이고 환경 파괴적인) 이 댐들의 운영을 맡고 있는 퀘벡 수력발전소의 반응은, 이 뉴스의 보도를 막기 위해 〈라디오 캐나다〉에 함구령을 내려보려고 시도하는 것이었다.

그렇다. 시간문제일 뿐이다.

문명 허물기(4)

그래서 우리는 곧바로 세계의 모든 국가통제·기업 조직체들을 절단하고 해체하는 일을 가차 없이 추구해야 한다. 그 모두를. 예외는 없다.

워드 처칠[332)]

작년에 나는 '바이오니어즈'(Bioneers)라 불리는 모임에서 강연을 했다. 강연을 끝내고 나서 받은 질문 한 가지는 "문명을 허물 수단을 사용해야 할 시기는 언제입니까?"였다.

그런 질문을 받기는 처음이었다. 나는 "마지막 철비둘기가 살해된 게 언제였죠?" 하고 되물었다. 그러나 그게 내가 하고 싶은 말은 아니었다. 난 그런 시기가 오래 전에 이미 와 있다고 말할 생각이었다. 그러나 그것도 너무 늦게 잡은 시기였다. 난 다음과 같이 말했어야 했다. "남자가 처음으로 여자를 강간했던 때입니다. 어버이가 아이를 처음으로 구타했을 때입니다. 도시가 처음으로 다른 데서 자원을 빼앗아오려고 했던 때, 문화가 토지기반과 처음으로 호혜성 없는, 따라서 지속성 없는 관계를 맺었던 때, 문화가 처음으로 기본적인 약탈자-먹잇감관계를 따르지 않게 되었을 때,[333] 문화가 처음으로 한 종을 멸종으로 몰아갔을 때입니다. 그러나 우리는 앞서 왔던 사람들이 문화를 무너뜨리지 않았다고 탓할 수 없습니다. 그들은 죽어서 가버린 사람들이고, 우리는 지금 여기 살아 있는 사람들입니다. 필요한 수단을 사용해야 할 때는 지금입니다. 필요한 수단을 사용할 시기는, 필요한 수단을 사용하기에 알맞은 때가 왔을 때입니다."

◎ ◎ ◎

그동안 문명을 허물면 자연계를 해치게 되므로 문명을 허물지 말아야 한다고 말하는 몇몇 사람들이 있었다. 문명이 지구를 크게 망쳐놓았기 때문에 이제는 우리가 없으면 지구가 살아남을 수 없다는 것이다.

문명 허물기에 대한 온갖 반론 중에서도 아마도 이것이 가장 어리석은 주장이 아닐까 싶다. 물론 댐 철거에 대한 반론과 같은 맥락이며, 다만 범위가 확대됐을 뿐이다.

이런 주장은 지금은 매일 새롭게 어질러지는 것보다 정리되는 게 많다거나, 숲이 벌목되는 것보다 복원되는 면적이 넓다거나, 폭탄이 제조되는 것보다 (사용되지 않고) 해체되는 양이 많다거나, 인구가 기하급수적 증가를 하는 것이 아니라 저절로 줄어들고 있거나 한다면 그런대로 타당성을 가질 수도 있다.

그러나 그런 일은 하나도 일어나지 않고 있다.

나는 어느 엔지니어에게 이런 질문을 어떻게 생각하느냐고 물었다.

그의 힘찬 답변은 내가 기대했던 대로였다.

"모든 분석은 이 체제가 생물권을 파괴하리라는 것이 이제는 확실하다는 명백한 사실에서 출발해야 합니다. 파괴할 확률이 100%에 못 미치는 것이면 무엇이든지 파괴가 확실한 것보다는 낫겠지요. 그 점만큼은 분명합니다.

자, 이제 문명을 허물면 안 될 이유로 자주 거론되는 두어 가지 예를 들어보지요. 그 하나는 유정, 특히 해양유정입니다. 우리는 유정이 석유를 뿜어내 그 주변을 다소 영구히 오염시킬 것이라는 이야기를 듣습니다.

그런데, 첫째로 이런 주장은 석유가 이미 주변을 오염시키고 있으며 또 석유연소로 기후에 변화가 일어나고 있다는 사실을 무시하고 있습니다. 지구 온난화로 세계가 파괴되기보다는 오염지점을 몇 군데로 줄이는 게 낫지요. 그러나 보다 중요한 사실이 간과되고 있는데, 그건 유정의 오염은 오래 가지 않는다는 겁니다. 유정은 자체 압력으로 아주 짧은 기간 분출합니다. 영화에서 보는 그런 분출은 유정활동의 처음 몇 시간 혹은 며칠 동안 나타나는 현상입니다. 그렇게 분출하다가 조금씩 흘러나오는 상태로 바뀌고 몇 주가 지나거나 길어봐야 두어 달 지나면 딱 멎어버립니다. 그 다음부터는 어떤 압력을 가해 밀어내야만 지하에서 원유가 나오게 됩니다. 유정에서는 원유를 지하에서 밀어내기 위해 물을 주입합니다. 그럼 해양유정 굴착장치를 방치하면 어떻게 될까요? 사실상 아무 일도 일어나지 않습니다. 분명히 석유를 끌어올릴 때 일어나는 것보다 더 나쁜 일은 일어나지 않습니다. 게다가 굴착장치는 페인트칠을 하면서 녹슨 금속들을 교체해 주지 않으면, 몇 년 만 지나면 부식해 내려앉으니 아무 문제가 안 됩니다.

또 한 가지, 내가 늘 받는 질문은 그 많은 원자로들은 어떻게 되느냐는 겁니다.

나는 우선 그들에게 다음 중 어느 것을 택하겠느냐고 반문합니다. ① 핵발전소를 가동시켜 핵폐기물을 만들어내고, 원가를 절감하려다가 큰 사고위험을 조성하며, 환경을 생각하지 않고 함부로 연료를 재처리하는 세상인가, 아니면 ② 새로운 핵폐기물 발생이 전연 없고, 원자로 안의 기존 물질은 실질적으로 그 속에 장기간 남아 있게 되는 세상인가.

원자로는 가동하지 않는 한 노심 용융이 일어나지 않습니다. 지금 세계에서 가동하고 있는 몇몇 원자로는 설계가 '안전'하지 못한 게 사실인데, 이는 지원 시스템(냉각, 제어 등)이 고장을 일으키면 큰 사고가 난다는 뜻입니다. 이런 원자로들은 연료를 충분히 확보해서 가동할 때보다 폐기된 후에 더 위험해지는 걸까요? 적어도 원자로가 폐쇄되면 그 순간부터는 시간이 흐르면서 노심이 용융될 확률은 줄어들고 연료는 분해됩니다.

이게 낙관할 일이라는 건 아닙니다. 내가 모든 문제에 대해 완전한 해답을 갖고 있다는 것도 아닙니다. 그렇지만 위험성에도 불구하고 그 시나리오가〔원자로를 폐쇄하는 것이〕 원자로를 더 건설하여 더 많은 연료를 재처리하고 핵폐기물을 더 많이 만들게 하는 것보다는 덜 파괴적이라는 걸 지적하려는 겁니다. 분명히 그런 것들은 지금보다 확산되기 전에 제동을 거는 게 낫습니다.

게다가 구소련권 지역 밖에서는 거의 모든 원자로가 동력이 없어지면 가동을 멈추도록 설계되어 있습니다. 요컨대 소련식 흑연감속형(체르노빌 형)과 일부 고농축 원자로를 제외하고는, 보조 시스템에 이상이 생기면 원자로 가동이 중지됩니다. 연료는 압축용기에 남아 있으면서 주변 온도(노심 용융 온도보다는 낮은 온도)로 냉각됩니다. 시간이 흐르면서 노심의 환경은 남은 핵분열 연료의 대부분을 서서히 태워버립니다. 궁극적으로 그 용기는 녹슬어 망가집니다. 그때 무서운 재앙이 발생합니다. 거기에 어떻게 대처할지는 나도 해답이 없습니다. 내가 권할 수 있는 최선의 방안은 기계 전체의 제거를 위해 노력하는 동시에, 원자로의 가동을 중지시키고 폐쇄조치를 취하고 원자력의 사용을 단계적으로 중지하는 것입니다. 독일은 원자력을 단계적으로 전면 폐기하기 위한 계획을 시행하여 이미 모든 원자력 시설의 폐쇄와 철거를 위한 스케줄에 들어갔다고 발표했습니다. 미국에서는 원자력이 인기가 없었으며, 무기산업이 여전히 버릇없는 자식 같은 존재이기는 하지만, 미국은 핵물질을 충분히 확보한 상태이기 때문에 무기생산을 위해 대규모 원자력 산업이 필요하지는 않습니다.

요점은 이겁니다. 핵문제가 없어지면 지금 발생하고 있는 폐기물, 독극물, 오염의 나머지 문제들은 감시 없이도 더 악화되지는 않을 겁니다. 오히려 새로운 오염의 발생이 중지될 겁니다."[334)]

◎ ◎ ◎

이런 것들을 모두 제거하면, 이 세계의 대부분은 우리가 상상하는 것보다 훨씬 빠른 속도로 원상을 되찾게 될 것이다. 지난여름 미국 동북부와 캐나다에서 발생한 대규모 정전사태—해커의 소행은 아니었다—로 약 5천만 명에게 전력공급이 끊겼다. 그 정전으로 오하이오 밸리 전역의 화석연료 터빈발전기에 대한 전력공급도 끊겼다.

그 결과 기적이 일어났다. 불과 24시간 만에 대기의 아황산가스 농도는 90%나 떨어지고 오존 농도는 50% 떨어진 것이다. 가시거리는 20마일로 좋아졌다.[335)] 불과 하루 만에 일어난 일이었다.

세계는 회복을 갈망하고 있다. 이 문화는 여러 가지를 도저히 되살릴 수 없도록 망가뜨렸지만, 이 문화가 지구를 죽이지 못하게 막기만 한다면 되살아날 것들이 많다. 우리가 할 일은 파괴를 일삼는 사람들을 제지하는 것이다.

◎ ◎ ◎

문명을 허물려면 크게 여섯 가지 활동이 필요하다. 첫째는 사람이다. 우리 스스로 달라져야 한다. 간디를 비롯한 비폭력주의자들이 말했듯이[336)] 변화를 원하면 우리 스스로가 변해야 한다. 우리는 자본주의의 보상체계를 거절할 뿐만 아니라 억압이 있는 곳이면 어디서든지 이를 제거하려고 해야 한다.

환경운동가들은 천사가 아니다. 못된 사람들도 많다. 성폭행범도 있다. 바로 어젯밤 나는 어느 여성운동가로부터 이메일을 받았는데, 한 남자운동가가 저지른 성폭행을 알리는 내용이었다. 이 여자는 까놓고 "산림보호 공동체는 성폭행 문화"의 집단이라고 말했다.

놀랄 일이 아니다. 이 문화 전체가 성폭행 문화이니 그 하위부문도 정화와 치유와 자기변화를 위해 필요한 노력을 하지 않는 한, 똑같은 특성을 그대로 간직할 확률이 높다.

산림보호 공동체의 여러 남성들이 보인 반응은 우리가 예상하던 대로이다. 처음에는 딱 잘라 부인하다가 그게 먹혀들지 않으면 장시간의 회동을 가지고는 초점을 그들의 행태에서 질문공세로 바꾸는 것이다. "무엇이 억압인가? 무엇이 학대인가? 학대라는 걸 단정하고 규정할 권리를 가진 사람이 누구란 말인가? 난 합의했었다고 생각하는데 어째서 그 여자는 성폭행이라고 하는가?"

많이 들어본 소리 아닌가? 이건 문명인들이 처음부터 사용해 온 바로 그 궤변적 질문들이다. "무엇이 억압인가? 무엇이 토지기반 착취인가? 토지기반 착취를 단정하고 규정할 권리가 누구에게 있는가? 나는 천연자원 개발이라고 하는데 어째서 너희들은 약탈이라고 하는가?

그래서 여성이, 또는 땅이 죽어가고 있는 것이다.

우리 모두의 내부에서 무언가가 죽어가고 있는 것이다.

나는 그 여자에게 회신을 보냈다. "누가 정의를 내리는가? 하는 질문에 답변하기는 쉽습니다. 방어권은 언제나 공격권에 우선합니다. 신체보전을 위한 개인의 방어권은 언제든지 다른 사람이 생각하는 성적 접근권에 우선합니다. 보다 넓은 의미에서 어떤 행위를 받아들이는 사람에게는 어떤 행위가 수용 가능한지를 단정하고 규정할 절대적 권리가 있습니다. 우리의 우정에서 당신이 요구하는 조건이 내 마음에 들지 않으면 난 당신과 어울리지 않아도 되는 겁니다."

그러므로 우리가 이루어야 할 첫번째 개인적 변화는, 남을 지배하고 착취

 하고 이용하려는 욕구를 없애는 것이다. 우리의 지각된 권리(perceived entitlements)에 도전하는 것이다. 나처럼 좋은 교육을 받은 백인남성에게는 솎아내야 할 지각된 권리가 많다.

이와 동시에 나는 우리가 현실세계에서 아무 일도 못할 정도로 이와 같은 자기반성에 깊이 빠져들 일은 아니라고 생각한다. 그동안 사람들은 내 글이나 발언에 거의 예외 없이 불평을 하는 글을 보내왔다. 내가 강연에서 우리가 할 수 있는 가장 혁명적인 일 한 가지는 건강한 아이를 키우는 것이라고 말했더니, 어떤 여자가 불평하는 글을 써보냈다.[337)] 그녀의 아이가 선천적인 장애아이기 때문에 화가 난 것이었다. 나는 정서적인 건전성을 의미하는 말이었다고 해명했는데도, 그 여자는 누그러들지 않았다. "우리 아이가 선천적으로 뇌에 문제가 있다면 어쩔 건데요?"라며 따지는 것이었다. 또 다른 여자는 내가 안젤리나 졸리의 은밀한 곳에 그려진 문신을 두고 농을 했다고 해서, 내가 분명히 여성 차별주의자라고 말하는 것이었다. 어떤 남자는 내 CD의 제목을 "어둠의 저편"(The Other Side of Darkness)이라고 했다고 해서 내가 분명 인종차별주의자라고 말했다. 한 흑인남자는 내 책이 출판되는 단 한 가지 이유는 내가 백인이기 때문이라고 했고, 한 백인여자는 내 책이 출판되는 유일한 이유는 내가 남성이기 때문이라고 했다. 어느 채식주의자는 내가 고기를 먹는 사람이니 내 책(그는 그걸 읽지 않았다)은 아무 소용이 없다는 내용의 글을 보내왔다. 그리고 전국적으로 방송되는 라디오 인터뷰에서 내가 석유는 무한정 나오는 게 아니며 이는 이 문화가 지속 불가능함을 의미하는 것이라고 했더니, 미시시피의 한 남자가 전화를 걸어 분을 참지 못하고 고함을 쳤다. "당신이 나서서 그런 소리를 할 일이 아니야. 나서지 말란 말이야." 내가 그의 어머니를 모욕하기라도 한 게 아닌가 싶을 정도였다. 정신적 외상에서 살아난 어떤 사람은 내가 어린이 학대를 묘사했기 때문에 자기 아버지만큼이나 가학적인 사람이라고 했다. 내 책이 그의 아픈 데를 다시 자극했다는 것이었다. 모두 집계해 보니 내가 받은 이런 유의 메일은 388건이었다.

이쯤 되면 심란해지지 않을 수 없다. 물론 문제는 바로 거기에 있다. 나는 문명을 허물어야 할 필요성을 놓고 세 시간이나 이야기했는데, 그들이 귀담아들은 건 안젤리나 졸리의 문신에 관한 농담뿐이었더란 말인가?[338] 쓰거나 말하는 한마디 한마디가 정치적으로 올바른 순수성을 일정 수준 유지하도록 진지하게 애쓰면서 거기에 시간을 할애한다면—아무의 비위도 거스르지 않으려고 노력한다면, 난 아무 일도 못할 것이다.

그렇지만, 잠깐! 나와 숲속 성폭행자들의 차이는 무엇인가? 그들이 내 말을 들었다고 해서 무엇이 공격적이고 아니고를 판단하지 않는단 말인가? 내가 자기 아버지만큼 나쁜 사람이라는 글을 보내온 남자가 공교롭게도 해답을 제시했다. 내 책과 그의 아버지의 매질 사이의 차이점은, 내 책은 그가 읽지 않을 수도 있었다는 점이었다. 그는 자진해서 그 책을 읽었다. 내 강연도 마찬가지다. 내 강연이 마음에 들지 않으면 오지 않으면 된다.

다른 많은 질문들이 그렇듯이, 우리가 어디까지 자기반성을 해야 하는가 하는 이 질문에 대한 해답도 상황적이면서 동시에 상식적인 것이다.

수많은 비폭력주의자들이 우리가 바라는 변화를 우리 스스로 구현해야 한다고 말할 때 외부세계에서는 아니더라도 적어도 자신의 마음속에서는 지배를 지워야 한다는 것을 의미한다. 그러나 이 말에는 또 다른 국면이 있으니, 그것은 성찰은 드문 일이며 그것이 구현되는 일은 더욱 드물다는 것이다. 억압욕구에서 벗어나는 것 못지않게 중요한 건 권력에 대한 복종심을 지워버림으로써 우리 몸에 흐르는 노예의 피를 마지막 한 방울까지 짜내는 일이다.

이것은 스스로 생각하고 느끼도록 익혀야 한다는 것을 의미한다. 이는 노력해서 얻은 정당한 권한과 노력으로 얻지 않은 정당하지 않은 권한을 어떻게 분간하는가를 배우는 것을 의미한다. 이는 우리 자신과 우리가 아끼는 공동체와 우리가 의지하는 공동체에 대해 책임지도록 배우는 것을 의미한다. 이는 적절한 때가 되면 적절한 모든 수단을 동원하여 반격에 나서도록 배우게 됨을 의미한다. 이는 적절한 시기와 수단과 방법을 결정하도록 익히는 것을 의미한다. 이는 '노'라고, 또 '예스'라고 말하는 법을 배우는 것을 의미한다. 이는 우리나 남을 학대하는 자를 묵과하지 않는다는 것을 의미한다.

이런 개인적인 일을 하다 보면 문명이 허물어진다고 생각하면 잘못이다. 자신이 바라는 변화를 스스로 구현하는 사람들에 대해서는 문제삼을 게 없다. 그러나 이것만이 문명의 파괴성을 약화시킬 유일한 방법이라고 생각하는 사람들은 큰 문제다. "어떻게 문명을 타파할 것인가"라는 제목 아래 나붙은 목록을 소개한다. "① TV를 갖지 마라. 책을 읽어라. ② 과시적 소비를 하지 마라. ③ 자전거를 타라. 승용차를 갖지 마라. ④ 외식을 하지 마라. 집에서 먹을거리를 조리(재배)하라. ⑤ 휴가여행을 가지 마라. 자기가 사는 고장에서 즐겨라(자기 고장에서 도피해야 한다면 무엇 때문에 그곳에서 사는가?) ⑥ 술집에 가지 말고 집에서 파티를 열어라. 많이 구입하지 않도록 사람들에게 포도주나 맥주를 가지고 오라고 일러라. 공정한 게 좋다. ⑦ 제1단계에서 제6단계까지를 실천하면 일을 적게 해도 된다."

이 목록의 제목이 "봉급쟁이를 그만두고 살아가는 법"이었다면 난 별로 신경을 쓰지 않을 것이다. 그러나 이 목록은—"지구를 살리기 위해 할 수 있는 50가지 간단한 일들" 등 비슷한 것이 많다—우리 앞에 놓인 과제를 하찮은 것으로 만들어버린다. 이 목록에 올라 있는 어떤 항목도 문명을 심각하게 위협하지 않는다. 그 어느 것도 토지기반에 큰 도움을 주지 못한다. 그 어느 것도 연어에 전혀 도움을 주지 못한다. 뿐만 아니라 지구를 파괴하는 자들의 지각된 권리를 어느 모로도 위협하지 못한다. 더 나아가 이 목록은 파티—특히 술파티—를 여는 것을 좋은 일이라고 가정하고 있다.

문명을 허물려면 우리 자신을 고치는 것 이상으로 훨씬 많은 것이 요구된다. 우리의 도움을 필요로 하는 현실세계가 있는 것이다.

우리가 그 다음에 해야 할 일들의 범주에는 고통을 덜어주는 일이 포함된다. 문명과 문명인들이 계속 상처받는 세상을 만들어내고 있기 때문에, 우리에게는 그 상처에 약을 발라주고 쾌유의 손길을 뻗어줄 사람들이 필요하다. 종종 나는 이보다 더 중요한 일이 없겠다는 생각이 들곤 한다. 성폭행 위기

전화의 상담을 해줄 사람과 학대당한 여성의 피신처를 운영할 사람들이 필요하다. 학생들을 잘 이끌어줄 훌륭한 교사들이 필요하다. 떠돌이 고양이들에게 집을 마련해 줄 사람들이 필요하다. 연어에게 노래를 불러주고 나무를 부둥켜안고 "정말 미안하다"고 말할 수 있는 사람들이 필요하다. 이런 일을 하는 사람들은 마땅히 큰 자부심을 가질 만하다.

그러나 고통을 덜어주는 일만으로 문명이 무너질 거라고 생각한다면 잘못이다. 문명인들의 공격에 맞서 방어하는, 그야말로 실질적인 일을 포함하여 훨씬 많은 일들이 필요하다. 이러한 방어행위는 여러 형태를 취할 수 있으며, 권력자들에게 법규준수를 강제하기 위한 소송 제기, 약탈자들의 행위를 까밝히는 일, 공격자와 우리가 사랑하는 이들 사이를 우리 몸으로 차단하는 일, 토지를 구입하여 보호하는 사업(혹은 한 친구가 말한 것처럼 "자신에게 파괴할 권리가 있다고 생각하는 사람들을 부정하는 데 돈을 사용하는" 일) 등이 이 범주에 포함된다. 이 같은 행동들을 비롯하여 다른 많은 행동들이 필요하다. 이러한 행동이 없으면 지켜야 할 세상이 남아나지 않을 것이다.

그러나 방어적 행동만으로 문명을 무너뜨릴 수 있다고 생각한다면 잘못이다. 우리는 이런 생활양식 때문에 파괴된 것들이 원상을 되찾을 수 있게 하는 일도 해야 한다. 그동안 수많은 남녀노소들이 큰 상처를 입었다. 문화와 공동체가 상처를 받았다. 언어도 타격을 받았다.[339] 강물, 숲, 산, 바다, 만년설, 식물, 동물, 균류를 비롯한 많은 것들이 타격받았다.

상처받은 사람을 낫게 하는 첫 단계는 공격받지 않도록 안전을 도모하는 일이다. 그러나 할 수 있는 더 많은 일들이 있다. 복원활동을 하는 사람들은 상처가 남긴 독소—정신적·신체적인 독소—의 처리를 도울 수 있다. 이들의 치유를 돕기 위한 여건을 조성할 수 있다. 인간의 경우, 치료전문가나 친구들이 할 수 있는 치료활동이 많다. 그리고 강물과 숲과 바다를 위해서 할 수 있는 치유활동도 많다. 우리는 쓰레기를 치울 수 있다. 적절한 때 우리는 외래 종들을 제거할 수 있다. 토박이 자생종을 되살릴 수 있다. 괴롭힘을 당하는 종들에게 서식처를 제공할 수 있다. 무엇보다도 우리는 각처에 필요한 게

 무엇인지를 알아보고 이를 제공할 수 있다.

그러나 그것만으로는 여전히 미흡하다. 단지 특정한 사람들이나 장소를 이전 상태로 복원시키는 것으로, 문명이 무너지지는 않는다. 준비를 위한 노력도 해야 한다. 다시 말해서 장차 있을 공격에도 대비해야 하고, 반격에 나설 준비도 해야 하며, 사람들이 문명의 붕괴에 대비하도록 해야 한다.

나는 신축성을 크게 믿는 사람이다. 꽤 많은 대학생들이 학교를 그만둬야 하겠느냐고 물었다. 어차피 문명이 몰락할 텐데 구태여 다닐 필요가 있겠느냐는 것이었다.

내 대답은 언제나, 우리는 미래가 어떻게 될지 알지 못하므로 장차 어떻게 되건 후회하지 않을 선택을 하는 것이 좋다는 것이다. 나는 세상의 종말이 1843년이나 1844년(또는 2010년)에 올 거라고 주장한 윌리엄 밀러와 같은 사람이 아니며, 밀러 신봉자들처럼 세속적인 것들을 팔아버리고 광야에서 종말을 기다리다가 또다시 해가 떠오르는 여느 때와 같은 하루를 맞이하고 실망하게 되기를 바라지 않는다.[340] 바로 지난밤에 강연이 끝난 후, 문명붕괴에 대비하여 시골로 이사해야 하지 않겠느냐고 내게 물은 사람이 있었다. 내가 그에게 준 답도 같은 것이었다.

사실 내가 문명의 어리석음을 처음으로 인식하게 된 것은, 이처럼 신축성을 유지해야 할 필요성을 인식하면서부터였다. 문명이 다른 모든 대안들을 체계적으로 제거한다는 것이야말로—예컨대 사람들의 토지기반을 파괴하여 그들이 스스로 알아서 먹고 사는 길을 막는 것—지금도 가장 용서할 수 없는 죄일 것이다. 나는 어떤 일이 일어나건 이에 대비하는 노력의 대부분은 신축적이어야 한다고 믿는다.

그러나 우리가 제아무리 신축성을 갖출지라도, 대비하는 활동만으로는 문명이 무너지지 않는다. 공세도 취해야 한다. 권력자들이 생태계나 공동체에 남아 있는 본래의 모습을 계속 망치도록 방치해서는 안 된다. 우리는 이렇게 엄청난 해를 끼칠 수 있는 저들의 능력의 뿌리를 공격해야 한다. 그들이 엄청난 횡포를 자행할 수 있게 하는 물리적 하부구조뿐만이 아니라, 이런 하부구조를 만들어낸 파괴적 사고방식도 타파해야 한다. 언제 어디서나 기회 있을 때마다 모든 방면에서 공격을 해야 한다.

그러나 공세만으로는 문명이 무너지지 않는다. 우리 스스로 달라지지 않으면 안 된다. 우리가 보고자 하는 변화를 우리 스스로 구현해야 한다….

추락

인간이 하는 일은 온통 브레이크 없는 기계와도 같으니, 세계의 정치지도자들이 파국이 들이닥치기까지는 현실에 대처할 기미를 보이지 않기 때문이다.[341] 부유한 나라들은 미래세대를 터무니없이 간과한 채 자원을 사용하고 있고, 가난한 나라들은 보다 나은 미래에 대한 희망을 지워버리는 인구증가를 제지할 아무런 조치도 취하지 못하는 것으로 보인다. 이 같은 세계에서 성장의 한계에 따른 의무를 무시한 선언이나 성명은 공허한 것이다. 모든 증거는 우리가 이미 돌아설 수 없는 지점을 통과했으며, 비극적인 격동이 인간에게 다가오고 있다는 것을 말해 준다.

스트워트 유달, 찰스 콘코니, 데이비드 오스터하우트[342]

사회학자는 자신의 예측이 아무리 암울하더라도 논문의 말미에서는 파국을 피하기 위한 방안을 건의하는 경향이 있다. 그러나 소망스런 대안으로 위로하려 들지 않고 상황을 사실대로 설명해야 하는 경우도 있다. 사회과학에서 예측이 반드시 낙관적이어야 한다는 법은 없다. 고칠 길 없는 사회적 병폐도 있을 수 있다.

루이스 M. 킬리언[343]

추락은 어떤 모습일까? 당연히 그것은 보는 관점에 따라 다를 것이다. 참치, 청새치, 상어 등 큰 물고기들의 시각에서 본다면, 분명히 길고도 무서운 전쟁이 끝나고 회생을 시도할 기회가 온 것으로 보일 것이다.

철새들의 입장에서 본다면 누군가가 해마다 수십억의 형제자매들을 죽이는 마천루의 전깃불을 꺼버린 상황으로 보일 수도 있을 것이다. 누군가가 살충제로 나를 독살하는 짓을 중지했구나 싶어질 수도 있을 것이다. 시간이 흘러 숲과 초원이 되살아나면 내 서식처가 복원되는구나 하고 느껴지기도 할 것이다.

식인 박테리아라면 자기들의 텅 빈 사육장을 보고 울적해질 법한 일이다. 하천이라면 새로운 독극물이 흘러들지 않고 강물이 깨끗해지기 시작하니 기쁠 것이다. 콘크리트의 속박에서 벗어나니 해방된 기분일 것이다.

산이라면 석탄이나 금, 은을 캐낸다고 목을 잘라내는 일이 없어졌으니 안도의 숨을 몰아쉴 것이다.

전통적 방식으로 살아가는 토착민들은 이제는 석유회사, 광업회사, 목재회사, 스키 리조트 운영회사 그리고 이들을 위해 봉사하는 정부와 실랑이할 필요가 없을 것이다. 그들은 여전히 자기 땅을 침범하는 개인들과 실랑이를 벌여야 할 것이다. 그러나 저들을 지원하는 경찰과 군대가 없으므로 문명인들과 문명 이후 인간들의 위험이 수그러들면, 저들의 위협을 물리치고 원상을 되찾아 영원히 조상들처럼 살게 될 날을 기다릴 수 있게 될 것이다.

그러나 그런 것들은 내가 말하고자 하는 관점이 아니다. 여기서 다루고자 하는 유일한 화제는 문명인들 대다수가 어쨌건 관심을 쏟는 문제, 즉 문명인들과 그들의 기계의 관점이다.

나는 문명인들과 그들의 기계의 관점에서 문명충돌이 유쾌한 일일 것이라고 주장한 적이 없다. 당연히 유쾌한 일은 아닐 것이다. 문명은 모든 사람과 모든 것을 착취할 수 있다는 지각된 권리(self-perceived entitlement)에 바탕을 두고 있다. 문명충돌은 적어도 대량착취 수단(일반적으로 기술 또는 기계라고 부르는 것)의 제거를 통해 당연히 그 같은 지각된 권리가 종식된다는 것을 의미한다. 학대자는 그 같은 권리가 박탈되거나 위협받는 것을 좋아할 리 없다. 대다수 문명인들은 이를 특히 고통스럽게 여길 것이다. 그것은 문명인들이 익숙해진 생활양식을 유지하기 위해 필요한 모든 수단(그리고 불필요한 많은 수단들과 불필요하게 악덕한 수단들)을 사용한 데 따른 직접적인 결과이기 때문이다. 아무리 강조해도 지나칠 수 없는 것은, 문명인들에게는 고비고비마다 추락을 연착륙으로 전환하기 위한 대안이 있다는 사실이다. 그러나 또 한 가지 아무리 강조해도 지나칠 수 없는 것은, 문명인들은 고비고비마다 그와 같은 대안들은 마다하고 스스로 권리라고 지각하는 것을 방해하는 모든 사람들을, 자기들의 권력집중화를 방해하는 사람들을, 생산하는 과정을 방해하고 생물을 시체로 바꾸는 과정을 방해하는 모든 사람들을 죽인다는 사실이다. 문명인들에게는 고비마다 무기를 생활기(livingry)로 전환할 수 있는 대안이 있지만, 문명인들은 그 대안을 택하지 않는다. 문명인들이 택하는 것은 살해와 환경파괴이며, 환경파괴는 궁극적으로 지배권 추구를 포기하지 않는 자살행위를 의미하게 된다. 당연하다. 문명인들은 줄곧 그렇게 해왔다. 그리고 문명인들은 자기들이 조장한 폭력을 자신들을 제외한 남의 탓으로 돌린다. 문명추락의 원인이나 진로와는 상관없이 이 모든 것들이 그대로 이루어질 것이다.

다시 말해두겠다. 문명추락이 그처럼 고통스러운 양상을 띠게 되는 유일한 이유는, 문명인들이 자기 생활양식을 유지하려는 데 있다. 한 예로, 우리는 줄곧 식수가 바닥나게 된다는 이야기를 듣는다. 그런데 강이 죽어간다는 것은 사실이다. 호수도 죽어가고 있다. 바다도 죽어가고 있다. 아니, 더 정확하게 말해서 그것들은 죽임을 당하고 있다. 모든 강에 댐을 설치하는 이유는 물이 사라져 가고 있다는 '사실' 때문이라고들 한다. 그리고 몇 년 안에 인류의 2/3가 제대로 식수를 확보할 수 없게 된다고 한다. 비인간의 경우, 사정은 더욱 고통스러울 게 분명하다. 그런데 우리는 정부가 물을 '사유화'하기에 바쁘다는 것도 알고 있다. 이는 기업들은 물을 확보하지만 보통사람들은 확보하지 못한다는 것을 의미한다. 우리는 또 캐나다의 물 공급회사인 글로

벌 워터가 웹사이트에 올린 "물은 무한정한 이용이 당연시되어 온 품목에서, 힘이 있어야 얻을 수 있는 배급제 필수품으로 바뀌었다"는 글이 사실이라는 것도 알고 있다. 그리고 우리는 그 힘을 누가 행사할 것인지도 안다.[344)] 그런데 이런 온갖 이야기에도 불구하고 물의 90% 이상은 실제로 인간이 사용하는 게 아니다. 아랄해는 투르크멘과 우즈베키스탄의 목화농장 때문에 죽어가고 있다. 콜로라도강은 팜 스프링스의 골프장과 라스베이거스의 분수 때문에 죽어가고 있다. 만약 지진—혹은 인간—이 콜로라도강의 댐들을 허물어버리면 물론 자본주의 보도매체(만일 그때도 존재한다면)는 하나같이 그로 말미암아 네바다, 애리조나, 남부 캘리포니아의 목마른 사람들이 재난을 겪게 될 거라고 떠들어댈 것이다. 나는 지금은 그 지역의 부양능력에 관한 논쟁에 말려들고 싶지 않지만, 다만 언젠가는 그 지역의 인구가—자발적으로건 아니건 간에—많이 줄어들 것이고, 물이 중요한 인구 제약요인으로 작용할 것이라는 점을 지적해 두고 싶다. 또 지금으로서는 라스베이거스와 태평양 사이에 단 한 군데 골프장이나마 존재하는 한, 물이 가득 찬 풀장이 하나라도 남아 있는 한, 또는 애리조나에 자주개자리나 목화밭이 그리고 캘리포니아에 오렌지 농장이 남아 있는 한, 물 부족에 관한 불평은 듣고 싶지 않다고 말해 두고 싶다. 제조업 시설들의 경우도 마찬가지다. 물이 바닥나고 있는 게 아니다. 농업과 공업이 물을 모두 사용하고 있는 것이다. 댐이 사라져도 사람들은 마실 물, 취사용물, 목욕물을 확보할 수 있다. 그놈의 잔디를 푸르게 가꾸기 위한 물만 모자랄 것이다. 확실히 알아두자. 물은 사람들에게 봉사하기 위해 죽임을 당하고 있는 게 아니다. 그리고 물을 확보하지 못하는 사람들은—그리고 해마다 죽어가는 수백만을 헤아리는 이런 사람들은—물이 부족해서 죽어가는 게 아니다. 그들이 죽어가는 것은 문명인들이 컴퓨터를 만들고, 골프를 치고, 사막에서 목화를 재배하고, 잔디밭을 가꿀 수 있게 하기 위해서이다. 그리고 우리 모두가 잘 아는 것은, 문명인들은 지구와 인간들이 어떤 대가를 치르건 자기들의 골프와 잔디밭과 수영장과 값싼 면화를 포기하는 일은 없으리라는 것이다.

다른 '긴요한 자원'들에 대해서도 같은 이야기를 할 수 있다. 이제 우리는 미국에서 사용되는 석유의 50% 이상이 미군에 의해 사용된다는 걸 알고 있다. 만일 그 석유가 문명의 연착륙을 위해 사용되거나 아예 연소되지 않는다면, 문명의 추락이 어떻게 다르게 전개될지 상상해 보라. 군대의 석유사용은 사람들이 목숨을 부지하는 데 필수적이지 않다. 우리가 문명이라고 부르는 자원 도둑질을 계속하는 데 필수적일 뿐이다.

어제 아이티에서 1500명이 허리케인으로 죽었다. 『샌프란시스코 크로니클』지는 이 재난을 다룬 기사에서, 그처럼 강력한 허리케인이 잇따라 그 지역을 강타한 것은 매우 이상한 일이라고 평했다. 물론 이 자본주의 신문은 폭풍의 양과 질이 극적으로 상승한 것은 지구 온난화에 따르는, 전적으로 예측 가능한 (그리고 오래 전에 예측된) 일이었다는 말은 할 수 없었고, 하지도 않았다. 그러므로 『크로니클』지에 따르면, 이 사람들을 죽인 범인은 석유경제가 아니라 자연이었다. 신문은 이 사람들이 죽게 된 또 하나의 결정적인 원인에 대해서도 언급하지 않았다. 이들 중에는 벌목으로 인한 토사 때문에 죽은 사람들이 많았다. 우리는 지구 온난화를 중지하고 아이티 산림에 대한 도둑질을 중지함으로써 사망자가 더 발생하지 않도록 막을 수 있다.

그러나 그런 일은 일어나지 않을 것이다.

아니, 석유회사나 국제 목재교역으로 돈을 버는 사람들이 선호해서 그런 일이 일어나는 경우는 없을 것이다. 사람들의 생명이 걸려 있고, 세상이 온통 걸려 있다고 해서 그런 일이 일어나지는 않을 것이다.

여기서 다시 한번 말하겠다. 추락은 문명인들에게 고통스러운 일일 것이다. 늘 그러하듯 힘 있는 자들은 부담의 대부분을 힘없는 사람들에게 강제로 떠맡기려 할 것이다. 힘 있는 자들은 일부러 가난한 사람들을 더 고통당하게 만들 것이다. 아이티에서 보는 바와 같다. 우리가 도처에서 보는 바와 같다. 그런데 선택권은 그들에게 있다. 그들이 푸른 잔디밭과 골프장보다 생명을 중시할 만큼 제정신이라면, 애당초 세상을 파괴하는 일을 시작하지도 않았을 것이다.

나는 친구한테서 이런 이메일을 받았다. "당신이 자주 말했듯이 이건 모두 선택의 문제예요. 문제는 사람들이 경험과 주어진 상황에 대한 인식을 기초로 선택을 한다는 거죠. 우리는 무슨 일이건 사전지식을 가지고 실제로 경험하는 게 허용되지 않으며, 어떤 것을 정말로 이해하는 데 기초가 될 지식도 별로 제공받지 못해요. 그 결과 우리는 굶주림이 더해 가는 영혼을 둘러싸고 있는 생물분해성 수벌(biodegradable drone)들 같은 존재가 되어가고 있어요. 자본주의가 요구하는 게 이것 아닌가요?"

그의 글은 계속된다.

> 만일 사람들이 무의식적으로 어떤 일을 한다면 자기 행태를 자유의사로 바꾸는 일은 결코 없겠지요. 그런데 그것이야말로 이 문화의 많은 사람들이 살아가는 방식이거든요. 무의식적으로 말입니다. 그리고 또 의식적으로 결정하는 사람들도 있는데, 이런 사람들은 다른 생활방식은 짐작할 수도 없으며 다른 방식을 찾는 사람들에게 뭔가를 남기기보다는 이 세상을 자기들과 함께 아주 끝장내려고 합니다. 우리는 이런 것을 모두 알고 있어요. 그러나 그렇다고 해서 궁극적으로 모든 게 선택의 문제라는 사실이 달라지는 건 아니지요. 문명이 존속되기를 원하는 사람들과 사치 없는 생활은 생각할 수도 없는 사람들의 선택 그리고 문명이 몽땅 무너지기를 바라는 사람들과 이 문화 안에서 계속 살아간다는 건 생각할 수도 없다는 사람들의 선택의 문제입니다. 중요한 것은 이 모든 결정을 어린이들이 아니라 어른들이 내린다는 겁니다. 우리는 모두 어른입니다. 어른은 의식적·무의식적으로 자기선택에 따르는 결과에 책임을 집니다.
>
> 이 생활방식이 선택에 따른 것이며, 추락의 방향이 선택의 결과가 되리라는 점을 인식하면서 나는 이 문화를 구성하는 사람들의 선택에 따른 인간적·비인간적 결과에 더욱 분노를 느끼게 됩니다. 더욱 큰 분노와 슬픔을 느끼게 하는 것은 하천과 바다와 숲과 가난한 이들의 불필요한 죽음입니다. 이런 죽음의 원인을 제공한, 사치를 선택한 사람들에게 나는 한층

큰 분노와 모멸을 느낍니다. 이런 사람들에게 선택에 대한 책임을 추궁해야 합니다.

문명인들의 시각에서 본 추락에 관해 이야기하기에 앞서 한 가지 더 살펴볼 것이 있다. 문명의 엔드게임이 추락 없이도 전개될 수 있을까 하는 것이다. 나는 『가상의 문화』(*The Culture of Make Believe*)에서 이 문제를 자세히 다룬 바 있다. 여기서는 관련부분만 소개하고자 한다.[345)]

문명: 진행중인 대참사

유태인 대학살이 주는 교훈은, 대부분의 사람들은 좋은 선택이 없거나 좋은 선택이 큰 대가를 요하는 상황에 처했을 때 수월하게 도의적 의무를 회피하는 주장(혹은 논의 자체를 하지 않음)을 펴면서 합리적 이익과 자기보존의 가르침을 따른다는 것이다. 합리성과 윤리가 서로 정반대 방향을 가리키는 체제에서 주된 패자는 인간성이다. 악은 대다수 사람들이 거의 언제나 경솔하고 무모한 행동을 꺼린다는 생각에서, 추악한 짓을 할 수 있다. 악에게는 열띤 추종자나 갈채하는 청중이 필요 없으며 자기보존 본능만으로 족하다. 이런 본능은 아직은 고맙게도 내 차례가 아니며, 웅크리고 있으면 아직은 도피할 수 있다는 안일한 생각을 부추긴다.

지그문트 바우만[346)]

많은 사람들이 기꺼이 죽음의 길로 간다. 나치의 유태인 대학살 때 가스실과 화장터 앞에는 잘 가꾸어놓은 잔디밭과 화단이 있었다. 흔히 죽을 사람들이 도착하면 "흰색 블라우스에 짙은 감색 스커트 차림의 젊고 예쁜 소녀들"의 악대가 가벼운 음악을 연주해 들려줬다.[347] 남녀노소가 샤워를 해야 하니 옷을 벗으라는 지시를 받았다. 그들은 자기들이 곧 죽게 될 방으로 들어가라는 상냥한 목소리의 지시를 들었다. 지그문트 바우만의 말처럼 "합리적인 사람들은 욕실이라고 믿게만 해주면 조용히, 얌전히, 유쾌하게 가스실로 들어간다."[348]

그들이 가스실에 들어가고 나서 문이 닫히면, 하사관이 유리구슬을 떨어뜨리라고 명령했다. "좋아, 이들에게 뭔가 씹을 것을 줘."[349] 곧, 그러나 때늦게 사람들은 그릇된 마지막 계약서에 서명했다는 것을 깨닫고, 급기야 살겠다고 서로 싸우면서 굳게 닫힌 문으로 몰려가서 "죽으면서도 서로 할퀴고 때리면서 첩첩이 쌓여 푸르고 끈적끈적한 피투성이의 피라미드를 이루었다."[350]

◎ ◎ ◎

문명의 종점은 조립라인식 대량살육이다. 나치의 유태인 대학살의 조립라인식 대량살육은 경제학이란 가면을 벗어던진 생산이었다. 그게 생산의 본질이다. 그것은 생명을 죽음으로 바꾸어놓았다. 문화가 하는 짓이 그런 것이다. 대학살은 능률적이고 계산 가능하고 예측 가능하며 비인간적인 기술을 통해 제어되었다. 그것은 또한 매우 비도덕적이면서 동시에 믿기 어려울 정도로 어리석었다. 순전히 물욕과 토지욕의 관점에서조차 자기기만이었다. 독일군이 동부전선에서 얼어죽고 굶어죽는데도 귀중한 철도차량들이 화장터로 갈 화물을 운송하고 있었다. 나치독일은 노예에게 조금만 더 먹이면 추가식량의 비용을 상쇄할 만큼 생산성이 높아진다는 것을 보여주는 경제분석을 했다. 그렇지만 그들은 굶어죽었다. 마찬가지로 러시아사람들을 도살한 행위도 어리석은 짓이었다. 우크라이나와 러시아 사람들 중에는 스탈린 독재로부터 해방되는 게 좋아 두 손 들고 나와서 키스와 꽃다발로 독일군을 맞는 사람이 많았다. 독일군은 전쟁이 끝나면 이주해 올 독일사람들에게 자리를 마련해 주기 위해 러시아의 비전투원들을 재빨리 죽이기 시작했다. 아니면 지시가 있었거나, 러시아사람들이 열등하다고 배웠기 때문에 그런 짓을 자행했다. 그래서 러시아 비전투원들이 반격에 나섰다. 그들은 열차를 폭파하고 독일군 장교들을 살해하며 군인들을 납치했다. 그들은 독일군에게 타격을 주었다. 독일인들은 그처럼 합리성을 내세우면서도 별로 합리적이지 못했다.

물론 지금의 상황은 다르다. 우리에게는 죽여야 할 합리적인 이유가 있다. 지배 민족이니 생활권(lebensraum)이니 하는 따위 어리석은 이야기는 없어졌다. 대신, 경제는 엄격히 합리적인 노선에 따라 운영된다. 돈벌이가 될 만한 일은 하고, 그렇지 않은 일은 하지 않는다. 그러나 미국경제의 비용은 그 가치보다 최소한 5배나 높다. 미국의 연간 총 기업이윤 규모는 약 5천억 달러인 데 반해 이를 위한 활동의 직접비용은 2조 5천억 달러가 넘는다.[351] 여기에는 510억 달러의 직접보조비와 530억 달러의 조세감면비, 작업장의 암 사망으로 인한 손실 2747억 달러, 잔류공기 오염으로 인한 보건비 지출에 따른 손실 2259억 달러 등이 포함된다.[352] 이는 계산 가능한 비용에만 국한된 것이며, 다른 가치—살아 있는 지구 같은 것—는 계산할 수 없기 때문에 포함되지 않는다. 그런데도 이 문화는 어획량의 금전적 가치를 웃도는 돈을 상용어선의 건조 및 유지 비용으로 소비하고 있다. 산림파괴의 경우도 마찬가지다. 미국에서는 산림보호국이 목재판매 사업에서 연간 4억 달러의 손실을 보고 있는데, 이는 벌목된 산림 1에이커당 779달러에 달하는 규모이다.

◎ ◎ ◎

히틀러는 자기 시대보다 앞선 사람이었다. 사회적 여건은 아직 정부가 나서서 그가 의도했던 다양성 말살을 실현시킬 만큼 성숙되어 있지 않았다. 간단히 말해서 그의 기업-정부형 국가는 아직 본격적인 통제를 확립·유지하는데 필요한 권력을 성취하지 못했던 것이다. 이는 다른 기업국가와 관련된 권력의 경우에도, 인간과 관련된 권력의 경우에도, 자연계와 관련된 권력의 경우에도 해당되는 말이다.

다른 기업국가들과 관련된 권력의 경우, 기억해야 할 것은 히틀러가 유태인이나 저항단체 구성원들에 의해 패배한 것이 아니라는 사실이다. 그는 소련·영국·미국이라는 다른 제국주의 세력에게 패배했다. 독일군이 러시아의 혹한에 좌절되지 않고 러시아군에 의해 격퇴되었더라면 다카우(나치 강제수용소가 있었던 독일 도시-옮긴이) 이후의 이야기는 딴판이 되었을 것이다. 그리고 분명히 이들 다른 제국주의 세력은 독일이 유태인, 집시 등을 학대하기 때문에 나치에 맞선 게 아니었다. 사실 이 세력들은 각기 나름대로 유사한 잔혹행위의 전통을 당당히 가지고 있다. 근본적으로 그들은 독일이 자기들이 장악했거나 탐내는 자원을 장악하려 했기 때문에, 독일정부에 제동을 건 것이었다.

두번째 사람들을 장악하는 문제와 관련하여, 히틀러가 24시간 내내 국민의 집으로 메시지를 보낼 수 있었고 국민들이 날마다 시시각각 기꺼이 라디오를 틀어놓고 그 방송을 들었다고 상상해 보자. 만일 방송극들을 통해 히틀러의 역할과 운명을 그의 국민들 남녀노소에게 주입할 수 있었더라면, 그 선전효과가 어떠했겠는지 상상해 보자. 우리가 지금 히틀러가 활보하고 외쳐대고 손을 흔들어대는 모습을 담은 낡은 영상물들을 보면서 사람들이 어떻게 저런 사람의 마술에 걸려들 수 있었을까 하고 의아해한다면, 그건 우리 스스로를 구박하는 짓이라고 생각한다. 우선 생각할 것은 그 영상물을 누가 골라냈는가 하는 점이다. 승자는 언제나 적을 우스꽝스럽게 보이게 하려 든다. 더 중요한 것은 그것이 나치의 주요 선전형식이 아니었다는 사실이다. 나치의 선전책임자였던 요제프 괴벨스는 매체가 고압적인 정치 메시지를 국민들에게 주입하기보다 가벼운 오락물을 제공하는 게 훨씬 낫다는 걸 분명히 알고 있었다. 괴벨스는 또 다양성의 환상을 제시하되 저변에 깔린 이데올로기 메시지는 멍할 정도로 단조로울수록—순수할수록—최고의 선전효과

를 낸다고 믿었다.[353)]

가벼운 오락물로 설득되지 않는 개개인에 대한 엄격한 정부통제를 히틀러가 원했을 법한 수준으로 강화하기에는 기술발전이 아직 미흡한 단계에 있었다. 그 당시로서는 그의 경찰력이 매우 능률적이었지만, 나치에게는 위성감시 시스템은커녕 위성조차도 없었다. 그리고 과학수사도 초보단계에 불과했다. 컴퓨터 지문대조나 얼굴 스캔을 통해 반사회적 인물을 추적하거나 검거하는 건 불가능했다. 2001년도 슈퍼볼 경기장에서 관중들의 얼굴이 모두 몰래 스캔되었다는 것은 다들 들어서 알고 있을 것이다. 그 이미지들을 컴퓨터 이미지와 대조해서 범법자를 찾아냈다. 그리고 지금 새크라멘토 공항은 여행자들의 얼굴을 일일이 다 스캔하고 있다. 히틀러에게는 하루에 30억 건의 전화통화와 이메일 메시지를 몰래 듣거나 보면서 그 내용의 약 90%를 파악할 수 있는 세계적인 컴퓨터 네트워크가 없었다. 히틀러에게는 컴퓨터 같은 것이 없었을 뿐만 아니라, 벽이나 다른 건물에서의 모니터를 통해 컴퓨터 신호를 포착하는 능력도 없었다. 그에게는 특수 카메라를 사람들에게 들이대 나체 수색을 하거나 신체의 강(腔)까지도 들여다보는 능력이 없었다. 아마추어였던 히틀러에게는 국가적 사회보장번호제도조차도 없었는데, 국무장관 콜린 파월은 이 제도로 "우리는 미국국민을 모니터하고 추적해서 검거할 수 있게 되었다"고 말했다.[354)] 이런 것들 중 어느 것도 히틀러에게는 없었다. 인간게놈에 관한 지식이 없었던 과학자들은 이단적 성향이 있는 사람을 찾아내기 위해 골상학과 같은 믿을 수 없는 수단에 의지했다. 그리고 히틀러는 유전자형이라는 용어를 알지도 못했으며, 하물며 특정 인종을 겨냥한 유전자 변형 질환을 만들어낸다는 건 생각할 수도 없는 일이었다. 그는 무선인식(RFID, 전파신호를 통해 사물에 부착된 얇은 평면 형태의 태그를 식별하여 정보를 처리하는 자동인식 시스템-옮긴이) 칩이 뭔지도 알지 못했다.

세번째 자연계와 관련하여 말하자면, 히틀러에게는 지구를 방사선으로 조사하거나 독극물로 오염시킬 능력은 없었다(유기염소계 살충제와 제초제 사용은 제2차대전 이후에 일반화되었으며, 사실 제1차대전 때의 독가스 전쟁의 부산물이었다. 그 이전에는 모든 농업이 유기농이었다). 그에게는 지구의 기후를 바꿀 능력이 없었다. 지구의 전혀 다른 지역들에서 동시에 두 개의 전쟁을 수행할 목적으로 조직된 상비군도 없었다. 독일군은 2개 전선마저도 감당해 내지 못했다. 경제도 아직은 소수의 손아귀 안에 들어갈 정도로 통합되고 '합리화'되지 못해—즉 다양성을 그렇게까지 상실하지는 않았기 때문에—단지 경제적 압박만으로 수백만의 사람들을—아니 지구 전체를—죽일 수 있는 수준에는 이르지 못했었다.

정보기술의 사회적 효과를 분석하면서 요제프 바이젠바움은 이렇게 말했다.

> 독일은… '유태인 문제'의 '최종적 해결'을 실행했다. 진상이 밝혀졌을 때, 살육자들이 직접 촬영한 사진들이 나돌기 시작했을 때, 불쌍한 생존자들이 다시 빛을 보게 되었을 때, 인류는 잠시 전율했다. 그러나 결국은 달라진 것이 없다. 그로부터 20년 동안 똑같은 논리와 타산적 이론을 똑같이 냉정하고 무자비하게 적용하여, 적어도 '천년제국' 기술자들에게 희생된 만큼의 사람들이 도살되었다. 우리는 아무것도 배우지 못한 것이다.[355)]

◎ ◎ ◎

지배적인 이 문화는 제지를 받지 않는 한, 지구의 모든 것을, 죽일 수 있는 온갖 것을 죽일 것이다.

대량학살은 모두가 특이하다. 유럽의 유태인 말살은 미국 인디언의 말살과 양상이 달랐다. 필요한 기술이 같지 않았고 대상이 같지 않았고 학살을 자행한 사람도 같지 않았으므로, 그럴 수밖에 없다. 마찬가지로 터키인들의 아르메니아인 (그리고 쿠르드족) 학살도 미국인들에 의한 베트남인 도살과는 양상이 같지 않았다. 마찬가지로 21세기의 대학살은 20세기의 대학살과는 양상이 다를 것이며, 이미 그렇게 드러나고 있다. 양상이 같을 수 없는 것은 이 사회가 발전했기 때문이다.

그리고 모든 대량학살은 보는 사람이 어떤 계급에 속하느냐에 따라 다르게 보인다. 유태인 대학살도 나치 고위 관계자들과 대기업 경영자들—이들의 일차적 관심은 생산과 통제의 극대화, 즉 인간 및 비인간 자원의 가장 효율적인 착취—이 보는 경우와 선량한 독일인들이 보는 경우가 크게 달랐을 것이다. 그리고 유태인 대학살은 선량한 독일사람들과 체제전복이 주요 관심사였던 저항자들의 눈에도 다르게 비쳤을 것이다. 그리고 나치에 저항했던 사람들과 열등인간(untermenschen)으로 간주되었던 사람들에게도 각기 다르게 보였을 것이다.

'명백한 운명'(Manifest Destiny, 백인들이 하나님에게서 부여받았다는 특별한 운명 또는 사명-옮긴이)도 인디언들과 J. P. 모건에게는 다르게 보였다. 미국의 노예제도도 노예들 자신과 노예제로 안락을 누리는 사람들이나 공짜 흑인노동으로 임금부담이 줄어드는 사람들에게는 각각 다르게 보였다.

21세기의 대량학살은 어떤 모습으로 드러날까? 입장에 따라 다르다. 한번 살펴보기로 하자.

첫번째, 권력자 집단에 속한 사람들에게는 포스트모던 대학살이 거의 보이지 않을 것이며, 올브라이트 여사가 죽어가는 이라크 어린이들을 두고 말했듯이 어쨌든 기꺼이 치러야 할 대가일 뿐이다. 생산을 극대화하고—"경제를 키운다"고 표현할 수도 있다—필요에 따라 반대세력을 말살하려고 할 경우, 이런 대량학살도 다른 대학살과 비슷한 양상을 띠게 될 공산이 크다. 이렇게 되면 대량학살은, 약속의 땅에 이르는 길을 가로막는 변덕스런 문제들에 시달리는 경제를 일으키는 일처럼 보일 것이다. 대량학살은 장부에 기재된 수치처럼 보일 것이며, 지구 온난화 문제나 길거리의 소요 진압 등 풀어야 할 기술적인 문제로 보일 것이다. 대량학살은 대문 달린 저택, 방탄유리를 끼운 리무진, 끊임없이 늘어나는 군사비처럼 보일 것이다.

대량학살은 경제학과 같은 느낌이 들 것이다. 그것은 발전, 기술혁신 혹은 문명과 같은 느낌을 줄 것이다. 그것은 이 세상 본연의 모습이라는 느낌이 들게 할 것이다.

둘째로, 선량한 독일인들과 같은 그룹에 속한 사람들은 자기에게 아무 도움이 안 되는 체제를 지지하도록 계속 말려들 것이다. 어쩌면 이 대량학살은 새 자동차로 보일 것이다. 어쩌면 대량학살은 자녀들이 좋은 삶을 누릴 수 있도록 내 재능을 대기업에—넓은 의미에서 경제생산에—빌려주는 일쯤으로 보일 것이다. 셸이나 GM의 조립라인에서 일하는 엔지니어로 보일지도 모른다. 채용 가능성이나 생산성을 가지고 사람의 가치를 평가하는 일쯤으로 보일지도 모른다. 일자리를 놓고 나와 경쟁을 벌이는 멕시코인·파키스탄인·알제리인·몽골인에 대한 분노처럼 느껴질지도 모른다. 어쩌면 내 재산권을 침범하거나 관개에 필요한 물을 앗아가면서 그놈의 물고기들을 살리겠다는 환경운동가들에 대한 분노 같은 것으로 느껴질 수도 있다. 어쩌면 하루 일과를 마치고 편히 앉아서 TV를 시청하고 싶은 심정과 같은 것으로 느껴질 수도 있다.

◎ ◎ ◎

오늘날짜 『오타와 시티즌』지에는 "과학자들, 원숭이를 수벌로 전환: 다음은 인간 차례라는 전문가들 말"이라는 제목의 기사가 실렸다. 기사내용을 보자.

"과학자들은 유전자를 조작해서 동물을 반복적인 일에 권태를 느끼지 않는 수벌로 전환시키는 방법을 발견했다. 원숭이를 이용한 이 실험은 동물의 행태를 영구히 바꾸어 공격적인 동물을 '고분고분'하게 만들 수 있음을 보여준 첫 케이스다.

인간의 유전자는 동일하며 이 발견이 우울증 등 정신질환들을 치료하는 데 기여할 수 있지만 이것은 올더스 헉슬리의 소설 『멋진 신세계』에 나오는 엡실론 계급의 이미지를 떠올리게 한다.

학술지 『자연 신경과학』의 이번 달 호에 자세히 소개된 이 실험에서는 두뇌의 특정 부위에 있는 D_2라는 유전자의 효력을 차단했다. 그러자 붉은털원숭이의 동기와 보상의 연결고리가 끊어졌다.

그 원숭이들은 마감시간이 임박해 서두른다거나 어떤 '대접'을 기대하기보다는 장시간 열심히 일하는 것이 가능해졌다. 과학자들은 똑같은 기술이 인간에게도 적용될 수 있다고 말한다.

국립정신보건원의 정부소속 신경생물학자로서 이 프로그램을 지휘한 배리 리치몬드는 '대다수 사람들에게 부지런히 일하고 질적으로 좋은 일을 하도록 동기를 부여하는 것은 급료나 칭찬을 통한 보상'이라고 말했다. '우리는 그 고리를 끊어 고되고 반복적인 일이 아무런 보답 없이도 계속되는 상황을 조성할 수 있다는 것을 알아냈다.'

그 실험에서는 붉은털원숭이들이 자기 앞에 있는 스크린의 색상변화에 대한 반응으로 레버를 작동하도록 했다. 평소에 원숭이들은 '일'에 대한 보상이 임박했다고 생각할 때 실수를 가장 적게 하면서 더 열심히 더 빨리 일한다.

그러나 리치몬드팀은 D_2를 조작하여 보상의 기대를 잊게 함으로써 원숭이들이 불평하거나 게으름을 피우는 기색 없이 내내 매우 빠른 속도로 열심히 일하게 할 수 있다는 것을 알아냈다.

이 연구의 본래 목적은 정신질환 치료법을 찾는 것이었지만, 현재로서는 유전자 조작으로 인간의 행태를 영구히 바꿔놓는 전문기술은 너무 복잡하다고 그는 말했다. 그러나 그를 비롯한 다른 과학자들은 인간의 신체적·정신적 특성을 조작하는 방법이 눈앞에 와 있다는 것을 인정하면서 그 기술은 우선 인공수정 시술 같은 고수익의 부가가치를 창출하는 데 활용될 것으로 전망하고 있다.

옥스퍼드대학 윤리학 교수 줄리안 사벨레스쿠는 '우리가 행동양식에 영향을 줄 수 있으리라는 데는 의문의 여지가 없다'면서 이렇게 말했다. '인간 유전자를 조작해서 노예를 만드는 것은 도움이 안 되는 일이지만, 인간에게 이익이 될 다른 변화들도 있다. 우리는 무엇이 개인의 삶을 좋게 만드는지를 선택해야 한다.'

영국학술원에서 개최된 '아기의 설계: 미래의 관심사'라는 주제의 발표회에서 배아 조작의 선구자인 시카고대학의 과학자 유리 벌린스키는 이렇게 말했다. '불임부부들이 아기를 갖기 위해 많은 시간과 돈과 노력을 쏟고 있는 실정을 감안할 때, 그들이 신체적·심리적 특성에 따라 원하는 아기를 선택하는 것을 어떻게 막겠는가?'

캘리포니아대학의 윤리학자이자 『인간 재설계』(*Redesigning Humans*)의 저자인 그레고리 스톡은 이에 공감을 표하면서 '나는 이런 유의 조작이 임박하여 몇 년 안에 실현될 것으로는 생각하지 않지만, 그것을 법으로 막을 수 있을 거라고는 보지 않는다'고 말했다."[356)]

다시금 우리가 지금 무엇을 기다리고 있는 거냐는 생각이 든다. 어째서 지금 당장 문명을 부너뜨리지 않는가?

◎ ◎ ◎

세번째 그룹 중 언젠가는 저항할 수도 있겠지만 어디에 대고 화풀이해야 할지 알지 못하는 사람에게는 이 대량학살이 무장강도, 자동차 절도나 폭행과 같은 것으로 보일 수도 있다. 갱단에 가입하는 행동처럼 보일 수도 있을 것이다. 팔 안쪽의 주사바늘 흔적처럼 보일 수도 있을 것이고, 지독한 헤로인 냄새를 연상케 할 수도 있을 것이다. 아니면 멘톨 같은 강한 박하냄새이거나 CIA의 명령으로 우리 동네로 반입된 환각제의 감미로운 냄새 같은 것일 수도 있을 것이다. 아니, 어쩌면 경찰차 안의 어김없는 그 냄새일 것이고, 뒷좌석 창문으로 보이는, 아이스크림콘을 먹고 있는 어린 여자아이의 모습, 이제 다시는 볼 수 없다는 걸 알면서 바라보는 그 모습일는지 모른다. 어쩌면 펠리컨 베이나, 매리온, 샌 틴이나 레벤워스(모두 미국의 대규모 형무소 이름-옮긴이)와도 같아 보일 것이다. 아니면, 내 머리 뒤통수를 가격하여 뉴욕, 신시내티, 시애틀, 오클랜드, 로스앤젤레스, 애틀랜타, 볼티모어나 워싱턴의 거리에 쓰러지게 만든 총탄 같은 느낌이 들지도 모른다.

만약 세번째 그룹 중 이미 권력 집중화와 체제에 반대하는 활동을 하고 있는 사람들에게는, 대량학살이 줄지어 선 검은 옷차림의 무장경관들처럼 보이며 최루가스 같은 냄새를 풍길지도 모른다. 어쩌면 나에게 한번도 도움 준 적이 없는 의회를 상대로 로비하는 것과도 같은 것일지도 모른다. 어쩌면 그것은 야생장소들의 잇따른 파괴와도 같을 것이고, 다리가 부러지는 것 같은 통렬한 무력감과도 같을 것이다. 어쩌면 미국제 위장 작업복 차림의 콜롬비아 사내가 들고 있는 총구를 노려보면서 자기 인생이 끝났다는 걸 깨닫는 것 같은 기분일 것이다.

엑스트라에 불과한 네번째 그룹의 시각에서 보면 그것은 어쩌면 화학공장 울타리 바깥에서 바라보는 풍경과 같은 것일 테고, 캔서 앨리(Cancer Alley, 미시시피 강변의 공업지대-옮긴이)와 같은 냄새를 풍기는 것일 수도 있을 것이다. 어쩌면 그건 백혈병이나 척수암에 걸린 어린이처럼 보일 수도 있을 것이고, 선천적 장애아와도 같은 모습으로 보일 것이다. 어쩌면 태어날 적부터 절감해 온 지독한 배고픔과도 같은 것일 수 있다. 어쩌면 그건 굶주림으로 죽은 딸이나 디프테리아나 홍역이나 수두로 죽은 아들과도 같은 모습일 것이다. 어쩌면 그건 1센트도 채 안 되는 알약이 없어 죽어가는 것과도 같은 느낌이 들 것이다. 아니면, 아무 느낌도 없을 것이다. 아무것도 아닌 것으로 들리고, 아무것도 아닌 것으로 보일 것이다. 한밤중에 미사일에 맞았다면, 1천 마일 밖에서 발사되어 음속보다 빠른 속도로 날아온 미사일에 맞았다면, 어떤 기분이 들겠는가?

어쩌면 그것은 댐에 몸을 부딪히는 연어, 철제 우리에 갇힌 원숭이, 줄어드는 만년설 위에서 굶어죽는 북극곰, 너무 작아 일어설 수도 없는 상자에 갇힌 돼지, 톱에 잘려 쓰러진 나무, 독극물에 오염된 강물, 해군의 실험에 의한 음향파로 청각을 잃은 고래와도 같은 느낌이 들 것이다. 그건 다리가 덫에 걸려 정강이뼈가 으스러진 것과도 같은 느낌일 것이다.

어쩌면 그건 지구의 생명부양 체계의 파괴와 같은 것일지도 모른다. 생명체가 최종적으로 죽음으로 바뀌는 듯한 것일지도 모른다.

나는 새로운 대량학살의 특징을 이야기하면서 치클론B(나치가 유태인들을 학살할 때 가스실에서 사용한 살충제의 상품명-옮긴이) 샤워를 들먹이는 건 큰 잘못이라고 생각한다. 어쩌면 새로운 대량학살은 북극곰 체내 지방의 다이옥신이거나 스미스강의 메탐 소디움 같은 것일 거다. 어쩌면 그건 우리의 식품공급에서 갈수록 큰 몫을 차지하는 대기업의 수가 줄어들어 지금처럼 3대 회사가 쇠고기 시장의 80% 이상을 차지하고, 7개 업체가 곡물시장의 90% 이상을 차지하게 되는 형태로 나타날 것이다. 이들 기업과 그들에게 힘을 실어주고 있는 정부기관들이 누가 먹고 누가 먹지 않을지를 결정짓는 형태로 나타날지도 모른다. 어쩌면 헤아릴 수도 없는 많은 사람들이 굶어죽는 형태로 나타날지도 모른다. 아니면 말로는 표현할 수 없는 다른 어떤 형태로 나타날지도 모른다.

그러나 이것만은 확실하다. 지금까지의 패턴은 파괴가 갈수록 능률적으로 이루어지고 고도로 추상화되는 것이었다. 앤드류 잭슨은 자기가 죽인 인디언들의 '조각품'을 스스로 챙겼었다. 하인리히 히믈러는 면전에서 유태인 100명이 총살당하는 걸 보고 거의 기절할 뻔했는데, 아마도 그게 가스사용에 크게 의존하게 된 한 가지 이유였을 것이다. 그런데 지금은 이런 모든 일을 경제가 해낼 수 있다.

그리고 또 한 가지 확실한 것이 있다. 대량학살이 어떤 형태로 나타나건 우리들 대다수는 눈치 채지 못하리라는 것이다. 눈치 채더라도 주의를 쏟지 않을 것이다. 어떤 대가를 치르게 되건 우리는 버티어나갈 것이다. 우리 자신도 가스실이 어떤 형태를 취하건 욕실이라고 믿게만 해주면 말없이 얌전히 걸어 들어갈 것이다.

엔드게임

〔히틀러〕 암살은 어떤 대가를 치르더라도 실행해야 한다. 설사 성공하지 못할지라도 베를린 거사는 진행시켜야 한다. 지금 문제는 쿠데타에 어떤 현실적 목적이 있느냐가 아니라, 세계와 역사 앞에 독일의 저항운동이 모든 것을 걸 태세가 되어 있음을 입증해 보이는 것이다. 이에 비하면 다른 모든 것은 부차적인 문제다.

헤닝 폰 트레스코브[357)]

〔유태인 대학살의〕 두번째 교훈은 자기보존이 도덕적 의무에 우선한다는 것이 결코 예정된, 필연적인, 피할 수 없는 일이 아니라는 것을 가르쳐주고 있다. 우리는 그렇게 하도록 압력을 받을 수 있지만, 강제될 수는 없기 때문에 그 행동에 대한 책임을 압력을 행사한 사람에게 돌릴 수는 없다. 자기보존의 합리성보다 도의적 책임을 선택한 사람이 얼마나 많았느냐가 중요한 것이 아니다—중요한 것은 몇 명이라도 그런 사람이 있었다는 것이다. 악은 만능이 아니다. 그것은 저항이 가능하다. 저항했던 소수의 사람들의 증언은 자기보존 논리의 권위를 깎아내리고 있다. 결국 제 모습을 드러내 보이거니와 그것은 선택이다. 악을 무력화하려면 얼마나 많은 사람들이 그 논리에 도전해야 할까? 악의 기술이 멈추기 시작하는 어떤 마술적인 출발점 같은 것이 있을까?

지그문트 바우만[358)]

문명의 추락은 어떻게 전개될까? 미래예측은 언제나 개략적인 스케치이며 문명추락의 경우 특히 그렇다고 생각된다. 변수가 너무 많고 분기점이 너무 많다. 항생제에 내성을 가진 박테리아가 번져서 인구가 격감할 정도로 인류를 강타할 것인가? 어쩌면 추락은 유전자 조작을 한 바이러스를 통해 촉발될 수도 있다—바이러스 전파가 〈12원숭이〉(Twelve Monkeys, 미국의 공상과학영화 제목. '12원숭이 군대'가 퍼뜨린 바이러스로 인구 50억 명이 몰살한다—옮긴이)의 부하들의 짓이거나, 미국정부를 증오하는 누군가의 짓이거나, 미국정부 자체에 의한 짓이거나(『미국국방 재건』 *Rebuilding America's Defenses*에 "특정 유전자형을 '겨냥'한 첨단 생물학전으로, 생물학 전쟁이 테러의 영역에서 정치적으로 유용한 도구로 변할 수 있다"는 대목이 나온다[359)]), 또 어쩌면 가장 개연성이 높아 보이는 바이엘이나 몬샌토 기업의 짓일 수도 있다. 어쩌면 '오일 피크' 때문에 모두 결딴날 수도 있다. 어쩌면 지구 온난화 때문에, 어쩌면 해커와 군인 출신들에 의해 촉발될지도 모른다. 흙이나 물이 없어져서 촉발될지도 모른다. 어쩌면 핵무기 때문일 것이다. 미국을 움직이는 사람들은 석유부족이나 외부의 침략, 내부의 반란, 생태계 붕괴 등으로 자기들의 힘이 빠져나간다는 생각이 들기만 하면, 미국 내의 지역을 포함하여 (네바다에서 핵폭탄을 터뜨린 지 수십 년이 되지 않는가) 필요하다고 생각되는 어느 곳이라도 아무런 양심의 가책도 없이 공격하리라는 것은 의심의 여지가 없다. 나는 그들이 힘을 잃고 있다는 생각만 들면—그런데 어쨌든 그들의 힘은 빠질 것이다—게임을 포기하기 전에 지구를 아예 폭파하지 않을까 사뭇 걱정이다. 난 딘과 브라이언에게 해커들이 이런 사태를 막을 수 없겠느냐고 물었다. 그들은 이렇게 대답했다. "막을 수 없어요. 우리가 미사일 사이트 10여 군데를 해킹해서 들어가 발사를 막을 수 있다는 건 장담할 수 있지만, 모든 미사일을 다 막을 방법은 없습니다. 수천, 수만 군데가 됩니다. 한마디로 너무 많아요."

그렇다면 내가 보는 몇 가지 가능성을 제시하겠는데, 내 예상은 적중할 수도 빗나갈 수도 있다. 솔직히 말해서, 독자들은 여기서부터 몇 페이지는 그대로 넘기고 긴 산책을 즐기는 게 좋지 않을까 싶기도 하다. 그러나 한 가지 조건이 있다. 앞으로 며칠을 할애해서 그동안에 앞으로 일어날 사태에 대한 일련의 시나리오를 스스로 개발하되, 되도록 자신에게 솔직하게 그 일을 진행해야 하며 후대의 인간과 비인간에게 그 솔직함을 떳떳이 내세울 수 있어야 한다. 이 책을 덮고 한 이틀 동안 생각해 보기 바란다.[360)]

그럼 문명추락의 첫번째 시나리오로 가보자. 원인은 석유다.[361)]

브라이언의 말대로, 석유는 산업문명의 '검은 피'이다. 값싼 석유에 대한 수요가 계속 공급을 웃돌면서, 미국을 비롯한 공업국들의 산유지역 침략은 계속될 것이다. 환경규제는 체계적으로 무력화되거나 무시당할 것이다. 석유개발에 반대하는 사람들은 매수되거나 침묵을 지키거나 아니면 살해당할 것이다.

그러나 공업국들이 제아무리 많은 지역을 침략하건, 제아무리 많은 토지기반을 파괴하건 간에 석유공급이 수요를 초과하는 일은 다시는 일어나지 않을 것이다. 석유가격은 계속 치솟아 궁극적으로 경제 전체의 목을 조르게 될 것이다.

천연가스에 대해서도 같은 이야기를 할 수 있지만, 다만 그 몰락은 석유보다도 급격한 양상을 보일 것이다.

석유와 천연가스는 에너지원으로만 사용되는 게 아니다. 천연가스는 거의 모든 화학비료와 살충제의 원료다. 천연가스가 없으면 산업형 영농은 없다. 그리고 플라스틱도 석유제품이다. 석유가 없으면 플라스틱도 없다. 그러나 여기서 그치지 않는다. 석유는 최소한 50만 가지 다른 유형의 물건들의 원료인데 아주 간단한 예만 들어봐도 다음과 같다. "사카린(인공 감미료), 지붕 이는 재료, 아스피린, 머리 염색약, 심장 밸브, 크레용, 낙하산, 전화기, 브래지어, 투명테이프, 방부제, 핸드백, 탈취제, 팬티스타킹, 냉방기, 샤워커튼, 신발, 배구공, 전기공사용 테이프, 마루용 왁스, 입술연지, 스웨터, 운동화, 풍선껌, 차체, 타이어, 가옥용 페인트, 헤어드라이어, 기타 줄, 펜, 암모니아, 안경, 콘택트렌즈, 구명 재킷, 구충제, 비료, 필름, 아이스박스, 확성기, 농구공, 축구공, 빗/브러시, 리놀륨, 낚싯대, 고무장화, 수도관, 비타민 캡슐, 오토바이 헬멧, 낚시용 가짜 미끼, 바셀린, 입술크림, 항히스타민제, 골프공, 주사위, 절연재, 글리세린, 타자기/컴퓨터 리본, 쓰레기봉투, 고무시멘트, 콜드크림, 우산, 각종 잉크, 파라핀 종이, 페인트 붓, 보청기, CD, 걸레, 붕대, 인조잔디, 카메라, 아교, 구두약, 구두바닥 징, 녹음기, 스테레오 전축, 합판 접착제, TV캐비닛, 변기시트, 자동차 배터리, 초, 냉장고 포장재, 카펫, 코티손, 분무기, 용제, 매니큐어 에나멜, 틀니 접착제, 풍선, 보트, 드레스, (면제품 아닌) 셔츠, 향수, 치약, 롤러스케이트 바퀴, 플라스틱 포크, 테니스 라켓, 헤어컬러, 플라스틱 컵, 전기담요, 석유 필터, 마루 왁스, 핑퐁 라켓, 카세트테이프, 접시 세척액, 워터 스키, 가구, 껌, 보온병, 플라스틱 의자, 슬라이드, 플라스틱 포장재, 고무밴드, 컴퓨터, 휘발유, 디젤연료, 등유, 난방유, 아스팔트, 모터 유, 제트 연료, 해운용 디젤, 부탄가스."[362)]

에너지 비용의 상승은 의심의 여지없이 경제를 지배하는 거대 복합기업들의 구조조정에 박차를 가하게 될 것이다. 국가가 뒷받침해 주는 이들 독점기업들은 국가지원 독점기업의 성향을 발휘하여 상품가격은 올리고 임금은 낮출 것이다. 실업자는 계속 증가하고 빈부격차는 계속 벌어질 것이다. 군대, 경찰, 형무소의 유지비용은 늘어나기만 할 것이다. 토지와 물이 상층계급의 소비재를 생산하는 데 사용되어, 가난한 사람들은 계속 그 이용을 거부당하게 되면서 기아사태가 더욱 악화될 것이다.

에너지가 갈수록 비싸지고 정부지출에서 더 큰 몫이 안전보장에 할애되면서 하부구조의 기본적인 유지에 쓸 돈은 줄어들 것이다. 이런 현상은 이미 나타나고 있다. 하부구조는—그중에서도 가난한 사람들이 이용하는 부분은—계속해서 열악해질 것이다.

하부구조가 퇴화할수록 식량, 석유, 가스, 화공약품에 대한 군대·경찰·군벌의 통제는 강화될 것이다.[363)] 우리는 이미 미국이 점령한 아프가니스탄 등지에서 이를 목격하고 있다.[364)]

기업과 정부 간의 이미 희미해진(늘 그러했다) 선이 현실에서뿐만이 아니라 기억에서도 사라질 것이다. 이미 근본적으로 거짓이 된 '공공' 군대와 '사설' 경비대 간의 차이는 완전히 사라질 것이다. 무솔리니가 정의한바 파시즘—국가권력과 기업권력의 합병—이 완전히 실현될 것이다. 우리는 미국이 점령한 합중국에서 이미 이를 목격하고 있다.

내가 찾는 가상적 기준은 『1984년』(조지 오웰의 소설-옮긴이)이다.

작가이자 실천운동가인 애릭 맥베이는 향후에 벌어질 일을 이렇게 묘사했다.[365] 농업과 제조업의 '에너지 갭'을 메우기 위해 노예와 강제노동이 성행하게 될 것이다. 대형 기계의 일부나마 생산하려면 엄청난 수의 사람이 필요하기 때문에, 생산은 여전히 저조할 것이다. 많은 사람들이 일하다가 죽을 것이다. 생명보다 생산을 더 소중히 여겼던 사람들이 늘 그랬듯이 이들의 죽음은 전혀 문제가 되지 않을 것이다.

도시의 일부 지역은 슬럼화해서—격리되어—그 주민들이 탈출하거나 먹을 것을 얻지 못하도록 막아버릴 것이다. 그 주민들은 식량과 물을 얻기 위해 공장에서 노동하도록 강요당할 것이다.[366] 이들도 죽도록 일할 것이다. 시골에서는 농업노동 수용소에서 사람들이 죽도록 혹사당할 것이다.

그러나 값싼 에너지 없이는 어떤 방법으로도 도시에 필요한 자원을 제대로 공급하지 못할 것이다. 시간이 흐르면서 부유한 사람들마저 굶주리기 시작할지도 모른다. 질병과 굶주림 그리고 탈출로 말미암아 도시인구는 급감할 것이다. 전기를 비롯한 다른 하부구조들은 의도적인 공격, 정비불량 그리고 에너지 부족으로 기능을 완전히 상실할 것이다. 거의 모든 도시들이 사실상 거주할 수 없는 곳이 되고 우리가 알고 있는 산업문명은 끝장날 것이다.[367]

이와 동시에 하부구조의 붕괴는 최첨단 통신과 에너지 집약적 기동성에 의지하는 군대와 경찰의 효율성을 떨어뜨릴 것이다. 이처럼 효율성이 떨어지면 값싼 에너지의 대량투입이 불가능해져 원격조정을 할 수 없게 되면서 권력이 차츰 지방 차원으로 되돌아가는 현상이 나타날 것이다. 그러나 이와 같은 지방으로의 권력이동이 사람들이 평화롭게 어울려서 지속 가능한 삶을 살아갈 생태형 마을들을 엮어내는, 계발시대의 도래를 고하지는 않을 것이다. 그 이유는 토지기반이 보듬어야 할 사람이 여전히 너무 많고, 문명이 들어오기 전에 사람들을 보듬어줬던 것처럼 그들을 보듬어주기에는 너무나 퇴화했고, 대다수 사람들이 여전히 제정신이 아니어서, 다시 말해서 문명인들이라서, 토지기반과의 관계는 말할 것도 없고 다른 사람들과의 관계를 어떻게 유지해 나갈지도 알지 못하기 때문이다. 그래서 권력을 장악하려는 사람들이 나올 것이다. 자원을 둘러싼 싸움, 자원보호를 둘러싼 싸움, 자원감소를 둘러싼 싸움이 벌어질 것이다.

내가 찾는 가상적 기준은 〈매드 맥스〉(미국의 수사물영화—옮긴이)라는 생각이 든다.

그런데 두 가지 반가운 소식이 있다. 첫째로, 휘발유의 급속한 퇴조로 인해 〈매드 맥스〉 시대는 그리 오래 가지 못할 것이다. 곧 자동차들은 멈춰 서게 될 것이다. 곧 벌목하는 톱의 요란한 소리도 그칠 것이다. 곧 살아 있는 것들의 소리만이 들릴 것이다. 기계는 없을 것이다. 이렇게 해서 다음으로 반가운 소식으로 이어진다. 지방에서의 싸움은 승산이 매우 많다. 앞에서 말했듯이, 여러 해 전에 내가 페루의 반란단체 투팍 아마루 혁명운동(MRTA)에 소속된 사람에게 페루사람들이 원하는 게 뭐냐고 물었더니 이렇게 대답하는 것이었다. "우리가 스스로 식량을 생산·분배해야 합니다. 방법은 다 알고 있어요. 우리가 그렇게 하도록 내버려두기만 하면 됩니다." 그들의 자원을 앗아가려는, 저 멀리 있는 사람들의 간섭이 없다면 그들은 먹을 것을 스스로 재배해서 나눠 가질 수 있다. 그리고 그들은 국가권력에 짓눌릴 두려움 없이 보호조직을 구성할 수 있을 것이다. 그리고 그들은 자신들을 제지하려는 사람들을, 권력을 잡으려는 사람들을, 자신들의 식량과 땅을 빼앗아가려는 사람들을 죽일 수 있을 것이다.

앞에서 나는 문명의 붕괴를 논하면서 이렇게 썼다. "도시빈민들의 처지는 시골의 빈민들보다 훨씬 못하다. 분명히 그들은 땅과 차단되어 있다. 물론 궁극적으로 그들은 문명이 없으면 훨씬 나아질 것이다. 문제는—이것이 대단히 큰 문제다—우선 그들 가운데 많은 사람들이 죽게 된다는 것이다. 그들의 식량이, 그들을 비참하게 만드는 바로 그 시스템을 통해 흘러나오게 되는 것이다." 이 말은 옳기도 하고 옳지 않기도 했다. 내가 사용한 단어 가운데 가장 용서할 수 없는 것은 '분명히'라는 단어이다. 그들이 땅으로부터 차단된 것은 사실이지만, 어째서 분명하다는 말인가? 그건 부유한 사람들이 토지를 소유하기 때문이 아니다. 토지소유권이라는 것이 국가의 전권이 뒷받침해 주는 공동의 망상이기 때문이다. 이 공동의 망상이야말로 관건이다. 국가의 전권이 없으면, 부자는 부유할 수 없다. 그들은 넓은 땅의 소유권을 주장하는 문서들을 잔뜩 가지고, 큰 수영장 달린 큰 집에 살고 있는 사람에 불과하다. 이는 중대한 사실이다.

본질적으로 군사기술은 무엇인가? 한 사람이 여러 사람을 죽일 수 있게 하는 것이다. 언제나 그게 요체였다. 그 기술이 있으면 총을 가진 경찰기동대가 굶주리는 숱한 사람들을 제지하게 되는 것이다. 그러나 산업 하부구조가 없어지면 총은 당장에 나뭇조각에 달린 한낱 쇠파이프에 불과하게 된다. 그 기술을 빼앗으면—국가의 전권을 빼앗아버리면—굶주리는 수많은 사람들이 큰 칼을 들고 부유한 사람들과 맞서게 될 것이며, 부자들이 돈을 줘가면서 총을 들게 했던 사람들의 총은 곧 탄알이 떨어지게 될 것이다. 나는 굶주리는 사람들에게 돈을 맡기겠다. 그들에게 내 목숨을 걸겠다.

◎ ◎ ◎

분명히 알아두자. 세계인구 중 가장 부유한 1/5이 육류와 물고기의 45%를 소비하며, 가장 가난한 1/5이 소비하는 것은 5%에 불과하다. 부자들은 전체 에너지의 58%를 소비하며 가난한 1/5의 소비량은 4%도 채 안 된다. 전화회선의 74%를 상위 20%가 차지하고 있으며 하위 20%의 보유율은 1.5%이다. 상위 20%는 종이의 84%를 소비하며 하위 20%는 1.1%를 소비한다. 부자는 전체 자동차의 87%를 소유하고 있으며, 하위 20%의 자동차 소유는 1%도 안 된다. 전력 하부구조가 없어져도 가난한 사람들은 큰 타격

 을 받지 않을 것이다. 가난한 사람들을 죽이고 세상을 죽이는 사람들만이 타격을 받을 것이다.[368)]

◎ ◎ ◎

나는 문명붕괴로 산림의 파괴가 늘어날 것이라는 글 몇 편을 읽은 적이 있다. 몇 가지 이유에서 터무니없다는 생각도 들지만, 결코 가볍게 봐넘길 수 없는 것은 값싼 석유와 휘발유, 금속과 더불어 국제 펄프·종이 시장이 사라질 것이라는 대목이다. 미국삼나무의 판로가 없는데도 벌목하는 사람이 있다면 그건 미친 사람이다.[369)]

물론 사람들은 취사용 나무가 필요할 것이고 추운 날씨에는 땔감도 필요할 것이다. 그러나 맨 먼저 태울 것은 나무가 아니다. 벌목은 쉬운 게 아니며, 쉽게 구할 수 있는 땔감은 얼마든지 있다. '가구'라 불리는 땔감이 그것이다.

◎ ◎ ◎

권력을 가진 첫번째 그룹에 속하는 사람이라면, 아마 문명의 추락이 한동안은 별것 아닌 일로 보일 것이다. 자원의 확보를 늘리려고 계속 시도할 것이다. 계속 권력을 강화하려는 시도를 할 것이다. 그가 원인을 제공한 대량학살—물론 스스로 이를 대량학살이라고 부르지 않을 테지만—은 갈수록 더 분명히 모습을 드러내겠지만, 대량학살의 대가가 다른 사람의 부담으로 전가되는 한, 몇 번이든 기꺼이 그 대가를 치르려 할 것이다. 생산침체가 걱정되더라도 체제에 대한 신념은 흔들리지 않을 것이다. 반대하는 사람들이 좀 신경에 거슬리겠지만, 내 자유와 부를 시기하는 사람은 늘 있게 마련이라고 생각할 것이다. 그래서 경찰을 더 고용하고 감시카메라를 더 설치할 것이다. 그리하여 이 뻔한 놀음은 계속 갈 데까지 갈 것이다.

두번째 그룹에 속하는 선량한 미국사람이라면, 붕괴과정 내내 자기에게 도움이 되지도 않는 체제를 지지하는 쪽으로 끌려갈 것이다. 그러나 대량학살이 신형 자동차로 보이지는 않을 것이다. 기대감도 줄어들 것이다. 그리고 기대감의 위축은 거듭될 것이다. 대량학살의 진행, 곧 문명이 단순히 마음에 들지 않는 데 그치지 않고 갈수록 노골적으로 노예생활을 닮아갈 것이다. 긍지와 체통을 유지하기 위해—진짜 긍지와 체통은 이미 오래 전에 사라졌지만—그것을 노예생활이라고 부르기는 거부하다가, 날카로운 철조망과 고압 전류가 흐르는 문이 설치된 후에야 마침내 그것을 노예생활이라고 부르게 될 것이다. "노동이 자유롭게 하리라"(Arbeit macht frei, 나치독일의 아우슈비츠 수용소 정문에 걸려 있던 표어-옮긴이)는 슬로건을 어렴풋이 기억할 수도 있겠지만, 그게 무슨 의미인지는 모를 것이다.

세번째 그룹 중, 언젠가는 저항을 할 수도 있겠지만 어디에 화풀이해야 할지 모르는 소집단의 사람에게 문명의 붕괴는 개인적으로 권력을 강화할 기회로 보일 수도 있을 것이다. 힘과 테러를 통해 영역확보를 꾀할 수도 있을 것이다. 한동안 성공할 수도 있을 것이다. 그러나 체제가 저절로 허물어지면서, 첫번째 그룹에 속한 사람들처럼 자기 권력기반이 지나치게 외부자원에 의존하고 있다는 걸 깨달을 수도 있을 것이다. 그리고 마음을 고쳐먹지 않는 한, 첫번째 그룹에 속한 사람들처럼 갖은 수를 다 써서 권력을 유지하려고 안간힘을 쓸 것이다. 갈 데까지 가보려고 할 것이다. 아니, 그렇지 않을 수도 있다. 어쩌면 자신이 겪어온 고난 때문에 분노가 더 격해져서 애초 그런 고난의 원인이 되었던 사람들, 나와 나의 공동체를 포함하여 내가 사랑하는 이들을 착취하고 타락시킨 사람들에게 화살이 돌아갈 수도 있을 것이다.

세번째 그룹 중에서 권력 집중화와 제도에 대항하는 소집단의 사람은 그 과정에서 체제가 당초 생각과 달리 취약성이 없지 않다는 것을 깨닫게 될는지도 모른다. 체제의 허약성은 날마다 더 분명해지면서 공격대상으로서의 매력을 더해 갈 것이다. 일찍이 맛보지 못했던 것을 맛보게 되니, 그건 바로 승리가 아니겠는가. 그리고는 승리의 연속일 것이다. 일부는 틀림없이 죽게 될 것이, 전에 권력을 완전히 장악하고 있었던 사람들이 끝까지 자신들의 잘못을 인정하지 않고 포기하지 않을 것이기 때문이다. 그러나 나머지 사람들은 죽지 않을 것이다. 그리고 그들의 승리는 날마다 더 명백해질 것이다.

지금은 단지 엑스트라로 간주되는 네번째 계급에 속하는 사람도 일찍이 맛보지 못했던 희망, 즉 영속적인 변화가 이루어지리라는 희망을 갖게 될 것이다. 생계농들은 쫓겨날 위험이 없어질 것이다. 토착민들도 마찬가지다. 땅 없는 사람들이 땅을 되찾게 될 것이다. 그리고 시간이 흐르면서 이 가냘픈 희망은 갈수록 밝아져 마침내 전혀 다른 모습으로, 즉 변화를 이룩하는 힘(agency)으로 바뀌기 시작할 것이다. 이 영속적인 변화가 단순한 희망사항이 아니라, 공동체의 다른 사람들과 단합하여 노력함으로써 성취할 수 있는 것임을 알게 될 것이다. 그리고 그것을 실행하게 될 것이다.

◎ ◎ ◎

문명이 계속되는 한, 우리 가운데 많은 사람들은 가스실을 욕실이라고 믿게만 해준다면 말없이 얌전히 그 속으로 걸어 들어갈 것이다. 그러나 시간이 흐르면서 많은 사람들이 그런 실수는 하지 않을 것이다. 우리는 늘 알고 있었던 것을 스스로 인정하게 될 것이다. 그리고 일단 그게 욕실이 아니라는 걸 알게 되면—문명의 정체를 보게 되면—가스실(가스 정련소, 유정, 공장형 농장, 약품실험실, 생체해부 실험실 등 온갖 문명의 성전들)을 허물어뜨리고 다시는 그런 것들이 생겨나지 않도록 보장하는 계기를 맞게 될 것이다.

◎ ◎ ◎

이 책의 앞부분(1권 "파멸")에서 나는 환경변화는 점진적이 아니라 종종 파멸적인 모습으로 나타난다고 설명하면서, 어느 과학자의 다음과 같은 말을 인용한 바 있다. "생태계는 여러 해 동안 오염이나 기후변화에 노출되어도 별다른 변화를 보이지 않다가도 사전경고 없이 갑자기 전혀 다른 상태로 훌쩍 넘어가는 수가 있다." 또 어떤 과학자는 이렇게 말했다. "최근에 와서야 중요한 생태계 상당수의 복원력이 약간의 교란으로도 붕괴할 정도로 약화되었음을 보여주기에 충분한 증거가 축적되었다."

자연계는 문명보다 훨씬 복원력이 있다. 이 문화는 전혀 이렇다 할 변화를 보이지 않고 여러 해를 가다가도, 지극히 미미한 경고나 아무런 경고도 없이 불시에 전혀 다른 상태로 바뀔 수 있다. 자연계가 약간의 교란으로도 붕괴할 정도로 허약해졌을 때, 이런 일이 일어날 것이다.

무엇을 더 기다리는가?

연어의 귀환

백인과 우리의 차이는 이렇다. 그대들은 고난이 2천 년 전 먼 고장의 누군가에 의해 행해진 것이더라도 구속(救贖)의 힘을 가진다고 믿는다. 우리는 몸이 고달프더라도 서로 돕는 게 우리가 할 일이라고 믿는다. …우리는 이 짐을 우리의 신에게 떠넘기지도 않고 영적인 힘과의 마주함을 놓치려고 하지도 않는다. 우리가 갑자기 통찰력을 얻거나 위대한 영혼의 마음에 가장 가까이 다가가게 되는 것은, 산꼭대기에서 단식을 하거나 살갗을 찢으며 태양 춤을 추는 때다. 통찰은 값싸게 얻어지는 게 아니며, 우리는 천사나 성자가 통찰을 얻어 우리에게 간접적으로 전해 주기를 바라지 않는다.

*절름발이 사슴[370)]

만약 연어가 말을 할 수 있다면 우리에게 살아남게 도와달라고 부탁할 것이다. 이건 우리가 함께 대처해야 할 일이다.

빌 프랭크 2세[371)]

시작한 것은 끝장을 보라(Finis Initium).

클라우스 폰 슈타우펜베르크 백작의 반지에 새겨진 글씨[372)]

* Lame Deer: 1903~76, 미국 몬태나주 출신의 인디언, 수족 성자. 일명 John Fire Lame Deer

이 책은 큰 주제를 다룬 큰 책이다. 그러나 미처 살피지 못하고 넘긴 분야가 많다. 댐과 같은 파괴적 구조물들을 제거하는 데 따르는 기술적 측면들을 별로 다루지 못했고, 어떤 행동을 선택할 것인가 하는 문제에 대해서는 아주 기초적인 가이드라인을 제시하는 데 그쳤다. 경제제도의 작용에 대한 세부적인 검토는 하지 않았다. 병목현상과 지렛대에 관해 이야기를 했지만 대체로 그게 뭔지는 지적하지 않았고, 그 문제를 어떻게 다루어야 할지에 대한 설명은 더더욱 없었다. 그리고 조직문제에 관해서는 전혀 이야기하지 않았다. 작은 세포조직을 이루어 행동할 것인가 아니면 응집력 있는 더 큰 조직을 이루어 활동할 것인가? 이런 세포조직들은 어떻게 조정하는가? 이 조직은 어떻게 결정을 내리는가? 무엇을 할지를 누가 결정하는가? 정보원들을 어떻게 할 것인가? 밀고자는 어떻게 할 것인가? 사람들에게는 어떤 종류의 훈련을 어떻게 실시할 것인가?

나는 폭탄을 만들 줄 모른다. 기반시설과 관련된 기술자도 아니다. 조직 전문가가 아니다.[373] 장군도 아니다. 나는 작가이며 철학자다. 나는 내가 할 수 있는 일을 할 수 있다.

나머지는 여러분이 할 일이다.

◎ ◎ ◎

비범한 작가이자 운동가인 애릭 맥베이는 역시 비범한 작가이자 운동가인 리어 케이스와 대담하면서, 어째서 그토록 많은 사람들이 저항을 하지 않는지, 그리고 저항의 임계량을 성취하는 데 무엇이 요구되겠는지를 이야기했다.

맥베이는 이렇게 말했다.

"내가 즐겨 인용하는 구절은 제2차대전중 나치에 저항했던 디트리히 본회퍼가 독일의 감옥에서 처형을 기다리면서 쓴 글로서 '우리는 행동의 가능성을 미리 심사숙고하면 저절로 행동이 일어나기라도 한다는 듯이 생각하는 데 너무 많은 시간을 보냈다. 우리는 늦게나마 행동은 생각이 아니라, 책임지고자 하는 마음가짐에서 비롯된다는 것을 알게 되었다. 그렇게 깨닫게 될 때 생각과 행동은 새로운 관계에 들어가, 생각하는 일은 행동에서의 책임 문제에 국한하게 된다'라는 구절입니다. 흔히 과격파들은 가상적인 유토피아 모델을 세우고 자기들이 이루고자 하는 개선을 그리기를 좋아합니다. 그러나 알다시피 산업문명이 곧 붕괴하지 않는다면 우리에게는 미래가 없습니다. 사람들이 그저 전략을 짜는 일과 철학에 머물지 않고 앞으로 더 나아가려면 어떻게 해야 할까요? 사람들은 어떻게 해야 정말 '책임지는 마음가짐'을 가지게 될까요?"

리어는 이렇게 대답했다.

"급진파 사람들이 산업문명 종식의 필연성을 직시하기 꺼리는 가장 큰 이유는 특권에 있다고 생각합니다. 우리는 혜택을 누리는 사람들입니다. 편안함과 육체적 쾌락과 값싼 소비품을 얻기 위해 지구에서의 여생을 팔아버리다니 한심한 노릇이지요.

그러나 '아이스크림24/7'(노화방지 화장품-옮긴이) 사용을 지상에서의 삶보다 더 중요시하지 않는 사람들도 있습니다. 그건 좋은 일이지요. 그러나 그런 사람들도 합리적이고 현실적인 실망에 빠져 있습니다. 이에 대해 내가 할 수 있는 게 뭡니까? 온통 잘못돼 가고 있는데도 내가 개인적으로 할 수 있는 일들은 별 도움이 되지 않습니다. 전국적으로 휴대전화 중계탑이 수천 개에 이르는데 그런 것 하나 부숴봤자 무슨 소용이 있겠어요? 그렇지만 오늘 밤에 500명과 함께한다면 송신탑을 부수는 것도 소용없는 일이 아닙니다. 내 행동은 의미를 갖게 되고 영향을 주게 됩니다. 그러나 급진적 환경운동들은 아직 그런 수준의 조직에 이르지 못했습니다.

행동할 마음가짐은 분노와 사랑이라는 두 가지 원천에서 오는 것이라 생각합니다. 그리고 우리가 사랑하는 것들이 파괴될 때도 계속 사랑할 지구력을 가져야 하며, 그 사랑을 행동으로 옮길 용기를 가져야 합니다.

나는 감언이설로 행동을 부추겨야 할 사람은 끌어들일 생각이 없어요. 행동을 하고 싶지만 어떻게 해야 할지 모르는 사람들에게 초점을 맞춰야 합니다. 그들에게 중요한 계획을 맡긴다면 어쩌면 승산이 있을 겁니다."

◎ ◎ ◎

우리에게는 승산 이상의 것이 있을 것이다. 일련의 기적이 일어나면 된다. 그보다 자연스러운 건 없을 것이다.

◎ ◎ ◎

이틀 전에 나는 기적을 목격했다. 해마다 이맘때면 나는 유사한 기적을 목격하는 축복을 받고 있다.

나는 그루터기를 바라본다. 아무런 이상이 발견되지 않는다. 그루터기는 텅 비어 있고 속은 썩어 있다. 그 나무는 오래 전에 잘렸다. 그루터기 안팎에서 월귤나무들이 자라고 있다. 새나 곰이나 곤충들이 먹지 않은 열매들이 가지에 매달려 가을까지 오래 버티고 있다. 열매들은 서서히 쪼그라들어서 결국 땅으로 떨어진다.

밝은 날이다. 따뜻하다. 처음에는 아무것도 없다. 그러다가 예년처럼 시작된다. 개미 한 마리가 보이고 또 한 마리 그리고 또 한 마리가 보인다. 그들은 그루터기에서, 땅 밑에서 나오고 있다. 개미들이 그루터기 꼭대기로 올라와 집결한다. 점점 더 많이 몰려온다. 그루터기에서, 땅 밑에서, 그들이 알고 있는 유일한 집에서 몰려나오는 개미들이 물결을 이룬다. 이제 그것은 강이다. 그들은 날개를 가지고 있다. 그들은 난다. 하늘은 그들의 날개에서 반사되는 빛으로 번쩍인다. 새들이 먹고 싶은 만큼 먹으려고 덤벼든다. 거미는 팽팽한 거미줄에서 일어나는 변화를 감지하기 위해 길다란 한쪽 다리를 죽 뻗은 채 자기 집에 매달려 꼼짝 않고 있다. 개미들이 날아가 버린다. 그들은 돌아오지 않는다. 개미들의 날개는 단 한번만 날기 위한 것이다. 개미가 새 집을 찾으면 날개는 없어진다. 그런데도 그들은 난다. 나는 언제나 그들의 용기가 부럽다.

내가 가을철마다 목격하는 기적이다.

◎ ◎ ◎

세상은 우리에게 그렇게나 많은 것을 준다. 우리에게 생명을 준다. 우리의 모든 이웃들—개미, 거미, 연어, 거위, 상어, 바다표범, 사시나무, 밤나무—은 이 지구를 살아 있게 하기 위한 진짜 일을 하고 있다. 우리가 우리의 몫을 해야 할 때가 된 게 아닐까?

◎ ◎ ◎

이 책 앞부분에서 문명이 지구를 죽이고 있는 한 가지 이유는 권력자들 중에 신의 인도를 받는 사람들이 많기 때문이라고 말했다. 그들은 지구가 어떤 대가를 치르건 석유와 천연가스를 태워도 괜찮으며, 그것은 날로 심각해지는 지구의 황폐화가 말세와 예수의 재림을 시사하는 것이기 때문이라고 한다. 지구를 해치는 어떤 행위든 괜찮은 것은, 자연계는 신의 의도에서 중요한 게 아니기 때문이라고 한다. "성경의 어디에도 미국이 100년 후에 존재하리라는 구절은 없다." 조지 부시는 두 나라를 침공하면서 그 이유로 "하나님이 알카에다를 공격하라고 하셨기 때문에 나는 그들을 쳐들어갔고, 다음으로 사담 후세인을 치라고 지시하셨기 때문에 나는 그를 쳤다"고 공공연히 말했다.

부시는 신의 소리를 듣고, 난 나무들의 소리를 듣는다. 차이점이 무엇인가?

나는 세 가지 가능성을 본다. 하나는 우리 두 사람 다 옳다는 것이다. 신이 실제로 부시에게 말을 하지는 않으며 나무들도 실제로 나에게 말을 하는 건 아니다. 그래서 다른 질문으로 이어진다. 어느 쪽 이야기를 듣고 싶은가? 스스로 노여움과 복수심을 인정하며, 우리가 들어본 그 어떤 신보다도 더 많은 강간과 강탈을 설교하고 정당화한 먼 하늘의 신—지구와 떨어져 있고 지구보다 우위에 있다—의 이야기를 들을 것인가, 아니면 내가 아는 한 결코 누구에게도, 가서 지구를 정복하고 바다의 고기들과 공중의 새들과 지상에서 움직이는 모든 것을 지배하라고 말한 적이 없는 나무, 단 한번도 강간이나 강탈 행위를 정당화한 적이 없는 나무, 시기한다는 소리를 한 적이 없는 나무, 바로 우리 이웃에 살며 가장 가까운 이웃인 나무의 소리를 듣겠는가?

다음 가능성은 우리 중 한 사람이 틀렸다는 것이다. 어쩌면 부시가 옳고 내가 그른지도 모른다. 아니면 내가 옳고 부시가 그른지도 모른다. 둘 중 어느 한쪽이 옳다면, 각자 스스로 결정을 해야 하고 어느 것—신, 나무, 강, 개미, 나 자신 혹은 모종의 결합— 을 따를지 자신에게 물어야 한다.

세번째 가능성은 양쪽 모두가 틀린 경우다. 우리 둘 다 잘못 듣고 있거나 망상에 사로잡혀 있거나, 아니면 달리 설명해야 할 어떤 경우다. 이 경우 독자들은 출발점으로 돌아가 스스로 선택을 해야 한다.

어떻게 보면 이건 별로 문제가 되지 않는다. 이런 주장들은 그 자체의 진가에 따라 평가해야 하기 때문이다. 내가 쓴, 비인간과 대화한다는 말이 신경에 거슬린다면 아주 쉽게 해결할 수 있다. 검정 매직펜을 들고, 내가 자연의 말을 듣는다고 하는 문장을 지워버리면 된다. 그러고 나서 이 책을 다시 읽어보라. 그 주장들은 그대로 살아 있다. 신의 소리를 듣는다고 말하는 사람들에 대해서도 똑같이 해보라. 그들의 주장이 그것을 뒷받침해 주는 '거인'(Big Man)의 권위 없이 유지될 수 있을까?

끝으로, 부시의 신의 아들(예수—옮긴이)은 "그 열매로 사람을 알지어다"라고 말한 것으로 유명하다. 그래서 이런 이야기의 귀결점은 우리가 어떤 행동을 취할 것인가 하는 것이다. 부시의 신은 다른 나라를 침략하라고 했고, 그래서 그는 그렇게 했다. 석유회사 경영자의 신은 석유를 태우라고 했고, 그래서 그는 그렇게 하고 있다. 미국의 한 상원의원의 신은 그를 보고 지구를 파괴하라고 하기에, 그는 그렇게 하고 있다. 나무들은 나에게 남의 살을 소비하면 그들 공동체의 존속에 대해 책임을 져야 한다고 하기에, 나는 그렇게 하고 있다. 자기 것을 선택하면 된다.

아니 더 좋은 것은 자신의 소리에 귀를 기울이는 것이다.

◎ ◎ ◎

물론 이 책은 문명 허물기만 다루고 있지는 않다. 우선, 일어나야 할 일에 관해 이야기하고 있다. 내가 왜 전제들을 분명히 제시하여 독자들이 찬성 여부를 능동적으로 결정하도록 했겠는가? 내가 왜 그처럼 여러 방면으로부터 이에 접근했겠는가? 내가 왜 나 자신의 두려움과 혼란을 밝혔다고 생각하는가? 왜 내가 어떤 것을 내세우고 나서 그것을 깎아내리거나 반박한 다음, 다시 내세운다고 생각하는가?

나 자신이 핵심이 아니고, 내가 아는 것이 핵심이 아니기 때문이다. 핵심은 내가 모델로 삼고자 하는 과정이다. 핵심은 스스로 머리를 짜가면서 자기가 할 일이 무엇인지를 궁리해 내는 것이다. 나는 앞에서 윌리엄 밀러와 같은 무리를 원하지 않는다고 말했다. 마찬가지로 나는 젠센과 같은 유의 무리(Jensenites)도 원하지 않는다. 나는 애당초 문화의 기초가 되어온 그 낡은 모델의 재판을 원하지 않는다. 나는 독자들을 그처럼 편히 쉬게 할 생각이 없다. 나는 독자들에게 자신의 생각에 대해 책임지고, 자신의 마음에 대해 책임지고, 자신의 인식에 대해 책임지라고 요구한다. 독자들에게 스스로 생각하고 느끼고 이해하라고 요구한다.

우리가 그렇게 하면 문명은 바로 눈앞에서 허물어지기 시작할 것이다. 무엇보다도 문명은 자신의 마음과 머리로 생각하고 느끼면서 행동하는 자유로운 남자와 여자들, 사랑하는 이들을 지키기 위해 행동하려는 남자와 여자들을 당해 내지 못할 것이기 때문이다.

◎ ◎ ◎

내 말을 귀담아들을 필요는 없다. 나는 도대체 지속성 있게 살아가는 방법을 알지 못한다. 어떻게 해야 할지 알고 싶다면, 가까이에 있는 강이나 산이나 천연수나 야생의 흙을 찾아가서 물어보라. 그들에게 가르쳐달라고 하라. 그들은 그 고장에서 살아가는 방법을 알고 있다. 그들이 가르쳐줄 것이다. 그들에게 묻고 또 묻고 또 묻기만 하면 된다.

◎ ◎ ◎

사람들은 종종 내게 문명을 어떤 종류의 문화로 대체하기 바라느냐고 묻는데, 내 대답은 언제나 어떤 한 가지 문화로 대체되기를 바라지 않는다는 것이다. 나는 각기 자기 토지기반에서 생겨나 자기 토지기반에 적응하는 10만 가지의 지속 가능한 문화가 현재의 문명을 대체하게 되기 바란다. 그런 문화들이 존재함으로 해서 토지기반이 더 강화되어 제 모습을 되찾기를 바란다.

◎ ◎ ◎

내가 견딜 수 없이 슬퍼지고 무력감에 빠질 때 찾아가는 곳이 있다. 우리 집에서 불과 몇 마일 떨어진 곳인데, 공교롭게도 19세기에 문명인들이 톨로와족 수백 명을 학살한 두 고장에서 겨우 2마일 떨어진 곳이다. 1960년대에 어느 회사가 그곳에 주택개발 부서를 투입했다. 그 회사는 반듯하게 네모로 구획한 그곳에 포장도로를 건설했다. 그러나 환경 우려 때문에 주택건설 인가가 나오지 않아 주택사업은 지난 40년간 묶여 있다.

그러나 숲이 스스로 되살아나기 시작했다. 나무뿌리가 길 한쪽에서 다른 쪽으로 융기하면서 포장도로를 밀어내고 포장이 갈라진 곳마다 풀이 자라고 있다. 바람과 물과 모래와 박테리아가 깊은 구멍을 만들어 해마다 커지고 있다. 아니, 시각을 바꾸어보면, 포장도로 아래의 땅이 표면으로 나갈 길을 찾고 있다고 볼 수 있겠다. 나무와 덤불이 길 양쪽에서 뻗어 처음에는 지면보다 높은 데서 서로 엉키다가 차츰 낮아져서 때로는 어디가 도로였는지 알아볼 수 없을 정도로 평평해진다.

40년이 지나면 땅은 되돌아온다. 그 사실이 나를 행복하게 한다.

언젠가는 우리 집 뒤 개울로 올라오는 연어가 해마다 많아질 것이다. 해마다 찾아오는 철새들이 더 많아질 것이다. 해마다 숲 가장자리로부터 벌목지로 더 많은 나무들이 기어나올 것이다. 해마다 도로에 구멍이 더 많이 생겨 초목들이 처음에는 갓길에, 나중에는 도로 전체로 뻗어나갈 것이다. 해마다 더 많은 다리들이 무너지고 해마다 많은 댐들이 제구실을 못하거나 철거될 것이다. 해마다 더 많은 전깃줄이 끊어져 내릴 것이다.

그리고 오래지 않아 언젠가는 늑대와 회색 큰 곰들이 돌아오고, 이곳에 서식했던 동물들이 모두 돌아올 것이다.

그리고 오래지 않아 언젠가는 연어들이 다시 강을 가득 채울 것이다.

◎ ◎ ◎

사흘 전에 나는 캘리포니아주 유레카에서 강연을 했다. 강연이 끝나자 한 여자가 다가오더니 책에 서명을 해달라고 했다. 내가 이름을 묻기도 전에 그 여자가 울기 시작했다. 나는 아무 말도 못하고 조용히 그녀를 바라보기만 했다.

마침내는 그 여자는 눈물을 흘리면서 말했다. "난 19년 동안 여기 살면서 연어들이 죽는 걸 봤어요. 처음 여기 왔을 땐 연어가 어찌나 많은지, 강을 걸을 땐 연어가 내 다리를 스치고 지나갔어요. 35파운드의 연어가 그 묵직한 몸으로 내게 비비대는 느낌을 처음 느껴봤어요. 그때만 해도 강은 물이 가득했어요."

여자는 이야기를 멈추고 눈물 젖은 얼굴로 나를 똑바로 쳐다보았다.

"그런데 지금은 연어들이 사라졌어요. 연어의 모습을 거의 볼 수 없게 됐어요. 난 연어들이 죽는 걸 지켜봤어요. 그런 내가 지금 선생님 앞에서 사라진 물고기들을 위해 울고 있는 거예요."

나는 아무 말도 하지 못했다.

"이젠 그만 울어야겠어요." 여자가 말했다.

난 아무 말도 하지 못했다.

"연어는 돌아오지 않아요."

"연세가 어떻게 되세요?" 내가 물었다.

"마흔다섯이에요."

"아주머니는 연어가 돌아오는 걸 보게 될 겁니다. 내가 약속하지요. 5년이나 심지어 10년이 지나도 돌아오지 않을지도 모릅니다. 그렇지만 머지않아 돌아올 겁니다. 문명이 붕괴해서 고기들이 제 집을 찾게 될 겁니다."

물고기들은 제 집을 찾아올 것이다. 그리고 늑대와 곰, 얼룩올빼미, 상어와 참치, 삼나무 들도 집을 찾아올 것이다. 그리고 원숭이, 호랑이, 청어, 농어, 들소와 프레이리 도그 들도 돌아올 것이다.

그리고 우리 역시 집을 찾게 될 것이다.

◎ ◎ ◎

그동안 난 사람들이 살아갈 모델을 제시하지 않는다고 비판을 받아왔다. 어떤 사람들은 "당신은 대안은 제시하지 않고 댐 허무는 일에만 관심을 쏟고 있다"고 말한다.

내가 대안을 제시하지 않는 것은 그럴 필요가 없기 때문이다. 대안들은 이미 존재하며 수천, 수만 년 동안 그 실효성을 보여주었다.

그동안 나는 문명 없이 어떻게 살아갈 수 있다는 말이냐고 따지는 소리를 들어왔다. 그건 내가 인디언들로부터 공공연하게 대답을 들어본 적이 없는 질문이다. 나는 그런 질문을 한 적이 없는데, 그것은 이미 답을 알고 있기 때문이었다. 사석에서 많은 인디언들이 내가 묻지도 않은 질문에 이렇게 대답했다. "문명이 지구에서 사라지고 당신들의 마음에서 사라지고 나면, 우리가 살아갈 방법을 가르쳐드리지요. 그전에는 가르쳐드리지 않는 이유는 당신네 문화가 우리를 죽이려고 하기 때문이며, 우리가 하는 말을 가지고 돈을 벌려고 하거나, 제구실을 못하는 당신네 제도에 우리의 말을 덧붙이려 들 것이기 때문이오. 그러므로 문명이 사라질 때까지 우리는 우리의 전통을 지켜나갈 것이고 우리 존재를 지켜나갈 것이오. 나중에 우리를 찾아오면 도와주겠소."

그들의 말은 맞다. 그리고 땅의 경우에도 맞는 말이다. 문명이 사라져 끔찍한 기억으로 되는 날, 땅도 어떻게 살아야 할지를 우리에게 가르쳐줄 것이다.

◎ ◎ ◎

앞에서(제1권 "반격할 것인가?") 샤이엔족 추장인 기독교도 로렌스 하트는 '샤이엔 평화전통'이라는 그들의 전통을 소개한 바 있다. 나는 '말뚝 버티기'(picket pin and stake)라는 그들의 또 다른 전통을 소개하고자 한다. 싸움이 시작되기 전에 가장 용감한 '샤이엔 개 전사'(Cheyenne dog soldier) 몇 사람이 선발되어 '개줄'이라 부르는 무두질한 가죽띠를 두른다. 개줄에는 각각 말을 매는 데 사용되는 말뚝이 달려 있다. 전투 때는 결의의 징표로 그 말뚝을 땅에 박는다. 말뚝이 박히고 나면 개 전사는 죽을 때까지 그 땅에 묶여 있게 된다. 후퇴라는 선택은 있을 수 없다. 모두가 다시 안전해지거나 다른 전사가 그와 교대할 때만 말뚝을 뽑을 수 있다.

때가 되었다. 나는 내 말뚝을 박아놓았다. 내 땅이 정해졌으니 이제 나는 양보하지 않을 것이다.

자신의 말뚝을 어디에 박을 것인가? 자신의 입지를 어디로 선택할 것인가? 도망가기를 멈추고 마침내 반격에 나설 시점이 구체적으로 언제인지 밝혀라.[374)]

◎ ◎ ◎

나와 함께 나아가자. 나가서 싸우자. 나는 하나다. 우리가 함께라면 둘이 된다. 두 사람이 더 합류하면 넷이다. 넷이 더 합류하면 여덟이다. 그리하여 우리는 싸우는 여덟 사람이 될 것이고 다른 사람들이 더 와서 합류하게 될 것이다. 그리고 더 많은 사람들이 가세할 것이다.

궐기하여 싸우자.

◎ ◎ ◎

지금 우리들 각자 앞에 던져진 질문은 다음과 같다. 내가 타고난 재능은 무엇이며, 어떻게 하면 이를 토지기반을 위해 활용할 수 있겠는가? 내가 할 수 있는 일은 무엇인가? 토지기반이 나에게서 가장 필요로 하는 것은 무엇인가? 어떻게 그걸 성취할 수 있겠는가? 무엇을 하고 싶은가?

그리고 어쩌면 지금 당장 가장 중요한 질문은, 나는 무엇을 하고자 하는가이다.

◎ ◎ ◎

그리고 마지막으로 몇 년 지나면 내가 종이쪽지에 연필로 쓴 편지가 이 손에서 저 손으로, 이 마을에서 저 마을로 전달되다가 마침내 당신에게 이르게 될 것이다. 편지내용은 다음과 같다.

우리는 해냈습니다! 우리는 문명을 무너뜨렸습니다! 나는 이것이 불가능하리라고 생각한 적도 있었습니다. 난 파시스트들이 우리 모두를 죽이거나 가둘 것이라 생각했습니다. 나는 우리가 그들을 제지하기 전에 그들이 세상을 결딴낼 거라고 생각했습니다. 나는 문명 허물기를 위해 힘쓴 모든 이들에게 감사합니다. 해커들, 사보타주 수행자들, 파괴자들 앞에 몸을 내던진 사람들, 반격에 나선 사람들, 폭탄을 가진 사람들, 댐을 철거한 사람들 그리고 지하에서 싸운 사람들을 지지하고 보호해 주었던 모든 이들, 나는 여러분들 모두를 몹시 사랑합니다.

이곳 사정은 한동안 절박했었지만 사람들은 마침내 우리의 삶이 토지기반에 의존한다는 것을 알기 시작했습니다. 연어를 죽이려는 사람들로부터 마지막 남은 연어를 보호하기 위한 정정당당한 싸움이 있었습니다. 우리는 이겼습니다.

이제 싸움의 양상은 크게 달라졌습니다. 문제는 지역적인 것이며, 따라서 우리가 이해할 수 있고 대처할 수 있는 차원의 것입니다. 내가 언급한 바와 같이 종종 폭력이 있었지만, 사람들이 지구를 죽이도록 만들던 미치광이 상부구조를 제거하고 마침내 우리는 간신히 공동체를 이루기 시작했습니다. 물론 이 과정이 천년은 걸릴 것입니다. 사람들이 아직도 전처럼 어리석기 때문입니다. 아동학대와 성폭행도 여전히 줄지 않고, 권력과 지배에 기초한 문화에서 성장한 사람들이 여전히 많습니다. 그것이 우리가 시간을 두고 힘을 기울여야 할 문제들입니다. 그러나 우리는 해낼 수 있습니다. 여러분은 우리의 위대한 슬로건 "세계적으로 부수고 지역적으로 되살리자"를 기억할 것으로 확신합니다.

길고 고된 투쟁이었기에 사뭇 나는 겁먹은 적도 많았습니다. 그렇지만 우리는 해냈습니다. 정말 해냈습니다. 지금 나는 무척 기쁩니다.

기억할지 모르겠지만 나는 편지를 '사랑과 분노를 담아'라는 말로 끝맺곤 했습니다. 이제는 그런 말로 편지를 끝맺지 않고 진정 내 뜻을 담아 이렇게 끝맺게 되었으니 얼마나 기분 좋은지 이루 말할 수 없습니다.

사랑과 평화를 담아,

데릭 올림.

우리는 그들을 모두 섬멸할 것이다

1) *The Sun* 2004. 3, p. 48에서 재인용.
2) 이 문장을 처음 썼을 때는 will이나 when 대신 would와 if를 사용했다. will과 when을 사용하고 나니 얼마나 기분 좋은지 이루 말할 수 없다.
3) Schmitt, p. 7. 일전에 접한 웹사이트를 연상케 한다(Masturbate for Peace: Using Self-Love to End Conflict, http://www.masturbateforpeace.com). 처음에 나는 "이 운동에 가담하는 방법은 간단하다. 그저 자기 방식대로 마스터베이션을 하면서 생각과 에너지를 사랑과 평화에 쏟으면 된다. 다른 사람들에게도 권하라"라는 글을 읽고 우리의 이른바 저항운동을 잘 풍자했다고 생각했다. 웹사이트에는 "평화는 훌륭하다. XXX를 만져라"라든지 "전쟁은 어리석다. XXX를 휘둘러라" 같은 슬로건도 있다. 그러나 그 사이트에는 꽤 혐오스러운 내용들도 있다.
4) 예컨대 남자에 의한 성폭행을 보라.
5) 작년에 상어에게 물려죽은 사람에 관한 글을 읽었다. 그 여자는 잠수복을 입고 바다표범들과 함께 수영하고 있었다. 바다표범은 상어의 주된 먹잇감인데 잠수복은 표범처럼 보일 수 있다. 이 죽음에 관한 글을 읽으면서 사람이 한평생 많은 위험에 노출되지만 상어먹이를 닮은 차림을 하고 상어의 주방과도 같은 데서 수영하는 모험은 하고 싶지 않다는 생각을 했다.
6) 공정하게 말해서, 경찰에 의한 살인이 정당한 경우도 있다. 사람들이 경찰을 향해 발포하거나 남자가 아내를 인질로 삼아 총을 겨누거나 하는 경우가 그렇다. 그러나 이야기의 핵심은 그렇지 않은 경우가 매우 많다는 사실이다. 더구나 사람을 죽이는 경찰관에 대한 효율적인 책임추궁이 없다. 지금 샌프란시스코에서는 경찰관에게 총을 쏜 사람에 대해 사형을 구형할 것인가를 놓고 큰 논쟁이 벌어지고 있는데, 사람들은 거의 모두가 그 사람을 죽여야 한다고 야단들이다. 사람을 부당하게 살해한 경찰에게도 똑같은 벌을 내린다면 나도 문제를 삼을 이유가 없겠다. 경찰관을 죽인 사람의 처형에 대한 여론을 다룬 바로 그 신문에는 캘리포니아주 청소년형무소에서 아이들을 구타하는 장면이 비디오로 찍힌 간수들을 정부가 기소하기를 거부하고 있다는 기사가 실려 있는데, 이와 같은 사실의 아이러니는 도외시되고 있다. 이것은 〔전제 4〕의 한 예가 된다.
7) 그리고 여자들에 대한 전쟁에 관한 한, 같은 목적을 위해 XXX를 사용하려 드는 남자들이 많다.
8) 물론 개인적인 차원에서도 맞는 말이다. 학대자와는 화해할 수 없다. 논쟁에서 패하는 것만큼이나 확실하게 화평에서도 실패할 것이다. 학대자에게 패하지 않는 유일한 길은 그를 내 삶에서 배제하는 것이다. 그게 보다 큰 문화적 차원에서 맞다는 것이 분명하다. 또 한 가지 분명한

것은, 큰 문화적 차원에서 우리는 더 이상 떠날 곳이 없다. 우리가 떠날 수 없다면 어떻게 그 학대자를, 즉 이 문화를 우리 삶에서 배제할 것인가? 해답은 분명해 보인다.

9) 언젠가 한 활동가에게서 들은 응답이 훨씬 마음에 든다. "권력자들이 윈-윈 상황을 조성하겠다는 소리를 할 때면 나는 총을 찾는다."

10) 우리가 개별적으로 이를 포기하면 문화의 지구 죽이기가 끝난다는 그 케케묵은 소리는 듣고 싶지 않다. 이에 관해서는 앞에서도 이야기했지만, 별로 상관없을 것이다. 우리가 생활양식을 바꾼다고 문화의 지구 죽이기가 중지되지는 않는다. 체제가 무너져야 한다.

11) 나는 앞에서처럼 승리(winning)를 이렇게 정의한다. 나는 해마다 야생연어와 철새, 고목 숲이 더 많아지는 세상, 해마다 모유의 다이옥신 함량이 줄어드는 세상, 야생호랑이와 큰곰과 유인원과 청새치류와 황새치가 있는 세상에서 살고 싶다. 나는 살기에 적합한 지구에서 살고 싶다.

12) 『말보다 오래된 언어』에서 나는 몬태나에서 성장했다고 썼다. 출판사의 요청으로 그렇게 썼던 것인데, 내가 아버지로부터 명예훼손으로 고발당할까 봐 우려했기 때문이다. 피해자를 침묵시키기 위해 그 같은 소송을 하거나 소송하겠다고 협박하는 건 학대자들의 상투적인 수법이다. 『선』지의 출판관계자들은 심지어 내가 인터뷰를 가질 때 가명을 써야 한다고 고집하기도 했다. 내 아버지가 자신을 보호하기 위해 만나본 적도 없는 출판사 사람들에게 자기 뜻을 강요하여 성인이 된 자기 아들로 하여금 가명을 쓰고 성장한 곳을 속이게 할 수 있을 정도라면, 상당수의 어린이와 배우자들이 매일 밤낮으로 경험하는 일상적인 속박상태가 어느 정도일지 알 만하다.

13) 붉은삼나무는 대답한다. "미안하지만 난 고양이처럼 야옹소리를 내거나 고래처럼 노래하지 않아. 그들이 나를 흉내 내고 있는 거야."

14) 나는 결코 어리석지 않다고 주장한 적이 없다.

15) 육체적으로 그리고 정신적으로.

16) 지구 온난화를 말할 수 있는가? 암을? 때 이른 사춘기를?

싸움에 이기기

17) *The Sun* 2003. 10, p. 48.

18) 준엄한 경고라고? 나는 이보다 더 준엄한 경고를 듣고 싶은 건지도 모르겠다.

19) Lean.

20) Kopytoff.

21) 설사 우리가 똑똑하더라도 그들은 우리 중 다수를 죽이거나 감금할 것이다. 우리가 승리하건 패하건 아무런 시도도 하지 않건 간에, 어느 쪽에도 사상자가 발생하지 않을 거라고 생각한다면 도저히 용서받을 수 없으리만큼 천진난만한 것이다.

22) 나는 '힘을 사용'하는 것은 전술이 아니라고 생각한다. 그것은 정신적 자세를 나타내기 때문이다. 루크(〈스타워즈〉의 주인공-옮긴이)가 터널을 장악하기 위해 어떤 경로를 택하고, 어떻

게 비행하는가 하는 것이 전술의 문제이다. '힘을 사용'한다는 것은 존재의 방식이다. 정신상태나 존재의 방식은 전술이 될 수 없다.

23) 밝혀둘 것은, 나는 모든 관계가 다 이런 식이라고 믿을 정도로 냉소적이지도 않고 그런 경험도 없다는 것이다. 여기서 말하고자 하는 것은, 내가 알거나 전해 들은 사람들 중에는 결혼의 특정한 목적을 관계의 성실성이나 질보다 더 중요시하는 사람들이 있다는 것이다. 나는 또 몇 년 전에 인기 있었던 (그리고 도덕적으로 아주 혼란스러웠던) 책 *The Rules: Time-Tested Secrets for Capturing the Heart of Mr. Right*도 생각난다.
24) 나는 이런 것이 전략일 거라고 생각한다. '전략'과 '전술'이라는 단어가 존재하는 것처럼 작전목표를 달성하기 위한 계획을 표현하는 단어는 없다. 아무튼 이 두 단어는 내가 생각하는 것보다 좀 애매하다. 장군의 입장에서 보면 여단의 이동은 전술적인 것이겠지만, 여단 내의 한 소대장의 관점에서 보면 그것은 전략적인 문제일 것이다. 이는 전적으로 관점의 문제다.
25) 나는 독자들이 믿지 않을 것이라고 말한 바 있다.
26) 항공모함이나 워싱턴DC나 사우스캐롤라이나에 배치될 수도 있다.
27) 그리고 우리가 효율적으로 행동하고 있다는 터무니없는 소리는 하지 말기 바란다. 우리가 조금이라도 효율적이었더라면 세계가 죽어가지 않았을 것이다.
28) 나는 처음에는 "큰 차원의 도덕성을 어느 정도 외면하고"라고 썼는데 그건 정신 나간 소리였다. 우리는 권력자들이 지구를 죽이는 걸 막지 못하고 있다. 이는 큰 차원의 도덕성을 '어느 정도' 외면하는 것이 아니라, 포학하고 믿을 수 없고 말할 수 없이 야비하고, 더 중요하게는 용서할 수 없을 정도로 도덕성을 무시하는 것이다.
29) 물론 남자들 역시 여자를 증오하도록 훈련받지만 이런 문제는 논하지 않는 게 좋겠다.
30) 여자들도 증오하지 않을 것으로 기대된다.

중요성

31) 물론 여기에는 두 가지 문제가 있다. 첫째로 윌슨은 인간을 인류와 같은 것으로 생각하고, 둘째로 인류를 문명인과 같은 것으로 생각한다는 점이다. 문명인들이 사라지면 세상은 한결 풍족한 곳이 될 것이다.
32) 어째서 사람들은 아름다운 붉은삼나무숲의 나무들을 잘라내 잔디밭을 만드는지 나는 알다가도 모르겠다.
33) 난 지금 해변에 앉아 오프로드 차량(ORV)들이 지나가는 것을 보면서 이 부분을 편집하고 있다. 지금까지 본 차량은 하나같이 느슨한 (그리고 집행되지 않는) 규정들을 어기고 있다. 예컨대 지금 막 두 놈(ORV 운전자를 이렇게 부르는 건 너무나 당연한 일이라고 생각한다)이 새들을 뒤쫓고 있는데, 다른 두 놈은 가스총으로 새들을 잡으려 하고 있다.
34) 물론 그녀의 뛰어난 글솜씨와 함께.
35) Larry T. B. Sunderland, "California Indian Pre-Historic Demographics," Four Directions Institute, http://www.fourdir.com/california_indian_prehistoric_demog

raphics.htm. 그리고 "Native American Cultures Populations per Square Mile at Time of European Contact"의 지도: Four Directions Institute의 일부 웹사이트 http;//www.fourdir.com/aboriginal_population_per_sqmi.htm, accessed 2004. 6. 4 참조.

36) Eckert, p. 709, n. 190.

37) 흥미롭게도 내가 이 글을 쓴 바로 그날, 나는 다른 책에서 "나무는 물이나 공기처럼 이제는 우리의 것이 아니며 그들 자신의 것"이라고 썼다고 비난하는 이메일을 받았다. 그 메일을 보낸 사람은 이 문장이야말로 내 글과 내 세계관의 잘못된 점이 집약되어 있는 것이라고 했다. 그는 또 "옥수수 역시 당신의 세계에서는 그들 자신에게 속하는 것으로 생각한다"고 했다. 과연 맞는 말이다. 여자들 역시 스스로에게 속하고 아이들, 돌멩이, 강 그리고 우리 모두도 스스로에게 속한다. 이 문화에서는 모든 것이 상층부에 속한다는 생각이 파괴적인 위력만큼이나 팽배해 있다.

38) Mann. 인디언들이 이룩한 변화의 양이 설사 정확한 것일지라도 그는 변화를 파괴와 혼동함으로써 용서할 수 없는 잘못을 저지르고 있다. 나는 Stossell에 대해 했던 것과 마찬가지로, 그에 관해 나 자신에게 같은 질문을 한다. 속이 들여다보이는, 여행비둘기에 관한 그의 비논리성은 그가 바보라는 생각이 들게 만들지만, 무엇이라도 무방하다는 그의 말은 그 자신의 사악함을 분명하게 드러내 보인다.

39) 한숨이 나온다. 문명을 지지하는 사람들 가운데, 인간이 '철저하게 우수한' 존재라는 소리를 하지 않고 뭔가에 관해 이야기할 수 있는 사람은 없단 말인가?

40) 음.

일체성

41) 개인통신, 2001. 10. 30.

42) 그보다도 약탈자가 실제로 어떻게 행동할 것인가에 대한 당신의 비뚤어진 예측.

43) 설마 그럴 리가, 싶겠지만 사실이다.

44) 그리고 흙 속의 석면도 ORV 운전자들을 죽일 수 있다. 저자는 이것이 땅의 자체방어일 수 있다는 가능성은 생각하지 않는 것 같다.

45) Gaura.

46) 구체적으로는 전통적 토착민이 아닌 사람들이 털가죽을 입는 경우와, 털을 가진 동물들의 공동체와 꾸준히 호혜적 관계를 맺으면서 자기가 사용하기 위해 동물을 잡아서 가죽을 벗기는 사람들을 제외한 사람들이 털가죽을 입는 경우를 의미한다.

47) 나는 생체해부, 공장형 농장 또는 공장형 어로(같은 의미에서 벌목이나 광업이나 석유채굴 역시)는 우리의 생존을 돕는다는 가장 넓은 의미에서 공리적이라고 보지 않는데, 이런 것들은 명확히 파괴적이고 잔인한 것이기 때문이다.

48) 문학적으로 재치 있게 표현한다면, 파괴적으로 무의미하다.

49) 토지관리국(BLM)이 우리를 농락했다고 나에게 알려온 세 통의 편지가 더 있다. 어류야생동물청(FWS)의 경우엔 세 통이 더 있고 미국산림청(USFS)의 경우엔 네 통이 더 있다.

50) 제조업체와 그 최고경영자들에 의한 발암성 화학물질의 확산을 저지하기를 정부가 일관성 있게 거부한다는 사실을 생각해 보자.

51) Bancroft, p. 21.

52) 물론 그 정부부서가 퍼시픽 목재의 직원을 불법행위로 검거한 사례는 단 한 건도 없었다.

53) Hawley.

54) Janet Larsen, "Dead Zones Increasing in World's Coastal Waters," Earth Policy Institute, June 16, 2004, http://www.earth-policy.org/Updates/Update41.htm, accessed 2004. 6. 22.

55) "Deepsea Fishing."

56) Bruno.

57) *Disinfopedia*, s.v. "BP," http//www.disinfopedia.org/wiki.phtml?title=BP, accessed 2004. 6. 22.

58) Nancy Kennedy.

59) 같은 책.

60) Burton.

61) BP, Steph.

62) BP, Frank, Ellen, and Griffin.

63) "Study Says Five Percent."

학대자

64) Caputi, *Gossips, Gorgons, & Crones*, p. 53.

65) Bancroft, p. 33.

66) 같은 책, p. 34, 강조는 원저자.

67) 같은 곳.

68) 나는 남편에게 얼굴 아닌 신체의 다른 부위를 얻어맞은 여자들을 많이 아는데, 얼굴을 때리면 드러나기 때문이다.

69) Bancroft, p. 34.

70) 같은 책, pp. 34~35.

71) 같은 책, p. 35.

72) 같은 책, p. 54.

73) 같은 책, p. 151.

74) 같은 책, p. 157.

75) 같은 책, p. 152.

76) Faust, p. 81.

77) Bancroft, p. 167.

78) 같은 책, p. 288.

79) Edwards, *Compassionate Revolution*, p. 81

80) Bancroft, p. 43.

81) Laing, p. 186.

82) 자신과 타인의 관계.

83) Bancroft, p. 63.

84) 죄책감이나 감정이입은 인간 특유의 감정이라거나, 학대자는 자신을 여자의 인간성으로부터 분리시키기 때문에 그녀가 인간이 아니었더라도 학대행위가 가능했으리라고 시사하는 데 대해서 나는 그와 생각이 다르다는 점을 지적해 두고 싶다. 그렇다고 Bancroft를 공격하는 게 아니며, 나는 그가 비범한 일을 하고 있다고 생각한다. 다만 우리가 이 문화의 우월성 이야기에 얼마나 넘어가기 쉬운가를 지적하려는 것이다.

85) Bancroft, p. 43.

86) 같은 책, p. 311.

87) 같은 책, p. 361.

88) 같은 곳. 강조는 원저자.

89) 그리고 그때조차 대개는 그렇지 않다고 말하고 싶다.

90) Bancroft, p. 360.

91) 그리고 그때조차 대개는 그렇지 않다고 말하고 싶다.

천년

92) Densmore, p. 172.

93) DeRooy, p. 12.

94) 여기서 "아무것도 하지 않는다"는 것에는 편지 쓰는 일, 피켓을 들고 서 있는 일, 행위자가 자신의 행위가 상징적이라는 것—다시 말해서 자기가 메시지를 전할 수는 있어도 파괴행위를 막지는 못한다는 것—을 알면서 행하는 다른 모든 형태의 시위 등이 포함된다.

95) 히말라야 블랙베리가 라틴어 비슷한 말을 한다는 걸 알고 있었는가?

96) 팜파초는 또 다른 공격적인 외래종 풀인데 나무그늘에 가리면 죽는다.

97) Hurdle.

댐(1)

98) Gide.

99) *Dams and Development*, p. xxx

100) "Rivers Reborn: Removing Dams and Restoring Rivers in California," Friends of

the River, http://www.friendsofthe river.org/Publications/RiverReborn/main3.html, accessed 2004. 7. 11.

101) Glen Martin.

102) 같은 책.

103) 자기는 그 방법을 알지 못한다는 소리를 얼마나 자주 들었는가?

104) 분명히 플라이오세 동안 검치(劍齒)연어라 불리는 연어 종은 길이가 10피트에 무게가 350 파운드나 나갔다.

105) Crane.

106) Montgomery, p. 181.

107) 같은 곳.

108) Crane.

109) 같은 책.

110) 사실 그 통로라는 것은, 공사현장 기술자들이 나무토막이며 콘크리트, 쓰레기 등 자기들 눈에 띄는 허섭스레기들을 버리는 곳이었다. 이 문화의 구성원들이 얼마나 닥치는 대로 행동하는지를 잘 보여주지 않는가?

111) Crane.

112) 같은 책.

113) 같은 책.

114) Draffan, Endgame Research Services: A Project of the Public Information Network, http://www.endgame.org, accessed 2004. 7. 10.

115) 미국 자회사인 다이쇼와 아메리카를 통해서.

116) Gantenbein.

117) '차별적 법집행관' 이라는 용어는 Remedy.

118) "Reviving the World's Rivers; dam Removal."

119) 윤년.

120) "What's the Dam Problem?" part 3, Dunking the Dinky Dams.

121) *Dams and Development*, 전문.

122) Paulson.

123) "What's the Dam Problem?" part 3, Dunking the Dinky Dams.

124) 같은 곳.

125) Bromley and Kelberer.

126) *Dams and Development*, p. 31. 이렇게 훌륭한 사람들조차도 '하류지역 살림' 같은 것에 영향을 미치는 경우가 아닌 한 여전히 자연계는 관심 밖이다.

127) 상층부 사람들이 어떤 것이 당신에게 유익하고 도움이 될 것이라고 말할 때는 당신으로부터 뭔가를 빼앗겠다는 소리이며, 그들에게 저항하면 가만두지 않겠다는 소리다.

128) *Dam and Developments*, p. 31.

129) "What's the Dam Problem?" part 1, Out, Damn Dam!

130) Bromley and Kelberer.

내가 강이라면

131) 개인통신, 2001. 10. 30.

132) Lame Deer and Erdoes, p. 146.

133) Kathleen and Jonathan Moore.

134) 같은 책.

135) 같은 책.

136) Montgomery, p. 29. 문항의 나머지 부분은 Montgomery; Kathleen Moore and Jonathan Moore; "Herring and salmons," Raincoast Research Society, http://www.raincoastresearch.org/herring-salmon.htm, accessed 2004. 7. 16.

137) Kathleen Moore and Jonathan Moore.

138) 같은 책.

139) Montgomery, p. 39.

140) Kathleen Moore and Jonathan Moore.

댐(2)

141) *The Sun* 2003. 10, p. 48.

142) *Dam Removal*.

143) 이 대부분은 Pitt의 글을 참조하였다.

144) "About FEMA," FEMA, http://www.fema.gov/FEMA-Camp.html, accessed 2004. 7. 21.

145) Harry V. Martin

146) Wingate.

147) Harry V. Martin.

148) 같은 책.

149) Wingate.

150) Hicks.

151) 같은 글.

152) 같은 글.

153) Farrell.

154) Hicks.

155) "Learn about EPRI," EPRI, http://www.epri.com/about/default.asp, accessed

2004. 7. 22.

156) "About CMD," Center for Media and Democracy, Publishers of *PR Watch*, http://www.prwatch.org/cmd/, accessed 2004. 7. 22.

157) "Flack Attack."

158) Patton Boggs, "Profile," http://www.pattonboggs.com/aboutUs/index.html, accessed 2004. 7. 22.

159) 이 기사는 또 다른 내무부 직원의 발언도 인용하고 있지만, 그 역시 보복이 두려워 익명을 요구하고 있다.

160) Harden.

161) Barringer.

댐(3)

162) Notes from Nowhere, p. 148.

163) 그런데 댐은 캘리포니아주 남쪽의 바다가 바라보이는 부자들의 저택을 벼랑에서 허물어지게 하는 한 가지 이유이다. 댐은 침전물이 바다로 흘러가 해변을 돋워주지 못하게 막는다.

164) McConnell.

165) Bancroft, p. 131.

166) 같은 책, p. 361.

167) 같은 책, p. 360.

댐(4)

168) Lyons.

169) 예컨대 나는 지금 병원 대합실에 앉아서 이 글을 쓰고 있으며, 믿어지지 않겠지만 이를 즐기고 있다.

170) 만일의 경우에 대비하여, 이건 중요한 문제이다.

171) 내 집에서 멀지 않은 곳에 작은 콘크리트 구조물이 있는데, 물고기들의 통행을 위해 최근에 보수공사를 했다. 한 자 남짓한 댐에 V자형 홈을 만든 것이다.

지나치게 큰 손실: 단기적 손실, 장기적 이득

172) Marcos, p. 420.

173) 그리고 플라스틱 진공포장.

174) 야생연어를 두고 한 말이지만, 모든 연어에 해당하는 말이다. 양식연어도 문명이 붕괴하면 살아남지 못할 것이기 때문이다.

175) Thompson.

176) McCarthy, "Disaster."

177) Bauman, p. 203.

178) 이 부분은 Nita Halstead의 도움을 많이 받았다.

정신병리학

179) Jensen, *Walking*.

180) 심리학과 정신병학에서는 psychopath(반사회적 성격이 강한 '정신질환자')와 거의 같은 뜻으로 sociopath(반사회적 이상성격자)가 더 많이 쓰이고 있으나, 일반적인 사용에서는 여전히 psychopath가 주류를 이루는 것 같으므로, 나는 psychopath를 쓰기로 했다.

181) *New Columbia Encyclopedia* 4th ed., s.v. "psychopath."

182) Ramsland.

183) 같은 글.

184) 물론 바다의 수자원이 증가하고 있다는 건 허튼 소리다.

185) Revkin.

186) Atcheson.

187) McCarthy, "Greenhouse Gas."

188) 정말이다!

189) Blakeslee.

190) "Antisocial Personality Disorder," Mental Health Matters, http://www.mental-health-matters.com/disorder/dis_details.php?disID=8, accessed 2004. 8. 6.

191) 남의 살을 먹으면 그 공동체의 존속에 대해 책임을 져야 한다.

192) 물론 '블랙호크'라는 이 이름은 미국 통치자들의 이익을 거역하는 사람들을 죽이는 데 사용하는 헬리콥터의 이름으로 도용되고 있다.

193) Blaisdell, pp. 84~85.

194) 이 직유는 Ward Churchill에게서 빌려왔다.

비폭력주의(1)

195) Burroughs.

196) 간디 신봉자들은 나에게 늘 이런 말을 하지만 실제로 간디가 그런 말을 한 적이 없을 수도 있다. 이 말은 인터넷에 널리 올라 있으며 영화 〈간디〉에도 나오지만 David Lean 감독은 영화의 역사적 진실성을 살리는 것으로 이름난 인물은 아니다(데이비드 린 감독은 〈간디〉를 만든 적이 없다. 저자의 착각인 듯하다—옮긴이).

197) Lorde, p. 112.

198) 같은 곳. 강조는 원저자.

199) 이 문장과 관련하여 Lierre Keith에게 감사한다.

200) Mary Jensen에게 감사를 전한다.

201) 이 분석에 도움을 준 Tiiu Ruben에게 감사한다.

202) 맙소사 간디는 매 맞고 강간당하는 어린아이들이 무한한 용기와 열정 이외에 또 무엇을 가져야 한다고 믿었을까? 하지만 이런 것들로 그들 아버지의 학대를 멈추지는 못한다.

203) Fischer, p. 380.

204) 같은 책. p. 348.

205) Gandhi, p. 32.

206) Bancroft, p. 288.

207) 같은 책. 강조는 원저자.

208) 다시 한번 나는 이 문장에 깃들인 단호함을 느낀다. 그것은 인터넷 곳곳과 영화 〈간디〉에도 나온다.

209) "Too Hot for Uncle John's Bathroom Reader," Trivial Hall of Fame, http://www.trivialhalloffame.com/Gandhi.htm, accessed 2004. 8. 8.

210) 간디를 혐오하는 사람은 나만이 아니다. 나 자신 이스턴 워싱턴 대학에서 내 강의를 수강한 인도 여학생을 통해 간디에 대한 혐오감을 갖기 시작했다. 그녀는 간디의 진짜 모습을 보도록 가르쳐주었다. 그 뒤로도 나는 간디를 신격화하지 않는 인도사람들을 많이 만나게 되었다.

책임

211) *Merriam-Webster's Collegiate Dictionary*, electronic ed., vers.1.1, s.v. "responsible."

212) *Online Etymology Dictionary*, http://www.etymonline.com, accessed 2004. 8. 14, s.v. "responsible" and "respond."

비폭력주의(2)

213) Douglass, p. 204.

214) 내가 유의미한 구분을 할 수 있는 한 그렇다.

215) 난처한 일이지만 『말보다 오래된 언어』에서 나도 이렇게 주장한 바 있음을 시인해야겠다. 철저하게 생각하지 못했다는 말말고는 달리 할말이 없다. 내 잘못이었다.

216) 이 마지막 이야기에 대해서는 Lierre Keith에게 감사를 전한다.

217) Bettelheim은 간디보다 훨씬 못한 끔찍한 인물이었다. 그는 신체적·성적으로 어린이들을 학대한 것으로 비난받았는데, 대부분이 사실일 확률이 높다. 자폐증에 대한 그의 태도는 비열했다. 그는 어머니들에게 문제가 있다고 탓하고 있다. 반유태주의에 대한 그의 태도 역시 본질적으로 똑같이 고약한 것이었다. 그는 유태인 청중들에게 이렇게 소리 지른 적이 있었다. "반유태주의, 그게 누구 탓입니까? 여러분들 탓입니다! …여러분이 동화되지 않으려 하기 때문에 생긴 것이니 여러분을 탓해야 합니다. 여러분이 동화된다면 반유태주의는 없을 것입니다. 어째서 동화되지 않는 겁니까?" 그런데 Bettlelheim의 고약한 죄상은 각주에서

밝히면서, 간디의 경우는 본문에서 밝힌 것은 Bettelheim의 견해가 간디만큼 도덕적 고지에 올라 있지 못하다고 사람들이 생각하고 있기 때문이다. 간디 추종자들은 간디의 입장이 지니는 도덕적 무게 때문에 그가 우위를 누린다고 주장한다. 그의 도덕성과 그의 입장의 도덕성은 검증이 필요하다.

218) Bettelheim, p. vi.

219) 같은 책, p. xiv.

220) Churchill, *Pacifism*, p. 107, n. 19.

221) Bettelheim, p. xii.

222) 같은 책, p. vii.

223) 같은 책, p. viii.

224) Churchill, *Pacifism*, p. 36. 경멸의 표시로, 처칠은 nazi를 절대로 대문자로 쓰지 않는다.

225) Bettelheim, pp. xii~xiii.

인간이 된다는 의미

226) Mason, p. 14.

227) 이 문장은 Gabrielle Benton의 도움을 받았다.

228) 나는 이 이야기를 『말보다 더 오래된 언어』에서 했다.

229) "Third Nation Incidence Study."

230) 어린이 성폭행에 관한 통계들은 큰 차이를 보이고 있다. 여기서는 대표적인 것들을 골라서 사용했다. 훨씬 높은 통계치(여성 53%, 남성 31%)는 "Child Sexual Abuse" 참조. 철저한 검토를 위해서는 Diana E. H. Russel and Jim Hopper, "Child Abuse: Statistics, Research and Resources"(http://www.jimhopper.com/abstats/) 참조.

231) *Webster's New Twentieth Century Dictionary of the English Language* 2nd ed., s.v. "civilization."

232) *Oxford English Dictionary*, compact ed, s.v. "civilization."

233) *Effects of Strategic Bombing*, p. 13.

비폭력주의(3)

234) Churchill, "New Face," p. 270.

235) Koopman.

236) 자, 그만 웃고 나와 함께 이 문제를 생각해 보자.

237) 실천운동의 일부로서의 운동. 물론 이 문화의 다른 남성들처럼 활동가들 중에는 여자를 성폭행하는 못된 자들이 많다.

238) Judith Herman, p. 90.

239) 이 구절은 *Alternate Press Review*의 편집자 Tom Wheeler의 글을 도용한 것이다.

240) Judith Herman, p. 91.
241) 같은 책.
242) Handler.
243) Wyss.
244) 그리고 아마 그들의 결탁도.
245) Remedy, "Mattole Activists Assaulted, Arrested after Serving Subpoena for Pepper Spray Trial," *Treesit Blog* 2004. 8. 27, http://www.contrast.org/treesit/, accessed 2004. 8. 27.
246) Brian Martin.
247) Lierre Keith에게 감사한다.
248) Curt Hubatch에게 감사한다.
249) Diamond, p. 1.
250) Cockburn, "London," Jeremy Scahill에서 재인용.
251) 이 경우에 결코 잘한 행동이 아니었다.
252) Lierre Keith에게 다시 한번 감사한다.
253) 다시금 간디, 베리건, 킹, 헬렌 우드슨 등 비폭력주의 실천자들은 예외라는 것을 밝혀둔다.
254) 간접적이 아니라 직접적으로. 나는 산업문명병인 크론병 환자다.
255) 그러나 먼저 그의 관심이 어디에 있는지 주목하라. 그리고 그가 주장하는 요점 또한 주목하라.
256) 나는 그의 오만함을 증오한다.
257) 그가 그 은행에서 일어난 사건의 피해자들이 아니라 은행과 그 은행에서 일하는 사람들의 편이라는 사실을 주목하자.
258) Mitford, pp. 272~73.
259) Bauman, p. 203. Jensen and Draffan, *Machine*, p. 220에서 재인용.
260) 같은 곳.
261) Elliott, p. 12.

예수의 제자들보다 소수의 사람들

262) Havoc Mass, p. 18.
263) 또 한 사람은 실험관을 깨뜨린 학생보고 퇴학시키겠다고 으름장을 놓던 우물 안 독재자 미스터 부시(조지 부시와 아무런 관계는 없다)에게서 배웠다.
264) 예를 들어 Jensen and Draffan, *Machine* 참조.

비폭력주의(4)

265) Huntington, p. 51.
266) 많이 들어본 이야기다. 어디서더라? 그렇지, "우리의 생활방식을 유지하기 위해서는 서로

거짓말을 하고 특히 우리 자신에게 거짓말을 해야 한다."

267) Churchill, "Appreciate History."

많이 가지고 먼저 가라

268) *Anderson Valley Advertiser* 2003. 7. 11, p. 11.

269) 대부분의 사람들은 이것(Get there with the most, 많이 가지고 먼저 가라)을 "Get there fustest(fust는 first의 방언-옮긴이) with the mostest"로 알고 있는데, 그건 사실이 아니다. Robert Selph Henry는 그의 저서 "*First with the Most*" *Forrest*에서 이렇게 쓰고 있다. "포리스트는 자기 의식이 분명하게 드러나는 문장구성을 할 능력이 부족했던 것으로 보인다. 확실히 그는 관용적으로 시간과 장소를 지칭하는 'git thar fust'라고 발음했지만, 그가 했던 말은 'Get there first with the most men'을 직접적이고도 간단하게 표현한 것이었다…."

270) 내가 모든 담론을 다 그건 사실이라고 말하지 않는 것을 주목하라. 모든 담론이 다 대립적인 것은 아니다.

271) Thomas, p. 100, n. 43.

272) 아 미안, 늪이 아니라 습지대.

273) 번사이드는 적이 노출돼 있는 줄 알고 있었지만, 실은 보이지 않는 장벽 뒤에 숨어 있었다. 그런데 그런 적을 향해 군대를 출동시킨 셈이다. 그리고 진지가 잘 숨겨져 있으면 어쩌면 실제로 적은 물론이고 언덕도 보이지 않을 수 있다.

274) 아니 정확하게 표현하면, 우리 가운데 일부는 투표를 하라는 권유를 받지만 가난한 사람들, 유색인들, 중죄를 범한 사람들은 투표가 일절 저지되거나 금지된다.

275) 그것이 내가 16세의 소년에게 공장을 방화하라고 권할 수 없는 이유의 하나다. 그것이 스스로의 생각인지 판단할 수 있을 만큼 그를 잘 알지 못하기 때문이다. 성인이 되려면 자유만이 아니라 책임도 알아야 한다. 내가 *Walking on Water*에서 말하고 있듯이, 책임 없는 자유는 미숙함이고 자유 없는 책임은 노예상태다. 사람들은 스스로 생각할 만큼 성숙해야 한다.

276) 만약 당신이 당신의 토지기반을 사랑하지 않는다면, 어째서 이 책을 여기까지 읽었는가?

277) 나와 비폭력주의자들이 크게 다른 점은, 그들은 모든 처방에 딱 들어맞는 한 가지 유형을 가지고 있는 것 같다는 점이다. 글쎄, 각각의 처방에 적합한 각각의 유형이 있는 게 진실 아닐까.

278) 한 저술가는 토착민과 문명인의 차이를 이렇게 표현했다. "사업보다 종교가 주된 업이다. 얻기 위해서보다 살기 위해서 산다. 소유물이 아니라 소속됨이 지배적인 가치이다. 강제적인 공무나 군복무가 두드러지게 드문 데 반해, 강제를 위장한 대부분의 종교의식에서 천박성이 드러난다. 토지 및 부의 집단소유와 그에 따라 경쟁이 아닌 상호협력을 지향하는 데 반해, 사적 소유의 규제에 필요한 경찰력의 작용 및 법적 소송이 극히 드물다. 종교나 정치 모든 영역에서 가능한 한 일당통치 체제를 강제하는 구세계와 달리, 이원주의와 제도화된 당파주의는 사상·영적 세계나 현실정치 세계 모두에서 대립하는 두 세력이 균형을 이루는 세

계 혹은 호혜적 정부를 지향하는 쪽으로 나아간다."(Brandon, p. 60)

279) 선수들이 거기 앉아서 이튿날에 치를 높이뛰기 경기의 비전을 가져보게 하려는 의도였다.

280) '아무에게나'를 의미한다는 것을 말했던가?

281) 정부—다시 말해서 큰 군대를 조직하는 사람들—가 작성하는 전쟁규칙에서는 왜 비정규 전투원이 보호대상에서 제외된다고 생각하는가?

282) 그리고 자기 마음대로 할 수 있는 병력을 의미한다.

283) Blaisdell, p. 80.

284) Samuel Drake, p. 662.

285) Gorden, pp. 343~44.

286) Blaisdell, p. 67.

287) Jefferson, p. 345.

288) Jensen and Draffan, *Machine*, p. 74.

289) Tebbel and Jennison, pp. 212~13.

290) 그가 한 말을 임의적으로 약간 바꾼 것이다. 조지 부시가 실제로 한 말은 다음과 같다. "그래서 우리는 전세계에서 테러리스트와 싸우고 있다—프라이드나 권력을 위해서가 아니라 우리 국민의 목숨이 달려 있기 때문에 싸우고 있는 것이다. 우리의 전략은 분명하다. 우리는 국토안보를 위한 자금을 3배로 늘렸고 1차 지원자 50만 명을 훈련시켰는데, 이는 우리가 국토를 지키기로 결심했기 때문이다. 우리는 군대를 바꾸고 있고 정보 서비스도 개편 및 강화하고 있다. 우리는 해외에서 테러리스트를 치면서 공세를 유지하여 국내에서 그들과 대치하게 되는 일이 없도록 해놓았다. 그리고 우리는 중동의 광범한 지역에서 자유의 신장을 위해 노력하고 있는데 자유가 희망의 미래와 우리 모두가 원하는 평화를 가져다줄 것이기 때문이다."

상징적 행동과 비상징적 행동

291) Clausewitz, pp. 226~29.

292) 방금 자본주의 신문에서 미군이 소총 개머리판으로 비무장·무저항 이라크 민간인의 머리를 박살냈다는 기사를 읽었다(그 민간인은 나중에 샤워장에서 군인들과 CIA첩자들의 고문을 받아 죽었다). 그런데 자본주의 기자는 '박살'이라는 말을 사용하지 않았다. 대신 자본주의 기자들 사이에서 개머리판으로 누군가의 머리를 박살냈을 경우를 표현하는, 용인된 용어인 '개머리판 가격'(butt stroking)을 사용했다. 이런 식으로 표현하는 건 비단 자본주의 기자들만이 아니다. 물론 그들은 군에서 하는 말을 앵무새처럼 되뇌는 것이다. *National Defense Magazine*의 다음 글이 좋은 예다. "적을 총으로 쏠 수 있으면 총격을 가하라. 총격을 가할 수 없으면 총검으로 찌르고, 개머리판으로 가격하고, 총열로 쳐라."(Harold Kennedy)

293) 내가 자본주의 기자라면, 몇 번인가 개머리판 가격을 하고 나서 나중에 보니 신문중에 숨을

거웠더라(어찌된 일인지 모래부대가 그의 머리에 얹혀 있더라)고 할 것이다.

294) Steele.

295) 사실 그는 벌써 해외에서의 정복확대와 국내에서의 탄압강화를 촉구하고 있다. 크게 놀랄 것 없는 일이다.

296) Lierre Keith에게 감사를 전한다.

297) 국유림에는 38만 마일의 도로가 있는데, 주간(州間) 고속도로보다 긴 국유림 도로의 총길이는 지구를 15바퀴나 돌 수 있는 길이이다. 클린턴이 모라토리엄을 발령했는데도 도로가 없는 지역에서의 벌목은 무서운 속도로 진행되어 그때 잘려져 나간 나무들이 이제야 헬리콥터로 반출되고 있다.

298) 이건 내가 꾸며낸 이야기가 아니다. 그는 염치라고는 없는 인간이다.

299) 이것도 내가 꾸며낸 이야기가 아니다. 이들 단체는 전혀 분별력이 없다.

떼지어 몰려오는 기계들

300) Churchill, "New Face," p. 270.

301) *Merriam-Webster's Collegiate Dictionary* electronic ed., vers. 1.1, s.v. "passion."

302) "John Trudell: Last National Chairman of AIM," Redhawks Lodge, http://siouxme.com/lodge/trudell.html, accessed 2004. 9. 12 참조.

303) Trudell.

304) 이건 농담이야, 미스터 곤살레스. 저 전기봉들을 치워.

305) Roianne Ahn에게 감사한다.

306) 루이지애나-퍼시픽의 전 회장 Harry Merlo의 다음 말을 기억하라. "우리는 10인치 혹은 8인치 혹은 6인치짜리의 나무를 벌채하는 것이 아니다. 우리는 무한대를 벌채한다. 왜냐하면 우리에게는 그곳에 있는 모든 것이 다 필요하기 때문이다."

307) 여기에는 그 여자아이도 분명히 포함된다.

308) 졸저, *The Culture of Make Believe*, pp. 174~85 참조.

문명 허물기(2)

309) Churchill, "New Face," p. 270.

310) "Index of Comments for *A Boy and His Dog*," Badmovies, http://badmovies.org/comments/?film=185, accessed 2004. 9. 17.

311) Tiiu Ruben에게 감사한다.

312) 인용할 때는 원문대로 인용하는 것이 정상이다. 그러나 Neeteson의 글을 보면 영어가 그의 제2언어라는 게 분명히 드러나는데, 그래서 나는 원문을 좀 손질했다. 원문은 다음과 같다. "Modern Western culture has to contend with a shortage of satisfying existential ideologies. For centuries a reduction took place from spiritual

thinking towards materialistic thinking, ending in the technological consumption society. This society depends on mass production and mass consumption, on ideologies which are superficial, therefor easy to manipulate and on advanced technology and military power. One of the results of this process is that the average individual cannot obtain enough meaningful satisfaction from the common social life."

313) Hoskins, p. 10.

314) 같은 책, p. 11.

315) 같은 책, p. 10.

316) 같은 곳.

317) Liddell Hart, p. 328.

318) "Sabotage Blamed."

믿음 깨뜨리기

319) Hume.

320) 나는 컴퓨터에 애니메이션을 투사하고 있다. 컴퓨터가 에러 메시지를 '준다.' 우리는 땅은 아무 말도 하지 않고 아무것도 주지 않지만 컴퓨터는 메시지를 준다고 생각한다.

321) 앞과 똑같이, 나는 다운로드 사이트가 무언가를 '나에게 말했다'고 말하고 있다.

322) 컴퓨터는 여전히 나에게 말을 하고 있다. 하지만 나무들에게는 그만큼 귀를 기울이지 않는다.

323) 난 처음에는 '나의' 하드 드라이브의 포맷을 다시 했다고 썼다. 내가 사용한 말을 의식하게 된 후에도 난 여전히 컴퓨터, 곧 기계와 일체감을 가지고 있는 것이다.

324) 아니면, 적어도 기계는 구해 줄 것이다.

시간문제다

325) Taber, p. 22.

326) Yergin, p. 487.

327) Matt Savinar, "Life After the Oil Crash: Deal with Reality, or Reality will Deal with You," http://www.lifeafteroilcrash.net, accessed 2004. 9. 21.

328) Brown, p. 273, 449.

329) Gibbon, p. 479.

330) Tillich, p. 369.

문명 허물기(3)

331) Churchill, "New Face," p. 270.

332) 같은 곳.

333) 내가 생각하기에, 이것이 실질적인 대답이다.

334) 이 메일의 원문은 가지고 있지만 보내준 분의 이름이 지워졌다. 글을 보내주신 분이 이름을 밝히기 원한다면 편지를 주기 바란다.

335) Marufu et al.

336) 그리고 말했다, 그리고 말했다.

337) 다시 밝혀두지만, 이 말은 당신이 아이를 가지게 되는 것을 가정한 것이다. 과잉소비를 감안할 때 아이를 낳는 게 낳지 않는 것보다 훨씬 혁명적인 일이라고 생각한다.

338) 그렇더라도 내가 그 농담을 통해 전하고자 한 바는 전달되지 못했다. 그녀는 남자가 자기의 은밀한 곳의 주인이기라도 하다는 듯이 그곳에 남자의 이름을 문신했다. 이런 것이 바로 성차별주의(sexism)이다. 내가 가장 최근에 받은 항의는 밤마다 새로운 농담을 만들어내기가 힘드니 써먹은 농담들을 재활용한다는 것이다. 그런데 블로그에 내가 농담을 재활용하기 때문에 가짜 혁명가라고 비난하는 글을 올린 여자가 있었다. 그녀는 Rolling Stones를 관람할 때 왜 자기를 위한 노래를 만들지 않느냐고 불평하지 않을까 싶다.

339) 인간·비인간 언어 모두.

340) 하늘이 어두컴컴해질 정도로 크게 떼를 지어 나는 야생조류들이 아니라면 나는 무엇이건 '떼'를 지은 건 싫다.

추락

341) 나는 물론 문명 전체에 대해서도 이렇게 말한다.

342) Udall, p. 271.

343) Killian, p. xv.

344) "The Free Trade Area of the Americas and the Threat to Water," International Forum on Globalization, http://www.ifg.org/reports/ftaawater.html, accessed 2004. 9. 27.

345) Jensen, *Culture*, parts of the chapter called "Holocausts."

문명: 진행중인 대참사

346) Bauman, p. 206.

347) Shirer, pp. 1262~63.

348) Bauman, p. 203.

349) Shirer, p. 1263.

350) Reitlinger, p. 160.

351) George Draffan, Endgame Research Service: A Project of the Public Information

Network, http://www.endgame.org, accessed 2004. 7. 10.

352) Estes, pp. 177~78.

353) Jensen, "Free Press for Sale."

354) *Fox News Sunday* 2001. 6. 17.

355) Weizenbaum, p. 256.

356) Rogers.

엔드게임

357) Mason, p. 147.

358) Bauman, p. 207.

359) "Rebuilding America's Defenses."

360) 여, 둘러대지 마! 책을 접으라고 했잖아. 이제 밖으로 나가라고. 하루 이틀 지나면 우리가 만나게 될 거라고.

361) 나는 당신이 돌아와서 기쁘다. 당신이 멋진 이틀을 보냈기를 바란다. 자 그럼, 목록을 비교해 보자.

362) Thompson.

363) 이 문장은 저술가이며 운동가인 Aric McBay의 표현이다.

364) 미국점령하의 미국을 포함.

365) Aric의 훌륭한 웹사이트는 http://www.inthewake.org이다.

366) 나는 지금의 현실 역시 묘사하고 있다고 생각한다.

367) Aric McBay에게 감사한다.

368) 이 또한 Aric McBay에게 감사한다.

369) 물론 미친 자만이 역시 삼나무를 팔기 위해 베어낸다.

연어의 귀환

370) Forbes, p. 154.

371) Montgomery, p. 39.

372) Mason, p. 143.

373) 내 작업장 주위를 둘러본 사람은 납득이 갈 것이다.

374) Ward Churchill과 Richard S. Grimes에게 감사한다.

Abel, Annie Heloise. *Chardon's Journal at Fort Clark, 1834~1839*. Lincoln: University of Nebraska Press. 1997.

"About FEMA." FEMA. http://www.fema.gov/about/ (accessed 2004. 7. 21).

"Accumulated Change Courts Ecosystem Catastrophe." *Science Daily* 2001. 10. 12. http://www.sciencedaily.com/releases/2001/10/011011065827.htm (accessed 2001. 11. 29).

ACME Collective. "N30 Black Bloc Communique." Infoshop 1999. 12. 4. http://www.infoshop.org./octo/wto_blackbloc.html (accessed 2002. 3. 16).

Alcatraz: The Whole Shocking Story. Directed by Paul Krasny. 1980.

American Cynic 2/no. 32. 1997. 8. 11. http://www.americancynic.com/08111997.html (accessed 2003. 6. 7).

"Anarchists and Corporate Media at the Battle of Seattle." *Global Action: May Our Resistance Be as Transnational as Capital* 1999. 12. 4. http://flag.blackened.net/blobal/1299anarchistsmedia.htm (accessed 2002. 3. 16).

Anderson Valley Advertiser. http://www.theava.com.

Anderson, Zack. "Dark Winter." *Anderson Valley Advertiser* 2001. 11. 7.

"Antisocial Personality Disorder." Mental Health Matters. http://www.mental-health-matters.com/disorder/dis_details.php?disID=8 (accessed 2004. 8. 6).

Atcheson, John. "Ticking Time Bomb." *Baltimore Sun* 2004. 12. 15. http://www.com mondreams.org/views04/1215-24.htm (accessed 2005. 2. 9).

Axtell, James. *The Invasion Within: The Contest of Cultures in Colonial North America*. Oxford: Oxford University Press. 1985.

Bacher, Dan. "Bush Administration Water Cuts Result in Massive Fish Kill on Klamath." *Anderson Valley Advertiser* 2002. 10. 1.

"Index of Comments for *A Boy and His Dog*." Badmovies. http://www.badmovies.org /comments/?film=185 (accessed 2004. 9. 17).

Baker, David R. "Living a Fantasy(League)." *San Francisco Chronicle* 2004. 9. 21. F1.

Bales, Kevin. *Disposable People: New Slavery in the Global Economy*. Berkeley: University of California Press. 1999.

Bancroft, Lundy. *Why Does He Do That? Inside the Minds of Angry and Controlling Men*. New York: Berkeley Books. 2002.

Baran, Paul. *The Political Economy of Growth*. New York: Monthly Review. 1957.

Barringer, Felicity. "U. S. Rules Out Dam Removal to Aid Salmon." *New York Times* 2004. 12. 1. http://www.nytimes.com/2004/12/01/politics/01fish.html?ex=1102921137&ei=1&en=1ba893433747ec91 (accessed 2004. 12. 1).

Barsamian, David. "Expanding the Floor of the Cage, Part Ⅱ: An Interview with Noam Chomsky." *Z Magazine* 1997. 4.

Bauman, Zygmunt. *Modernity and the Holocaust.* thaca, NY: Cornell University Press. 1989.

"B. C. Court OKs Logging in Endangered Owl Habitat." *CBC News* 2003. 7. 9. http://www.cbc.ca/storyview/CBC/2003/07/08/owl_spotted30708 (accessed 2003. 7. 10).

"B. C.'s Spotted Owl Faces Extinction Scientists Warn." *CBC News* 2002. 10. 7. http://www.cbc.ca/storyview/CBC/2002/10/07/spotted_owls021007 (accessed 2003. 7. 10).

Beeman, William O. "Colin Powell Should Make an Honorable Exit." *La Prensa San Diego* 2003. 3. 14. http://www.laprensa-sandiego.org/archieve/march14-03/comments2.htm (accessed 2003. 6. 20).

Bettelheim, Bruno. Introduction to *Auschwitz: A Doctor's Eyewitness Account.* by Miklos Nyiszli. New York: Frederick Fell. 1960.

"Biased Process Promotes Forced Exposure to Nuclear Waste: Radioactive Materials Could Be Released into Consumer Goods, Building Supplies." *Public Citizen* 2001. 3. 26. http://www.citizen.org/pressroom/release.cfm?ID=600 (accessed 2002. 1. 21).

Blaisdell, Bob ed. *Great Speeches by Native Americans.* Mineola, NY: Dover. 2000.

Blakeslee, Sandra. "Mind of Their Own: Birds Gain Respect." *New York Times* 2005. 2. 1.

Blyth, Reginald Horace. *Zen and Zen Classics.* Tokyo: The Hokuseido Press. 1960.

"BLU-82B." FAS Military Analysis Network. http://www.fas.org/man/dod-101/sys/dumb/blu-82.htm (accessed 2001. 11. 19).

Bonhoeffer, Dietrich. *Dietrich Bonhoeffer: Letters and papers from Prison: The Enlarged Edition.* Edited by Bethge Eberhard. New York: The MacMillan Company. 1953.

BP, Frank, Ellen, and Griffin. http://www.bp.com/genericartcle.do?categoryID=2010104&contentID=2001196 (accessed 2004. 6. 21).

BP, Steph. http://www.bp.com/genericartcle.do?categoryID=2010104&contentID=2001092 (accessed 2004. 6. 21).

Brandon, William. *New Worlds for Old: Reports from the New World and Their Effect on the Development of Social Thought in Europe, 1500~1800*. Athens: Ohio University Press. 1986.

Brice, Wallace A. *History of Fort Wayne: From the Earliest Known Accounts of This Point, to the Present Period*. Fort Wayne, IN: D. W. Jones and Son. 1868.

Bright, Martin, and Sarah Ryle. "United Kingdom Stops Funding Batterers Program." *Guardian* 2000. 5. 27.

Bromley, Chris, and Michael Kelberer. *The Alumni Channel: A Newsletter for Alumni and Friends of St. Anthony Falls Laboratory* 2004. 2. http://www.safl.umn.edu/newsletter/alumni_channel_2004-12.html (accessed 2004. 7. 13).

Brown, Dee. *Bury My Heart at Wounded Knee: An Indian History of the American West*. New York: Holt, Rinehart, and Winston. 1970.

Bruno, Kenny. "BP: Beyond Petroleum or Beyond Preposterous?" *CorpWatch: Holding Corporations Accountable* 2000. 12. 14. http://www.corpwatch.org/article.php?id=219 (accessed 2004. 6. 22).

Burroughs, William S. and David Odlier. *The Job: Interviews with William S. Burroughs*. New York: Penguin. 1989.

Burton, Bob. "Packaging the Beast: A Public Relations Lesson in Type Casting." *PRWatch 6* no. 1(1999)/12. http://www.prwatch.org/prwissues/1999Q1/beast.html (accessed 2004. 6. 21).

Cancers and Deformities. One part of the extraordinary "The Fire This Time" site. http://www.wakefieldcam.freeserve.co.uk/canceranddeformities.htm (accessed 2002. 1. 26).

Caputi, Jane. *The Age of Sex Crime*. London: The Woman's Press. 1987.

____. *Gossips, Gorgons, & Crones: The Fates of the Earth*. Santa Fe, NM: Bear & Company. 1993.

Catton Jr., William R. *Overshoot: The Ecological Basis of Revolutionary Change*. Chicago: University of Illinois Press. 1982.

Center for Defence Information. http://www.cdi.org/ (accessed 2002. 1. 16).

"Child Sexual Abuse: Information from the National Clearinghouse on Family Violence." The National Clearinghouse on Family Violence (Ottawa, Canada). 1990.1.revised 1997. 2. Available in pdf format at http://www.phac-aspc.gc.ca/ncfv-cnivf/familyviolence/nfntsabus_e.html (accessed 2006. 3. 13).

Chomsky, Noam. *Year 501: The Conquest Continues*. Boston: South End Press. 1993.

Churchill, Ward. "Appreciate History in Order to Dismantle the Present Empire."

Alternative Press Review: Your Guide Beyond the Mainstream 2004. 8. 17. http://www.altpr.org/modules.php?op=modload&name=News&file=article&≥...=272&mode=thread&order=0&thold=0 (accessed 2004. 8. 23).

____. "The New Face of Liberation: Indigenous Rebellion, State Repression, and the Reality of the Fourth World." *Acts of Rebellion: The Ward Churchill Reader*. New York: Routledge. 2003.

____. *Pacifism as Pathology: Reflections on the Role of Armed Struggle in Nouth America*. Winnipeg, Canada: Arbiter Ring. 1998.

____. *Struggle for the Land: Indigenous Resistance to Genocide, Ecocide, and Expropriation in Contemporary North America*. Monroe, ME: Common Courage. 1993.

Clausewitz, Carl von. *On War*. Translated by Michael Howard and Peter Paret. New Brunswick, NJ: Princcton University Press. 1976.

"CNN Says Focus on Civilian Casualties Would Be 'Perverse'." *Fairness and Accuracy in Reporting* 2001. 11. 1. http://www.fair.org/index.php?page=1670 (accessed 2006. 3. 11).

Cockburn, Alexander. *Anderson Valley Advertiser* 2003. 4. 2. p. 9.

____. "The Left and the 'Just War'." *Anderson Valley Advertiser* 2001. 10. 31. p. 1.

____. "London and Miami: Cops in Two Cities." *Anderson Valley Advertiser* 2003. 11. 26. p. 5.

Cokinos, Christopher. *Hope Is the Thing with Feathers: A Personal Chronicle of Vanished Birds*. New York: Jeremy P. Tarcher. 2000.

Combs, Robert. *Vision of the Voyage: Hart Crane and the Psychology of Romanticism*. Memphis: Memphis State University Press. 1978.

"Coming Your Way: Radioactive Garbage." *Rachel's Hazardous Waste News* no. 183. 1990. 5. 30. http://www.ejnet.org/rachel/rhwn183.htm (accessed 2002. 1. 21).

Conot, Robert E. *Justice at Nuremberg*. New York: Caroll & Graf. 1983.

Cook, Kenneth. "Give Us a Fake: The Case Against John Stossel." *TomPaine.com* 2000. 8. 15. http://www.tompaine.com/feature.cfm/ID/3481 (accessed 2004. 3. 13).

Cottin, Heather. "Scripting the Big Lie: Pro-War Propaganda Proliferates." *Workers World Newspaper* 2001. 11. 29. http://groups.yahoo.com/group/MainLineNews/message/20262.

Crane, Jeff. "The Elwha Dam: Economic Gain Wins Out Over Saving Salmon Runs." *Columbia Magazine* 17/no. 3. 2003/Fall. http://www.washingtonhistory.org/wshs

/columbia/articles/0303-a2.htm (accessed 2004. 7. 8).

Creelman, James. *On the Great Highway: The Wanderings and Adventures of a Special Correspondent*. Boston: Lothrop Publishing Co. 1901.

Crévecoeur, Hector St. John de. *Letters from an American Farmer and Sketches of Eighteenth-Century America*. Edited with an introduction by Albert E. Stone. New York: Penguin. 1981.

Dam Removal: Science and Decision Making. Washington, DC: The H. John Heinz Ⅲ Center for Science, Economics, and the Environment. 2002.

Dams and Development: A New Framework for Decision Making. The Report of the World Commission on Dams. London: Earthscan. 2000. 11.

Davidson, Keay. "Optimistic Researcher Draws Pessimistic Reviews: Critics Attack View That Life Is Improving." *San Francisco Chronicle* 2002. 3. 4. A4.

"Deepsea Fishing Nets Devastating the World's Sea Beds, Greenpeace Says." *CBC News*. http://www.cbc.ca/cp/world/040618/w061818.html (accessed 2004. 6. 20).

DeLong, J. Bradford. "The Corporations as a Command Economy." http://www.j-bradford-delong.net/Econ_Articles/Command_Corporations.html (accessed 2994. 3. 17).

Densmore, Frances. *Teton Sioux Music*. Bureau of American Ethnology, bulletin 61. Washington, DC: Smithsonian Institution. 1918.

DeRooy, Sylvia. "Before the Wilderness." *Wild Humboldt* 1/12. 2002. Spring/Summer.

Devereux, George. *A Study of Abortion in Primitive Society*. New York. 1976.

Diamond, Stanley. *In Search of the Primitive: A Critique of Civilization*. Somerset, NJ: Transaction Publishers. 1993.

Dimitre, Tom. "Salamander Extinction?" *Econews: Newsletter of the Northcoast Environmental Center* 2002. 3. 10.

Disinfopedia, s.v. "BP." http://www.disinfopedia.org/wiki.phtml?title=BP (accessed 2004. 6. 22).

Douglass, Frederick. *The Frederick Douglass Papers*. Edited by John Blassingame. Series 1(Speeches, Debates, and Interviews)/vol. 3(1855~63). New Heaven, CT: Yale University Press. 1985.

Dowling, Nick. "Can the Allies Strategic Bombing Campaigns of the Second World War Be Judged a Success or Failure?" *Historic Battles: History Revisited Online*. http://www.historic-battles.com/Articles/can_the_allies_strategic_bombing.htm (accessed 2004. 3. 5).

Draffan, George. Endgame Research Services: A Project of the Public Information Network. http://www.endgame.org (accessed 2004. 7. 10).

Drake, Francis S. *The Indian Tribes of the United States: Their History, Antiquities, Customs, Religion, Arts, Language, Traditions, Oral Legends, and Myths* vol. 2. Philadelphia: J. B. Lippincott and Co. 1884.

Drake, Samuel G. *Biography and History of the Indians of North America, from Its First Discovery* 11th ed. Boston: Benjamin B. Mussey & Co. 1841.

Drinnon, Richard. *Facing West: The Metaphysics of Indian-Hating & Empire-Building*. Norman: University of Oklahoma Press. 1997.

Dvorak, Petula. "Cell Phones' Flaws Imperil 911 Response." *Washington Post* 2003. 3. 31. B1. http://www.washingtonpost,com/ac2/wp-dyn?pagename=article&node=&contentId=A54802-2003Mar30¬Found=true (accessed 2003. 6. 14).

Eckert, Allan W. *A Sorrow in Our Heart: The Life of Tecumseh*. New York: Bantam Books. 1992.

Edwards, David. *Burning All Illusions*. Boston: South End Press. 1996.

____. *The Compassionate Revolution: Radical Politoics and Buddhism*. Devon, U. K.: Green Books. 1998.

The Effects of Strategic Bombing on the German War Economy. The United States Strategic Bombing Survey, Overrall Economic Effects Division. 1945. 10. 31.

Elliott, Rachel J. "Acts of Faith: Philip Berrigan on the Necessity of Nonviolent Resistance." *The Sun* no. 331. 2003. 7. pp. 4~13.

Engels, Frederick. *Herr Eugen Dühring's Revolution in Science*. Moscow: Cooperative Publishing Society of Foreign Workers in the USSR. 1934.

"Learn about EPRI." EPRI. http://www.epri,com/about/default.asp (accessed 2004. 7. 22).

Estes, Ralph. *Tyranny of the Bottom Line: Why Corporations Make Good People Do Bad Things*. San Francisco: Berrett-Koehler. 1996.

The Estrogen Effect: Assault on the Male. Written and produced by Deborah Cadbury for the British Broadcasting Corporation. 1993 (televised by the Discovery Channel. 1994).

Extreme Deformities. One part of the extraordinary "The Fire This Time" site. http://www.wakefieldcam.freeserve.co.uk/extremedeformities.htm (accessed 2002. 1. 26).

"Facing Up to Fluoride: It's in Our Toothpaste. Should We Worry?" *The New Forest Net*. http://www.thenewforesnet.co.uk/alternative/newforest-alt/jan2fluoride.htm

(accessed 2002. 1. 21).

"Fair Trade: Economic Justice in the Marketplace." Global Exchange. http://www.globalexchange.org/stores/fairtrade.html (accessed 2002. 3. 16).

Farrell, Maureen. "A Brief (but Creepy) History of America's Creeping Fascism." *Buzzflash* 2002. 12. 5. http://www.buzzflash.com/contributors/2002/12/05_Fascism.html (accessed 2004. 7. 21).

"Fast Facts about Wildlife Conservation Funding Needs." http://www.nwf.org/naturefunding/wildlifeconservationneeds.html (accessed 2002. 1. 16).

Faust, Drew Gilpin. *The Ideology of Slavery*. Baton Rouge: Louisiana State University Press. 1981.

Fischer, Louis. *The Life of Mahatma Gandhi*. New York: Hatper. 1983.

Fisk, Robert. "Iraq through the American Looking Glass: Insurgents Are Civilians. Tanks That Crush Civilians Are Traffic Accidents. And Civilians Should Endure Heavy Doses of Fear and Violence." *Independent* 2003. 12. 26. http://fairuse.1accesshost.cst.com/news1/fisk4.html (accessed 2004. 10. 15).

"Flack Attack." *PR Watch 6* no. 1/1. 1999. http://www.prwatch.org/prwissues/1999Q1/ (accessed 2004. 7. 22).

Flounders, Sara. Introduction to *NATO in the Balkans: Voices of Opposition*. by Ramsey Clark, Sean Gervasi, Sara Flounders, Nadja Tesich, Thomas Deichmann, et al. New York: International Action Center. 1998.

"Fluoride Conspiracy." The Northstar Foundation. http://www.geocities.com/northstarzone/FLUORIDE.html (accessed 2002. 1. 21).

Forbes, Jack D. *Columbus and other Cannibals: The Wétiko Disease of Exploitation, Imperialism and Terrorism*. Brooklyn: Autonomedia. 1992.

"Fox: Civilian Casualties Not News." *Fairness and Accuracy in Reporting* 2001. 11. 8. http://www.fair.org/index.php?page=1668 (accessed 2006. 3. 11).

Fox, Maggie. "Lagest Article Ice Shelf Breaks Up." *ABC News* (Australia). 2003. 9. 23. http://www.abc.net.au/science/news/stories/s952044.htm (accessed 2003. 10. 28).

Fox News Sunday 2001. 6. 17.Franklin, Benjamin. *The Papers of Benjamin Franklin* vol. 4. *July 1, 1750~June 30, 1753*. Edited by Leonard W. Labaree, Whitfield J. Bell, Helen C. Boatfield, and Helene H. Fineman. New Heaven, CT: Yale University Press. 1961.

"The Free Trade Area of the Americas and the Threat to Water." International Forum on Globalization. http://www.ifg.org/reports/ftaaeater.html (accessed 2004. 9. 27).

"Frequently Asked Questions about Anarchists at the 'Battle for Seattle' and N30." *Infoshop.org*. http://www.infoshop.org/octo/a_faq.html (accessed 2002. 3. 16).

Fomm, Erich. *The Sane Society*. New York: Fawcett. 1967.

Gandhi, Mohandas K. *Gandhi on Non-Violence*. Edited by Thomas Merton. New York: New Directions. 1964.

Gantenbein, Douglas. "Swimming Upstream." *National Parks Conservation Association Magazine* 2004/Summer. http://www.npca.org/magazine/2004/summer/salmon3.asp (accessed 2004. 7. 10).

Garamone, Jim. "*Joint Vision 2020* Emphasizes Full-Spectrum Dominance." *American Forces Information Service News Articles* 2000. 6. 2. http://www.defenselink.mil/news/Jun2000/no6022000_20006025.html (accessed 2002. 3. 8,).

Gaura, Maria Alicia. "Curbing Off-Road Recreation: Asbestos, Rare Plants Threaten Free-wheeling Bikers in the Clear Creek Management Area." *San Francisco Chronicle* 2004. 6. 13. B1.Genesis 1:28. *The Bible*.

"Get the Facts and Clear the Air." Clear the Air, National Campaign Against Dirty Power. http://cta.policy.net/dirtypower/ (accessed 2004. 9. 3).

"A Ghastly View of Fish Squeezed thought the Net by the Tons of Fish Trapped within the Main Body of the Net." NOAA Photo Library. http://www.photolib.noaa.gov/fish/fish0167.htm (accessed 2003. 7. 10).

Gibbon, Edward. *The Decline and Fall of the Roman Empire: Complete and Unabridged in Three Volumes* vol. 3. *The History of the Empire from AD 1135 to the Fall of Constantine in 1453*. New York: The Modern Library. n.d.

Gide, André. *André Gide: Journals* vol. 4. *1939~1949*. Translated by Justin O'Brien. Champaign: University of Illinois Press. 2000.

Glaspell, Kate Eldridge. "Incidents in the Life of a Pioneer." *North Dakota Historical Quarterly* 1941. pp. 187~88.

Global Exchange Reality Tours. http://www.globalexchange.org/tours/, and follow Links from there for the other information (accessed 2002. 3. 16).

Goldman, Emma. *Living My Life*. New York: New American Library. 1977.

Goldsmith, Zac. "Chemical-Induced Puberty." *Ecologist* 2004. 1. 4.

Goleman, Daniel. *Healing Emotions*. Boston: Shambhala. 1997.

Gordon, H. L. *The Feast of the Virgins and Other Poems*. Chicago: Laird and Lee. 1891.

"Gradual Change Can Push Ecosystems into Collapse." *Environmental News Network* 2001. 10. 12. http://www.enn.com/news/enn-stories/20001/10/10122001/s_4524

1.asp (accessed 2001. 11. 29).

Grassroots ESA. http://nwi.org/GrassrootsESA.html (accessed 2002. 1. 16).

Griffin, Susan. *A Chorus of Stones: The Private Life of War.* New York: Doubleday. 1992.

Grimes, Richard S. "Cheyenne Dog Soldiers." Manataka American Indian Council. http://www.manataka.or g/page164.html (accessed 2005. 2. 23).

Gruen, Arno. *The Insanity of Normality: Realism as Sickness: Toward Understanding Human Destructiveness.* Translated by Hildegarde and Hunter Hannum. New York: Grove Weidenfeld. 1992.

Guevara, Ernesto Che. *Che Guevara Reader: Writings on Politics & Revolution* 2nd ed. Edited by David Deutschmann. Melbourne: Ocean Press. 2003.

Handler, Marisa. "Indigenous Tribe Takes on Big Oil: Ecuadoran Village Refuses Money, Blocks Attempts at Drilling on Ancestral Land." *San Francisco Chronicle* 2004. 8. 13. http://www.sfgate.com/cgi-bin/article.cgi?file=/chronicle/archive/2004/08/13/MNGHB86B4V1.DTL (accessed 2004. 8. 19).

Harden, Blaine. "Bush Would Give Dam Owners Special Access: Proposed Interior Dept. Rule Could Mean Millons for Industry." *San Francisco Chronicle* 2004. 10 28. A1. A4. http://www.sfgate.com/cgi-bin/article.cgi?file=/chronicle/archive/2004/10/28/MNGIE9HQ6U1.DTL (accessed 2004. 10. 31).

Hart, Lawrence. "Cheyenne Peace Traditions." *Mennonite Life* 1981. 6. pp. 4~7.

Hastings, Max. *Bomber Command.* New York: Touchstone. 1979.

Havoc Mass. "Electric Funeral: An In-Depth Examination of the Megamachine's Circuitry." *Green Anarchy* no. 15. 2004/Winter.

Hawley, Chris. "World's Land Turning to Desert at Alarming Speed, United Nations Warns." *SFGate.com* 2004. 6. 15. http://sfgate.com/cgi-bin/article.cgi?file=/news/archive/2004/06/15/international1355EDT0606.DTL (accessed 2004. 6. 20).

Heinen, Tom. "Prophecy Believers Brace for Armageddon: Many Think Apocalyptic Battle between Jesus and the Anti-Christ Could Loom in Not-Too-Distant Future." *Milwaukee Journal-Sentinal Online* 1999. 12. 31(appeared in print Janunary 1, 2000). http://www.jsonlin
e.com/news/metro/dec99/apoc01123199a.asp (accessed 2003. 5. 18).

Henry, Robert Selph. "First with the Most." *Forrest.* Jackson, TN: McCowat-Mercer Press. 1969.

Herman, Edward S. "Nuggets from a Nuthouse." *Z Magazine* 2001. 11. p. 24.

Herman, Judith Lewis. "*Trauma and Recovery: The Aftermath of Violence-from*

Domestic Abuse to Political Terror. New York: Basic Books. 1992.

"Herring and Salmon." Raincoast Research Society. http://www.raincoastresearch.org/herring-salmon.htm (accessed 2004. 7. 16).

Hicks, Sander. "Fearing FEMA." *Guerilla News Network*. http://www.guerillanews.com/war_on_terrorism/doc1611.html (accessed 2004. 7. 21).

Hoffmann, Peter. *The History of the German Resistance, 1933~1945*. Translated by Richard Barry. Cambridge, MA: The MIT Press 1977.

Hooker, Richard. "Samsara." *World Civilizations*. http://www.wsu.edu:8080/~dee/GLOSSARY/SAMSARA.HTM (accessed 2003. 7. 14).

Hopper, Jim. "Child Abuse: Statistics, Research, and Resources." Last revised 2006. 2. 25. http://www.jimhopper.com/abstats/ (accessed 2004. 8. 19).

Hoskins, Ray. *Rational Madness: The Paradox of Addiction*. Blue Ridge Summit: Tab Books. 1989.

Human Resource Exploitation Training Manual: 1983. CIA. 1983. http://www.gwu.edu/~nsarchiv/NSAEBB/NSAEBB27/02-02.htm (accessed 2006. 3. 11).

Hume, David. "On the First Principles of Government."

Hunn, Eugene S. "In Defence of the Ecological Indian." Paper presented at the Ninth International Conference on Hunting and Gathering Societies, Edinburgh, Scotland. 2002. 9. http://www.abdn.ac.uk.chaggs9/1hunn.htm (accessed 2004. 5. 30).

Hunter, John D. *Memoirs of a Captivity among the Indians of North America, from Childhood to the Age of Nineteen*. Edited by Richard Drinnon. New York: Schoken Books. 1973.

Huntington, Samual. *The Clash of Civilizations and the Remarking of World Order*. New York: Simon and Schuster. 1997.

Hurdle, Jon. "Lights-Out Policies in Cities Save Migrating Birds." *Yahoo! News* 2004. 6. 10. http://story.news.yahoo.com/news?tmpl=story&cid=572&e=8&u=/nm/life_birds_dc (accessed 2004. 7. 6).

"In His Own Words: What Bush Told the Convention." *San Francisco Chronicle* 2004. 9. 9. A14.

"Information on Depleted Uranium: What is Depleted Uranium?" Sheffield-Iraq Campaign, 6 Bedford Road, Sheffield S35 0FB, 0114-286-2336. http://www.synergynet.co.uk/sheffield-iraq/article/du.htm (accessed 2002. 1. 23).

Jefferson, Thomas. *The Writings of Thomas Jefferson* vol. 11. Edited by Andrew A. Lipscomb and Albert Ellery Bergh. Washington, DC: Thomas Jefferson Memorial

Association. 1903.

Jensen, Derrick. *The Culture of Make Believe.* White River Junction, VT: Chelsea Green. 2002.

____. "Free Press for Sale: How Corporations Have Bought the First Amendment: An Interview with Robert McChesney." *The Sun* 2000. 9.

____. *A Language Older Than Words.* White River Junction, VT: Chelsea Green. 2004.

____. *Listening to the Land.* White River Junction, VT: Chelsea Green. 2004.

____. *Walking on Water: Reading, Writing, and Revolution.* White River Junction, VT: Chelsea Green. 2004.

____. "Where the Buffalo Go: How Science Ignores the Living World: An Interview with Vine Deloria." *The Sun* 2000. 7.

Jensen, Derrick and George Draffan. *Strangely Like War: The Global Assault on Forests.* White River Junction, VT: Chelsea Green. 2003.

____. *Welcome to the Machine: Science, Surveillance, and the Culture of Control.* White River Junction, VT: Chelsea Green. 2004.

Johansen, Bruce E. *Forgotten Founders: Bunjamin Franklin, the Iroquois and the Rationale for the American Revolution.* Ipswich, MA: Gambit Incorporated, 1982. Also available in pdf format at http://www.ratical.org/many_worlds/6Nations/FF.pdf (accessed 2003. 6. 7).

"John Trudell: Last National Chairman of AIM." Redhawks Lodge. http://siouxme.com/lodge/trudell.html (accessed 2004. 9. 12).

Joint Vision 2020. Approval Authority: General Henry H. Shelton, Chairman of the Joint Chiefs of Staff; Office of Primary Responsibility: Director for Strategic Plans and Policy, Strategy Division. Washington, DC: U. S. Government Printing Office. 2000. 6.

http://www.joric.com/Conspiracy/Center.htm. A Great site on the conspiracies to kill Hitler.

Juhnke, James C. and Valerie Schrag. "The Original Peacemakers." *Fellowship* 1998. 5/6. pp. 9~10.

Keegan, John. *The Second World War* 1st Armer. ed. New York: Viking Penguin. 1990.

Kennedy, Harold. "Marines Sharpen Their Skills in Hand-to-Hand Combat." *National Defense Magazine* 2003. 11. http://www.nationaldefensemagazine.org/article.cfm?Id=1263 (accessed 2004. 9. 5).

Kennedy, Nancy. "Outrage-ous." *Shield* (the international magazine of the BP Amoco

Group, U. S. ed.), 1992/Summer. http://www.psandman.com/articles/shield.htm (accessed 2004. 6. 21).

Kershaw, Andy. "A Chamber of Horrors So Close to the 'Garden of Eden': In Foreign Parts in Basra, Southern Iraq.'" *Independent* 2001. 12. 1. http://news.independent.co.uk/world/middle_east/story.jsp?story=107715 (accessed 2002. 1. 27).

Killian, Lewis M. *The Impossible Revolution? Black Power and the American Dream.* New York: Random House. 1968.

Kirby, Alex. "Fish Do Feel Pain, Scientists Say." *BBC News* 2003. 4. 30. http://news.bbc.co.uk/2/hi/science/nature/2983045.stm (accessed 2003. 5. 12).

Koopman, John. "Interpreter's Death Rattles Troops: Iraqi Woman Became Close Friend of U. S. Soldiers." *San Francisco Chronicle* 2004. 8. 1. A1. http://www.sfgate.com/cgi-bin/article.cgi?file=/chronicle/archive/2004/08/01/MNGJ57UGB826.DTL (accessed 2004. 8. 16).

Kopytoff, Verne. "Google Goes Forth into Great Beyond: Who Knows Where?" *San Francisco Chronicle* 2004. 5. 2. A1.

Krag, K. *Plants Used as Contraceptives by the North American Indians.* Cambridge, MA: Harvard University Press. 1976.

Laing, R. D. *The Politics of Experience.* New York: Ballantine Books. 1967.

Lame Deer, John (Fire) and Richard Erdoes. *Lame Deer: Seeker of Visions.* New York: Simon and Schuster. 1972.

Larsen, Janet. "Dead Zones Increasing in World's Coastal Waters." Earth Policy Institute. 2004. 6. 16 http://www.earth-policy.org/Update41.htm (accessed 2004. 6. 20).

Lean, Geoffrey. "Why Antarctica Will Soon Be the *Only* Place to Live-Literally." *Independent* 2004. 5. 2. http://news.independent.co.uk/world/environment/story.jsp?story=517321 (accessed 2004. 5. 6).

Ledeen, Michael. "Creative Destruction: How to Wage a Revolutionary War." *National Review Online* 2001. 9. 20. http://www.nationalreview.com/contributors/ledeen092001.shtml (accessed 2003. 5. 17).

____. "Faster, Please." *National Review Online* 2005. 2. 7.http://www.nationalreview.com/ledeen/ledeen200502070850.asp (accessed 2006. 3. 11).

____. "The Heart of Darkness: The Mullahs Make Terror Possible." *National Review Online* 2002. 12. 12. At the Benador Associates website, http://www.benadorassociates.com/article/161 (accessed 2003. 5. 18).

____. "The Iranian Comedy Hour: In the U. S., the Silence Continues." *National*

Review Online 2002. 10. 23. At the Benador Associates website, http://www.benadorassociates.com/article/112 (accessed 2003. 5. 18).

____. "The Lincoln Speech." *National Review Online* 2003. 5. 2. http://www.nationalreview.com/ledeen/ledeen050203.asp (accessed 2003. 5. 18).

____. "Machiavelli on Our war: Some Advice for Our Leaders." *National Review Online* 2001. 9. 25. http://nationalreview.com/contributors/ledeen092501.shtml (accessed 2003. 5. 18).

____. "Scowcroft Strikes Out: A Familiar Cry: *National Review Online* 2002. 8. 18. At the Benador Associates website, http://www.benadorassociates.com/article/71 (accessed 2003. 5. 18).

____. "The Temperature Rises: We Should Liberate Iran First-Now." *National Review Online* 2002. 11. 12 At the Benador Associates website, http://www.benadorassociates.com/article/130 (accessed 2003. 5. 18).

____. "The Willful Blindness of Those Who Will Not See." *National Review Online* 2003. 2. 18. http://www.nationalreview.com/ledeen/ledeen021803.asp (accessed 2003. 5. 18).

Leggett, Jeremy. *The Carbon War*. New York: Routledge. 2001.

LeGuin, Ursula. "Woman/Wildness." *Healing the Wounds*. Edited by Judith Plant. Philadelphia: New Society. 1989.

Liddell Hart, B. H. ed. *The Rommel Papers*. Translated by Paul Findlay. New York: Harcourt, Brace, and Company. 1953.

"Living in Reality: Indigenous and Campesino Resistance." *Green Anarchy* no. 19. 2005/Spring.

Livinston, John A. *The Fallacy of Wildlife Conservation*. Toronto: McClelland & Stewart. 1981.

Llanos, Miguel. "Study: Big Ocean Fish Nearly Gone." *MSNBC News* 2003. 5. 14. http://www.msnbc.com/news/913074.asp?ocl=cR#BODY (accessed 2003. 5. 31)

Locke, John. *The Second Treatise on Government*. Edited with an introduction by J. W. Gough. New York: The Macmillan Company. 1956.

Lorde, Audre. "The Master's Tools Will Never Dismantle the Master's House." *Sister/Outsider*. Trumansburg: The Crossing Press. 1984.

Losure, Mary. "Powerline Blues." *Minnesota Public Radio* 2002. 12. 9. http://news.mpr.org/features/200212/08_losurem_powerline/ (accessed 2003. 7. 2).

Lynos, Dana. *Turn of the Wrench*(CD). Bellingham, WA: Reigning Records.

Malakoff, David. "Faulty Towers." *Audubon* 2001. 10. http://magazine.audubon.org/features0109/faulty_towers.html (accessed 2003. 6. 12).

Mallat, Chibli. "New Ways Out of the Arbitration Deadlock." *Daily Star* 1996. 12. 19. http://www.soas.ac.uk/Centres/IslamicLaw/DS19-12-96EuroArabChib.html (accessed 2004. 10. 8).

Mann, Charles C. "1491." *Atlantic Monthly* 2002. 3. pp. 41~53. http://www.theatlantic.com/issues/2002/03/mann.htm (accessed 2004. 5. 31).

Marcos, Subcomandante. *Our World Is Our Weapon: Selected Writings of Subcomandante Insurgente Marcos*. New York: Seven Stories. 2001.

Martin, Brian. "Sabotage." chap. 8. *Nonviolence Versus Capitalism*. London: War Resister's International. 2001. http://www.uow.edu.au/arts/sts/bmartin/pubs/01nvc/nvc08.html (accessed 2004. 8. 27).

Martin, Glen. "Battle of Battle Creek: Which Way to Save Salmon?" *San Francisco Chronicle* 2004. 3. 15. A1, A11.

Martin, Harry V. with research assistance from David Caul. *FEMA: The Secret Government*. 1995. http://www.globalresearch.ca/articles/MAR402B.html (accessed 2006. 3. 12).

Marufu, L. T., B. F. Taubman, B. Bloomer, C. A. Piety, B. G. Doddridge, J. W. Stehr, and R. R. Dickersin. "The 2003 North American Electrical Blackout: An Accidental Experiment in Atmospheric Chemistry." *Geophysical Research Letter* vol. 31. L13106. doi:10.1029/2004GL019771. 2004. http://www.agu.org/pubs/crossref/2004/2004GL019771.shtml (accessed 2004. 9. 22).

Mason Jr., Herbert Molloy. *To Kill the Devil: The Attempts on the Life of Adolf Hitter*. New York: W. W. Norton & Company. 1978.

Matus, Victorino. "Big Bombs are Best." *The Weekly Standard* 2001. 11. 9. http://www.weeklystandard.com/Content/Public/Articles/000/000/000/5140bizp.asp (accessed 2001. 11. 19).

McCathy, Michael. "Disaster at Sea: Global Warming Hits UK Birds." *Independent* 2004. 7. 30. http://news.independent.co.uk/uk/environment/story.jsp?story=546138 (accessed 2004. 8. 2).

____. "Greenhouse Gas 'Threatens Marine Life.'" *Independent* 2005. 2. 4. http://news.independent.co.uk/world/environment/story.jsp?story=607579 (accessed 2005. 2. 9).McConnell, Howard. "Remove the Dams on the Klamath River." *Eureka Times-Standard* 2004. 7. 25. http://www.times-standard.com/Stories/0,1413,127~2906~2294032,00.html (accessed 2004. 7. 25).

McIntosh, Alistair. *Soil and Soul.* London: Aurum Press. 2002.

"Media March to War." *Fairness and Accuracy in Reporting* 2001. 9. 17. http://www.fair.org/index.php?page=1853 (accessed 2006. 3. 11).

Melançon, Benjamin Maurice, with Vladmir Costés. "Landless Movement Regional Leader Jailed." *Narcosphere* 2004. 8. 12. http://narcosphere.narconews.com/story/2004/8/13/0229/42902 (accessed 2004. 10. 8).

Merriam Webster's Collegiate Dictionary. electronic ed. vers. 1.1, 1994~1995.

Mersereau, Adam. "Why Is Our Military Not Being Rebuilt? The Case for a Total War." *National Review Online* 2002. 5. 24. http://www.nationalreview.com/comment/comment-mersereau052402.asp (accessed 2003. 5. 18).

Mies, Maria. *Patriarchy and Accumulation on a World Scale.* London: Zed Books. 1999.

Miller, Arthur. "Why I Wrote *The Crucible.*" *The New Yoker* 1996. 10. 21. pp. 158~64. http://www.newyorker.com/archive/content/?020422fr_archive02 (accessed 2004. 12. 1).

Ming Zhen Shakya. "What Is Zen Buddhism, Part Ⅱ: Samsara and Nirvana." http://www.hsuyun.org/Dharma/zbohy/Literature/essays/mzs/whatzen2.html (accessed 2003. 7. 14).

Mitford, Jessica. *The American Prison Business.* New York: Penguin Books. 1977.

"MK84." FAS Military Analysis Network. http://www.fas.org/man/dod-101/sys/dumb/mk84.htm (accessed 2001. 11. 19).

Mokhiber, Russell. *Corporate Crime and Violence.* San Francisco: Sierra Club Books. 1988.

Mokhiber, Russell, and Robert Weissman. "Stossel Tries to Scam His Public." Essential Information. 2004. 4. 7. http://lists.essential.org/pipermail/corp-focus/2004/000177.html (accessed 2004. 4. 8).

Montgomery, David R. *King of Fish: The Thousand-Year Run of Salmon.* Boulder, CO: West-view. 2003.

Moodie, Donald. *The Record, or a Series of Official Papers Relative to the Condition and Treatment of the Native Tribes of South Africa.* Amsterdam: A. A. Balkema. 1960.

Moore, John Bassett. *A Digest of International Law* vol. 7. Washington, DC: Government Printing Office. 1906.

Moore, Kathleen Dean, and Jonathan W. Moore. "The Gift of Salmon." *Discover* 2003. 5. pp. 45~49.

Morgan, Edmund S. *American Slavery, American Freedom: The Ordeal of Colonial Virginia*. New York: W. W. Norton & Company. 1975.

Morgan, Jay. "Monks Always Get the Coolest Lines." Ordinary-Life.net. http://www.ordinary-life.net/blog/archives/002058.php (accessed 2003. 7. 29).

Mowat, Farley. *Sea of Slaughter*. Toronto: Seal. 1989.

Munholland, Virginia. "The Plot to Assassinate Hitler." *Strategy & Tactics* 1976. 11/12. pp. 4~15.

Mullan, Bob, and Garry Marvin. *Zoo Culture: The Book About Watching People Watch Animals* 2nd ed. Chicago: University of Illinois Press. 1999.

Mumford, Lewis. *The City in History: Its Origins, Its Transformations, and Its Prospects*. New York: Harcourt, Brace & World. 1961.

____. *The Myth of the Machine: Technics and Human Development*. New York: Harcourt Brace Jovanovich. 1966.

____. *The Myth of the Machine: The Pentagon of Power*. New York: Harcourt Brace Jovanovich. 1970.

Murray, Andrew. "Hostages of the Empire." *Guardian Unlimited*. Special Report: Iraq. 2003. 7. 1. http://www.guardian.co.uk/Iraq/story/0,2763,988418,00.html (accessed 2004. 10. 10).

Letter from the National Science Foundation to the Center for Biological Diversity. 2002. 10. 16. http://www.biologicaldiversity.org/swcbd/species/beaked/NSFResponse.pdf (accessed 2002. 10. 26).

Neeteson, Kees. "The Dutch Low-Threshold Drugs Approach." http://people.zeelandnet.nl/scribeson/DutchApproach.html (accessed 2004. 9. 18).

New Columbia Encyclopedia 4th ed. New York: Columbia University Press. 1975.

"New Iraq Abuse Pictures Surface." *Aljazeera.net* 2004. 5. 6. http://english.aljazeera.net/NR/exeres/901052D2-7E43-49C3-A3F9-B0C3690CF59F.htm (accessed 2004. 5. 6).

"New World Vistas." Air Force Scientific Advisory Board. 1996. ancillary vol. 15.

"NMFS Refuses to Protect Habitat for World's Most Imperiled Whale: Despite Six Years of Continuous Sightings in SE Bering Sea, NMFS Claims It Can't Determine Critical Habitat for Right Whale." Center for Biological Diversity 2002. 2. 20. http://www.biologicaldiversity.org/swcbd/press/right2-20-02.html (accessed 2002. 3. 20).

NoFluoride. 2002. http://www.nofluoride.com (accessed 2002. 1. 21).

Nopper, Tamara Kil Ja Kim. "Yuri Kochiyama: on War, Imperialism, Osama bin

Laden, and Black-Asian Politics." *AWOL Magazine* 2003. http://awol.objector.org/yuri.html (accessed 2004. 10. 13).

Notes from Nowhere eds. *We Are Everywhere: The Irresistible Rise of Global Anticapitalism*. New York: Verso. 2003.

Online Etymology Dictionary. http://www.etymonline.com/index.html (accessed 2004. 8. 14).

Oregon State Senate Bill 742, 72nd Legislative Assembly.

Orwell, George. *1984*. New York: New American Library. 1961.

Oxborrow, Judy. *The Oregonian* 2002. 1. 20. F1.

Oxford English Dictionary. compact ed. Oxford: Oxford University Press. 1985.

Patton, Boggs. "Profile." http://www.pattonboggs.com/AboutUs/index.html (accessed 2004. 7. 22).

Paulson, Michael. "Deal Clears Way to Buy Elwha Dams: Dicks, Gorton and Babbitt Agree on Planning for Their Demolition." *Seattle PI* 1999. 10. 20. http://seattlepi.nwsource.com/local/elwha20.shtml (accessed 2004. 7. 22).

Paz, Octavio. *The Labyrinth of Solitude*. New York: Grove Press. 1985.

Pearce, Joseph Chilton. *Magical Child*. New York: Plume. 1992.

Perlman, David. "Decline in Ocean's Phytoplankton Alarms Scientists: Experts Pondering Whether Reduction of Marine Plant Life Is Linked to Warming of the Sea." *San Francisco Chronicle* 2003. 10. 6. A6. http://sfgate.com/cgi-bin/article.cgi?f=/c/a/2003/10/06/MN31432.DTL&type=science (accessed 2003. 10. 28).

Peter, Laurence J. *Peter's Quotations: Ideas for Our Time*. New York: William Morrow and Company. 1977.

Pitt, William Rivers. "Kenny-Boy and George." *Truthout* 2004. 7. 7. http://www.truthout.org/docs_04/070804A.shtml (accessed 2004. 7. 20).

Planck, Max. *Scientific Autobiography and Other Papers*. Translated by Frank Gaynor. New York: Philosophical Library. 1949.

"Population Increases and Democracy." http://www.eeeee.net/sd03048.htm (accessed 2002. 9. 23).

Priest, Dana and Barton Gellman. "U. S. Uses Torture on Captive Terrorists: CIA Doesn't Spare the Rod in Interrogations." *San Francisco Chronicle* 2002. 12. 26. A1, A21.

Project for the New American Century. "About PNAC." http://www.newamericancentury.org/aboutpnac.htm (accessed 2003. 6. 1).

PR Watch, Center for Media and Democracy. http://www.prwatch.org/cmd/ (accessed 2004. 7. 22).

Ramsland, Katherine. "Dr. Robert Hare: Expert on the Psychopath." chap. 5. "The Psychopath Defined." *Court TV's Crime Library: Criminal Minds and Methods.* http://www.crimelibrary.com/criminal_mind/psychology/robert_hare/5.html?sect =19 (accessed 2004. 8. 6).

Rand, Ayn. Talk given at the United States Military Academy at West Point, NY, March 6, 1974.

"Rebuilding America's Defence: Strategy, Forces and Resources for a New Century." A report of the Project for the New American Century. 2000. 9. http://www.new americancentury.org/RebuildingAmericasDefenses.pdf.

Reckard, E. Scott. "FBI Shift Crimps White-Collar Crime Probes: With More Agents Moved to Anti-Terrorism Duty, Corporate Fraud Cases are Routinely Put on Hold, Prosecutors Say." *Los Angeles Times* 2004. 8. 30.

Regular, Arnon. "'Road Map Is a Life Saver for Us', PM Abbas Tells Hamas." *Ha'aretz* 2003. 6. 27. Also at *Unknown News.* http://www.unknownnews.net/insanity7.ht ml#quote (accessed 2003. 6. 30).

Reich, Wilhelm. *The Murder of Christ: The Emotional Plague of Mankind.* New York: Farrar, Strauss and Giroux. 1953.

Reitlinger, Gerald. *The Final Solution: The Attempt to Exterminate the Jews of Europe, 1939~1945* 2nd ed. New York: Thomas Yoseloff. 1961.

Remedy. "Mattole Activists Assaulted, Arrested after Serving Subpoena for Pepper Spray Trial." *Treesit Blog* 2004. 8. 27. http://www.contrast.org/treesit (accessed 2004. 8. 27).

"Report on the School of the Americas." Federation of American Scientists 1997. 3. 6. http://www.fas.org/irp/congress/1997_rpt/soarpt.htm (accessed 2003. 5. 12).

"Report to the Seattle City Council WTO Accountability Committee by the Citizens' Panel on WTO Operations." Citizens' Panel on WTO Operations, 2000. 9. 7. http://www.cityofseattle.net/wtocommittee/panel3final.pdf (accessed 2002. 3. 17).

"Reviving the World's Rivers: Dam Removal." part 4. Technical Challenges. International Rivera Network. http://www.irn.org/revival/decom/brochure/rrpt5. html (accessed 2004. 7. 11).

Revkin, Andrew C. "Bad News (and Good) on Arctic Warming." *New York Times* 2004. 10. 30. The article is also at http://www.iht.com/bin/print_ipub.php?file=/ articles/2004/10/29/news/arctic.html (accessed 2004. 10. 30).

Richardson, Paul. "Hojojutsu-The Art of Tying." Sukisha Ko Ryu: Bringing Together All the Elements of the Ninjutsu & Samuraijutsu Takamatsu-den Traditions. http://homepages.paradise.netnz/sukisha/hojojutsu.html (accessed 2003. 6. 4).

"Rivers Reborn: Removing Dams and Restoring Rivers in California." Friends of the River. http://www.friendsoftheriver.org/Publications/RiverReborn/main3.html (accessed 2004. 7. 11).

Robbins, Tom. *Still Life with Woodpecker*. New York: Bantam. 1980.

Rogers, Lois. "Science Turns Monkeys into Drones-Humans are Next, Generic Experts Say." *Ottawa Citizen* 2004. 10. 17. http://www.canada.com/ottawa/ottawacitizen/news/story.html?id=14314591-ee96-440f-8c83-11a9822d3d42 (accessed2004. 10. 22).

Root, Deborah. *Cannibal Culture: Art, Appropriation, & the Commodification of Difference*. Boulder, CO: Westview Press. 1996.

Roycroft, Douglas. "Getting Well in Albion." *Anderson Valley Advertiser* 2002. 3. 6. p. 8.

Russell, Diana E. H. *The Secret Trauma: Incest in the Lives of Girls and Women*. New York: Basic Books. 1986.

____. *Sexual Exploitation: Rape, Child Sexual Abuse, and Sexual Harassment*. Beverly Hills. 1984.

Rutten, Tim. "Cheney's History Needs a Revise." *Los Angeles Times* 2005. 11. 26. http://fairuse.1accesshost.com/news3/latimes163.html (accessed 2005. 11. 28).

"Sabotage Blamed for Power Outage: Bolts Removed from 80-Foot Wisconsin Tower." *CNN.com*. http://www.cnn.com/2004/US/10/11/wisconsin.blackout.ap/ (accessed 2004. 10. 15).

Sadovi, Carlos. "Cell Phone Technology Killing Songbirds, Too." *Chicago Sun-Times* 1999. 11. 30. Also at http://www.rense.com/politic5/songbirds.htm (accessed 2003. 7. 5).

Safire, William. "You Are a Suspect." *New York Times* 2002. 11. 14.

Sale, Kirkpatrick. "An Illusion of Progress." *Ecologist* 2003. 6. http://www.theecologist.org/archive_article.html?article=430&category=45 (accessed 2004. 10. 13).

San Francisco Chronicle. http://www.sfgate.com.

"Sardar Kartar Singh Saraba." Gateway to Sikhism. http://allaboutsikhs.com/martyrs/sarabha.htm (accessed 2003. 12. 29). Citing Jagdev Singh Santokh., Sikh Martyrs. Birmingham, England: Sikh Missionary Resource Centre. 1995.

Savinar, Matt. "Life After the Oil Crash: Deal with Reality, or Reality Will Deal with

You." http://www.lifeaftertheoilcrash.net/PageOne.html (accessed 2004. 9. 21).

Scheffer, Marten, Steve Carpenter, Jonathan A. Foley, Carl Folke, and Brian Walker. "Catastrophic Shifts in Ecosystems." *Nature* 2001. 10. 11. pp. 591~96.

Scherer, Glenn. "Religious Wrong: A Higher Power Informs the Republican Assault on the Environment." *E Magazine* 2003. 5. 5. pp. 35~39. 그외 "Why Ecocide Is 'Good News' for the GOP." http://www.mindfully.org/Reform/2003/Ecocide-Is-Good-News5may03.htm (accessed 2003. 5. 21).

Schmitt, Diana. "Weapons in the War for Human Kindness: Why David Budbill Sits on a Mountaintop and Writes Poems." *The Sun* 2004. 3.

Schor, Juliet B. *The Overworked American: The Unexpected Decline of Leisure*. New York: Basic Books. 1991.

Schuld, Andreas. "Dangers Associated with Fluoride." EcoMall: A Place to Save the Earth. http://www.ecomall.com/greenshopping/fluoride2.htm (accessed 2002. 1. 21).

Seekers of the Red Mist. http://www.seekersoftheredmist.com/ (accessed 2003. 7. 10).

Severn, David. "Vine Watch." *Anderson Valley Advertiser* 2003. 4. 2. p. 8.

Shirer, William. *The Rise and Fall of the Third Reich: A History of Nazi Germany*. Greenwich: Fawcett Crest. 1970.

Shulman, Alix Kates, "Dances with Feminists." The Emma Goldman Papers. University of California, Berkely. http://sunsite.berkeley.edu/Goldman/Features/dances_shulman.html (accessed 2004. 10. 8). First published in the Woman's *Review of Books 9* no. 3. 1991. 12.

"Signs to Look for in a Battering Personality." Projects for Victims of Family Violence, Inc. http://www.angelfire.com/ca6/soupandsalad/content13.htm (accessed 2002. 11. 17).

Silko, Leslie Marmon. "Tribal Councils: Puppets of the U. S. Government." *Yellow Woman and a Beauty of the Spirit*. New York: Touchstone Books. 1997.

Sluka, Jeff. "National Liberation Movements in Global Context." Tamilnation.org. http://www.tamilnation.org/selfdetermnation/fourthworld/jeffsluka.htm (accessed 2004. 10. 10).

Socially Responsible Shopping Guide. Global Exchange. http://www.globalexchange.org/economy/corporations/sweatshops/ftguide.html (accessed 2002. 3. 16).

Spretnak, Charlene. *States of Grace*. San Francisco: HarperSanFrancisco. 1991.

Stannard, David. *American Holocaust: Columbus and the Conquest of the New World*.

Oxford: Oxford University Press. 1991.

Stark, Lisa, and Michelle Stark. "$100 Million Wasted: While Some Soldiers Paid Their Own Way, Thousands of Pentagon Airline Tickets Went Unused." *ABC News*. http://abcnews.go.com/sections/WNT/YourMoney/wasted_airlne_tickeks_040608-1.html (accessed 2004. 6. 9).

Star Wars. http://www.starwars.com/databank/location/deathstar/ (accessed 2004. 4. 23).

Star Wars 2. http://www.starwars.com/databank/location/deathstar/?id=eu (accessed 2004. 4. 24).

"States Get $16 Million for Endangered Species." *Environmental News Network* 2001. 9. 28. http://www.enn.com/news/enn-stories/2001/09/09282001/s_45096.asp (accessed 2002. 1. 16).

St. Clair, Jeffrey. "Santorum: That's Latin for Asshole." *Anderson Valley Advertiser* 2003. 4. 30. p. 8.

St. Clair, Jeffrey, and Alexander Cockburn. "Born Under a Bad Sky." *Anderson Valley Advertiser* 2002. 9. 18. p. 5.

Steele, Jonathan. "Bombers' Justification: Russians Are Killing Our Children, So We Are Here to Kill Yours: Chechen Website Quotes Bible to Claim Carnage as Act of Legitimate Revenge." *Guardian Unlimited* 2004. 9. 6. http://www.guardian.co.uk /russia/article/0,2763,1298075,00.html (accessed 2004. 9. 6).

"A Study of Assassination." One version complete with drawings is at http://www.gwu.edu/~nsarchiv/NSAEBB/NSAEBB4/ciaguat2.html (accessed 2003. 7. 7).

"Study Says Five Percent of Greenhouse Gas Came from Exxon." *Planet Ark* 2004. 1. 30. http://www.planetark.com/dailynewsstory.cfm/newsid/23638/story.htm (accessed 2004. 6. 22).

Sunderland, Larry T. B. "California Indian Pre-Historic Demographics." Four Directions Institute.http://www.fourdir.com/california_indian_prehistoric_demographics.htm. See also the map "Native American Cultures Populations Per Square Mile at Time of European Contact." http://www.fourdir.com/aboriginal_population_per_sqmi.htm (accessed 2004. 6. 4).

Sweating for Nothing. Global Exchange, *Global Economy*. http://www.globalexchange.org/economy/corporations/ (accessed 2002. 3. 16).

Taber, Robert. *The War of the Flea* 1st paperbound ed. New York: The Citadel Press. 1970.

Tebbel, John, and Keith Jennison. *The American Indian Wars*. Edison, NJ: Castle

Books. 2003.

"Third National Incidence Study of Child Abuse and Neglect." Centers for Disease Control.

Thobi, Nizza. "Chanah Senesh." http://www.nizza-thobi.com/Senesh_engl.html (accessed 2004. 12. 3).

Thomas, Emory M. *The Confederate State of Richmond: A Biography of the Capital*. Austin: University of Texas Press. 1971.

Thomson, Bruce. "The Oil Crash and You." Great Change. http://greatchange.org/ov_thomsom,convince_sheet.html (accessed 2004. 9. 28).

Thompson, Don. "Klamath Salmon Plight Worsens: State: Fish Kill May Be Double Previous Estimates." *The Daily Triplicate* (Crescent City, CA). 2004. 7. 31. A1, A10.

Tillich, Paul. *Systematic Theology* vol. 3. *Life and the Spirit; History and the Kingdom of God*. Chicago: University of Chicago Press. 1963.

Tokyo War Crimes Trial Decision. The International Military Tribunal for the Far East. 1946. 5. 3~1948. 11. 12.

Tomlinson, Chris. "Evidence of U. S. Bombs Killing Villagers." *San Francisco Chronicle* 2001. 12. 6. A10.

"Too Hot for Uncle John's Bathroom Reader." Triviahalloffame. http://www.triviahalloffame.com/gandhi.htm (accessed 2004. 8. 8).

Towerkill. http://www.towerkill.com (accessed 2003. 7. 5).

Trial of the Major War Criminals before the International Military Tribunal, Nuremberg, 14 November 1945~1 October 1946. Nuremberg. 1947~1949.

Trudell, John. *Green Anarchy* 2003/Fall. p. 15.

Turner, Frederick. *Beyond Geography: The Western Spirit against the Wildness*. New Brunswick, NJ: Rutgers. 1992.

Udall, Stewart, Charles Conconi, and David Osterhout. *The Energy Balloon*. New York: McGraw-Hill. 1974.

U. S. Congress. *Congressional Record* 56th Cong. 1st sess. 1900. vol. 33, pp. 704, 711~12.

U. S. et al. v. Goering et al. [The Nuremberg Trial]. Extra Lexis 1, 120, 6 F.R.D. 69(1947) (accessed 2005. 12. 16).

"U. S. Military Spending to Exceed Rest of World Combined!" *Nexus* 2005. 9/10. p. 9.

"The Victims: The Fight Against Terrorism." *The Oregonian* 2002. 1. 16. A2.

Vidal, Gore. *The Decline and Fall of the American Empire*. Berkeley: Odonian

Press. 1995.

Wacquant, Loic. "Ghetto, Banlieu, Favela: Tools for Rethinking Urban Marginality." http://sociology.berkeley.edu/faculty/wacquqnt/condpref (accessed 2002. 3. 16).

Walker, Paul F. and Eric Stambler. "…And the Dirty Little Weapon: Cluster Bombs, Fuel-Air Explosives, and 'Daisy Cutters', not Laser-Guided Weapons, Dominated the Gulf War." *Bulletin of the Atomic Scientists* 47/no. 4. 1991. 5. pp. 21~24; http://www.bullatomsci.org/issues/1991/may91/may91walker.html (accessed 2001. 11. 19).

Watson, Paul. "Report from the Galapagos." *Earth First! Journal* 2003. Samhain/Yule. p. 38.

"Weapons of American Terrorism: Torture." http://free.freespeech.org/americanstatet errorism/weapons/US-Torture.html (accessed 2003. 5. 12).

Weber, Max. *Max Weber: The Theory of Social and Economic Organization*. Translated by A. M. Henderson and Talcott Parsons. Edited with an Introduction by Talcott Parsons. Oxford: Oxford University Press. 1947.

Webster's New Twentieth Century Dictionary of the English Language 2nd ed. New York: Simon and Schuster. 1979.

Weiss, Rick. "Major Species Annihilated by Fishing, Says Study." *San Francisco Chronicle* 2003. 5. 15. A13.

Weizenbaum, Joseph. *Computer Power and Human Reason: From Judgement to Calculation*. San Francisco: W. H. Freeman. 1976.

Whales. http://www.biologicaldiversity.org/swcbd/press/beaked10-15-2002.html, http://actionnetwork.org/campaign/whales/explanation (accessed 2002. 10. 26); http://www.faultline.org/news/2002/10/beaked.html (accessed 2002. 10. 27).

"What Is Depleted Uranium." http://www.web-light.nl/VISIE/depleted_uranium1.html (accessed 2004. 1. 11).

"What's the Dam Problem?" *The Why Files: The Science Behind the News* 2003. 1. 16. http://whyfiles.org/169dam_remove/index.html (accessed 2004. 7. 11).

Wheatley, Margaret. *Turning to One Another: Simple Conversations to Restore Hope to the Future*. San Francisco: Berrett-Koehler Publisher. 2002.

White, Chris. "Why I Oppose the U. S. War on Terror: An Ex-Marine Sergeant Speaks Out." *The Grass Root* 3/no. 1. 2003/Spring. *The Grass Root*는 캔자스 녹색당 기관지이다(Kansas Green Party, Box 1482, Lawrence, KS 66044).

"Why Is Everybody Always Pickin'on Me?" Dispatches, *Outside Online* 1998. 7. http://web.outsideonline.com/magazine/0798/9807disprod.html (accessed 2003.

7. 10).

Wikle, Thomas A. "Cellular Tower Proliferation in the United State." *The Geographical Review* 92/no 1. 2002. 1. pp. 45~62.

Wilkinson, Bob. "Trained Killers." *Anderson Valley Advertiser* 2003. 4. 30. p. 3.

Williams, Martyn. "UN Study: Think Upgrade Before Buying a New PC: New Report Finds 1.8 Tons of Material Are Used to Manufacture Desktop PC and Monitor." *Infoworld* 2004. 3. 7. http://www.infoworld.com/srticle/04/03/07/hnunstudy_1.html (accessed 2004. 3. 12).

Wilson, Jim. "E-Bomb: In the Blink of an Eye, Electromagnetic Bombs Could Throw Civilization Back 200 Years. And Terrorists Can Build Them for $400." *Popular Mechanics* 2001. 9. http://popularmechanics.com/science/military/2001/9/e-bomb/print.phtml (accessed 2003. 8. 22).

Wingate, Steve. "The OMEGA File-Concentration Camps: Federal Emergency Management Agency." http://www.posse-comitatus.org/govt/FEMA-Camp.html (accessed 2004. 7. 21).

"Witch Hunting and Population Policy." http://www.geocities.com/iconoclastes.geo/witches.html (accessed 2002. 9. 23).

The World Factbook, s.v. "Afghanistan." CIA. http://www.odci.gov/cia/publication/fackbook/geos/af/html (accessed 2001. 11. 19).

Wyss, Jim. "Ecuador Free-for-All Threatens Tribes, Trees: Weak Government Lets Loggers Prevail." *San Francisco Chronicle* 2004. 9. 3. W1.

Yergin, Daniel. *The Prize: The Epic Quest for Oil, Money & Power*. New York: Simon & Schuster. 1991.

Z Magazine 2000. 7/8. p. 62.

| 감사의 말 |

언제나 그렇지만, 내가 가장 먼저 감사해야 할 대상은 내가 살고 있는, 그리고 나를 키워주고 먹여 살려준 이 땅이다. 내게 글 쓸 능력을 베풀어준 뮤즈 신에게도 똑같이 감사드린다. 그의 도움이 없는 내 삶은 상상할 수도 없다. 또한 내 꿈의 원천에게도 감사한다.

삼나무, 삼목, 오리나무와 털갈매나무 들에게, 도롱뇽, 개구리, 영원, 올빼미, 딱새, 딱따구리, 벌새, 왜가리와 비오리 들에게, 연어, 옥새송어, 달팽이, 개미와 벌 들에게 감사한다. 갈대, 등심초, 사초, 풀, 고사리, 월귤나무와 산딸기나무 들에게, 각종 버섯들에게, 여우, 곰, 다람쥐, 두더지, 뒤쥐, 박쥐, 숲쥐와 생쥐 들에게도 감사한다. 그 밖에도 내게 자기들의 서식지에서 지내도록 허락하는 친절을 베풀어주고, 사람이 되는 법을 가르쳐준 모든 생물들에게 감사한다.

여러분이 이 책이 나오도록 도와주었다. 그중에서도 특히 멜라니 애드코크, 로이앤 안, 앤터니 아노브, 태미스 베네트, 가브리엘 벤턴, 워너 브랜트, 캐런 브레슬린, 줄리 버크, 레하 카펜터, 조지 드래펀, 빌과 메리 그레샴, 펠리시아 거스틴, 알렉스 기요트, 니타 할스테드, 태드 하그레이브스, 피비 황, 메리 젠슨, 리어 케이스, 케이지 매덕스, 마나 마티니, 마야나, 아릭 맥베이, 데일 모리스, 데레사 놀, 존 오스번, 샘 패튼, 피터 필팅스러드, 캐런 래스, 레머디, 티유 루벤, 테리 시스타와 칼 번스, 댄 사이먼, 줄리안 스카이아버, 샤마 스미슨, 제프와 밀라카 스트랜드, 베키 타버턴, 루크 워너, 봅 웰시, 벨린다, 봅, 브라이언, 딘, 내 군대 친구들, 존 D. 나시서스, 아마루, 예티, 페르세포네, 사바, 에메트에게 감사드린다.

어떻게 보면 감사의 말을 쓰기에는 아직 이른 감이 있다. 작가가 탈고하고 나면 그동안 책이 나오도록 도와준 모든 분들에게 감사하는 것이 관행이다. 그러나 이 책은 아직 끝나지 않았다. 이 책이 단순한 글 이상의 의미를 가지려면, 이 죽음의 문화가 지구의 삶을 위태롭게 하지 않게 되는 날 비로소 완결될 수 있을 것이다. 그때가 되면 내 감사의 인사도 계곡을 막았던 댐이 터져 콸콸 쏟아져 내리는 강물처럼 거침없이 이어질 것이다.

| 옮긴이의 말 |

황 건

이 책의 저자인 데릭 젠슨은 미국의 반체제적인 급진적 환경운동에 활발하게 참여하고 있는 저술가이자 현역 활동가이다. 따라서 이 문명비평서는 21세기 미국의 반체제적 환경운동의 산물이며, 나아가 최근 미국의 급진적 좌파문화의 현실인식과 사고구조, 문제의식을 포괄적으로 아우르는 저작이라고 할 수 있다.

저자는 이 책에서 비단 환경문제뿐 아니라 현 지배적 문화 전반에 대해 누구도 따를 수 없는 예리한 비판을 가하고 있다. 특히 폭력(학대, 착취, 점령)에 기초한 산업문명의 지속 불가능성을 파헤친 그의 분석은 가히 독보적이라 할 만하다. 그리고 미국 주식회사(Corporate America)와 대기업들의 횡포, 미국에 의한 인디언 학살(멸종)과 토착민의 저항과정, 열화우라늄탄에 노출된 이라크 기형아들의 참상, 미국 CIA의 고문 및 암살 지침서와 교범에 담긴 잔혹한 기법들과 그 적용사례들을 고발한 대목들은 압권이다. 나아가 미국 운동권의 위선과 나약함 그리고 불의를 뻔히 알면서도 분노하기조차도 두려워하는 대중들의 위선적인 자기검열을 날카롭게 비판한 대목 등은 우리에게도 교훈이 될 것이다.

독자들도 쉽게 발견할 수 있겠지만, 저자는 정통 사회과학의 패러다임을 벗어나 독자적인 논리를 구사하고 있다. 예를 들어 젠슨의 사고구조에서는 인간은 자연(지구) 공동체의 한 구성부분이고 인간과 비인간(동식물을 포함한 모든 자연)은 기본적으로 동일한 차원에 있기 때문에 휴머니즘이나 인간중심 사상은 설 자리가 없다. 인류를 문명인과 비문명인(토착민)으로 나누는 그의 논리에서는 계급이나 민족이라는 개념도 찾아보기 힘들다.

젠슨의 급진적 문명비평은 종종 섬뜩할 정도로 과격하여 특히 댐이나 휴대전화 중계탑의 폭파, 정치요인 암살, 문명 파괴수단으로서의 중성자탄과 해킹 수법 등에 대한 유별난 집착은 테러리스트의 면모를 연상케 할 정도이다.

그러나 막상 그의 '문명 허물기'를 위한 '전지구적 저항'의 전략과 전술은 몽상의 차원을 넘어서지 못하며, 따라서 댐 폭파 등에 대한 집념은 학대와 착취 없는 공동체를 추구하는 그의 논점을 강조하기 위한 비유적 우화로 보아야 할 것으로 생각된다. 그는 문명 자체를 거부하기 때문에 아예 새로운 문명의 건설은 추구하지 않으며, 문명 이전의 상태를 이상사회로 그리는 것으로 보인다.

이처럼 젠슨의 관점은 몽상적 차원에서나마 폭력적 저항을 통한 문명의 파괴를 추구하면서도 새 문명의 건설을 지향하지 않고, 따라서 목표보다는 수단과 과정을 중시한다는 점에서 무정부주의 전통에 서 있다고 볼 수 있으며, 또한 토착민 사회나 원시시대를 이상향으로 본다는 점에서 이른바 원초주의(또는 원시주의)라고 볼 수도 있을 것이다. 그의 이 같은 관점은 사회변혁의 요구와 이를 위한 전략·전술에 대한 인식이 역사적으로 축적되어 있거나 공감대가 형성되어 있는 집단, 사회 일반 또는 민족의 구성원들에게는 동떨어진 이야기로 들릴 여지도 있겠다.

그럼에도 불구하고 젠슨의 글이 다양한 주의주장을 초월하여 우리에게 큰 공감을 불러일으키는 것은, 그가 철저하게 파헤친 지배체제의 폭력과 거짓과 타락이 누구도 부인할 수 없는 이 문명의 보편적 실상이기 때문이다. 또한 세계화 바람을 타고 주류문명의 해악이 이미 우리 사회에도 깊숙이 침투해 들어와 있는 현실에서 미국사회, 특히 폭력적 지배체제에 대한 그의 날카로운 비판 하나하나가 우리 현실에 바로 와닿기 때문이기도 하다고 생각된다.

한 가지 실토할 것은, 젠슨의 파격적인 문체와 자유분방한 논리전개는 옮긴이에게 새로운 경험이었으며 감당하기에 역부족이었다는 점이다. 옮긴이의 한계를 극복하는 데서 존경하는 이왈수 선생의 지도를 받을 수 있었다는 것이 큰 다행이었음을 밝혀둔다. 강호제현의 아낌없는 질책과 편달을 바라마지않는다.